학술적 글쓰기의 방법과 실제

학술적 글쓰기의 방법과 실제

학술적글쓰기의방법과실제편찬위원회 편

nosvos

머리말

2020년 이후 6년 만에 글쓰기 교재를 새롭게 펴낸다. 팬데믹과 생성형 인공 지능의 등장으로 지난 몇 년 사이 대학 교육의 현장은 크게 변화하였고 또 변화할 수밖에 없는 상황에 놓여 있다. 특히 생성형 인공 지능은 이전과는 달리 스스로 문장을 만들고 글을 작성해 준다는 점에서 글쓰기 교육 현장에 커다란 변수로 등장하고 있다.

이와 같은 교육 환경의 변화에도 불구하고 자신의 의견을 정확하고 논리적으로 표현하는 능력은 대학에서의 학업 수행은 물론 졸업 후 사회생활에서도 필수적으로 요청되는 능력이다. 글쓰기는 머릿속에 떠오르는 생각을 단순히 글자로 옮겨 적는 행위에 그치는 것이 아니다. 글에는 글쓴이가 생각을 정교하게 다듬기 위해 고심한 흔적이 묻어나기 마련이고, 문제를 합리적이면서도 가장 바람직하게 해결하기 위해 치밀하게 따지고 캐물은 지적 탐구의 과정이 담기기 마련이다. 때로는 문제에 대한 오랜 관심과 애정이 없었다면 담아낼 수 없는 놀라운 성찰과 통찰적 발견이 오롯이 자리할 때도 있다. 글쓰기 과정에서 경험하게 되는 이와 같은 고심과 탐구, 성찰과 발견은 자기 자신의 손으로 직접 글을 쓸 때만 맛볼 수 있는, 고귀한 경험이다. 그리고 그러한 경험의 축적을 통해 우리는 한 단계 한 단계 성장해 간다. 이 값진 경험을 우리 자신의 것으로 만드는 순간이 글을 쓰는 시간이다.

새롭게 편찬하는 글쓰기 교재는 그런 고귀한 경험, 값진 시간을 학생들이 직접 체험할 수 있도록 안내하고자 하였다. 제1부에서는 학술적 글쓰기의 개념과 글쓰기 윤리, 글쓰기 과정과 형식적 요건들을 제시하여 학술적 글쓰기란 무엇이며 어떤 방식으로 쓰는지를 이해할 수 있도록 하였다. 제2부에서는 분석적 읽기와 요약, 비판적 읽기와 논평을 중심으로 학술적 글쓰기의 방법을 구체적으로 익힐 수 있도록 하였다. 이를 통해 학생들은 문제의식을 더욱 정교하게 다듬고 다양한 관점에서 문제를 비판적으로 다룰 수 있는 힘을 기르게 될 것이다. 제3부는 인문학적 글쓰기, 사회과학적 글쓰기, 자연과학적 글쓰기로 구성하여 학문 계열별로 자주 활용하는 글쓰기 방법을 익힐 수 있도록 하였다. 학문의 경계가 허물어지는 시대, 글쓰기를 통해 간접적으로나마 여러 학문 분야를 체험하게 함으로써 융합적 사고, 초학제적 사고를 할 수 있는 인재로 성장하기를 바라는 취지에서 이번 교재에 새롭게 추가하였다. 그리고 제4부는 다양한 주제를 대상으로 학술적 글쓰기를 연습해 볼 수 있도록 구성하였다.

'AI Slop'이라는 신조어가 등장하고 'AI ZERO'를 외치는 목소리도 등장하고 있다. '정신없는 AI'와 '정신 나간 인간'을 우려하는 목소리도 들린다. 그렇다고 AI를 활용하지 않고 살아갈 수 있는 시대는 아니다. 그럴수록 나 자신을 올곧게 세우는 일이 무엇보다 중요하다. 프란시스코 고야(Francisco Goya)의 판화집 『변덕』에는 「이성의 잠은 괴물을 낳는다」는 제목의 작품이 있다. 고야가 이 작품에 담고자 한 뜻이 무엇이었을까를 생각해 보면, 대학 생활을 시작하는 우리 학생들이 나아갈 길도 보이지 않을까 한다. 글을 쓰는 나를 소외시키지 않고, 대학에서 학술적 글쓰기를 배우는 목적을 잊지 않기를 바란다. 이 교재가 변화하는 환경 속에서도 흔들리지 않을 수 있는 기본 지침을 익히도록 하는 데 역점을 둔 까닭 또한 여기에 있다.

2026년 2월 20일

학술적글쓰기의방법과실제편찬위원회

목차

제1부

학술적 글쓰기의 이해

제1장 학술적 글쓰기의 개념과 윤리

제2장 학술적 글쓰기의 과정

제1장

학술적 글쓰기의 개념과 윤리

1. 대학 생활과 글쓰기

대학에서의 학습 활동은 대부분 글쓰기로 이루어진다. 보고서, 논문, 발표문, 연구 계획서 등 대학 생활의 핵심 과제는 모두 글쓰기를 전제로 한다. 그러므로 글쓰기 능력은 단순한 기술을 넘어 전공 이해도, 비판적 사고력, 학업 성취도를 가늠하는 기본기라 할 수 있다. 글쓰기는 학문적 탐구가 작동하는 방식 자체를 익히는 과정인 것이다.

대학에서의 학습은 주어진 지식을 암기하는 데서 끝나지 않고, 그 지식을 왜, 어떻게, 어떤 근거로 받아들여야 하는지를 스스로 검토하는 과정으로 이어진다. 대학생이 된다는 것은 '정답 찾기'를 넘어 스스로 문제를 만들고 해결해 나가는 단계로 진입하는 것이다. 학문은 의심하고 질문하는 일에서 출발한다. 익숙하게 받아들였던 사실이나 개념을 다시 살펴보고, 그것이 정말 타당한지 근거를 통해 검증하는 과정이 곧 학문적 사고의 출발점이다.

이러한 탐구 과정을 글로 기록할 때 비로소 지식이나 생각을 정리하는 수준을 넘어 탐구 과정이나 결과, 그에 대한 해석을 다른 사람과 공유할 수 있고 검증을 받을 수도 있다. 글이 없다면 탐구의 결과는 공유될 수도, 확장될 수도 없다. 따라서 대학에서의 글쓰기는 (1) 논리성, (2) 객관성, (3) 독창성을 갖춘 문제 해결의 과정을 체계적으로 보여줄 수 있어야 한다. 문제 해결에 이르는 과정을 논리적이고 객관적으로 구축해 가는 과정이 대학에서의 글쓰기 과정인 것이다. 이처럼 논리적이고 객관적으로 탐구한 결과를 체계적으로 정리하고 기술한다는 점에서 대학에서 수행하는 글쓰기를 학술적 글쓰기라고 한다.

요컨대 학술적 글쓰기는 결과보다 과정을 중시한다. '무엇을 썼는가'보다는 '왜, 어떻게 썼는가'를 중시한다. 학술적 글쓰기에서는 단편적인 정보나 사실을 나열하는 데 그치지 않고, 그 정보나 사실을 비판적으로 검토하고, 독자적인 관점과 문제의식을 기초로 그러한 정보나 자료를 재구성하고 해석해 내는 것이 무엇보다 중요하다. 이러한 과제를 수행해내는 능력이 바로 학문 탐구의 기초이며, 학술적 글쓰기를 이끌어가는 힘이다.

2. 학술적 글쓰기의 성격

학술적 글쓰기는 단순한 정보 나열이나 지식 요약이 아니라 생각을 언어로 조직하고 사회와 소통하며 사고를 확장해 나가는 지적 실천의 과정이다. 학술적 글쓰기의 이러한 성격은 주체적 사고, 개념의 명료화, 논증의 체계화, 열린 관점이라는 네 가지 특징을 통해 드러난다. 즉 학술적 글쓰기는 스스로 문제를 설정하고 판단하는 주체적 사고, 개념을 정확히 규정하고 맥락에 맞게 기술하는 명료한 표현, 주장을 논리적으로 구성하여 타당하게 검증하는 논증의 체계성, 그리고 다양한 관점과 비판적 성찰에 열려 있는 학문적 태도를 함께 요구하는 것이다.

이 네 가지 특징은 학술적 글쓰기가 단순한 기술적 작업을 넘어 사유의 독립성, 표현의 정확성, 논증의 타당성, 소통의 개방성을 실천하는 과정임을 보여준다. 따라서 학술적 글쓰기의 목표는 단순히 문장 표현을 잘하는 데 있는 것이 아니라, "무엇을, 왜, 어떻게, 누구에게, 어떤 태도로 쓸 것인가"를 명확히 하고 이 모든 과정을 타당하게 해결해 나가는 데 있다.

[표 1] 학술적 글쓰기의 성격과 방향

성격	핵심 요소	방향과 목표
주체적 사고	독창성, 지적 정직성	스스로 사고의 주체가 되어 문제를 설정·검증하고 자기 관점을 타당하게 세운다.
개념의 명료화	명료성, 개념 정밀화	개념을 정확히 이해하고 맥락에 맞게 표현하며, 학문적 타당성을 갖춘 해석을 제시한다.
논증의 체계화	논리적 정합성, 구조적 조직성	근거를 바탕으로 주장을 논리적으로 구성하고, 학문적 논증 형식 속에서 사고를 검증한다.
열린 관점	비판적 성찰, 개방성	자기 주장의 한계를 인식하며, 다양한 관점·토론·비판에 열려 있는 태도를 유지한다.

1) 주체적 사고

글을 쓴다는 것은 글쓰기의 주체인 나의 생각이나 주장, 문제의식을 드러내는 행위이다. 글을 쓰는 사람은 그 글을 통해서 독자들에게 어떤 이야기를 할지, 그리고 그러한 이야기를 어떻게 전할지 깊이 고민하지 않을 수 없다. 책상 앞에 앉아 글의 서두를 몇 번이고 고쳐 써본 경험이 있는 사람이라면 그러한 고민의 깊이를 이해할 수 있을 것이다. 글에서 다루고자 하는 글감을 어떻게 다루어야 자신이 전달하고자 하는 이야기가 더 명확하게 드러날지 고심을 거듭해 본 사람이라면 그러한 고민의 시간을 이해할 수 있을 것이다. 그러한 고민의 결과가 한 편의 글로 완성되었을 때 느끼게 되는 쾌감도 충분히 이해할 수 있을 것이다. 한 편의 글이 완성되는 과정은 그 같은 고민과 사색, 분석적 읽기와 비판적 성찰, 쓰기와 다시 쓰기의 수없는 반복이라고 할 수 있다.

이 모든 과정을 주도적으로 기획하고 이끌어가는 것이 글쓰기의 주체이고, 글의 저자인 '나'이다. 그러니 그런 나를 제외하고서는 글쓰기를 이야기할 수 없다. AI를 활용한 글쓰기가 보편화되면서 글쓰기의 '저자성'이 새롭게 주목되는 이유는 글쓰기의 주체인 나, 나의 주체적 사고가 소외되는 현상이 발생하기 때문이다.

글쓰기를 하는 나는 무엇을 쓸 것인가부터 어떤 글감을 가져와 주장을 담을 것인지 판단해야 한다. 또한 내가 확보한 글감을 어떻게 구성하고 내 주장과 반대되는 사례나 반론을 어떻게 설명할지도 결정해야 한다. 이 모든 것을 꿰는 일관된 문제의식이 곧 글쓴이가 글을 통해서 전달하고자 하는 주제라고 할 수 있다. 학술적 글쓰기에서 주체적 사고를 강조하는 것은 글을 쓰는 나 자신의 문제의식과 주제 의식을 기존 담론에만 의존하지 말라는 것이다.

글쓰는 이가 주체적인 사고를 바탕으로 문제의식과 주제 의식을 분명히 하여 글을 쓸 때, 그 글은 독창적인 글이 될 수 있다. 독창적인 글은 일반적으로 새로운 자료, 새로운 방법이나 시각, 아니면 새로운 해석이나 주장이 담긴 글을 말한다. 새로운 자료는 새롭게 발굴하거나 발견한 자료를 뜻하기도 하지만, 그동안 주목받지 못했던 자료를 새롭게 조명한다면 그 역시 새로운 자료가 될 수 있다. 문제의식이나 주제 의식이 투철하면 그동안 주목하지 않고 흘려보냈던 자료들도 새롭게 조명할 수 있다. 익히 알려진 자료라 할지라도 문제의식이나 주제 의식에 따라 전혀 다른 관점에서 새롭게 분석할 수 있는 것이다. 이처럼 자료나 관점이 달라지면 해석이 달라지고 주장이 달라진다. 주체적 사고에 의한 독창적인 글쓰기가 가능해지는 것이다.

글 쓰는 주체가 자신의 문제의식과 주제 의식을 일관되게 유지하려면 무엇보다 학문적 성실성과 지적 정직성에 유념해야 한다. 폭넓은 자료 섭렵과 깊이 있는 사고는 학술적 글쓰기를 추동하는 근원적인 힘이 된다. 다양한 자료와 깊이 있는 해석은 글쓴이의 문제의식을 다채롭게 조직할 수 있도록 하고, 독자들의 뇌리에 강렬한 인상을 남기는 글을 작성할 수 있도록 하기 때문이다.

또한 글을 쓰면서 자료를 인용하거나 다른 사람의 주장을 가져올 때에는 그 출처를 명확히 밝혀서 무단으로 가져오는 일이 발생하지 않도록 주의해야 한다. 이는 단순히 표절을 피하기 위한 형식적 절차에 그치는 것이 아니라 타인의 지적 인격권을 존중하는 학문적 태도다. 지적 정직성을 잃은 글쓰기는 단순한 윤리 위반을 넘어 주체적이고 비판적인 사고를 포기하는 행위가 된다는 점을 유념할 필요가 있다.

2) 개념의 명료화

글쓰기에서는 전달하고자 하는 내용을 정확한 언어로 표현하는 능력이 중요하다. 특히 학술적 글쓰기에서는 핵심적인 용어의 개념을 정확하게 규정하고 명확하게 표현하는 것이 중요하다. 개념이 불분명하고 표현이 부정확하면 문제의 핵심이 흐려지고 주장은 설득력을 잃는다. 다시 말해, 개념을 분명하게 정의하고 정확하게 표현할 때 글의 의미와 논리도 선명해진다.

언어철학자인 비트겐슈타인(Ludwig Wittgenstein, 1889~1951)은 "우리는 언어를 통해 세계를 이해한다."라고 하였고, 언어학자인 조지 레이코프(George Lakoff, 1941~)는 "사람은 언어의 틀(frame) 속에서 생각한다."라고 하였다. 글의 목적이 저자의 의도를 정확하게 전달하는 데 있다면 독자가 쉽게 이해할 수 있는 언어로 글을 써야 한다. 그러려면 무엇보다 먼저 개념을 분명히 파악해야 한다. 그래야만 자신이 표현하고자 하는 것을 정확한 언어로 담아낼 수 있기 때문이다. 개념의 명료성은 학문적 사고의 출발점이자 학술적 글쓰기가 암묵적으로 전제하고 있는 기본 토대이다.

다음과 같은 질문은 개념의 명료화와 정확한 표현을 위해 자기 점검 차원에서 활용할 수 있는 것들이다.

가. 나는 이 글에서 사용하는 핵심 개념(예: 문화, 정체성, 융합)을 명확히 정의했는가?
나. 이 글에 사용된 특정 용어의 적용 범위와 사용 기준을 분명히 했는가?
다. 모호한 단어(예: 다양하다, 문제 있다, 중요하다)를 구체적 표현으로 바꿀 수 있는가?
라. 내가 작성한 문장이 사실·근거·논리에 맞게 작성되었는가?

개념을 명확하게 정의하고 표현을 정확하게 하는 것은 글의 논지를 정밀하게 만드는 데 중요한 구실을 한다. 예를 들어 '유리문'(glass door) 가설은 외부 인재의 채용이나 입직 과정에서 겉으로 드러나지 않는 요인으로 인해 성별이나 인종에 따른 차별이 발생한다는 개념이다. 이 개념을 공직 사회의 개방형 직위 임용 과정에 적용하면, 형식적으로는 평등해 보이는 제도 속에도 성별에 따른 불평등이 여전히 작동하고 있음을 설명할 수 있다. 이러한 점에서 '유리문 가설'은 공직 사회에 남아 있는

성 불평등의 문제를 분석하는 핵심 개념으로 활용할 수 있다.

3) 논증의 체계화

민주주의 사회에서 자신의 주장을 설득력 있게 전달하기 위해서는 객관적이고 타당한 근거를 갖추어 말하고 글을 쓰는 능력을 갖추어야 한다. 대학에서의 글쓰기는 이유와 근거를 명확히 제시하여 자신의 주장을 입증하는 학술적 글쓰기, 논증적 글쓰기를 지향한다. 그런 점에서 학술적 글쓰기는 민주주의 사회에서 건강한 시민이 갖추어야 할 의사소통 능력을 함양하는 것과도 밀접한 관련성을 가지고 있다. 학술적 글쓰기, 논증적 글쓰기 훈련은 학술 공동체 안에서 이루어지는 의사소통 방식을 체화하는 과정일 뿐 아니라, 민주적 의사 결정 과정에서 필요한 의사소통 능력을 함양하는 방법이기도 하다.

논증은 자신의 주장을 뒷받침하는 이유와 근거를 제시하여 상대방을 이성적으로 설득하는 행위이다. 따라서 논증에는 반드시 주장이 있어야 하고, 이유와 근거를 통해 주장을 뒷받침해야 한다. 주장과 이유, 근거, 이 셋이 논증의 기본 구조를 이룬다. 그러나 어떠한 주장이든 반론이 있을 수 있으므로 논증을 구성할 때는 제기될 수 있는 반론을 예상하고, 이를 수용하여 다시 반박하는 과정이 필요할 수 있다. 그래서 '주장-이유-근거-반론 수용-반박'으로 이루어지는 확장된 논증을 구성할 수도 있다. 아래의 헌재 결정문은 이와 같은 구조로 이루어진 글이라고 할 수 있다.

> 양심적 병역거부자들을 위한 대체복무제를 도입해도 국방력 저하의 문제가 없으므로 양심적 병역 거부자에 대한 대체복무제를 도입해야 한다. 2016년 국방백서에 의하면 우리나라의 병력은 대략 육군 49만 명, 해군(해병대 포함) 7만 명, 공군 6만 5천 명으로 총 62만 5천 명에 이르는 한편, 병무청 통계에 의할 때 2016년 병역판정검사를 받은 인원은 총 34만 명(현역 28만 1천 명, 보충역 4만 3천 명, 전시근로역 8천 명 등으로 판정)에 달한다. 이에 비하여 우리나라의 양심적 병역거부자는 연평균 약 600명 내외일 뿐이므로 병역자원이나 전투력의 감소를 논할 정도로 의미 있는 규모는 아

니다.

물론 대체복무제가 도입됨으로써 처벌 및 그에 따른 불이익이 두려워 그동안 자신의 양심상의 확신을 외부로 드러내지 못했던 사람들이 대체복무를 신청하여 종전보다 양심적 병역거부자가 늘어날 수는 있을 것이다. 그러나 뒤에서 보듯 공정하고 객관적인 심사 절차, 현역 복무와 대체복무 사이의 형평성 확보 등을 통하여 진정한 양심적 병역거부자와 이를 가장한 병역기피자를 제대로 가려낸다면, 양심적 병역거부자의 숫자가 지금보다 다소 늘어나더라도 우리의 국방력에 영향을 미칠 수준에 이를 것이라고 보기는 어렵다.

– 헌법재판소 2011헌바379 결정문 중 일부

논증에서는 주장의 정당성을 담보하기 위해 전제를 활용하기도 한다. 누구도 부정하기 어려운 전제를 잘 활용하면 상대방을 효과적으로 설득할 수 있다. 위에 인용한 헌법재판소 결정문은 우리나라의 군 병력 규모와 양심적 병역거부자의 수에 관한 구체적인 데이터를 제시하고, 예상되는 반론까지 고려하면서 양심적 병역거부자를 위한 대체복무제 도입의 타당성을 논증하고 있다.

그러나 병역자원이나 전투력의 감소를 논할 정도로 '의미 있는 규모'가 어느 정도인지를 명확하게 제시하지 않아서 전체 병력 62만 5천 명 가운데 연평균 약 600명 내외의 양심적 병역거부자가 실제 국방력에 미치는 영향을 구체적으로 판단하는 데에는 한계가 있다. 또한 대체복무제를 도입하면 양심적 병역거부자의 수가 증가할 가능성을 인정하면서도, 그러한 증가가 국방력에 어떤 영향을 미칠지에 대해서는 충분한 설명을 제시하지 않았다. 따라서 양심적 병역거부자를 위한 대체복무제의 도입을 설득력 있게 주장하기 위해서는 보다 명확한 근거를 제시하거나, 누구도 부정할 수 없는 전제를 통해 주장을 보완할 필요가 있다. 헌법재판소 결정문은 이러한 점을 고려하여 다음과 같은 전제를 활용하고 있다.

양심의 자유에서 보호하는 양심은 그 어느 것으로도 대체되지 아니하며, 그에 따라 행동함으로써 자기를 표현하고 인간으로서의 존엄과 가치를 확인하는 의미를 가지는 것이다. 따라서 강요에 의하여 그러한 신념을 의심하고 그 포기 여부를 선택해야 하는 상황에 처하는 것만으로도 개인의 인격에는 큰 타격이 될 수 있다. 자신이 전 인격을 걸고 옳은 것이라고 믿는 신념을 변경하지 않을 경우 형벌과 사회생활에서의 제약 등 커다란 피해를 입는 것이 예정되어 있는 상황에 처하면, 개인은 선택의 기로에서 자신의 인격적 존재 가치에 회의를 느끼지 않을 수 없고, 이는 결국 인간의 존엄성에 대한 손상으로 이어질 수밖에 없기 때문이다.

– 헌법재판소 2011헌바379 결정문 중 일부

학술적 글쓰기는 자신의 주장이 타당함을 체계적으로 입증하는 글쓰기가 되어야 한다. 그런 점에서 주장과 이유, 근거, 반론의 수용, 반박과 전제로 이루어지는 논증 방식은 학술적 글쓰기에서도 활용할 필요가 있다.

4) 열린 관점

학술적 글쓰기는 이유와 근거를 갖추어 탐구한 결과의 타당성을 주장하는 글쓰기이다. 그러나 그 주장은 더 이상의 논쟁이 필요 없는 확정된 진리가 아니라는 점에서, 다른 관점에서의 접근 가능성을 열어두고 비판적 문제 제기 또한 받아들일 수 있어야 한다. 학문적 주장은 '지금까지의 증거를 바탕으로 이루어지는 가장 타당한 해석'일 뿐, 언제든 수정하거나 보완할 수 있기에 잠정적이다.

학문 세계에서 하나의 명제는 그것이 얼마나 검증되었는가에 따라 서로 다른 위계를 갖는다. 여러 차례의 검증을 거쳐 더 이상 반론의 여지가 없는 명제는 '정리(Theorem)'나 '법칙(Law)'으로 불린다. '피타고라스의 정리'나 아이작 뉴턴(Isaac Newton, 1643 - 1727)의 '만유인력의 법칙'이 대표적인 예다. 이러한 명제는 논증이 충분히 축적되어 학계에서 사실상 이견이 존재하지 않는다.

반면 대부분의 과학적 설명은 여전히 관찰과 실험을 통해 검증되는 과정에 있으며, 이 경우 '이론(Theory)'이라는 이름이 붙는다. 다윈의 '진화론'과 아인슈타인의 '일반상대성이론'은 방대한 증거가 축적되었는데도 여전히 새로운 반증 가능성을 열어

둔 채 검토되고 있기 때문에 '법칙'이 아닌 '이론'으로 남아 있다.

찰스 다윈은 『종의 기원』에서 자연선택의 과정을 다음과 같이 설명한다.

> 만일 어떤 개체에 유용한 변이들이 실제로 발생한다면, 그 개체들은 생존 경쟁에서 살아남을 좋은 기회를 가질 것이다. 또한 대물림의 강력한 원리를 통해 그 특징은 자손에게 전달될 것이다.
>
> – 찰스 다윈 지음, 『종의 기원』, 장대익 옮김, 사이언스북스, 2019, 198~199쪽.

다윈이 제시한 증거는 매우 방대하고 강력하다. 그러나 창조론자의 반론에서 보듯이 이 이론에 관한 비판적 검토가 완전히 사라지지 않는 한 이를 '진화의 법칙'이라고 부르기는 어렵다. 이 점은 학술적 논증의 목적이 절대적 진리를 증명하는 데 있는 것이 아니라 현재까지의 증거로 볼 때 가장 개연성이 높은 설명을 제시하는 데 있음을 보여준다.

과학 철학자 칼 포퍼(Karl Raimund Popper, 1902 - 1994)는 좋은 학문적 주장은 언제든 반박될 수 있어야 한다고 하였다. 그는 이를 '반증 가능성(falsifiability)'이라고 불렀으며, 학문을 끊임없이 시험받는 가설들의 체계로 이해했다. 예를 들어 아인슈타인의 일반상대성이론은 지금까지의 관측 결과와 잘 맞지만, 향후 새로운 증거에 의해 반증될 가능성이 남아 있기 때문에 '법칙'이 아닌 '이론'으로 남아 있다. 그러나 "신은 존재한다"와 같은 명제는 어떤 실험으로도 반증할 수 없기에 과학적 논증의 대상이 될 수 없다. 이처럼 반증 가능성은 어떤 주장이 과학적 논증의 대상이 될 수 있는지를 가르는 핵심 기준이다.

반증 가능성을 인정한다는 것은 "내 주장도 틀릴 수 있다"라는 태도를 받아들이는 일이다. 이러한 태도는 진리 탐구의 기본자세이자 열린 사고의 핵심이다. 열린 사고는 반론의 가능성을 차단하지 않고, 오히려 자신의 한계를 인식하며 새로운 증거나 다른 관점을 검토할 여지를 남긴다. 이는 자신의 글쓰기를 닫힌 선언이 아니라 함께 논의할 수 있는 탐구의 과정으로 만든다.

앞서 살펴본 네 가지 학술적 글쓰기의 특징은 지적 성실성(Intellectual Integrity)이라는 하나의 원리로 귀결된다. 지적 성실성이란 자기 생각을 책임 있게 제시하되 개념을 명확하게 정의하고 근거에 따라 논증하며, 그 주장 역시 검증과 수정의 대상이 될 수 있음을 전제로 하는 태도를 의미한다. 주체적 사고는 자기 관점을 분명히 세우는 일이며, 개념의 명료화는 그 사고를 왜곡 없이 정확하게 드러내는 작업이다. 주장을 검증 가능한 구조로 제시하는 논증의 체계화와 반론의 가능성을 받아들이는 태도인 열린 관점은 모두 지적 성실성의 서로 다른 표현이라 할 수 있다. 이러한 글쓰기 방식은 대학에서 학문을 배우는 출발점이 된다.

3. 글쓰기 윤리와 저작권

학술적 글쓰기는 학문 공동체 안에서 지식이 어떻게 생산되고 공유되는지를 배우는 과정이다. 사람이 살아가며 지켜야 할 윤리가 있듯이, 글쓰기에도 고유한 윤리 기준이 요구된다. 이 절에서는 학술적 글쓰기의 유형과 함께 공통적으로 지켜야 할 글쓰기 윤리를 살펴본다. 특히 저작권과 인용 규칙을 이해하는 일은 타인의 지적 기여를 존중하고 정직한 사고 태도를 기르는 데 중요한 의미를 지닌다.

1) 학술적 글쓰기의 유형과 공통 윤리

대학에서 수행하는 학술적 글쓰기는 크게 논문(academic paper) 쓰기와 보고서(report) 쓰기로 나눌 수 있다. 여기에서 말하는 보고서는 실험·실습 보고서와 수업 과제 보고서(일반 리포트)를 모두 포함하는 넓은 개념이다. 목적과 분량은 다르지만, 논문과 보고서는 기본적인 양식과 체제를 공유하며 사실의 정확성, 출처의 명시, 자기 언어의 사용이라는 글쓰기 윤리 또한 모두 지켜야 한다.

[표 2] 학술적 글쓰기 양식별 특성 비교

구분	주요 목적	내용 및 특징
논문 (소논문, 학위 논문)	새로운 지식이나 해석을 제시하여 학문적 논의를 확장	선행 연구 검토, 명확한 주장, 체계적 논증 구조(서론–본론–결론), 비교적 긴 분량
보고서 (실험·실습 보고서/수업 과제 보고서)	특정 과제·실험·조사의 결과를 정리하여 결론 도출	과정·방법·결과 중심, 객관적 자료 제시, 짧고 명확한 구성

(1) 논문(academic paper)

논문이란 특정한 연구 주제를 대상으로 체계적인 탐구를 수행하고 그 과정과 결과를 논리적으로 제시한 학술적 글이다. 논문에서는 특정 주제를 조사하고 연구하여 얻어낸 결과를 일정한 양식과 체제에 맞추어 서술한다. 이때 주장의 타당성을 확보하기 위해 근거를 제시하고 인용을 통해 논의의 신뢰성을 드러내는 것은 논문이 갖추어야 할 기본 요건이다.

논문은 새로운 자료의 발굴이나 해석, 또는 주장을 통해 독창적인 관점을 제시함으로써 학문적 논의를 확장하는 것을 목적으로 한다. 이러한 점에서 논문은 관련 사실을 체계적으로 정리하고 보고하는 데 중점을 두는 보고서와 구별된다. 대학생들이 접하는 논문에는 졸업논문, 학술지 소논문, 학위 논문 등이 있다.

논문 작성 시 유의해야 할 사항 가운데 하나는 시종일관 비판적 태도를 견지해야 한다는 점이다. 선행 연구를 통해 제시된 결론이나 결과는 하나의 가정이나 가설에 불과할 뿐, 절대적 진리일 수 없다고 보아야 한다. 그 어떤 권위에 의한 주장도 비판의 대상이 될 수밖에 없다. 모든 결과나 주장은 검증되어야 하는 것이며, 사실에 부합하지 않는다면 부정하고 수정할 수 있어야 한다.

특징

- 이론적 근거와 선행 연구 검토가 필수

- 독창적이고 명확한 주장
- 일정한 양식과 체제
- 일정한 분량과 깊이를 갖춘 연구 글쓰기

(2) 보고서(report)

보고서는 대학 생활 동안 거의 매 학기 학생들이 작성하는 학술적 글쓰기다. 보고서 작성의 목적은 학생들이 연구 방법을 익히고 연구 결과를 조직하여 제시하는 글쓰기 방식을 습득하도록 하는 데 있다. 따라서 학생들은 보고서를 쓸 때 내용의 정확성과 충실성을 확보하고 정해진 글쓰기 형식을 따르는 데 초점을 맞출 필요가 있다. 보고서는 목적과 형식, 분량에 따라 다양한데, 실험·실습 보고서와 수업 과제 보고서가 가장 보편적으로 활용된다.

① 실험·실습 보고서(Lab/Experiment Report)

자연과학, 공학, 보건 계열 등에서 많이 사용되며, 실제 실험이나 관찰 결과를 정확하게 기록하고 분석하는 글이다.

특징

- 실험 목적, 절차, 자료, 결과, 해석을 체계적으로 정리
- 통계 자료·표·그래프 등 객관적 증거 활용
- 감정적 표현 없이 중립적이고 정확한 서술
- 재현 가능성 강조

② 수업 과제 보고서 (Course Report, 일반 리포트)

인문·사회·예술·교육·경영 등 대부분의 전공에서 과제로 요구하는 글쓰기 유형으로, 수업 내용을 이해하고 적용하여 쓴 비교적 짧은 분량의 보고서이다.

특징

- 특정 주제에 대한 조사, 사례 분석

- 내용과 기술의 정확성, 지적 성실성 강조
- 논문의 구조보다 단순하지만, 근거 제시·출처 표기·자기 언어 사용은 필수
- 독창적 연구보다는 연구 방법과 보고서 작성 방법의 이해에 초점

2) 저작권의 기본 원리

글쓰기의 윤리를 철저히 지키는 글쓰기는 타인의 생각과 지식을 바르게 이해하고 존중하는 방법을 익히게 하는 학문적 훈련의 과정이라고 할 수도 있다. 이 과정에서 반드시 알아야 할 것이 바로 저작권(Copyright)이다. 저작권은 글·그림·음악·사진 등 인간의 사상이나 감정을 표현한 창작물에 대해 창작자에게 부여되는 권리다. 창작자는 자신의 작품을 사용할 권리와 더불어 타인이 무단으로 이용하지 못하게 할 권리를 가진다. 글쓰기 윤리는 저작권을 존중하는 태도에서 출발한다. 출처 표기는 학문 공동체의 기본 윤리이자 정당한 인용을 위해 반드시 지켜야 할 원칙이다. 타인의 아이디어나 표현을 참고할 때 그 근거를 명확히 밝히는 것은 단순한 예의를 넘어 학문적 신뢰를 쌓는 일이기도 하다.

[표 3] 저작권의 주요 내용과 핵심 개념

구분	내용	핵심 개념
저작인격권 (Moral Right)	창작자의 인격과 명예를 보호하는 권리	공표권, 성명 표시권, 동일성 유지권
저작재산권 (Property Right)	창작물을 경제적으로 이용할 수 있는 권리	복제권, 배포권, 공연권, 2차적 저작물 작성권
저작인접권 및 출판권	실연자·제작자·출판사의 권리	매개자(mediator)의 권리 보호

(1) 저작인격권 — 창작자의 '마음을 지켜주는 권리'

저작인격권은 저작자의 정신적·인격적 권리로, 다른 사람에게 양도하거나 상속할 수 없는 일신전속권이다. 그 주요 권리는 다음과 같다.

- 공표권: 저작물을 세상에 공개할지, 언제, 어떤 형태로 공개할지를 결정할 권리
  → 예: 미공표 논문을 허락 없이 인용하거나 배포하는 것은 공표권 침해다.
- 성명 표시권: 저작물에 본명·필명을 표시하거나, 표시하지 않을 권리
  → 예: 인용 시 저자의 이름을 밝히는 건 성명 표시권을 존중하는 기본 윤리다.
- 동일성 유지권: 저작물의 내용·형식이 임의로 바뀌거나 왜곡되지 않도록 보호받을 권리
  → 예: 인용 과정에서 원저자의 주장을 의도적으로 바꾸는 것은 동일성 유지권 침해다.

학생은 글쓰기에서 타인의 글을 인용할 때 원문의 의미를 왜곡하지 않아야 하고, 정확히 출처를 명시해야 한다. 이것이 지적 정직성의 핵심 실천 방법이다.

(2) 저작재산권 — 창작자의 '결과물을 지켜주는 권리'

저작재산권은 저자가 자신의 저작물을 복제·배포·공연·전송 등을 이용하여 경제적 이익을 얻을 수 있는 권리다. 이 권리는 타인에게 양도하거나 상속할 수 있으며, 침해 시에는 법적 처벌의 대상이 된다. 대표적인 권리는 다음과 같다.

- 복제권: 저작물을 인쇄·복사·녹음·스캔 등으로 다시 제작할 권리
- 공연권·공중송신권·전시권: 저작물을 대중에게 공연·방송·전시할 권리
- 배포권: 저작물의 원본이나 복제물을 대중에게 나눠줄 권리
- 2차적 저작물 작성권: 원저작물을 번역·각색·편곡·요약 등으로 변형하여 새로운 저작물을 만들 권리

학술적 글쓰기에서 외국 논문을 번역하거나 다른 사람의 데이터를 재해석해 시각화할 때는 이 권리의 범위를 유념해야 한다. 출처를 명확히 밝히면 법적·윤리적 책임을 동시에 지키는 것이 된다.

(3) 저작인접권 및 출판권 — '전달자의 권리'

저작물을 창작한 사람뿐 아니라 그 저작물을 공연·전달·유통하는 과정에 참여하는 사람에게도 권리가 있다. 이를 저작인접권(Neighbouring Right)이라 한다. 가수·연주

자·배우 같은 실연자, 음반 제작자, 방송국 등은 창작자는 아니지만, 저작물을 대중에게 전달하는 과정에서 고유한 권리를 가진다.

출판권(Publication Right)은 저작권자와 출판사 사이의 계약을 통해 부여되는 권리로, 출판사는 일정 기간 저작물을 복제·배포할 독점적 권한을 갖는다. 출판권은 저작인접권과 법적 범주는 다르지만, 저작물이 독자와 대중에게 전달되는 과정에서 발생하는 권리라는 점에서 함께 이해할 수 있다. 즉, 출판사는 저작권자의 허락을 받아 저작물을 세상에 전하는 '매개자'로서의 역할과 책임을 함께 지닌다.

(4) 저작권 보호 대상과 예외

저작권은 인간의 사상이나 감정을 표현한 모든 창작물을 보호한다. 글·음악·사진·그림뿐 아니라 강의안·연구 보고서·데이터 시각화 등도 모두 저작권의 적용을 받는다. 다만 다음과 같은 공공 자료는 보호 대상에서 제외된다.

헌법, 법률, 조례, 명령, 규칙
국가·지자체의 고시·공고·판결
단순한 사실 전달에 불과한 시사 보도

이러한 자료는 자유롭게 이용할 수 있지만, 그 안의 해설·해석·분석·요약·주석·비평 등은 창작자의 지적 기여가 포함될 수 있으므로 저작권이 발생한다. 따라서 법 조항이나 통계 자료처럼 '사실(fact)'에 해당하는 내용이라 하더라도 출처를 명확히 밝히는 게 바람직하다. 결국 '사실은 자유로워도 출처는 반드시 밝혀야 한다'라는 원칙을 기억해야 한다.

① 공정 이용(Fair Use): 교육·연구 목적의 제한적 활용

저작권은 글쓰기 과정에서 자료 이용의 제한 요건으로 작용할 때가 종종 있다. 저작권은 자료의 이용 권한을 법률로 제한하고 있기 때문이다. 그러나 저작권자의 허락을 모두 받아야만 자료를 사용할 수 있는 건 아니다. '공정 이용(fair use)' 원칙에 따

라 비영리 교육 목적, 연구 목적의 범위에서 일정 수준의 인용이 허용된다. 공정 이용 여부는 다음과 같은 요소들을 종합적으로 고려하여 판단한다.

가. 이용 목적과 성격(비영리·교육적 목적일수록 허용 범위가 넓음)
나. 사용된 부분의 비율(작품 전체 중 어느 정도 사용했는가)
다. 원저작물의 성격(사실 기반 자료인지, 고도의 창작성인지 등)
라. 저작물 시장 가치에 미치는 영향

다만 공정 이용은 '허용'을 의미하는 것이 아니라 '조건부 허용'이므로, 출처 표기는 언제나 필수다. 공정 이용이라는 이유로 마음대로 복제하거나 공유할 수 있는 것은 아니며, 특히 강의 자료·교재·도표·논문 등의 전체 복제는 공정 이용에 해당하지 않는 경우가 많다.

② 퍼블릭 도메인(Public Domain): 자유로운 활용이 가능한 자료

저작권 보호 기간(저작자 사후 70년)이 만료된 저작물은 '퍼블릭 도메인(public domain)'으로 분류되어 자유롭게 이용할 수 있다. 퍼블릭 도메인의 예를 들면 다음과 같은 것들이 있다.

가. 셰익스피어 작품
나. 1920년대 이전 발행된 고전 텍스트
다. 보호 기간이 만료된 회화·사진

그러나 퍼블릭 도메인 자료를 사용할 때도 다음 사항을 주의해야 한다.

가. 현대 번역본은 새로운 저작물이므로 별도의 저작권이 발생한다.
나. 해설·주석·편집·각색 등 부가적 창작 요소가 포함된 판본은 역시 저작권 대상이다.
다. 원문은 자유롭게 이용할 수 있지만 "어떤 판본을 사용했는지"에 따라 저작권 적용 여부가 달라질 수 있다.

따라서 고전 텍스트나 오래된 음악을 사용할 때도 어느 판본인지 정확히 확인하고, 출처를 표기하는 것이 바람직하다.

글쓰기에서 저작권을 존중한다는 것은 법적 의무를 이행하는 데 그치지 않는다. 이는 학문 공동체 안에서 선행 연구자들이 제시한 생각과 연구 결과를 인정하고, 그 성과를 바탕으로 자신의 사고를 정직하게 전개하는 태도를 뜻한다. 출처 표기와 인용 규칙의 준수는 논의의 근거를 분명히 하고 글의 신뢰성을 확보하는 데 중요한 역할을 한다. 저작권을 이해하고 존중하는 태도는 대학에서 이루어지는 모든 글쓰기와 학습 활동에 적용되는 기본 윤리이다.

3) 표절의 정의와 유형

표절(plagiarism)은 라틴어 plagiarus(플라기아루스: 납치자)에서 유래한 말로, 타인의 글이나 아이디어를 출처 없이 사용하여 자신의 것처럼 제시하는 행위를 뜻한다. 지적 재산을 침해하는 학문적 절도 행위로 간주되는 표절은 연구 윤리 위반 사례 중에서도 발생 빈도가 높은 편이다. 의도적이든 비의도적이든 학문에서 표절은 인용 규칙을 지키지 않거나 원문과 유사성이 높은 경우 모두 해당한다. 따라서 표절 여부는 의도가 아닌 행위를 기준으로 판단하며, 인용 규칙의 준수 여부가 핵심 기준이다. 표절은 복사의 정도와 창작적 변형의 유무에 따라 다음과 같이 구분된다.

(1) 원전/복제 표절 (Verbatim Plagiarism)

출처 명시 없이 타인의 텍스트를 그대로 가져와 사용하는 행위이다. 이는 직접 인용 시 큰따옴표(" ")와 쪽수/출처를 명시해야 하는 규칙을 위반하는 것으로, 저작인격권(성명표시권) 및 저작재산권을 침해하는 가장 직접적인 유형이다.

(2) 발상/아이디어 표절 (Idea Plagiarism)

창시자의 공적을 인정하지 않고 타인의 고유한 개념·이론·논증 구조·가설·은유

등 아이디어 전체나 일부분을 그대로 또는 피상적으로 수정하여 도용하는 행위다. 이는 연구자가 타인의 연구 제안서 심사 등을 통해 알게 된 아이디어를 무단 도용하는 경우도 포함한다. 아이디어 표절을 방지하려면 아이디어 제공자를 각주, 서문 또는 감사의 글에 명확히 명시하여 공로를 인정해야 한다.

(3) 부적절한 바꿔 쓰기/요약 표절 (Inappropriate Paraphrasing/Summarizing)

원문의 의미를 유지하되 표현만 부분적으로 바꾸거나, 구조는 그대로 둔 채 단어만 치환하는 방식은 출처 표기 여부와 관계없이 표절로 간주할 수 있다. 이러한 유형은 작성자가 의도하지 않았더라도, 원문과의 유사성이 높아 '비의도적 표절(unintentional plagiarism)'로 판단된다. 즉, 표절의 판단 기준은 '의도(intent)'가 아니라 '행위(act)'이며, 결과적으로 표절 판단을 피할 수 없다.

간접 인용(paraphrasing)이라 하더라도 반드시 출처를 밝혀야 하며, 원문의 내용을 충분히 이해한 뒤 자신만의 언어·논리 구조로 재구성하는 과정이 필요하다. 원문을 형식적으로만 바꾸는 행위는 표절 검사에서 높은 유사도로 검출될 가능성이 크며, 학문 공동체가 요구하는 지적 정직성에 부합하지 않는다.

(4) 모자이크/짜깁기 표절 (Mosaic/Patchwriting Plagiarism)

타인의 저술에서 내용 일부를 조합하거나, 단어를 동의어로 대체하여 사용하면서 원저자와 출처를 밝히지 않는 기만적인 행위이다. 이는 글쓰기 능력 부족이나 시간 촉박함으로 인해 의도적으로 표절 검사를 회피하려는 시도로 해석되며, 단순한 실수 이상의 심각한 지적 불성실성 위반으로 간주한다.

(5) 자기 표절(Self-Plagiarism)

자기 표절(Self-Plagiarism)은 이전에 자신이 제출했거나 발표한 내용을 출처 고지 없이 재활용하거나 중복해서 제출하는 행위를 말한다. 학계는 모든 학술 논문이 기존에 발표된 적 없는 독창적인 내용을 다루어야 한다는 원칙을 고수한다.

자기 표절은 저작재산권 침해에 해당하지는 않으나, 해당 교과목의 독창성 요구

기준과 학습 성실성을 위반하는 행위이므로 엄격히 규제된다. 연구 진실성을 훼손하는 이 행위를 방지하기 위해 기존 작업 재활용 시에는 반드시 원출처를 밝혀야 하며, 중복 제출 전에는 담당 교수와 상의하여 승인받는 절차를 거쳐야 한다.

표절의 본질은 '남의 생각을 내 생각인 것처럼 보이게 하는 행위'이며, 그 결과는 단순한 윤리 위반을 넘어 학문 공동체의 신뢰를 훼손하는 행위이다.

4) 표절 예방과 창조적 인용의 실천

표절을 방지하기 위한 첫걸음은 정확한 인용 습관이다. 글을 쓰기 전, 다음 세 가지 질문을 스스로 점검해야 한다.

가. 출처를 밝혔는가?
나. 정확히 인용했는가?
다. 인용 형식을 올바르게 지켰는가?

좋은 글쓰기는 단순한 복제가 아니라 참고 - 응용 - 창작의 순환 과정을 따른다. 타인의 연구를 참고하되 그대로 옮기지 않고 자신의 언어와 논리로 재해석해야 한다. 이를 통해 학습자는 단순한 모방자가 아니라 지식을 새롭게 연결하고 해석하는 주체로 성장한다.

패러디(Parody)와 오마주(Hommage)처럼 원전을 명시적으로 인용하면서 새로운 의미를 창조하는 글쓰기는 '창조적 모방'의 좋은 예이다. 이는 표절과 달리 출처를 밝히고, 원전을 변형해 새로운 의미를 생산한다는 점에서 구별된다.

4. 인공 지능(AI) 시대의 글쓰기 윤리

1) AI 활용의 원칙: 투명성·책임성·책무성

생성형 인공 지능(AI)은 글쓰기의 방식 자체를 변화시키고 있다. AI는 아이디어 탐색, 자료 요약, 문장 구조 설계 등 글쓰기의 여러 단계에서 유용한 조력 도구가 될 수 있다. 그러나 AI는 어디까지나 도구(tool)일 뿐, 저자(author)가 될 수 없다. 글쓰기는 자기의 생각과 해석을 언어로 드러내는 행위이므로 AI가 대신 생성한 문장을 그대로 제출하는 것은 글쓰기의 목적과 학습 의미에 부합하지 않는다. AI를 이용하여 자료를 찾고 조합할 수는 있지만, 그 결과를 이해하고 해석하는 책임은 오직 인간에게 있다. AI 시대의 글쓰기 윤리는 다음의 세 가지 핵심 원칙으로 요약된다.

(1) 투명성(Transparency)

AI를 사용했다면 그 사실과 사용 목적, 기여 정도를 명확히 밝혀야 한다. 이는 글쓰기 과정의 신뢰를 확보하고, 독자에게 글의 생성 과정을 알리는 기본 예의이자 책임이다. 예를 들어, 과제 보고서나 논문 말미에 AI가 자료 정리, 문장 구조 검토 등 보조적 역할로 사용되었음을 밝히고 최종 해석과 판단의 주체가 글쓴이임을 명시하는 방식이 이에 해당한다.

(2) 책임성(Accountability)

AI가 만든 문장이나 정보의 오류·편향·표절 여부에 대한 최종 책임은 글쓴이에게 있다. AI의 결과물을 그대로 수용하지 말고, 사실 확인(fact-checking)과 검토(human review) 과정을 반드시 거쳐야 한다. 책임성은 글의 정확성과 신뢰를 유지하는 핵심 윤리다.

(3) 책무성(Responsibility)

AI를 활용할 때 인간의 주체성과 판단력을 잃지 않고, 그 결과가 사회적 공익과 공정성에 부합하는지를 고려해야 한다. AI는 글쓰기의 효율성을 높이지만, 진정한 독창성(originality)은 여전히 인간의 사유와 해석에서 비롯한다. AI 시대의 글쓰기는 기술의 능숙함을 보여주는 과정이 아니라 인간의 해석력과 치열한 탐구열을 증명하는 과정이어야 한다.

AI가 만들어낸 문장은 법적으로는 저작권 보호를 받지 않지만, 그 속에 포함된 정보나 표현은 기존 저작물에서 유래했을 수 있다. 따라서 AI 결과물은 저작권 침해보다는 표절(plagiarism)의 위험이 더 크다. 특히 AI는 출처를 자동으로 제시하지 않기 때문에 이용자가 직접 사실 확인과 출처 추적을 수행해야 한다. 최신 학술기관들은 AI가 직접 생성한 콘텐츠(AI-Generated Content, AGC)와 AI의 보조를 받아 작성한 콘텐츠(AI-Assisted Content, AAC)를 구분하며, 학생에게는 AAC만을 제한적으로 허용한다. 이 구분은 AI 시대의 글쓰기에서 인간의 해석력과 책임성을 유지하기 위한 최소한의 기준이다.

2) AI 활용 및 공개(Disclosure) 지침

글쓰기 과정에서 AI 도구를 사용했다면, 그 사실을 숨기거나 결과물을 그대로 제출해서는 안 된다. AI를 학습의 보조 수단으로 활용하되, 그 사용 과정과 정도를 투명하게 밝히는 것이 글쓰기 윤리의 기본이다. 다음은 AI 활용 시 지켜야 할 주요 지침이다.

[표 4] AI 활용 시 지켜야 할 주요 지침

점검 항목	윤리적 요구 사항	실천 방안(예시)
활용 공개 (Disclosure)	AI 사용 여부, 도구 명, 버전, 사용 목적, 기여도를 명시해야 함	과제나 논문 서두 혹은 각주에 "본 글의 초안 구성에 ChatGPT를 참고하였음을 명시
책임 소재 (Accountability)	AI 생성 내용의 오류나 편향에 대한 최종 책임은 글쓴이에게 있음	AI가 생성한 내용을 반드시 검증하고, 필요 시 사실 확인 및 편향성 검토 실시
콘텐츠 구분 (Labeling)	AI가 직접 생성하거나 보조한 구절을 구분해야 함	본문 내에 '(AI 참고 문장)' 등의 표기나 주석으로 구별
적절한 인용 (Citation)	AI 도구를 통해 얻은 정보는 학술 양식에 따라 인용	APA 7판 기준에 따라 제작사·모델명·버전·접근일·URL 명시

(1) AI 인용 방법

APA 7판 지침에 따르면, ChatGPT와 같은 생성형 인공 지능을 활용할 때는 제작사, 모델 버전, 접근 경로를 명확히 밝혀야 한다.

OpenAI. (2023). *ChatGPT* (3월 14일 버전) [대형 언어 모델].
https://chat.openai.com/chat

국내에서는 ChatGPT를 사용했을 경우 그 버전까지 밝히는 것을 원칙으로 하고 있으며, 어느 부분에 어떻게 활용했는지도 밝히도록 하고 있다. AI를 글쓰기에 활용한 사실을 밝히는 것은 단순한 형식이 아니라 신뢰를 지키는 윤리적 태도이다. AI가 제시하는 문장은 기존 지식의 재조합에 불과할 수 있으므로, 그 결과를 비판적으로 검토하고 자신만의 언어로 다시 해석하는 태도가 필요하다. AI 시대의 글쓰기 윤리는 기술의 효율성보다 인간의 정직성과 비판적 사고를 더 중시한다.

학술적 글쓰기는 스스로 탐구하고 분석하여 알아낸 결과를 체계적으로 정리하여 기술하는 것이다. 과제물을 제출할 때는 아래와 같은 항목을 스스로 점검하여 지적 불성실 행위를 예방할 필요가 있다.

• • • • • •

과제물 제출 전 체크리스트

1. 이 과제물은 내가/우리가 직접 연구하고 작성한 것이다. ☐
2. 인용한 모든 자료(책·논문·인터넷자료 등)의 인용 표시를 바르게 하였다. ☐
3. 인용한 자료의 표현이나 내용을 왜곡하지 않았다. ☐
4. 정확한 출처 제시 없이 다른 사람의 글이나 아이디어를 가져오지 않았다. ☐
5. 과제물 작성 중 도표나 데이터를 조작(위조 혹은 변조)하지 않았다. ☐
6. 과제물을 다른 사람으로부터 받거나 구매하여 제출하지 않았다. ☐
7. 이 과제에 실질적으로 참여하지 않은 사람을 공동 제출자로 명기하지 않았다. ☐
8. 이 과제물과 동일한 내용을 다른 교과목의 과제물로 제출한 적이 없다. ☐

– 최선경, 「대학생 글쓰기윤리 의식 고취를 위한 실천적 교육방안」, 『수사학』 제10집, 한국수사학회, 2009.

• • • • • •

생성형 AI의 활용이 일상화된 글쓰기 환경을 고려하면 다음과 같은 항목을 추가로 점검할 필요가 있다.

• • • • • •

9. AI 생성물을 그대로 과제물로 제출하지 않았다. ☐
10. AI 생성물을 과제물에 담았을 경우, 인용 표시를 바르게 하였다. ☐
11. AI 생성물에 대해서는 그 출처와 원문을 직접 확인하였다. ☐
12. 학교의 글쓰기 및 AI 활용 지침을 성실히 준수하였다. ☐

• • • • • •

기술의 급속한 발전은 우리의 삶을 여러 측면에서 편리하게 바꾸어 놓았다. 글쓰기 영역도 예외가 아니다. 인공 지능 기술의 발전으로 누구나 손쉽게 글을 쓸 수 있는 환경이 조성되었다. 그러나 이러한 기술을 어떻게 활용하고 통제할 것인지는 여전히 인간의 책임으로 남아 있다. 글쓰기의 윤리를 지키는 일 역시 우리 스스로 감당해야 할 과제이다. 이는 학문 공동체의 일원으로서 지적 성실성을 실천하는 가장 기본적인 출발점이라 할 수 있다.

참고 문헌

김기태, 『대학생이 반드시 지켜야 할 저작권 상식』, 문화체육관광부 한국저작권보호원, 2024.

대학글쓰기편찬위원회 편, 『대학글쓰기』, 노스보스, 2020.

법제처 국가법령정보센터, 「병역법 제88조 제1항 등 위헌 소원 등[전원재판부 2011헌바379, 2018.06.28., 헌법불합치]」, https://lbox.kr/v2/case/%ED%97%8C%EB%B2%95%EC%9E%AC%ED%8C%90%EC%86%8C/2011%ED%97%8C%EB%B0%94379 (2025년 12월 31일 검색).

우양호, 「공직사회 개방형 직위 임용의 양성평등 문제: '유리문 효과(Glass Door Effect)' 가설의 유효성」, 『여성연구』 120(1), 한국여성정책연구원, 2024.

찰스 다윈 지음, 『종의 기원』, 장대익 옮김, 사이언스북스, 2019.

최선경, 「대학생 글쓰기 윤리 의식 고취를 위한 실천적 교육방안」, 『수사학』 10, 한국수사학회, 2009.

한국연구재단, 「생성형 인공 지능(AI) 도구의 책임 있는 사용을 위한 권고사항(개정판)」, 2025.

"Defining the Role of Authors and Contributors", International Committee of Medical Journal Editors(ICMJE) https://www.icmje.org/recommendations/browse/roles-and-responsibilities/defining-the-role-of-authors-and-contributors.html?utm_source=chatgpt.com (2025년 10월 7일 검색).

제2장

학술적 글쓰기의 과정

대학의 중요한 기능 중 하나가 바로 연구이다. 연구는 특정한 문제나 주제에 대해 체계적이고 계획적으로 수행되는 지적 탐구의 과정을 의미한다. 대학생들은 대학 입학과 동시에 전 세계적인 '학문 공동체'의 일원의 자격을 갖게 된다. 따라서 대학생들도 교수나 대학원생들처럼 자신의 연구를 수행하며 그 결과를 학술 논문으로 작성해서 출판할 수 있다. 이 장에서는 주로 학술 논문을 쓰는 방법과 과정에 대해서 살펴보자.

학술 논문은 학문적 연구 결과를 적은 글이다. 글쓴이는 명확한 주제(thesis)를 제시하고, 명확한 연구 방법을 사용하며, 과학적인 근거 제시와 논리적인 분석을 통해서 자신의 주장을 증명한다. 학술 논문은 주로 대학원 세미나용, 학회 발표용, 학위 논문을 의미하며, 독자는 교수와 대학원생, 혹은 동료 연구자들이다. 하지만 학부생이 작성하는 학술 논문은 주로 수업의 과제로 제출하는 글이기 때문에 독자는 동료 학생들이나 교수이다. 대학생들에게 학술 논문 작성은 연구 결과를 글로 작성한다는 의미도 있지만, 자신의 주장을 체계화하고 자료 정리와 연구 방법을 학습하는 과정이라는 의미도 있다. 학생들은 이런 훈련 과정을 통해서 연구 능력을 향상시켜 독립된 연구자의 자질을 갖출 수 있다.

그렇다면 학술 논문을 어떻게 써야 할까? 발터 벤야민은 「어떻게 써야 할 것인가」라는 글에서 글쓰기란 '사고의 실현'이라고 말하였다. 즉, 내가 어떤 생각—주장, 발견, 혹은 방법론—을 하고 있는지 정확하게 알고, 그 생각을 타인과 소통하기 위해서는 생각을 글로 써야 한다. 그러나 모든 글이 내 생각을 정확하게 실현하는 것은 아니다. 생각을 글로 실현하기 위해서는 몇 가지 절차를 밟아야 한다.

주제 선정하기 → 자료 조사하기 → 주제문 쓰기 → 개요 쓰기 → 글쓰기 → 고치기

이러한 과정을 통해서 글을 완성했더라도 이것이 학술적인 글로서의 가치를 인정받기 위해서는 글쓴이는 다음과 같은 질문에 답할 수 있어야 한다.

첫째, 이 글의 주장은 무엇인가?
둘째, 이 글은 얼마나 새로운가?
셋째, 이 글은 다른 글과 어떤 차별성이 있는가?

글쓴이가 시간 들여서 작성한 글이 학술적으로 가치가 있다는 평가를 받기 위해서는 이런 질문에 자신 있게 대답할 수 있어야 한다. 이를 위해서 글쓰기의 과정에 따른 구체적인 글쓰기의 방법을 숙지하고 이에 맞게 글을 작성할 필요가 있다.

1. 글의 구상 및 설계

1) 주제(thesis) 정하기

학술 논문(학술대회 발표문, 학술지 논문, 학위 논문 등)의 작성은 주제의 선정에서부터 시작한다. 주제는 찬성 혹은 반대가 갈리며, 그것이 옳거나 그르다는 것을 증명할 수 있어야 한다. 주제는 단순한 사실에 대한 진술도 아니며, 믿음에 대한 진술도 아니다. 사실 진술이 주제가 될 수 없는 이유는, 그것의 참, 거짓이 자명하기에 증명할 필요가 없기 때문이다. 믿음에 대한 진술이 주제가 될 수 없는 이유도 그것이 증명될 수 없기 때문이다. 옳고 그름 혹은 참, 거짓을 증명할 수 있는 것만이 주제가 될 수 있다. 이외에도 글쓴이는 글의 주제를 정할 때 다음과 같은 점을 유의해야 한다.

첫째, 명확한 논쟁점이 있어야 한다.

둘째, 주제가 글쓴이의 관심에 상응해야 한다. 그리고 글쓴이의 관점과 시각이 드러나는 주제를 선정해야 한다.

셋째, 아직 아무도 다루지 않았거나 다루어 본 사람이 있어도 잘못 다룬 주제를 택하여 독창적으로 써야 한다.

넷째, 지나치게 상식적이거나 너무 많은 사람이 다룬 주제는 되도록 피해야 한다. 이런 주제를 선정하면, 글쓴이는 기존 연구를 넘어서는 새로운 내용을 제시하는 데 어려움을 겪을 수 있다.

다섯째, 시효성이 떨어지는 주제도 되도록 피한다. 글쓴이는 주제를 정할 때, 위헌이나 헌법 불합치 판정 등으로 법률 조항 등이 폐지된 주제(예: 인터넷 실명제)는 피하는 것이 좋다.

여섯째, 자기 능력으로 해결할 수 없는 주제, 자료를 확보할 수 없는 주제, 실험 시설이나 비용을 감당할 수 없는 주제는 피한다.

일곱째, 이미 많이 연구된 대상일 경우 새로운 연구 방법을 제시해야 한다.

2) 자료 조사하기

주제를 선정하고 나면 자료를 수집해야 한다. 기존 연구 성과를 잘 파악하고 있지 않으면 자신의 연구가 물거품이 될 수 있다. 기존의 연구 성과를 잘 알고 있어야 자신의 연구가 어떤 점에서 기존의 연구와 차별화되고 어떤 의의를 가지는 것인지 명확히 할 수 있다. 만약 기존 연구에 대해서 잘 파악하고 있지 않으면 자신의 연구가 기존 연구의 흐름 속에서 차지하는 위치가 불분명해질 뿐 아니라 때로 중복될 가능성도 있어 자칫 헛수고가 되거나 표류하게 될 가능성이 있다. 그렇기에 저자는 자신이 연구하려는 분야의 기존 연구 성과를 철저히 검토해야 하며, 자신의 주장을 뒷받침해 줄 자료를 충분히 찾아서 검토해야 한다.

(1) 단국대학교 도서관 (http://libc.dankook.ac.kr)

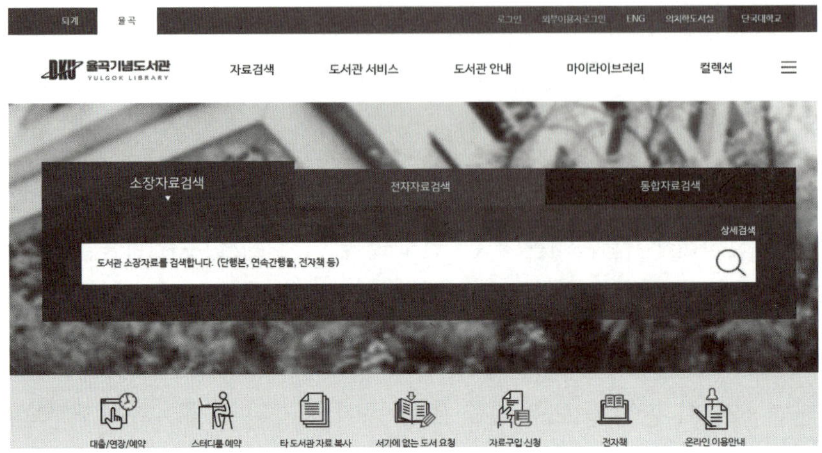

[그림 1] 율곡기념도서관 홈페이지 화면

단국대학교 도서관이 소장하고 있는 자료나 구독 중인 전자자료를 검색할 수 있다. 검색창에 키워드를 넣고 검색하면 다양한 자료들의 목록을 확인할 수 있다.

(2) 한국교육학술정보원 (http://www.riss.kr)

[그림 2] 한국교육학술정보원 홈페이지 화면

한국교육학술정보원 홈페이지를 이용하여 단국대학교 도서관에 없는 자료들을 검색할 수 있고, 다른 도서관에 소장된 책이나 학위 논문들을 복사나 대출 신청을 해서 볼 수 있다. 회원 가입을 해서 사용하면 된다.

3) 글의 논리 구조를 스케치하기

학술 논문의 핵심적인 구성 요소는 주장-이유-근거이다. 주장은 화제에 대한 저자의 관점을 밝힌 것으로 글 전체를 지배하는 핵심 생각(controlling idea)이다. 주장(thesis)은 단순한 사실이나 믿음이 아니라, 논쟁의 여지가 있는 구체적인 생각이어야 하며, 글의 내용을 통해 증명될 수 있어야 한다. 이유(reason)는 독자의 "왜?"라는 질문에 답하며, 주장과 근거를 연결하는 논리적 연결 고리의 역할을 한다. 근거(evidence)는 이유가 논리적으로 타당하다는 것을 입증하고 궁극적으로 주장이 옳다는 점을 뒷받침하기 위해 제시하는, 신뢰할 수 있는 정보이다. 주로 통계, 사실 보도, 설문 결과, 인터뷰, 법률 조항, 연구 결과, 보고서, 전문가의 의견, 역사적 기록 등이며, 출처가 분명하고 '검증이 가능한 정보'여야 한다. 주장, 이유, 근거가 대략 정해지면 이를 바탕으로 대략적인 글의 논리를 구성할 수 있다.

(1) 주제문 쓰기

주제문은 나의 주장을 쓴 문장이다. 자료 연구를 통해서 어떤 주장으로 글을 써야 할지가 구체화 되었다면 주장을 문장 즉, 주제문으로 작성한다. 하나의 화제에 대하여 여러 가지 주제문이 가능하며 이 주제문에 따라 글의 내용과 방향이 달라진다. 그렇다면 주제문을 어떻게 써야 할까?

〈주제문의 요건〉

① 완전한 문장으로 표현되어야 한다.

② 명료하게 표현되어야 한다.

③ 구체적으로 표현되어야 한다.

④ 적합한 단어를 선택해야 한다.

이상의 요건에 맞게 〈동물을 대상으로 한 독성 평가〉라는 화제에 대한 주제문을 쓴다고 해 보자. 이 화제에 대한 나의 관점, 반대 의견, 그리고 잠재적 독자들에 대해서 신중하게 생각한 후, 주제문을 다음과 같이 작성할 수 있다.

기존의 동물을 이용한 독성 평가를 동물대체시험법으로 전환해야 한다.

이 문장은 화제(동물을 대상으로 한 독성 평가)에 대한 나의 입장(동물대체시험법으로 전환해야 한다)만을 적은 것이다. 여기에 이유를 포함해서 다음과 같이 주제문을 구체적으로 작성할 수 있다.

기존의 동물을 이용한 독성 평가는 인체에 대한 정확성과 재현성이 떨어지고 막대한 비용과 시간을 소모하는 문제점을 갖고 있지만, 동물 대체 실험은 이런 문제들을 해결하고 국가적·기술적 이익을 가져올 수 있으므로 동물실험에서 동물대체시험법으로 독성 평가의 방법을 전환해야 한다.

이상의 주제문은 동물 대상 독성 실험과 동물 대체 독성 실험 사이의 '논쟁점'을 포함하고 있기에 글의 주장이 될 수 있다. 현재, 이 두 가지 실험 방식을 두고 인간의 안전과 동물의 복지라는 대의 사이에서, 그리고 오래된 실험 방식의 한계와 새로운 기술의 미성숙이라는 현실적인 문제 사이에서 어느 것이 더 유용한 방식인지를 두고 논쟁이 일어나고 있다. 주요한 논쟁점은 첫째, 인간의 안전과 동물의 복지 중 어느 것을 더 우선해야 하나, 둘째, 어느 실험 방법이 결과에서 더 정확하고 기술적으로 더 성숙한 것이냐, 셋째, 어느 것이 더 국제적인 지지를 받는 방법이냐 등이 있다. 이러한 논쟁점들을 고려하여 이유와 근거를 정리한다.

(2) 논증을 도식화하기

일단 주장(주제)이 정해지면, 글쓴이는 글의 주요 이유들을 문장의 형태로 진술하려고 시도해야 한다. 또한 주장과 이유들을 정리하여 글의 대략적인 논증 과정을 도식화한다.

주제문: 기존의 동물을 이용한 독성 평가는 인체에 대한 정확성과 재현성이 떨어지고(이유 1), 막대한 비용과 시간을 소모하는 문제점을 갖고 있지만(이유 2), 동물 대체 실험은 이런 문제들을 해결하고 국가적·기술적 이익을 가져올 수 있기에(이유 3) 동물실험에서 동물대체시험법으로 독성 평가의 방법을 전환해야 한다.

- 이유 1: 동물실험은 인체에 대해서 정확성과 재현성이 떨어진다.
  - 근거 1: 동물실험은 낮은 정확성을 가진다.
  - 근거 2: 동물실험은 낮은 재현성을 가진다.

- 이유 2: 동물실험은 독성 평가에 막대한 비용과 시간이 든다.
  - 근거 1: 동물실험을 통해 얻은 재현 불가능한 연구들이 비용과 시간을 낭비하게 만든다.
  - 근거 2: 실험동물의 높은 가격과 시장 변동성 때문에 막대한 금전적 비용이 발생한다.

- 이유 3: 동물대체시험법은 동물실험이 보인 여러 가지 문제를 해결하고 국가적·기술적 이익을 가져올 수 있다.
  - 근거 1: 동물대체시험법은 앞선 동물실험 과정에서 발생하는 각종 문제를 해결할 수 있다.
  - 근거 2: 동물대체시험법은 국가적·기술적 이익을 가져올 수 있다.

이처럼 주장과 주요 이유, 그리고 각 이유를 구체화하는 근거들이 정해지면 최종 개요를 작성한다.

4) 개요 쓰기

개요란 구상한 것을 도식화하여 작성한 것으로 글의 설계도 혹은 아우트라인(outline)이라고 부른다.

(1) 개요의 구성 요소

① 주장과 그에 종속된 이유를 찾는다.

② 각 이유에 포함된 근거를 찾는다.

③ 주장, 이유, 근거의 목록을 작성하여 개요를 완성한다.

(2) 개요의 작성 방법

① 개요는 글의 제목과 주제문 아래에다 작성하며, 주제문은 완전한 문장으로 써야 한다.

② 모든 항목에는 항목번호를 부여해야 하며, 상위 항목과 하위 항목의 항목번호는 구별되어야 한다.

③ 하위 항목의 번호는 하위 항목이 둘 이상이 있을 때에 부여한다.

④ 동일계통의 항목번호를 가지는 항목들은 서로 대등한 관계를 유지해야 한다.

⑤ 상위 항목의 내용은 모든 차하위 항목의 내용을 포괄할 수 있어야 한다.

⑥ 상위 항목과 하위 항목의 순서가 일치하여야 한다.

⑦ 항목의 표현 형식은 화제나 문장 중 하나로 통일되어야 한다.

⑧ 최상위 항목을 서론, 본론, 결론으로만 쓰지 말고 그 내용을 구체적으로 쓴다.

개요는 문장 개요나 화제 개요로 작성할 수 있다. 문장 개요는 개요를 문장으로 작성한 것으로서 제목을 제외한 주제문 그리고 개요의 모든 항목을 문장으로 작성한다. 문장 개요의 장점은 글쓴이의 생각을 문장의 형태로 구체적으로 적었기 때문에 쉽게 글로 전환될 수 있다는 것이다. 따라서 개요를 작성할 때 될 수 있으면 문장 개요로 작성할 것을 권장한다.

〈문장 개요의 사례〉

- 제목: 독성 평가 패러다임을 전환해야 하는 이유
- 주제문(주장): 동물실험은 정확성과 재현성이 떨어지고 막대한 비용과 시간을 소모하는 문제점이 있지만, 동물대체시험법은 이런 문제를 해결하고 국가적·기술적 이익을 가져올 수 있기에 동물실험에서 동물대체시험법으로 독성 평가 방법을 전환해야 한다.

- 개요:

Ⅰ. 서론: 세계적으로 동물 대상 독성 평가를 다른 방법으로 대체하려는 움직임이 가속화되고 있다.

Ⅱ. 본론: 동물실험은 정확성과 재현성이 떨어지고 막대한 비용과 시간을 소모하는 문제점이 있지만, 동물대체시험법은 이런 문제를 해결하고 국가적·기술적 이익을 가져올 수 있다.

1. 이유 1: 동물실험은 인체에 대해서 정확성과 재현성이 떨어진다.
   1) 근거 1: 동물실험은 낮은 정확성을 가진다.
   2) 근거 2: 동물실험은 낮은 재현성을 가진다.

2. 이유 2: 동물실험은 독성 평가에 막대한 비용과 시간이 든다.
   1) 근거 1: 동물실험을 통해 얻은 재현 불가능한 연구들이 비용과 시간을 낭비하게 만든다.
   2) 근거 2: 실험동물의 높은 가격과 시장 변동성 때문에 막대한 금전적 비용이 발생한다.

3. 이유 3: 동물대체시험법은 동물실험이 보인 여러 가지 문제를 해결하고 국가적, 기술적 이익을 가져올 수 있다.
   1) 근거 1: 동물대체시험법은 동물실험이 가진 각종 문제를 해결할 수 있다.
   2) 근거 2: 동물대체시험법은 국가적·기술적 이익을 가져올 수 있다.

Ⅲ. 결론: 동물실험에서 동물대체시험법으로 독성 평가 방법의 패러다임을 전환해야 한다.

화제 개요는 개요를 단어나 어구로 작성하는 것이다. 주제문을 제외한 개요의 나머지 항목들은 단어나 어구로 작성된다. 어구를 작성할 때 〈~함〉 혹은 〈~임〉과 같은 동사의 명사형으로 작성하지 않도록 유의한다.

〈화제 개요의 사례〉

제목: 인터넷 공간의 특징
주제문: 인터넷 공간은 유동적이고 열린 공간으로서의 이미지를 갖고 있다.

1. 서론: 현실 공간의 물질성과 인터넷 공간의 비물질성 (1문단)

2. 물질적 상상력과 비물질적 상상력의 차이 (2~3문단)
   2-1. 외부의 이미지에 토대를 둔 물질적 상상력 (2문단)
   2-2. 외부와의 연계가 불필요한 비물질적 상상력 (3문단)

3. 현실 공간의 집과 인터넷의 집 사이의 의미 차이 (4문단)
   3-1. 피난처이자 안식처인 현실 공간의 집과 이런 의미가 없는 인터넷의 집
   3-2. 개인적 공간인 현실 공간의 집과 집단적 공간인 인터넷의 집
   3-3. 외부와 내부의 경계인 현실 공간의 문과 이런 경계가 유동적인 인터넷의 문

4. 유동적이고 열린 인터넷의 공간 (5문단)

2. 집필하기

본문은 개요를 토대로 집필한다. 대학교에서 쓰는 학술 논문의 길이는 5,000 단어(words) 이상인 경우가 많다. 개요를 토대로 본격적인 학술 논문을 작성하기 전에

논문 개요서(paper prospectus)를 작성할 필요가 있다. 비록 길이는 짧지만 이 글은 주장, 이유, 그리고 근거를 개요에 비해서 상세하게 정리한 것이기 때문에 각 항목들 사이의 논리적 연관성을 검토하고 글의 부족한 점을 보완, 개선하는 데 도움이 된다. 논문 개요서를 바탕으로 학술 논문을 작성하면 논문의 논리적 오류를 줄이는 데 도움을 받을 수 있다.

1) 논문 개요서 쓰기

제목: 패스트 패션에 반대한다.

주제문: 패스트 패션은 환경에 악영향을 미치고, 생산 과정에서의 노동력 착취와 같은 윤리적 문제를 일으키고, 노동자와 소비자의 건강에 악영향을 끼칠 수 있기에 나는 이 산업의 과도한 성장에 반대한다.

개요:

Ⅰ. 서론: 패스트 패션이 유행하면서 관련 산업이 크게 성장하고 있다.

1. 최근 들어 다양한 패션 플랫폼을 통하여 '패스트 패션(fast-fashion)' 제품의 소비가 크게 증가하고 있다. (화제 제시)
2. 패스트 패션은 빠르게 변화하는 패션 트렌드를 신속하게 반영하여 생산되고 소비되는 패션을 의미한다. (용어 설명)
3. 환경 단체를 중심으로 패스트 패션의 유행과 관련 산업의 성장에 대한 우려가 제기되고 있다. (문제 제기)
4. 주제문: 패스트 패션은 환경에 악영향을 미치고, 생산 과정에서의 노동력 착취와 같은 윤리적 문제를 일으키고, 소비자의 건강에 악영향을 끼칠 수 있기 때문에 나는 이 산업의 과도한 성장에 반대한다. (주장 제시)

Ⅱ. 본론 1: '패스트 패션' 산업은 환경에 악영향을 미친다. (이유 1)

1. 패스트 패션 제품 생산 시 화학 물질과 환경 자원을 무분별하게 사용하여 환경을 오염시키고 파괴한다. (근거 1)
2. 패스트 패션 산업은 재활용되지 않는 폐기물을 대량으로 발생시키는 문제가 있다. (근거 2)

III. 본론 2: '패스트 패션' 산업은 저임금과 열악한 노동 환경으로 노동자를 착취하고 있다. (이유 2)

1. 패스트 패션 기업은 주로 개발도상국에 있으며 이 지역 노동자들을 저임금으로 고용하고 있다. (근거 1)
2. 패스트 패션 산업의 노동자들은 열악하고 위험한 환경에서 일하고 있다. (근거 2)

IV. 본론 3: '패스트 패션' 제품들은 노동자나 소비자의 건강에 악영향을 끼칠 수 있다. (이유 3)

1. 근거 1: 패스트 패션의 생산에 사용되는 화약 약품은 노동자의 건강을 해칠 수 있다. (근거 1)
2. 근거 2: 패스트 패션 제품에 사용되는 화학 약품은 옷을 착용하는 소비자의 건강에 악영향을 미칠 수 있다. (근거 2)

V. 결론: 나는 '패스트 패션' 산업의 과도한 성장에 반대한다.

1. 패스트 패션은 환경을 파괴하고 노동력을 착취하며 노동자와 소비자의 건강에 악영향 미치는 등의 문제들을 일으킨다. (본론의 내용 요약)
2. 이러한 문제를 일으키는 '패스트 패션' 산업의 과도한 성장에 반대한다. (주장 재강조)

• • • • • • •

2020년부터는 '무신사'나 '알리' '테무'와 같은 온라인 쇼핑몰을 통해서 패스트 패션의 판매가 폭발적으로 증가하는 추세이다.[화제 제시] 무신사 뉴스룸의 보도자료에 따르면, 2023년의 판매량은 9,931억 원으로 전년 대비 40%나 증가했다.[1] 또한 '알리 익스프레스', '테무'와 같은 중국 플랫폼들의 사용량 또한 급증하고 있다.[2] '패스트 패션'은 최신 트렌드에 즉각 반응하여 빠르게 제작되고 유통되는 패션을 의미한다.[화제의 뜻] 일반 패션 브랜드가 계절에 맞춰 1년에 네 번 제품을 기획하는 것과 달리, 패스트 패션 브랜드는 1~2주 단위로 상품을 기획하고 생산하여 저렴한 가격에 판매한다. 대표적인 브랜드로는 일본의 유니클로, 스페인의 자라, 스웨덴의 H&M 등이 있다. 온라인 쇼핑몰을 중심으로 패스트 패션 판매량이 급증하면서 관련 업체 및 공장의 수가 전 세계적으로 급증하고 있다. 그러자 환경 단체를 중심 서론으로 패스트 패션의 유행과 관련 산업의 성장을 우려하는 목소리들이 커지고 있다.[문제 제기] 패스트 패션은 환경에 악영향을 미치고, 생산 과정에서의 노동력 착취와 같은 윤리적 문제를 일으키고, 소비자의 건강에 악영향을 끼칠 수 있다. 따라서 나는 패스트 패션 산업의 급속한 성장에 반대한다.[주장]

첫째, '패스트 패션'은 환경에 악영향을 미친다.[이유 1] 패스트 패션 제품은 생산 시에 대량의 화학 물질과 환경 자원들을 무분별하게 사용하기 때문에 환경을 파괴하는 문제가 발생한다.[근거 1] 미디어 리뷰의 보도에 따르면, 몽골에서 캐시미어 소재를 얻기 위해 양과 염소를 키우는데, 이 가축들이 풀의 뿌리까지 먹어서 넓은 몽골 초원의 약 90% 정도가 사막화가 진행되고 있다고 한다. 또한 세계에서 네 번째로 큰 호수였던 아랄해의 수량이 목화 재배의 영향으로 90%나 줄어들고, 목화를 재배하는 데에 전 세계 사용량의 24% 정도의 살충제가 사용되고 있다. 이러한 사실들은 패스트 패션 산업이 무분별하게 자원을 사용하고 있으며, 이 때문에 환경이 파괴되고 있다는 사실을 보여 준다.[3] 전통적인 의류 산업의 경우는 1년에 2번 (Spring/Summer, Fall/Winter) 의류 제품을 생산하는 데 비해서 패스트 패션 브랜드들은 1년에 평균 50회로 나눠서 생산한다.[4] 이 같은 압도적으로 많은 생산주기 때문에 패스트 패션은 정통적인 의류 산업보다 훨씬 더 많은 자원을 소비하며 환경에도 더 큰 악영향을 끼친다고 볼 수 있다. 또한 패스트 패션 산업은 대량의 폐기물을 배출하는데, 이러한 폐기물은 재활용되지 않기 때문에 많은 양의 폐기물이 쌓여 환경이 파괴되는 문제가 발생한다.[근거 2] 패스트 패션에서 옷값을 낮추기 위해 주로 재료로 활용하는 나일론, 아크릴, 폴리에스터와 같은 합성 섬유들은 마찰에 강하다는 장점이 있지만, 플라스틱과 기본 속성이 유사해 쉽게 분해되지 않는 단점이 있다. 불에 태워 소각하는 방식 또한 지구 온난화를 앞당기는 주요 원인인 이산화탄소 및 메탄이 포함된 유독 물질을 배출하는 문제점이 있다. 그 결과, 칠레 북부의 '아타카마 사막'이나 가나의 '코를 라군'에는 의류 폐기물이 산과 바다를 이루고 있

본론 1

다.[5] 패스트 패션이 유행하기 시작한 2020년에 배출된 대한민국 의류 폐기물은 약 8만 2,423톤이며, 면적으로는 한반도 면적의 7배에 달하는 양으로, 2016년(5만 8692톤)과 비교해서 140% 이상 증가하는 추세를 보이고 있다. 이는 패스트 패션이 환경 파괴의 원인 중 하나라는 것을 시사한다.[6]

둘째, 패스트 패션 산업은 저임금과 열악한 노동 환경으로 노동자를 착취하고 있다.[이유 2] 패스트 패션 기업은 베트남, 방글라데시, 인도네시아와 같은 국가에 공장을 세우고 이 지역 노동자들을 저임금으로 고용하고 있다.[7][근거 1] 미국의 패스트 패션 기업 'FOREVER 21'이라는 회사의 경우 노동자들에게 법정 최저 임금보다 훨씬 더 낮은 임금을 지급한다. 아일랜드의 다국적 소매업체 'Primark'는 제품들의 저렴한 가격으로 유명한데, 그렇게 할 수 있는 것은 낮은 급여와 과도한 근무 시간 등 노동자들의 기본적인 권리를 침해하여 생산비를 아낄 수 있었기 때문이다.[8] 또한 패스트 패션 산업의 노동자들은 열악하고 위험한 환경에서 일하고 있다.[근거 2] 2013년 4월 24일 방글라데시의 수도 다카 인근 사바르(Savar)에 있는 9층 빌딩인 라나 플라자가 붕괴되는 사고가 발생했다. 이 빌딩에 H&M과 같은 패스트 패션 브랜드들의 공장이 밀집해 있었던 탓으로 노동자 1,129명 사망했고, 2,500명이 넘는 사람들이 부상을 입었다.[9] 이러한 사례들은 패스트 패션 산업의 어두운 이면을 보여준다. 〉 본론 2

셋째, 패스트 패션 제품들은 노동자나 소비자의 건강에 악영향을 미칠 수 있다.[이유 3] 패스트 패션의 생산에 사용되는 화학 약품은 노동자의 건강을 해칠 수 있다.[근거 1] 전통적인 패션 산업에서는 천연 가죽으로 제품을 만들지만 천연 가죽은 세공 과정과 재료가 비싸다는 단점이 있다. 이것을 보완해서 패스트 패션 산업에서는 인조가죽을 사용하는 경우가 대다수이다. 이때 인조가죽을 유연하게 만들어 주는 프탈레이트(Phthalates)라는 화학 약품을 사용하는데, 이것은 호르몬을 교란하여 내분비계에 장애를 일으킨다. 만약 노동자가 이 물질에 장시간 노출되면, 정자 수 감소, 불임, 조산 등 장애를 〉 본론 3

겪을 수 있다. 또한 이러한 화학 약품은 옷을 착용하는 소비자의 건강에 악영향을 미칠 수 있다.[근거 2] 중앙일보의 보도 자료에 따르면, 어린이용 가방, 신발, 가죽 벨트 등에서 포름알데하이드, 프탈레이트계 가소제, 납과 같은 인체에 노출되면 악영향을 미치는 유해 물질이 규정 대비 최대 28배나 많이 검출되었다.[10] 『우리는 매일 죽음을 입는다』라는 책의 저자인 올든 위커에 따르면, 미국에서 패스트 패션에 사용되는, 우리 몸에 어떤 영향을 미칠지 모르는 확인되지 않은 화학 약품들이 4~6만 개에 이른다고 한다. 하지만, 제품 설명서에 옷에 들어가는 성분을 정확하게 안 적은 경우가 허다하다고 한다.[11] 이렇듯 우리는 책에 나오는 말대로 '죽음'을 입으며 언제나 그것과 함께하고 있을지도 모른다.

패스트 패션은 최근 코로나의 영향과 경기 침체의 영향에 힘입어 여러 패션 플랫폼 등을 통해 이전에 비해 몸집을 크게 불리고 있다. 물론 명품 의류 산업에 비해 싼 가격과 다양한 디자인, 빠른 유행을 따라가는 점이라는 장점들 또한 패스트 패션의 성장에 크게 작용했다고 생각한다. 하지만 패스트 패션은 대량의 자원을 사용하며, 환경에 악영향을 주고, 개발도상국 등의 노동자를 저임금과 열악한 노동 환경으로 착취하며, 생산 과정에서 사용되는 화학 약품이 노동자와 소비자의 건강에 악영향을 미친다는 문제를 일으킨다.[본론의 요약] 필자는 소비자의 입장에서 저렴한 패스트 패션의 소비는 불가피하다고 생각하지만, 다양한 문제와 부작용을 불러일으키는 패스트 패션 산업의 과도한 발전에는 반대한다.[주장의 재강조]

결론

1) 박예진, 「무신사, 지난해 40% 성장하며 매출 1조 육박 '역대 최대' …"온·오프라인에서 탄탄한 수익창출 이어간다"」, 『비즈트리뷴』 ,2024.04.09.
2) 김성현, 「中 이커머스 알리·테무, 이용자 수 사상 최대 경신」, 『뉴데일리경제』, 2024.03.06.
3) 김건아, 「계속 사고 빨리 버리고.. '패스트 패션'으로 환경 파괴도 '쾌속' 옷 쓰레기는 개발도상국으로.. 소가 옷 뜯어 먹는 모습도」, 『미디어리뷰』, 2023.10.14.
4) 전민정, 「옷이 일회용이 되어버린 시대, 패스트 패션에 대한 고찰」, 『환경신문』, 2023.02.20.

5) 김준호, 「옷에게 잠식당한 지구 이미 늦은 건 아닐까? 사는 순간 버려지는 패스트 패션」, 『ONCURATION』, 2023.12.17.
6) 최성은, 「결국 사막으로…페페트병보다 더 골칫거리인 이것」, 『오마이뉴스』, 2022.12.14.
7) 김수정, 「내가 오늘 입은 옷, 어디서 만들어질까? 」, 『프레시안 』, 2019.06.07.
8) 방석현, 「패스트 패션 브랜드 저렴한 이유, 알고 보니 노동 착취?」, 『위클리서울』, 2023.04.25.
9) 유창엽, 「1천 134명 목숨 앗아간 방글라데시 의류공장 붕괴참사 10주년」, 『연합뉴스』, 2023.04.25.
10) 문희철, 「공효진 딸기 가방까지…중국 직구 제품, 10개 중 4개는 유해물질」, 『중앙일보』, 2024.05.28.
11) 김정한, 「"우리가 입는 옷은 안전할까?"...화학물질 뒤범벅인 옷의 독성」, 『뉴스 1』, 2024.02.27.

– 학생 글

• • • • • •

2) 학술 논문 쓰기

다음은 대학글쓰기 수업 시간에 학생이 쓴 〈독성 평가 패러다임을 전환해야 하는 이유〉에 대한 개요와 글이다. 이 사례를 분석하고 학술 논문의 개요 작성 및 서론, 본론, 결론의 구성 방법에 대해서 알아보자.

(1) 개요

- 제목: 독성 평가 방법의 패러다임을 전환해야 하는 이유
- 주제문(주장): 기존의 동물을 이용한 독성 평가는 인체에 대한 정확성과 재현성이 떨어지고 막대한 비용과 시간을 소모하는 문제점을 갖고 있지만 동물 대체 실험은 이런 문제들을 해결하고 국가적, 기술적 이익을 가져올 수 있기에 동물실험에서 동물대체시험법으로 독성 평가 방법을 전환해야 한다.

- 개요:

Ⅰ. 서론: 세계적으로 기존의 동물을 대상으로 한 독성 평가를 대체하려는 움직임이 가속화되고 있다.

1. 화제 제시: 미국이 동물실험 의무 조항을 삭제했고 동물실험 축소와 포유류 동물실험 전면 퇴출을 목표로 동물대체시험법에 4.25백만 불을 투자할 것을 밝혔다.
2. 용어 설명: 동물대체시험법이란 이러한 독성 평가에서 실험동물을 사용하지 않고 유효성과 안전성을 평가하는 대체 시험법을 의미한다.
3. 문제 제기: 최근 과학계에서 수십 년 동안의 실험과 독성 평가 결과를 토대로 기존의 동물실험 모델이 인체 조직을 정확히 모사하고 있지 못한다는 것을 깨달았다.
4. 주장 제시: 기존의 동물을 이용한 독성 평가는 인체에 대해서 정확성과 재현성이 떨어지고, 막대한 비용과 시간을 소모하는 문제가 있지만, 동물 대체 시험은 이런 문제를 해결하고 국가적, 기술적 이익을 가져올 수 있기에 나는 동물대체시험법으로의 전환에 찬성한다.

Ⅱ. 본론: 동물실험은 정확성과 재현성이 떨어지고, 막대한 비용과 시간을 소모하는 문제점이 있지만, 동물대체시험법은 이런 문제를 해결하고 국가적·기술적 이익을 가져올 수 있다.

1. 이유 1: 동물실험은 인체에 대해서 정확성과 재현성이 떨어진다.
   1) 근거 1: 동물실험은 낮은 정확성을 가진다.
   2) 근거 2: 동물실험은 낮은 재현성을 가진다.

2. 이유 2: 동물실험은 독성 평가에 막대한 비용과 시간이 든다.
   1) 근거 1: 동물실험을 통해 얻은 재현 불가능한 연구들이 비용과 시간을 낭비하게 만든다.
   2) 근거 2: 실험동물의 높은 가격과 시장 변동성 때문에 막대한 금전적 비용이 발생한다.

3. 이유 3: 동물대체시험법은 동물실험이 보인 여러 가지 문제를 해결하고 국가적, 기술적 이익을 가져올 수 있다.
   1) 근거 1: 동물대체시험법은 앞선 동물실험이 가진 각종 문제를 해결할 수 있다.
   2) 근거 2: 동물대체시험법은 국가적·기술적 이익을 가져올 수 있다.

Ⅲ. 결론: 동물실험에서 동물 대체 실험으로 독성 평가 방법의 패러다임을 전환해야 한다.

1. 본론의 내용 요약: 기존의 동물실험은 낮은 정확성과 재현성을 가지고 막대한 비용과

시간 소모하는 문제가 있지만, 동물대체시험법은 이런 문제를 해결하고 국가적·기술적 이익을 가져온다.

3. 주장 재강조: 문제가 많은 동물실험에서 장점이 많은 동물대체시험법으로 독성 평가 방법의 패러다임을 전환해야 한다.

(2) 서론

서론은 해당 논문이 무엇을, 왜, 어떻게 다루려고 하는지를 밝히는 부분이다. 서론에는 다음과 같은 내용이 들어간다.

첫째, 연구의 목적: 논문의 주안점을 뚜렷이 밝혀야 한다. "이 논문은 …… 을/를 목적으로 한다."

둘째, 연구의 범위와 한계: 논문에서 다루고자 하는 연구의 범위를 구체적으로 기술하고, 연구의 범위를 제한한 이유를 기술한다.

셋째, 연구의 필요성: 왜 해당 연구가 필요한지에 대한 타당성을 기술한다.

넷째, 연구의 배경: 연구 대상에 관한 기존 연구를 검토하고 유형별로 기술한다.

다섯째, 연구의 관점과 방법: 대상에 대한 관점과 연구할 방법론을 제시한다.(역사주의적 방법, 사회주의적 방법, 심리학적 방법 등)

여섯째, 연구 전체의 주장을 명시적으로 제시한다.

• • • • • •

Ⅰ. 서론: 독성 평가 방법을 둘러싼 전 세계적인 변화

최근 전 세계적으로 동물 대상 독성 실험에서 동물 대체 독성 실험으로의 전환이 본격화되고 있다.[화제 제시] 2023년 초 미국이 80여 년 만에 동물실험 의무 조항을 삭제했다.[1] 또한 2025년까지 동물실험을 축소하고 2035년까지 포유류 동물실험 전면 퇴출을 목표로 동물대체시험법 기술개발에 4.25백만 불(U.S. dollar)을 투자하겠다는 계획을 발표했다.[2] 영국도 주요 연구기관의 동물실험실 폐쇄를 선언하고 대규모 연구 자금을 투입하여 동물대체시험법 전환을 추진 중이며 유럽과 일본, 국내 역시 동물실험은 축소하는 반면 새로운 동물대체시험법 개발에 대한 투자는 급속도로 늘리고 있다.[3] 특히 올해 4월, 세계 최대 실험동물 공급기업인 찰스 리버가 동물실험에 대한 의존도를 줄이기 위한 동물대체시험법 프로젝트를 개시하겠다고 밝혔다.[4]

독성 평가란 의약품이나, 화장품을 시장에 출시하기 전 화학 물질의 안전성을 판단하는 시험법을 의미한다.[5] 그리고 동물대체시험법이란 기존의 동물을 이용한 독성 평가와 달리 실험동물을 사용하지 않고 유효성과 안전성을 평가하는 대체 시험법을 의미한다.[6][화제의 뜻 정의] 최근 인체에서 유래한 줄기세포인 오가노이드를 이용한 시험법이 종간 격차를 해소하는 방법으로 특히 주목받고 있다.[7]

최근 세계적으로 빠르게 동물실험을 대체하려는 움직임이 일어나는 데에는 윤리적 문제가 원인 중 하나임에는 분명하다. 그러나 이런 변화의 결정적인 이유는 바로 수십 년 동안 동물실험 결과와 연구의 데이터가 쌓이면서 과학자들이 기존의 동물실험 모델이 인체 조직을 정확히 묘사하고 있지 못한다는 것을 깨달았기 때문이다. 더불어 출시 후 독성을 띠어 퇴출당하는 약물이 반복해서 생겼고 동물실험을 통과한 약품의 낮은 임상 성공률이 보고되면서 이러한 문제가 더욱 부각되었다. 결정적으로 최근 오가노이드와 장기 칩 등 인체를 모사할 수 있는 차세대 시험법이 개발되면서 동물대체시험법 쪽으로 독성 평가의 패러다임이 전환되는 중이다.[연구사 검토]

기존의 동물을 이용한 독성 평가는 인체에 대해서 정확성과 재현성이 떨어지고, 막대한 비용과 시간이 들지만, 동물대체시험법은 이러한 동물실험이 가진 여러 가지 문제를 해결할 수 있을 뿐만 아니라 국가적·기술적 이익을 가져올 수 있다. 따라서 필자는 기존의 동물실험을 대체한 동물대체시험법으로 독성 평가의 패러다임을 전환하는 것에 찬성한다.[주장 제시]

---

1) 김수진, 「오가노이드, 동물실험 대체 방법으로 '주목'…국내 주요 기업은?」, 『바이오타임즈』, 2023.02.27., https://www.biotimes.co.kr/news/articleView.html?idxno=9896, 2024.5.18. 검색.

2) 서수영, 「동물대체시험법 기술 및 산업동향」, 『산은조사월보』 809, 2023, 26쪽.
3) 위의 글, 24~26쪽.
4) 김도형, 「세계 최대 동물실험기업 찰스리버, 동물대체시험법 프로젝트 개시」, 『한국유통신문』, 2024.04.24., https://www.youtongnews.com/bbs/board.php?bo_table=09_2&wr_id=3079, 2024.05.18. 검색.
5) 강영희, 「독성시험」, 『생명과학대사전』, https://terms.naver.com/entry.naver?docId=424657&cid=60261&categoryId=60261, 2024.05.18. 검색.
6) 서수형, 앞의 글, 30쪽.
7) 김수진, 앞의 글.

· · · · · ·

(3) 본론

본론은 주장을 뒷받침하는 이유를 제시하면서 증명하는 부분이다. 본론 구성의 내용과 유의점은 다음과 같다.

첫째, 이유와 그에 따르는 근거들을 제시함으로써 자신의 주장을 증명한다.

둘째, 이유의 수나 논리 전개의 방식에 따라서 본론은 3단 또는 4단으로 나누어 서술하는 것이 좋다. 3단은 나의 주장을 증명하는 논문일 때, 4단은 문제 해결적인 논문일 때 사용한다.

셋째, 각 장을 쓸 때는 한 편의 완결된 논술문이라는 느낌으로 작성한다. 즉 내적으로 서론, 본론, 결론의 논리적 흐름을 갖도록 작성한다.

· · · · · ·

Ⅱ. 본론: 독성 평가 방법의 패러다임 전환을 찬성하는 이유

1. 동물실험의 정확성과 재현성 문제

첫 번째 이유는, 동물실험은 인체에 대해서 정확성과 재현성이 떨어진다는 것이다.[이유 1] 현재 동물을 이용한 독성 평가는 독성을 판단하는 데 필수적인 시험법이다. 그러나 과연 동물실험이 인간의 생리 기전을 완벽히 대변한다고 할 수 있을까? 사람과 실험동물은 서로 다른 종이라는 본질적 한계를 가지며, 이러한 종간 차이로 인해 독성 예측의 정확성과 재현성을 확보할 수 없게 하는 많은 근거가 존재한다.

첫 번째 근거로, 동물실험의 낮은 정확성 문제가 있다.[근거 1] 독성 평가에 가장 많이 사용되는 설치류(Rat, Mouse)가 인체와 얼마나 큰 차이가 있는지에 관한 연구 결과를 보자. 사람과 쥐는 비슷한 원인으로 특정 질병에 걸린다고 생각하기 쉽다. 하지만 Hard의 연구는 인간과 설치류는 질병의 원인도, 기전도 다름을 보여준다. 예를 들어 사람이 신장병에 걸리는 원인은 대부분 당뇨와 고혈압인 반면, 쥐는 오직 만성 진행형 신장병(Chronic Progressive Nephropathy, CPN)만이 신장병의 유일한 원인이다. 그러나 이 만성 진행형 신장병은 인간에게는 나타나지 않는 질병이다.[사례 1] 따라서 Hard는 이러한 결과를 토대로 인간에게 설치류를 통해 얻은 신장병의 독성 평가 결과를 적용하는 것에 주의해야 한다는 결론을 내렸다.[8] 특히 신장은 오줌의 농축과 높은 혈류량으로 인해 독성이 나타나기 쉬워 독성 평가에서 특히 중요한 장기인데, 이런 핵심 장기가 종간 차이로 인한 정확성 문제를 가진다는 연구 결과는 독성 평가 실험에서 매우 심각한 사안으로 작용할 것이다. 다른 예로는 암 실험에서도 발견된다. 종간 차이는 걸리는 암 종류에서도 나타나는데 미국 국립독성관리체계(NTP)에서 사용했던 수컷 쥐에서 발생한 자발적인 암의 유형을 보면 쥐의 90%는 고환 종양, 50%는 단핵 백혈병, 30%는 부신 종양이 관찰되었다. 그런데 사실 이러한 종양들은 모두 사람에게는 잘 나타나지 않는 희귀 종양들이다.[9][사례 2] 이렇듯 설치류는 발암 물질에 대해 인간과 다른 생리학적 반응을 보이기 때문에 설치류를 통한 암의 독성 평가 역시 유효하기 어렵다. 이와 같은 사례들은 과거부터 지속적으로 나타났으며 과학자들에게 동물실험의 효용성에 대해 의문을 가지게 만드는 배경이 되었다. 또한 하버드 의과대학의 주다 포크먼 박사는 암세포가 이용하는 혈관형성인자를 억제하면 종양 성장이 억제된다는 사실을 발견했다. 놀라운 점은 이 방법을 통해 실험용 쥐의 모든 암을 완전히 치료할 수 있었다는 사실이다.[사례 3] 이 연구를 토대로 개발된 Angiostatin, endostatin 신약에 대해서 『뉴욕 타임즈』는 모든 암을 정복할 신약이 개발되었다고 보도하였다. 그런데 이러한 결과가 사실이라면 왜 우리는 아직도 암을 정복하지 못했을까? 그 이유는 설치류 실험에서는 매우 효과적인 치료 효과가 나타났지만, 추후 진행한 13년간의 사람을 대상으로 한 연구 결과에서는 설치류 실험에서 나온 치료 효과가 전혀 발견되지 않았기 때문이다.[10] 이렇듯 종간 차이는 질병의 발생 원인과 기전에 차이를 가져와 독성 예측을 실패하게 만든다. 이 점은 우리가 왜 기존의 독성 시험의 정확성에 대해 비판적으로 봐야 하는지를 알려 준다.

두 번째 근거로, 동물실험의 낮은 재현성 문제가 있다.[근거 2] 실험동물은 질병 검역과 운송 과정에서 여러 복잡한 절차가 필요하며, 살아있는 생물체이므로 완전히 통제된 환경에서 사육되기 어려운 문제가 있다. 따라서 동물실험은 여러 요인에 의해 재현성에 영향을 받기 쉬운 조건에 있다고 볼 수 있다. 국내에서 영장류 독성 실험을 하기 위해서는 중국이나 베트남 등의 외국에서 수입해야 하는데 선박 또는 항공기를 통해 해외에서 수입된 영장류들은 한국법에 따라서 30일간의 검역 기간을 거친 후 실험에 투입된다.[11] 실험동물이 타고 오는 수송 수단의 종류에 따라, 이동하는 거리에 따라, 실험하는 나라의 법적 검역 기간에 따라 동물의 상태는 계속해서 달라질 수 있고 이는 당연히 재현성에 상당한 영향을 미칠 가능성이 높다. 안전성평가연구소 양영수 책임연구원에 따르면 실험용 영장류의 특성상 여러 지역의 원숭이가 혼합되어 사육되며, 농장에 따라 영장류가 처한 환경이 다르기에 실제로 같은 종이라도 생체데이터에서 차이를 띄게 된다고 한다.[12][사례 1] 또한 시카고 대학교의 로버트 펄먼 연구팀에서 실험동물 재현성에 대한 한 암울한 연구 결과가 발표되었다.[사례 2] 연구팀은 같은 공급원에서 확보한 같은 품종의 쥐를 사용한 연구임에도 내장에서 서식하는 장내 마이크로바이옴에 의해서 실험의 재현성이 영향을 받는다는 사실을 발견했다. 이 결과는 같은 공급원에서 같은 종을 사용해도 실험 시 재현성에 있어서 차이를 가질 수 있다는 충격적인 사실을 보여준다. 로버트 펄먼은 이 연구 결과에 대해 "우리는 여전히 마우스 실험이 인간 생물학과 보건에 도움이 될 것이라 확신하지 못한다. (…) 마우스 연구 결과를 사람에게 적용하자는 주장에 더욱 비판적인 입장을 가져야만 한다."라고 말했다.[13]

앞서 소개한 사례뿐만 아니라 현재까지 수많은 동물실험의 문제점들이 과학계에서 지적되어 왔다. 이러한 정확성과 재현성의 부재는 과학자들에게 이때까지 쌓아왔던 수많은 동물실험 데이터의 신뢰성에 의문을 가지게 만들기 충분했고 최종적으로 현재의 동물실험 폐지로까지 이어진 것이다.[근거의 타당성 강조] 이렇듯 기존에 우리가 수행하던 동물실험은 낮은 정확성과 재현성이라는 심각한 문제를 가지기 때문에 동물대체시험법으로 전환하는 것은 필수적이다.[주장과 이유 1의 연관성 강조]

---

8) Gordon C. Hard et al., "A Contemporary Overview of Chronic Progressive Nephropathy in the Laboratory Rat, and Its Significance for Human Risk Assessment", *Toxicologic Pathology* 32, no. 2, 2004, p.171.
9) Joseph K. Haseman et al., "Spontaneous Neoplasm Incidences in Fischer 344 Rats and B6C3F, Mice in Two-Year Carcinogenicity Studies: A National Toxicology Program Update", *Toxicologic Pathology* 26, no. 3, 1998, p.428.
10) Joe Nocera, "Why Doesn't No Mean No?," *The New York Times*, Nov. 21, 2011, https://www.nytimes.com/2011/11/22/opinion/why-doesnt-no-mean-no.html
11) 양영수, 「코로나19 시대의 영장류 자원② 연구현황과 전망」, 『데일리벳』, 2021.05.31., https://www.dailyvet.co.kr/news/148277, 2024.05.18. 검색.
12) 위의 글.
13) 존 와이스너, 『질병의 연금술』, 이덕환 역, 서울: 까치글방, 2022, 312쪽.

• • • • • •

(4) 결론

결론은 본론의 내용을 요약하고 최종적인 성과를 간명하게 제시함으로써 논문을 매듭짓는 부분이다.

첫째, 서론에서 제시한 연구 목적과 함께 주제를 재강조한다.
둘째, 본론의 내용을 순차적으로 간명히 요약한다.
셋째, 연구의 의의를 강조한다.
넷째, 이 논문에서 제시된 결론이 적용될 수 있는 분야를 제시하고 결론을 해결책으로 채택할 것을 촉구한다.

• • • • • •

Ⅲ. 결론 : 독성 평가 방법의 패러다임 전환 촉구

현재 전 세계적으로 일어나는 동물실험 폐지와 동물대체시험법으로의 전환은 최근 1, 2년 사이에 일어난 매우 최신 이슈이다. 그러나 이러한 변화는 과거 수십 년 동안의 동물실험에서 축적된 수많은 문제와 이를 해결하고자 하는 과학계의 노력, 그리고 최근 들어 효용성이 검증되고 있는 동물대체시험법의 개발이 맞물려서 나타난 결과이다. 필자는 이런 변화에 주목하여 기존의 동물을 이용한 독성 평가에 어떤 문제가 있는지, 그리고 동물대체시험법에는 어떤 효용성이 있는지를 살펴보았다.[연구의 목적 재강조]

첫 번째로 기존의 동물실험이 낮은 정확성과 재현성을 가진다는 점을 인간과 설치류의 종간 차이, 실험동물의 검역 기간, 장내 마이크로바이옴 등에 의한 재현성 문제를 통해 알아보았다. 두 번째로 동물실험이 막대한 비용과 시간을 소모하는 문제를 가지고 있다는 점을 의약품의 중도 퇴출 문제와 실험동물의 가격 및 시장 변동성의 측면에서 살펴보았다. 세 번째로 동물대체시험법의 효용성을 윤리 문제, 정확성 문제를 해결한 제품 및 연구 결과를 통해서 알아보았다.[본론의 요약]

필자는 이상의 이유에서 동물실험의 문제를 극복할 수 있는 동물 대체 실험을 반대할 이유가 없다고 본다. 독성 평가의 패러다임의 변화 속에서 우리는 반드시 세계적 동향을 주시함과 동시에 문제가 있는 동물실험을 폐지해야 할 것이며, 차세대 동물대체시험법에 대한 개발과 투자를 지속해야만 할 것이다.[주장 재강조]

• • • • • •

(5) 참고 문헌

논문의 맨 끝에 논문을 쓸 때 참고한 자료들의 목록을 제시한다. 참고문헌 작성법은 아래의 〈각주 및 참고문헌 작성법〉을 참고하라.

• • • • • •

1. 책

존 와이스너, 『질병의 연금술』, 이덕환 역, 서울: 까치글방, 2022.

2. 논문

박봉현, 「오가노이드 기술의 활용 및 미래」, 『한국바이오협회』 186, 2024, 1~12쪽.

서수영, 「동물대체시험법 기술 및 산업동향」, 『산은조사월보』 809, 2023, 22~51쪽.

Hard, Gordon C. & Kanwar Nasir Khan, "A Contemporary Overview of Chronic Progressive Nephropathy In the Laboratory Rat, and Its Significance for Human Risk Assessment," *Toxicologic Pathology* 32, no. 2, 2004, pp.171–180.

Haseman, Joseph K. et al., "Spontaneous Neoplasm Incidences in Fischer 344 Rats and B6C3F, Mice in Two-Year Carcinogenicity Studies: A National Toxicology Program Update," *Toxicologic Pathology* 26, no. 3, 1998, pp.428–441.

Mun, Seon Ju et al., "Generation of expandable human pluripotent stem cell-derived hepatocyte-like liver organoids," *Journal of Hepatology* 71, no. 5, 2019, pp.970–985.

3. 인터넷 사이트

강영희, 「독성시험」, 『생명과학대사전』, https://terms.naver.com/entry.naver?docId=424657&cid=60261&categoryId=60261, 2024.05.18. 검색.

김건우, 「임상시험 전 동물실험…40명이 매년 900여 건 수행」, 『메디컬』, 2023. 11.08., https://www.themedical.kr/news/articleView.html?idxno=1257, 2024.05.18. 검색.

김도형, 「세계 최대 동물실험기업 찰스리버, 동물대체시험법 프로젝트 개시」, 『한국유통신문』, 2024.04.24., https://www.youtongnews.com/bbs/

board.php?bo_table=09_2&wr_id=3079, 2024.05.08. 검색.
김수진, 「오가노이드, 동물실험 대체 방법으로 '주목'…국내 주요 기업은?」, 『바이오타임즈』, 2023.02.27., https://www.biotimes.co.kr/news/articleView.html?idxno=9896, 2024.05.18. 검색.
김태성, 「식약처, 오가노이드 활용 독성평가 표준화에 앞장」, 『한국식품의약품안전처』, https://www.mfds.go.kr/brd/m_99/view.do?seq=47181&srchFr=&srchTo=&srchWord=&srchTp=&itm_seq_1=0&itm_seq_2=0&multi_itm_seq=0&company_cd=&company_nm=&page=95, 2024.05.18. 검색.
류난영, 「국내 신약 실험동물 시장 '연간 500억원'…동물 대체제 개발도 후끈」, 『뉴시스』, 2017.03.05., https://www.newsis.com/view/NISX20170302_0014739147. 2024.05.18. 검색.
양영수, 「코로나19 시대의 영장류 자원② 연구현황과 전망」, 『데일리벳』, 2021.05.31., https://www.dailyvet.co.kr/news/148277, 2024.05.18. 검색.
Nocera, Joe, "Why Doesn't No Mean No?", *The New York Times*, Nov. 22, 2011, https://www.nytimes.com/2011/11/22/opinion/why-doesnt-no-mean-no.html, accessed May 18, 2024.

• • • • • •

3. 고쳐쓰기

글은 내 생각의 실현이다. 하지만 내 생각을 정확하게 실현하기 위해서는 자기 통제가 필요하다. 글을 쓸 때는 자기가 쓰고 싶은 주제를 미리 계획한다. 하지만 그 주제가 글로 정확하게 실현되는 경우는 많지 않다. 내가 조사한 자료들을 이것저것 글 속에 집어넣다 보면, 처음 계획했던 것과는 다른 글이 되기 쉽다. 또한 뒷 문장은 앞 문장에 내용상 종속되기 때문에, 앞 문장과 논리적 연관 관계가 없는 문장이 뒤에 나오게 되면 글의 내용은 점점 원래의 주제와는 거리가 멀어지게 된다. 그 결과 글은 처음 계획과는 전혀 다른 결론에 도달하게 된다. 따라서 글을 쓸 때는 글쓴이는 글에 일관성이 있는지 항상 점검하면서 써야 한다.

〈자기 통제의 tip〉
- 글이 한 가지 주장(주제)으로 일관되게 작성되었는가?
- 이유가 주장의 범위에서 벗어나지 않는가?
- 근거들이 이유의 범위에서 벗어나지는 않았는가?
- 이유와 근거를 제시하지 않고 주장만 반복하고 있지 않은가?
- 주장과 이유 사이의 연관성은 논리적인가?
- 이유와 근거 사이의 연관성은 논리적인가?
- 근거의 출처는 분명하며 객관적으로 검증이 가능한 것인가?
- 각각의 이유는 서로 논리적인 연관성을 갖고 있는가?
- 주장, 이유의 의미가 지나치게 추상적이거나 모호하지 않나?

따라서 글을 쓰고 나면 자신이 쓴 글을 다시 읽어보면서 혹 잘못된 곳은 없는지 검토하고 바로잡는 과정을 거쳐야 한다. 글을 쓰는 과정에서는 간혹 전체를 보지 못하고 부분에 빠져 전체적인 글의 균형을 잃어버리는 경우가 생기기도 하고, 자기도 모르게 문법적인 오류를 범하기도 하기 때문이다. 이런 오류를 바로잡는 과정이 고쳐쓰기 과정이다. 고쳐쓰기는 아래와 같이 전체적인 고쳐쓰기와 부분적인 고쳐쓰기로 나누어 볼 수 있다.

- **전체적인 고쳐쓰기**
  - 자신이 말하고자 하는 내용을 주제에 맞게 논리적으로 잘 전달하고 있는가?
  - 중복되거나 불필요한 내용은 없는가?
  - 보완하거나 첨가해야 할 것은 없는가?

- **부분적인 고쳐쓰기**
  - 단락과 단락이 유기적으로 연결되었는가?
  - 각각의 문장은 정확하게 쓰였는가?

- 맞춤법, 띄어쓰기, 부호는 정확하게 사용되었는가?
- 오자나 탈자, 문법적 오류는 없는가?

중복된 내용, 모호하거나 부정확한 문장, 적절하지 못한 단어 등은 삭제하거나 수정하여 글 전체의 긴밀성과 통일성을 높일 필요가 있다. 빠트리거나 부족한 부분은 추가하고 보충하여 내용의 완결성과 설명의 충분성을 제고할 필요가 있다. 또한 글 전체의 구성에 문제가 있거나 수정이 필요한 경우에는 단락이나 문장, 또는 항목의 순서를 재조정하여 글 전체의 주제를 명료화하고 글의 흐름을 자연스럽게 할 필요가 있다.

4. 인용과 각주, 참고문헌

1) 인용하기

(1) 인용의 정의

인용은 남의 글이나 어떠한 사례 중에서 한 부분을 참고로 이끌어 쓴 것을 말한다. 인용은 첫째, 주장을 전개할 수 있는 바탕을 마련하기 위해, 둘째, 주장의 타당성과 정확성을 뒷받침하기 위해서 사용한다.

논문에서 인용할 때는 다음과 같은 원칙이 있다.

첫째, 인용된 자료는 근거로서 충분한 타당성을 지녀야 한다. 연구물이 잘못되었거나 그 가치를 잃은 것은 피해야 한다.

둘째, 인용은 정확해야 한다. 모든 인용문은 자신이 직접 확인해야 한다. 원전을 확인하지 않고 2차 자료에서 인용했을 때는 '재인용'임을 반드시 밝힌다.

셋째, 인용문은 짧을수록 좋다.

(2) 인용의 종류

인용의 종류에는 직접 인용과 간접 인용이 있다. 직접 인용은 자료를 원문 그대로 인용하는 것이고, 간접 인용은 자료를 나의 문장으로 바꿔서 인용하는 것이다.

① 직접 인용

직접 인용은 다음과 같은 상황에서만 사용한다. 첫째, 원문 그대로가 아니면 대체할 만한 적당한 표현이 없는 경우, 둘째, 원문이 아니고서는 독자가 잘못 해석할 소지가 있는 경우, 셋째, 문예물의 개성적인 표현이나 경전, 또는 법률 조항을 인용할 때 사용한다. 직접 인용을 할 때는 인용 내용을 큰따옴표(" ")로 묶기도 하고, 본문과 구분하여 적기도 한다. 그리고 인용한 내용 끝에는 출처와 관련된 표시(외각주나 내각주)를 한다.

• • • • • •

컴퓨터는 지금까지 인류가 발명한 여러 가지 도구 중에서 일찍이 다른 것에는 없던 아주 독특한 능력을 지닌 도구다. 그렇다면 이러한 컴퓨터는 어떻게 탄생하게 됐을까? 1936년, 영국의 앨런 튜링(Alan Turing, 1921~1954)이라는 청년은 다음 제목의 논문을 런던 수리 학회에 제출한다.

"계산 가능한 수에 대해, 수리 명제 자동 생성 문제에 응용하면서"
(On Computable Numbers, with an Application to the Entscheidungsproblem)

이 논문에서 튜링은 컴퓨터의 근본적인 디자인을 최초로 선보인다. 이때 튜링은 고작 24세였다. 제목만으로는 도저히 컴퓨터와 관계없을 것 같은 이 논문은 컴퓨터의 기본 설계도가 되었다. 이렇듯 현대 컴퓨터의 모델을 최초로 고안한 튜링을 기념해 그것을 '튜링 기계'(Turing Machine)라고 부른다.

−이광근, 『컴퓨터 과학이 여는 세계』, 인사이트, 2017, 25~27쪽.

• • • • • •

직접 인용에서는 맞춤법, 문단 구분, 문장 부호 등을 반드시 원문 그대로 옮겨야 한다. 전문을 모두 인용하지 않을 경우, '(……)' 또는 '(이하 생략, 중략)'으로 표시한다. 인용된 부분에 오류가 있거나, 고어이거나, 철자나 구두법이나 문법이 틀렸을 때는 [sic](문자 그대로)를 표시한다. 급격한 주장, 잘못된 추론, 전사의 오류가 있는 자료의 인용에도 [sic]를 쓴다. 인용문의 일부를 강조할 때는 밑줄을 긋거나 방점을 찍고, 문장 끝에 (밑줄-인용자), (방점-인용자)와 같은 문구를 첨부한다.

② 간접 인용

간접 인용은 글쓴이가 남의 생각이나 말을 자신이 이해한 내용으로 바꿔 적는 것이다. 여기에는 비교적 분량이 긴 참고 자료를 요약하거나, 참고한 내용의 논리적 순서를 유지하면서 내용을 자기의 말로 의역하는 두 가지 방법이 있다. 간접 인용은 직접 인용과 달리 따옴표를 사용하지 않지만, 특별히 강조할 부분은 작은따옴표(' ')를 사용하기도 한다. 그리고 인용한 내용 끝에는 출처와 관련된 표시(외각주나 내각주)를 한다.

• • • • • •

이 시기[1930년대] 사람들은 '사랑의 모든 수단과 양식은 단성사, 조선 극장의 스크린에서 취했다'고 말할 정도였으며 '성에 눈 뜬 처녀들이 변사들의 달콤한 해설과 스크린에 빗기우는 사람의 실연을 보고' 배웠다.[1] 텔레비전 드라마에서 유명 탤런트가 하고 나온 반지며 목걸이가 그 다음날로 서울 전역에 깔리는 요즘과 마찬가지였던 것이다. 정도는 다르지만 당시 영화의 파급력은 오늘날의 텔레비전과 맞먹을 정도였다. 특히 서양 영화들은 삽시간에 로이드 안경, 히틀러 수염(채플린 수염), '께이리 쿠어퍼어'의 외투, '로오웰 새아만'의 모자, '로버트 몽고메리'의 넥타이, '윌리암 포웰'의 바지, '클라이브 쁘룩'의 구두를 사람들의 뇌리에 심어 놓았다.[2] 1930년대에 이르면 이처럼 유행을 설명할 때 서양 배우의 모습을 예로 드는 경우가 많아졌다.

1) 이성구, 「경성의 짜쓰: 서울 맛, 서울 정조」, 『별건곤』 23, 1929.09, 33~36쪽.
2) 김진송, 『현대성의 경험-서울에 딴스홀을 허하라』, 현실문화연구, 1999, 174쪽.

–강심호, 『대중적 감수성의 탄생』, 살림, 2005, 37쪽.

• • • • • •

3) 각주와 참고문헌 작성법

글에 인용한 자료나 논저는 출처를 표시해야 한다. 각주는 다음과 같은 목적에서 작성한다. 첫째, 논거 자료의 타당성을 입증하기 위해서 단다. 둘째, 논지에 대한 부가 설명을 하기 위해서 단다. 셋째, 본문 각 부분의 상호 관련성을 지시해 주기 위해서 단다. 넷째, 이미 이루어진 연구 업적의 도움에 감사의 뜻을 표하기 위해서 단다. 남의 글에 논증이 되어 있는 경우, 그것을 바탕으로 하여 연구자가 새로운 논리를 세우게 된 경우와 자료를 제공해 주었을 때에 반드시 전거 표시와 함께 감사의 뜻도 표해야 한다.

각주의 종류에는 참조주와 내용주가 있다. 참조주는 참조와 방증을 목적으로 한다. 논지의 정당성이나 입증의 정확성을 제시하기 위해 그 출처를 명시할 때 단다. 참조주에는 외각주(본문 밖에 인용문의 출처를 밝히는 것)와 내각주(본문 안에 인용문의 출처를 밝히는 것)가 있다. 내용주는 본문의 어떤 사항에 설명을 덧붙여야 할 필요가 있을 때 사용한다. 예를 들어 널리 알려지지 않은 전문용어의 부연 설명이나 고마움을 표시할 때 쓴다. 내용주는 그것을 간과하더라도 본문의 내용을 이해하는 데 아무런 지장이 없어야 하고, 되도록 간결하게 작성해야 한다.

(1) 시카고식 외각주-참고문헌 작성법(Chicago Footnote Citations)

시카고 방식의 외각주-참고문헌 작성법은 미국 시카고대학에서 출판한 *The Manual of Chicago Style*을 따른다. 시카고식 외각주-참고문헌 작성법은 주로 문학, 역사, 예술 등과 같은 인문학 분야에서 사용한다.

① 시카고식 외각주 작성법

외각주 표기 방식은 시카고 스타일에만 있다. 외각주는 인용문의 끝에 번호를 붙이고, 인용문의 출처를 본문 밖에다가 번호 순서대로 작성한다.

• • • • • •

문제는 소설사를 리얼리즘과 모더니즘의 양대 축으로 설명하는 방식이 영문학사의 전형적인 서술 방식이라는 점이다. 영문학사에서 이 두 개념은 문학 연구에서의 이론적, 비판적 논쟁에서 핵심적인 위치를 차지해 왔다. 소설사의 서술 방식 자체가 영문학적 틀을 모방한 것은 비단 우리나라만의 현상은 아니었다. 대부분의 비서구 국가의 문학사는 유럽에서 형성된 '단 하나의 문학 발전 모델 경로'를 상정해 왔다.[1] 한국 문학사 서술 자체가 서구적 모델을 사용함으로써 인식적인 종속 상황에 놓이게 된 것이다. 임화는 "[조선의] 신문학사는 근대 서구적인 의미의 문학의 역사"라고 했다.[2] 또한 서구에서 시작된 모더니즘 문학이 일본을 경유한 후, 식민지 조선에는 '일본식으로 변질된 모더니즘'이 받아들여졌다는 시각도 있다.[3]

1) Diana Brydon, "The White Inuit Speaks: Contamination as Literary Strategy," in *The Post-Colonial Studies Reader*, ed. Bill Ashcroft, London: Routledge, 1995, p.136.
2) 임화, 「개설 신문학사」, 『조선일보』, 1939.09.07.
3) 강인숙, 『일본 모더니즘 소설연구』, 서울: 생각의 나무, 2006, 38쪽.

-권은, 『경성모더니즘』, 일조각, 2018, 21~22쪽.

• • • • • •

외각주는 자료의 성격에 따라 크게 다음과 같이 구분하여 작성한다.

· 단행본

저자명, 『저서명』, 출판지명: 출판사명, 출판연도, 쪽수.

강인숙, 『일본 모더니즘 소설연구』, 서울: 생각의 나무, 2006, 38쪽.

박영재 외 2명, 『19세기 일본의 근대화』, 서울: 서울대학교 출판부, 2003, 145~146쪽.

Joan C. Borod, *The Neuropsychology of Emotion*, NewYork: Oxford Univ. Press, 2000, p.12.

Rene Wellek and Austin Warren, *Theory of Literatrure*, New York: Harcourt, 1956, pp.20~23.

* 영어책의 저자명은 〈이름 성〉 순서로, 그리고 책 이름은 〈이탤릭체〉로 표기한다. 한글 문헌의 저자가 세 명 이상이면 첫 번째 사람의 성명만 적고 그 뒤에 '~외 몇 명'를 붙인다. 영미권 문헌의 경우에는 〈이름 성〉 뒤에 'et al.(=et alii)' 또는 'and others'를 붙인다.

• 번역서

저자명, 『저서명』, 번역자명 역, 출판지명: 출판사명, 출판연도, 쪽수.

제인 오스틴, 『오만과 편견』, 윤지관 · 전승희 번역, 서울: 민음사, 2003, 7~16쪽.

Georg Lukacs, *Soul and Form*, trans. Anna Bostock, Cambridge: MIT Press, 1971, pp.4~5.

* 외각주에서는 영어책의 번역자명은 〈trans. 이름 성〉으로 표기한다. 이때 by는 생략한다.

• 편집서

저자명, 「논문명」, 『저서명』, 편집자명 편, 출판지명: 출판사명, 출판연도, 쪽수.

배개화, 「언어의 이민」, 『김수영 온몸의 시학』, 박덕규 · 이은정 편, 서울: 푸른역사, 2013, 120쪽.

Ruth A. Miller, "Posthuman," in *Critical Terms for the Study of Gender*, ed. Catharine R. Stimpson and Gilbert Herdt, Chicago: University of Chicago Press, 2014, p.325.

* 편집자 명은 〈ed. 이름 성〉으로 적는다. 이때 by는 생략한다.

• 전집일 경우

저자명, 『저서명』 권수, 출판지명: 출판사명, 출판연도, 쪽수.

김종원, 『한국 식물 생태 보감: 풀밭에 사는 식물』 2, 서울: 자연과 생태, 2016, 56쪽.

저자명, 『저서명』 권수, 번역자명 역, 출판지명: 출판사명, 출판연도, 쪽수.

카를 마르크스, 『자본론: 자본의 유통과정』 2, 김수행 역, 서울: 비봉출판사, 2006, 20~30쪽.

* 권수는 반드시 책 이름 뒤에다 적는다.

· 단행본 속 논문

저자명, 「논문명」, 『저서명』, 출판지명: 출판사명, 출판연도, 쪽수.

장유정, 「유성기 음반의 등장과 보급」, 『오빠는 풍각쟁이야: 대중가요로 본 근대의 풍경』, 서울: 황금가지, 2006, 42쪽.

Kelefa Sanneh, “Hip-Hop,” in *Major Labels: A History of Popular Music in Seven Genres*, New York: Penguin Press, 2021, p.300.

* 영어 논문 이름은 〈큰따옴표(“ ”)〉 안에 표기한다.

· 학술지 논문

저자명, 「논문명」, 『학술지명』 권수(호수), 출간학회, 출판연도, 쪽수.

김정희, 「드라마 〈사랑의 불시착〉의 흥행코드와 스토리텔링 전략」, 『글로벌문화콘텐츠』 48, 글로벌문화콘텐츠학회, 2021, 70쪽.

이충렬 · 이선호, 「동아시아 국가의 무역수지와 거시경제 충격」, 『무역학회지』 33(5), 한국무역학회, 2008. 184~186쪽.

Stefan Riedener and Philipp Schwind, “The Point of Promises,” *Ethics* 132, no.3, 2022, p.625, https://www.journals.uchicago.edu/doi/abs/10.1086/718080

* 영어 논문의 경우 학회명을 생략할 수 있다. 논문의 식별 번호가 붙은 〈DOI〉[1]를 추가하여 온라인에서 논문을 찾을 수 있게 해야 한다.

• 학위 논문

저자명, 「논문명」, 학위 수여 기관명 학위명, 학위 취득 연도, 쪽수.

김은범, 「열섬현상을 고려한 가로녹지의 적정 수종 선정 연구: 서초구의 대표 가로수종을 중심으로」, 단국대학교 대학원 석사학위논문, 2015, 27~30쪽.

Emily Johnson, “The Impact of Climate Change on Coastal Ecosystems,” Ph. D. diss., University of Washington, 2018, p.14.

• 잡지 및 신문 기사

지자명, 「기시명」, 『잡지명』 권호수, 발행 연.월.일., 쪽수.

김지성, 「반도체로 촉발된, 한일 총성 없는 경제전쟁」, 『과학동아』 405, 2019.09., 44쪽.

박진영, 「자신이 틀렸을 가능성을 생각하는 ‘지혜로운 사람’」, 『동아사이언스』, 2025.09.13., https://www.dongascience.com/news.php?idx=74025

Helen Lewis, “The Second Elizabethan Age Has Ended,” *Atlantic*, September 8, 2022, https://www.theatlantic.com/ideas/archive/2022/09/queen-elizabeth-ii-death-british-royal-family-transition/671370

* 출판년월일이 확실한 신문/잡지 기사의 경우 검색 연월일은 생략 가능하다.

저자명, 「기사명」, 『신문명』, 발행 연.월.일., 인터넷 주소

---

1 DOI (Digital Object Identifier, http://www.doi.org) 시스템은 디지털 콘텐츠에 부여되는 고유 식별 번호이다. 온라인상에서 제공되는 논문에는 고유한 DOI 번호가 부여된다. 이 번호는 디지털 콘텐츠 소유 및 제공자 등 데이터에 관한 각종 정보 포함되어 있다. 이 번호를 부여받으면, 디지털 콘텐츠의 주소나 위치가 바뀌어도 쉽게 찾을 수 있고, 저작자 보호와 콘텐츠의 유통경로를 자동 추적하고 전자상거래 활성화를 위한 기반을 제공한다. DOI 시스템은 ISO 국제 표준이며, 국제 DOI 재단에서 관리한다.

임화, 「개설 신문학사」, 『조선일보』, 1939.09.07.

조수진, 「輿서 커지는 관세협상 강경론: "3500억달러 美투자, IMF 또 온다"」, 『중앙일보』, 2025.09.18., https://www.joongang.co.kr/article/25368076

Mark Mazower, "The Origins of Today's Conflict between American Jews over Israel," *The Guardian*, Septmeber 25, 2025, https://www.theguardian.com/news/2025/sep/25/origins-todays-conflict-between-american-jews-over-israel

* 잡지나 신문 기사를 온라인에서 검색한 자료를 참고했을 경우 끝에 〈인터넷 주소〉를 붙인다.

- **온라인 자료**

저자명, 「기사명」, 『웹사이트 이름』, 게재 연.월.일, 인터넷 주소, 검색 연.월.일.

ena, 「버려진 148권의 일기장에서 찾은 삶의 가치」, 『sarak: yes24 블로그』, 2025.09.11., https://sarak.yes24.com/blog/ninguem/review-view/21626234, 2025.09.20. 검색.

Germano William, "Futurist Shock," *Lingua Franca (blog). Chronicle of Higher Education*, February 15, 2017, https://www.chronicle.com/blogs/linguafranca/2017/02/15/futurist-shock, accessed Sept. 19, 2025.

한편, 같은 문헌이 외각주에서 반복되는 경우 필요한 서지 사항을 모두 적지 않고 약식 기호를 사용하여 간략하게 적는다.

① 위의 책, 위의 글: 바로 위의 각주에서 서지 사항이 완전하게 소개된 문헌을 바로 다음 각주에서 이어서 인용하면서 인용 페이지만 다른 경우에 쓰인다: 〈위의 책, 쪽수〉 영어 문헌의 경우 〈Ibid.〉로 작성한다.

② 앞의 책, 앞의 글: 바로 위에서가 아니라 그 앞의 어디에선가 인용했던 문헌을 다시 인용할 때 쓰인다. 저자명 다음에 이 부호를 적고 해당 페이지를 적어 약식으로 작성한다: 〈저자명, 앞의 책, 쪽수〉 영어 문헌의 경우 〈op.cit.〉로 쓰기도 한다.

1) 윤영실, 『육당 최남선과 식민지의 민족사상』, 서울: 아연출판부, 2018, 88쪽.
2) 천정환, 『근대의 글쓰기』, 푸른역사, 2003, 25쪽.
3) 윤영실, 앞의 책, 150~152쪽.
4) 김정희, 「드라마 〈사랑의 불시착〉의 흥행코드와 스토리텔링 전략」, 『글로벌문화콘텐츠』 48, 글로벌문화콘텐츠학회, 2021, 70쪽.
5) 위의 글, 73쪽.

② 시키고 방식 참고문헌 작성법

참고문헌은 논문이나 책의 맨 끝에 인용한 책이나 논문의 목록을 작성한 것을 말한다. 만약 본문에서 인용 자료의 출처를 시카고식 외각주로 표기했다면 다음과 같은 방식으로 참고문헌을 작성한다.

참고문헌은 외각주에서 제시한 서지 정보 중 인용 페이지를 삭제하고 출판연도까지만 적는다. 참고문헌에서는 저자가 여러 사람일 경우 책이나 논문 표지에 나열된 순서대로 성명을 다 적되, 성명 사이에 가운뎃점(·)을 찍는다. 영미권 문헌의 경우, 참고문헌에서는 외각주와 달리 〈성, 이름〉의 순서로 표기한다. 그러나 여러 사람이 공저했거나 편자나 역자가 따로 있다면, 첫 번째 사람만 〈성, 이름〉의 순서로 표기하고 나머지 사람들은 외각주에서와 같이 〈이름 성〉의 순서로 나열한다.

저자명, 『저서명』, 출판지명: 출판사명, 출판연도.

박영재 · 박충석 · 김용덕, 『19세기 일본의 근대화』, 서울: 서울대학교 출판부, 2003.

윤영실, 『육당 최남선과 식민지의 민족사상』, 서울: 아연출판부, 2018.

Wellek, Rene and Austin Warren, *Theory of Literatrure*, New York: Harcourt, 1956.

저자명, 『저서명』, 역자명, 출판지명: 출판사명, 출판연도.

제인 오스틴, 『오만과 편견』, 윤지관 · 전승희 역, 서울: 민음사, 2003.

Foucault, Michel, *Madness and Civilization: A History of Insanity in the Age of Reason*, translated by Richard Howard, New York: Vintage-Random House, 1988.

저자명, 「논문명」, 『저서명』, 편자명, 출판지명: 출판사명, 출판연도, 논문의 첫 페이지~끝 페이지.

배개화, 「언어의 이민」, 『김수영 온몸의 시학』, 박덕규 · 이은정 편, 서울: 푸른역사, 2013, 146~175쪽.

Brydon, Diana, "The White Inuit Speaks: Contamination as Literary Strategy," in *The Post-Colonial Studies Reader*, edited by Bill Ashcroft, London: Routledge, 1995, pp.136~142.

* 참고문헌란에서는 ed.는 edited by로, 그리고 trans.는 translated by로 쓴다.

저자명, 「논문명」, 『학술지명』 권(호수), 출판연도, 논문의 첫 페이지~끝 페이지, DOI 주소

김정희, 「드라마 〈사랑의 불시착〉의 흥행코드와 스토리텔링 전략」, 『글로벌문화콘텐츠』 48, 글로벌문화콘텐츠학회, 2021, 69~86쪽.

이충렬 · 이선호, 「동아시아 국가의 무역수지와 거시경제 충격」, 『무역학회지』 33(5), 한국무역학회, 2008, 183~201쪽.

Riedener, Stefan and Philipp Schwind, "The Point of Promises," *Ethics* 132, no.3, 2022, pp.621~643, https://www.journals.uchicago.edu/doi/abs/10.1086/718080

저자명, 「논문명」, 학위 수여 기관 학위명, 출판연도.

김은범, 「열섬현상을 고려한 가로녹지의 적정 수종 선정 연구: 서초구의 대표 가로수종을 중심으로」, 단국대학교 대학원 석사학위논문, 2015.

Johnson, Emily, "The Impact of Climate Change on Coastal Ecosystems," Ph. D. diss., University of Washington, 2018.

* 신문 기사, 잡지 기사, 웹사이트 게재 글은 외각주란의 출처와 동일하게 적으면 된다. 다만 저자 성의 가나다, 혹은 abc의 순서로 배열한다.

참고문헌을 작성할 때는 다음과 같은 점을 유의해야 한다.

1. 한국책, 동양책, 영어책 순으로 저자 성의 가나다 혹은 영문 성의 abc의 순으로 배열한다.
2. 참고문헌을 작성할 때 한글 번역 책은 한국 책으로 취급한다는 것에 유의하자.
3. 인용한 문헌의 수가 많을 때는 책, 논문, 신문 기사, 인터넷 사이트의 순서로 구분하여 배열한다.
4. 본문에서 한 가지 자료가 각주에서 여러 번 나오더라도 참고문헌란에서는 한 번만 적으면 된다.

(2) APA 내각주-참고문헌 작성법 (APA in-text citations)[2]

APA 방식(American Psychological Association style)은 내각주를 사용한다. 일반적으로 사회과학 분야(심리학, 교육학 등)에서 많이 사용하며, 일부 자연과학 분야(생물학, 식물학, 지구과학)에서도 사용한다. 다만, 단국대학교 대학원 학위 논문의 경우 대부분의 학문 분야에서 APA 방식의 내각주-참고문헌 작성법을 사용하고 있다.

① APA 내각주 작성법

직접 인용 즉, 원문 그대로 인용할 때는 문장을 시작할 때 저자의 성과 연도를 적

---

[2] 예시 문장들의 출처는 Diana Hacker, *A Writer's Reference*, 4th Edition; Boston · New York: Bedford/St. Martin's, 2001, pp.366, 370~371 참조.

고, 인용 내용 끝에 쪽수를 적는다. 만약 저자의 성을 문장의 앞부분에 적지 않았다면, 저자의 성, 연도, 쪽수를 인용한 내용 뒤에다가 적을 수 있다. 단, 한글 문헌의 경우 저자의 성과 이름을 모두 적는다. 쪽수 표시는 한글, 영어 문헌 구분 없이 p. 혹은 pp. 뒤에 숫자를 적는다.

> Hart(1996)에 따르면, 일부 영장류학자들은 "유인원이 대문자 L로 시작하는 언어(Language)를 배웠는지 궁금해했다" (p.109).
>
> 일부 영장류학자들은 "유인원이 대문자 L로 시작하는 언어(Language)를 배웠는지 궁금해했다"(Hart, 1996, p.109).

간접 인용, 즉 원문을 요약하거나 의역해서 인용할 때는 저자의 성과 출판연도를 인용문 앞에 적거나 뒤에다 적는다.

> Hart(1996)에 따르면, 연구자들은 Terrace의 결론을 진지하게 받아들였고, 언어 실험에 대한 자금 지원은 곧 줄어들었다.
>
> 연구자들은 Terrace의 결론을 진지하게 받아들였고, 언어 실험에 대한 자금 지원은 곧 줄어들었다(Hart, 1996).

간접 인용의 경우 쪽수는 필요 없지만, 독자들이 인용문이 실린 페이지를 쉽게 찾을 수 있도록 돕기 위해서 쪽수를 제공할 수도 있다.

② APA식 참고문헌 작성법

APA 방식은 연구물의 출판연도를 저자명 다음에 쓴다. 한글책의 경우 〈성이름. (출판연도)〉, 그리고 영어책의 경우 〈성, 이름의 이니셜. (출판연도)〉로 작성한다. 논문 이름은 큰 따옴표 '없이' 표기하고, 한글 책 이름은 볼드체, 영어 책 이름은 *이탤릭체*로 표기한다. 한쪽이 넘는 인용문은 쪽수의 생략 없이 모두 적는 것을 원칙으로 한다. 또한, 시카고 방식과 달리 출판지는 생략하고 출판사 이름만 적는다.

• **단행본**

성, 이름의 이니셜. (출판연도). *저서명*(판수). 출판사명.

윤영실. (2018), **육당 최남선과 식민지의 민족사상**(초판), 아연출판부.

Tapscott, D. (1998). *Growing up digital*(1st ed.). McGraw-Hill.

* 한글 문헌의 경우 저자의 〈성이름〉 뒤에 마침표 찍는다. 영어 책 제목과 부제목의 경우 맨 앞 글자만 대문자로 쓴다.

• **번역본**

성, 이름의 이니셜. (발행연도). *번역 저서명*(이름의 이니셜. 성, trans.). 출판사. (Orignal work published 연도).

제인 오스틴. (2003). **오만과 편견** (윤지관 · 전승희 역). 민음사. (원서 출판 1813)

Lukacs, G. (1971). *Soul and form* (A. Bostock, trans.). MIT Press. (Original work published 1911)

• **편저한 책 속 논문**

성, 이름의 이니셜. (발행연도). 논문명. In 편집자 이름의 이니셜. 성 (Ed.), *저서명* (판수, 수록 쪽수). 출판사.

배개화. (2013). 언어의 이민. 박덕규 · 이은정 (편), **김수영 온몸의 시학** (pp.146~175). 푸른역사.

Miller, R. A. (2014). Posthuman. In C. R. Stimpson and G. Herdt (Eds.), *Critical terms for the study of gender* (pp.320~334). University of Chicago Press.

* 영어 문헌의 경우 편저자는 〈이름의 이니셜. 성 (Ed.)〉 혹은 〈이름의 이니셜. 성, 이니셜. 성, 이니셜. 성 (Eds.)〉으로 작성한다. 쪽수 앞에 p.나 pp.를 적

는다. 수록 쪽수는 논문의 첫 페이지에서 끝 페이지이다.

• 논문

성, 이름의 이니셜. (출판연도). 논문명. *학술지명, 권수*(호수), 논문의 첫 페이지~끝 페이지. doi(저널에 따라 doi 생략하는 경우 있음)

김정희. (2021). 드라마 〈사랑의 불시착〉의 흥행코드와 스토리텔링 전략. **글로벌 문화콘텐츠**, 48, 69~86.

McLoyd, V. C. (1998). Socioeconomic disadvantage and child development. *American Psychologist, 23*(4), 185~204.

Riedener, S. and Philipp S. (2022). "The point of promises". *Ethics, 132*(3), 621~643. https://www.journals.uchicago.edu/doi/abs/10.1086/718080

* 영어 논문의 제목과 부제목의 경우 맨 앞 글자만 대문자로 쓴다. 학술지 제목과 부제목의 경우 각 단어의 첫 글자만 모두 대문자로 쓴다.

• 잡지/신문 기사

성, 이름의 이니셜. (발행연도, 월 일). 기사명. *잡지명, 권수*(호수), 기사의 첫 페이지~끝 페이지.

김지성. (2019.09). 반도체로 촉발된, 한일 총성 없는 경제전쟁. **과학동아**, 405, 43~44.

Woldemariam, M. (2019, May). The Eritrea-Ethiopia thaw and its regional impact. *Current History, 118* (808), 181~187.

* 한글 신문, 잡지 등의 출판연월일은 (발행연도.월.일.)과 같이 점을 찍어 구분한다.

성, 이름의 이니셜. (발행연도, 월 일). 기사명. *신문명*, 게재 쪽수.

임화. (1939.09.07.). 개설 신문학사. **조선일보**, 4.

Lawlor, A. (2000, July 20). Phoenician 'find' makes textbooks ancient history. *The Courier Mail*.

* 온라인에서 검색한 자료를 참고했을 경우 끝에 〈인터넷 주소〉를 붙인다. 쪽수를 모를 때는 생략 가능하다.

성, 이름의 이니셜. (발행연도, 월 일). 기사명. *신문명 혹은 잡지명*. 인터넷 주소

조수진. (2025.09.18.). 與서 커지는 관세협상 강경론: 3500억달러 美투자, IMF 또 온다. **중앙일보**. https://www.joongang.co.kr/article/25368076

Mazower M. (2025, September 25). The origins of today's conflict between American Jews over Israel. *The Guardian*. https://www.theguardian.com/news/2025/sep/25/origins-todays-conflict-between-american-jews-over-israel

- **인터넷 사이트(블로그, 카페 등)에 게재된 글**

성, 이름의 이니셜. (게재연도, 월 일). 기사명. *웹사이트 이름*. 인터넷 주소

ena. (2025.09.11.). 버려진 148권의 일기장에서 찾은 삶의 가치. **sarak: yes24 블로그**. https://sarak.yes24.com/blog/ninguem/review-view/21626234

William, G. (2017, February 15). Futurist shock. *Lingua Franca (blog). Chronicle of Higher Education*. https://www.chronicle.com/blogs/linguafranca/2017/02/15/futurist-shock

* 인터넷 주소 뒤에는 마침표를 찍지 않는다.

• AI 회사 이름. (모델 출시 연도). AI 프로그램 이름 (버전이나 업데이트 날짜) [Large Language Model]. 인터넷 주소

OpenAI. (2023). *ChatGPT* (Mar 14 version) [Large language model]. https://chat.openai.com/chat

Google. (2025). *Gemini 3 Flash* (Dec 17 version) [Large language model]. https://gemini.google.com

연습문제 1

다음 글은 우리 사회에 차별이 지속되는 이유에 대해 성찰한 칼럼이다. 이 글에 제시된 사회 현상에 대한 자기의 생각을 글로 적어보자.

아랫사람이 있어야 윗사람도 있다?

필자는 요즘 만주국 시대에 조선인들이 창작한 소설들을 읽고 있다. 만주국은 1932년부터 1945년까지 존재했던 국가로서 일본이 중국 동북 지방, 즉 만주 지역에 세운 소위 위성 국가이다. 필자는 만주국 관련 자료를 보다가 사회계층의 형성과 관련된 흥미로운 내용을 알게 되었다. 즉, 일본의 식민지인이었던 대만인이나 조선인들이 본토에 있을 때보다 만주에 있을 때 사회적으로 우월한 지위를 누렸는데, 이것이 가능했던 것은 아랫사람을 만듦으로써 사회적으로 윗사람이 되는 전략 덕분이다.

만주국은 오족협화(五族協和)와 왕도정치(王道政治)를 표방하면서 시작되었다. 오족협화는 일본, 조선, 만주, 몽고, 한족 등 오족이 서로 협력하면서 조화롭게 공존하는 것을 의미한다. 이에 따라 만주국 내에서 이 다섯 민족의 지위는 서로 평등한 것처럼 상상되었다. 하지만 오족협화의 건국이념과는 달리 실제로는 민

족적인 차별이 존재했다. 일본인이 가장 우위에 있었으며, 조선인이 일본인 다음으로 다른 민족들에 비해서 우위에 있었다. 이것은 각 민족에게 주어지는 봉급과 식량 배급 등을 통해서도 증명된다. 일본인이 100원을 받을 때, 조선인은 40원대 그리고 만주족과 몽고족은 20원대의 봉급을 받았고, 식량 배급에서도 일본인은 백미, 조선인은 백미 반, 수수 반, 그리고 중국인은 수수만을 받았다.

야마무로 신이치는 『키메라:만주국의 초상』이라는 책에서 만주국 건국 이후 대만에서 피지배자였던 사람들이 만주국에서 지배자의 위치로 올라간다고 주장한다. 대만에서는 낮은 월급밖에 받지 못하는 사람들이 만주인과 똑같이 중국어를 쓴다는 이유로 관동 주나 만주국에서 아주 높은 월급을 받게 된다. 높은 월급을 받게 된다는 것은 사회적인 신분 상승을 의미하는 것으로, 대만인들은 중국인이라는 아랫사람이 생겼기 때문에 윗사람이 될 수 있었다고 야마무로 신이치는 지적한다.

필자가 보기에 만주국에서 대만인과 유사한 상황이 조선인에게도 발생했다. 식민지 조선에서 조선인은 피지배자의 위치에 있었지만, 만주에서는 일본인 다음으로 우월한 지위를 갖게 되었다. 당시 일본은 조선인이 일본인보다 중국에 대한 이해가 높고, 일본의 정신을 연마 정진하여 일본인을 능가하는 인재가 적지 않기 때문에 일본인이 직접 나서는 것보다 조선인을 일본과 중국 민족 연합의 중개자로 삼는 것이 좋다고 판단했다. 이런 필요 때문에 조선인 역시 만주국 사회에서 다른 중국 민족들보다 높은 위치에 자리 잡을 수 있었다. 그 결과 만주에서 조선인들은 자신들 역시 차별을 받지만, 더 차별받는 사람들이 있었기 때문에 상대적으로 높은 계층에 있는 사람, 적극적일 경우 지배층의 말단에 위치할 수 있었다.

아랫사람을 만듦으로써 자신의 지위를 높이려는 것은 현재 우리의 일상생활에서도 비일비재하다. 예를 들어 필자는 아직도 건설 중인 신도시의 LH 아파트에 살고 있다. 그런데 입주자 커뮤니티의 온라인 게시판에 "민영아파트 엄마들이 LH 아파트와 임대아파트에 살고 있는 주민의 아이와 자기 아이를 같은 유치원과 초등학교에 보내는 것이 싫다고 말했다"라고 성토하는 글이 올라온다. 필자가 거주하고 있는 신도시의 민간아파트와 LH 아파트의 분양가 차이는 평당 백만 원 이하이다. 몇천만 원에 소위 신분이 낮은 사람이 되어 신분 높은 사람들로부터 소위 물을 흐리는, 상종하기 싫은 사람이 되는 것이다.

이처럼 아랫사람을 만들어서 윗사람이 되는 전략은 소위 취업 시장에서도 늘 일어나는 일이다. 1998년 금융위기 이후, 노동시장 유연화를 명분으로 생겨난 파견 근무나 비정규직과 같은 고용 방식에 다른 근로자들이 쉽게 타협하고 안주하는 것, 오히려 대기업 정규직이라는 이유만으로 타인에 대해서 우월감을 표현하는 사람들이 많은 것에는 아랫사람을 만듦으로써 윗사람이 되고자 하는 심리가 작용하고 있다. 같은 일을 하는데도 자기보다 더 적은 봉급을 받고 복지혜택이 적은 것에 대해서 불편한 마음을 갖지 않는 것, 그리고 그것이 사회 전체의 건강성을 해치는 데도 문제해결에 적극적이지 않은 것이 결국은 자신의 삶마저도 위태롭게 할지도 모른다는 성찰과 반성 없이 말이다.

– 배개화, 「아랫사람이 있어야 윗사람이 있다」, 『경북매일신문』, 2017.06.21.

1. 위의 글에서 제시된 사회 현상에 대해 찬성하는지 반대하는지 생각해 보자.

2. 위의 문제에 대한 자기의 생각(주장)을 주제문으로 작성해 보자.

3. 주장을 뒷받침하는 이유와 근거들을 찾아서 정리해 보자.

4. 2와 3을 이용하여 개요를 작성해 보자.

5. 작성된 개요를 바탕으로 1500자 길이의 논술문을 써 보자.

연습문제 2

다음은 안락사 관련 논문에서 참고한 자료를 인용 순서대로 배열한 것이다. 이 목록을 바탕으로 아래의 문제에 대한 답을 작성해 보자.

1. 박준국의 『안락사할 자유』의 5~10쪽에서 인용하였다. 이 책은 서울에 있는 박영사에서 2025년에 초판으로 출판되었다.

2. 이안 다우비긴이 저술하고 신윤경이 번역한 책인 『안락사의 역사』의 120쪽에서 인용하였다. 이 책은 2007년에 의왕시에 있는 섬돌출판사에서 초판으로 출판되었다.

3. Kenneth R. Overberg가 저술한 책인 Mercy or Murder?: Euthanasia, Morality, and Public Policy의 210~213쪽에서 인용하였다. 이 책은 Kansas City에 있는 Sheed & Ward라는 출판사에서 1993년에 first edition으로 출판되었다.

4. Kenneth R. Overberg가 저술한 책인 Mercy or Murder?: Euthanasia, Morality, and Public Policy의 120쪽에서 인용하였다. 이 책은 Kansas City에 있는 Sheed & Ward라는 출판사에서 1993년에 first edition으로 출판되었다.

5. 신융아의 기사 「불치병 조력사망 인정하는 가톨릭 국가: '끝낼 권리' 논쟁을 부르다」에서 인용하였다. 이 기사는 2023년 7월 9일에 『서울신문』에 게재되었으며, 2024년 7월 3일에 https://www.seoul.co.kr/news/newsView.php?id=20230710004001에서 검색하였다.

6. 조한상과 이주희가 공저한 「안락사에 관한 법적 고찰: 헌법학과 형법학의 융합과 그 파급효과」의 64~65쪽에서 인용하였다. 이 논문은 2013년에 한국법학회에서 출판한 『법학연구』 제49호의 63~90쪽에 수록되었다.

7. 박준국의 『안락사할 자유』의 88쪽에서 인용하였다. 이 책은 서울에 있는 박영사에서 2025년에 초판으로 출판되었다.

8. Olivier Guillod and Aline Schmidt가 저술한 논문 “Assisted Suicide under Swiss Law”의 25~26쪽에서 인용하였다. 이 논문은 2005에 출판된 학술지인 European Journal of Health Law 제12권 제1호의 25~38쪽에 수록되어 있다.

9. 원경림이 저술한 논문 「한국에서의 안락사 논쟁 고찰: 보라매사건을 중심으로」의 70쪽에서 인용하였다. 이 논문은 기독교윤리연구소에서 편한 『소극적 안락사, 무엇이 문제인가?』의 63~99쪽에 수록되어 있다. 이 책의 출판연도는 2007년이며, 판수는 초판이고 출판사는 서울에 있는 예영커뮤니케이션이다.

10. Olivier Guillod and Aline Schmidt가 저술한 논문 “Assisted Suicide under Swiss Law”의 30쪽에서 인용하였다. 이 논문은 2005에 출판된 학술지인 European Journal of Health Law 제12권 제1호의 25~38쪽에 수록되어 있다.

11. 박계선의 박사학위 논문인 「소생 불가능한 환자의 안락사에 대한 의료진의 의식 조사: Q-방법론적 접근」의 76쪽에서 인용하였다. 박계선은 2000년에 단국대학교 대학원에서 박사학위를 취득하였으며 논문의 총 페이지는 1~95쪽이다.

12. 박계선의 박사학위 논문인 「소생 불가능한 환자의 안락사에 대한 의료진의 의식 조사: Q-방법론적 접근」의 30~31쪽에서 인용하였다. 박계선은 2000년에 단국대학교 대학원에서 박사학위를 취득하였으며 논문의 총 페이지는 1~95쪽이다.

13. Etienne Montero가 쓴 논문인 “The Belgian Experience of Euthanasia Since Its Legal Implementation in 2002”의 8쪽에서 인용하였다. 이 논문은 David Albert Jones, Chris Gastmans, Calum MacKellar가 공동 편집한 책인 Euthanasia and Assisted Suicide의 7~25쪽에 수록되어 있다. 이 책은 2018년에 Cambridge, United Kingdom에 있는 Cambridge University Press에서 second edition으로 출판되었다.

1. 위의 서지사항을 시카고 방식의 외각주-참고문헌으로 작성해 보자.
   1) 시카고식의 외각주를 작성해 보자
   2) 시카고식 외각주에 따른 참고문헌을 작성해 보자.

2. 위의 목록을 APA 방식의 내각주-참고문헌으로 작성해 보자.
   1) APA 방식의 내각주를 작성해 보자.
   2) APA 방식의 참고문헌을 작성해 보자.

참고 문헌

강심호, 『대중적 감수성의 탄생』, 살림, 2005.

권　은, 『경성모더니즘』, 일조각, 2018.

배개화, 「아랫사람이 있어야 윗사람이 있다」, 『경북매일신문』, 2017.06.21.

이광근, 『컴퓨터 과학이 여는 세계』, 인사이트, 2017.

고려대출판부 엮음, 『새로운 논문 작성법』, 고려대출판부, 2001.

대학글쓰기편찬위원회 편, 『대학글쓰기』, 노스보스, 2020.

서울대학교 대학글쓰기 편찬위원회 편, 『대학글쓰기』 1, 서울대학교 출판문화원, 2019.

단국대학교 율곡도서관 홈페이지, http://libc.dankook.ac.kr, 2025.09.20. 검색.

경희대학교 중앙도서관 스타일 가이드, https://libguides.khu.ac.kr/Referencing/Chicago/ReferenceList, 2025.09.20. 검색.

Hacker, Diana, *A Writer's Reference*, 4th Edition; Boston · New York: Bedford/St. Martin's, 2001. http://www.bedfordstmartins.com/hacker/writersref

APA Style, https://apastyle.apa.org, accessed 10 January, 2026.

The Chicago Manual of Style, https://www.chicagomanualofstyle.org/tools_citationguide.html, accessed 20 September, 2025.

제2부

학술적 글쓰기의 방법

제1장 분석적 읽기의 방법

제2장 분석적 요약

제3장 비판적 읽기의 방법

제4장 비판적 논평

제1장

분석적 읽기의 방법

1. 분석적 읽기와 논증

이 장에서는 학술적 글쓰기 방법의 일환으로 논증적 성격의 글이 지닌 특징을 분석적으로 읽어 보자. 논증적 성격의 학술적 글은 대개 다음과 같은 내용으로 구성된다. 첫째 화제에 대한 문제 제기, 둘째 문제에 대한 필자의 주장, 셋째 주장을 정당화하기 위한 논증이다. 분석적 읽기는 제기된 문제가 무엇이고, 문제에 대한 필자의 주장이나 견해가 무엇이며, 이러한 주장이 논리적으로 잘 전개되었는지를 세밀히 분석하며 읽는 것을 말한다. 분석적 읽기를 반복하여 훈련하게 되면 글의 구조와 내용을 정확히 파악할 수 있을 뿐만 아니라 논리 전개 과정에 필요한 논증의 요소도 자연스럽게 습득할 수 있다.

화제에 대한 문제 제기 + 문제에 대한 필자의 주장 + 주장을 정당화하기 위한 논증

논증은 다시 주장, 이유, 근거, 전제, 반론 수용, 반박으로 구성된다. 여기서 전제를 드러내 놓고 쓰는 경우와 가려진 경우가 있다. 또한 반론을 잘 다루지 않고 자신의 주장만 강조하는 글도 있지만 반론을 염두에 둔 경우가 더 많다. 반론이 생략되어 있지만 독자도 그것을 안다는 가정에서 자신의 주장을 논증하기 위해 반박을 중심으로 주장을 강조하는 경우도 여기에 해당한다. 반론을 염두에 두지 않고 일방적으로 자신의 주장만 펼치는 글에 대해 좋은 글이라고 하기 어렵다.

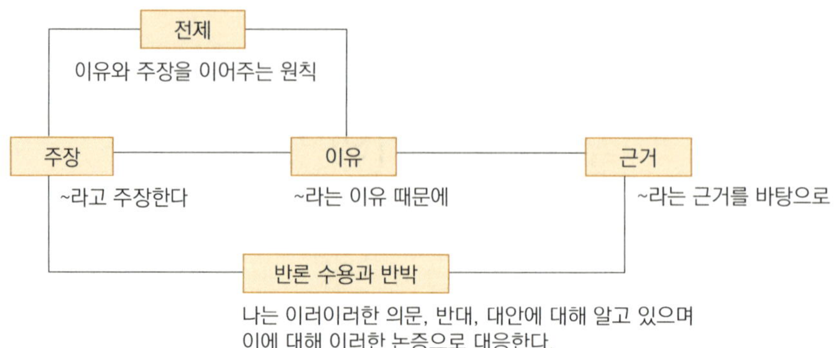

– 조셉 윌리엄스·그레고리 콜럼, 『논증의 탄생』, 윤영삼 옮김, 홍문관, 2008, 79쪽

[그림 1] 논증의 구조

정리하자면 학술적 글쓰기는 논증의 요소를 대부분 활용하지만, 그것을 드러내느냐 숨기느냐의 차이가 있을 뿐이다. 그런데 학술적 글쓰기를 처음 배우는 학생들은 논증을 이루는 요소들을 전체적으로 활용해 보는 것이 필요하다.

다음은 논증의 여러 요소들을 활용하여 논증의 구조를 비교적 충실하게 보여준 학생의 글이다. 이 글의 논증 구조를 분석적으로 읽어 보자.

• • • • • •

존엄한 죽음을 위한 선택, 조력 사망에 대한 필요성

지금 우리가 살아가고 있는 현대 사회에서는 인간의 삶뿐만 아니라 죽음에 대해서도 깊은 고민을 요구하고 있다. 현대 과학과 의학의 발달로 인해 이러한 고민은 아이러니하게 더욱 깊어지고 있다. 물론 생명 유지 의료 치료는 급성 질환에 많은 기여를 했다. 그러나 전이성 암과 같은 만성 질환을 앓고 있는 말기 환자에게는 근본적으로 의학적 상태를 되돌리지 못하고 죽음의 과정을 연장할 뿐이기 때문에 이롭다고 보기 어렵다. 환자가 임종기에 헛된 연명 치료를 받는 숫자가 늘어나고 있기 때문이다. 이런 상황은 앞으로 의학의 발달로 더욱 심해질 것으로 보인다. 이러한 상황에서 의학적인 치료가 불분명한 말기 환자들의 고통에 의해 등장한 조력 사망 논의는 윤리적 딜레마를 포함한 인간의 존엄성과 자기 결정권을 둘러싼 중요한 논쟁거리가 되고 있다. 캐나다, 호주, 뉴질랜드, 스페인, 오스트리아 등 현재 여러 나라에서 조력 사망법을 도입해 시행 중이다. 필자는 조력 사망 도입에 대해 찬성하는 입장이며 그 이유에 대해 다음과 같이 설명하고자 한다.

먼저 조력 사망(Assisted Dying)이란, 말기 환자가 자신의 생명을 스스로 종료할 수 있도록, 의료 전문가가 약물 처방이나 투여 등으로 도움을 주는 행위를 말한다. 이는 환자의 자율성과 존엄성을 존중하는 차원에서 엄격한 법적·의료적 절차를 거쳐 이루어진다. 그러므로 환자나 환자 가족의 의견을 반영하여 의사가 행위를 집행하는 적극적 안락사와 구분된다. 우선, 조력 사망을 허용해야 하는 가장 핵심적인 이유는 개인의 '자기 결정권' 존중에 있다. 인간은 자신의 삶을 스스로 개척해 나갈 권리를 가지듯이, 그 끝맺음 또한 스스로 선택할 권리가 있다.

헌법에 '자기 결정권' 이란 단어가 명시되어 있지 않지만, 헌법 제10조에 "모든 국민은 인간으로서의 존엄과 가치를 가지며, 행복을 추구할 권리를 가진다."라고 되어 있어 개인의 삶과 죽음에 대한 결정권까지 포함하는 넓은 의미로 해석할 수 있고, 헌법 제17조 "모든 국민은 사생활의 비밀과 자유를 침해받지 아니한다."를 통해 개인의 삶에 있어서 중요한 결정, 죽음을 선택하는 문제 또한 사적인 영역에 속하고, 이에 대한 자기 결정권도 사생활 보호의 일종으로 볼 수 있다. 또 2009년에 있었던 이른바 '존엄사 사건'에 대한 대법원 판결은 회복 불가능한 사망의 단계에 이른 환자가 인간으로서의 존엄과 가치 및 행복 추구권에 기초하여 자기 결정권을 행사하는 것으로 인정되는 경우에 연명 치료 중단을 허용한 바 있다.[1] 이것은 존엄사를 인정한 첫 판례라고 할 수 있다. 이러한 점을 봤을 때, 조력 사망이 타인의 생명이나 권리를 침해하지 않는다면, 죽음에 대한 선택의 권리는 개인의 자유로 보아야 한다.

둘째로, 조력 사망은 환자의 불필요한 고통을 줄이고, 인간으로서의 삶의 질을 지키기 위한 수단이 될 수 있다. 말기 환자들은 여러 육체적, 정신적 고통에 시달리고 있다. 현재 의학에서는 완화 의료가 시행되고 있지만, 모든 고통을 해소할 수는 없다. 특히 자신으로 인해 가족에게 부담이 되고 있다는 사실은 고통을 더욱 심화시킬 수 있으며, 이는 생명 연장으로는 해소할 수 없다. 또 2016년에 환자의 결정에 따라, 임종 과정에 있는 환자가 의학적으로 무의미한 연명 치료를 중단하거나 받지 않을 수 있도록 '연명의료결정제도'가 마련된 것을 보아[2] 자기 결정에 따른 죽음을 사회가 일부 수용하고 있는 근거로 볼 수 있다. 삶을 존엄하게 마무리하고자 하는 선택은 단순히 생명의 포기가 아닌 고통을 끝내기 위한 인간다운 선택임을 알아야 한다.

셋째, 조력 사망은 생명을 가볍게 여기는 행동이라고 볼 수 있지만, 이는 오히려 생명을 더 깊이 생각하는 방식일 수 있다. 극심한 고통을 수반하는 무의미한 생명 연장을 정말 생명을 위한 존중이라고 할 수 있을까? 생명 존중은 삶을 고통 속에서 마무리하는 것이 아니라 마지막을 편안하게 끝맺을 수 있는 삶의 질을 동반할 때 의미가 있다. 모든 사람에게는 살아가면서 뿐만 아니라 죽음의 순간까지도 존엄과 품위를 위한 권리가 있고 이를 지키기 위한 수단으로 조력 사망을 택하는 것은 생명을 가볍게 여기는 것이 아니다. 과학 기술, 의학 기술이 발달한 현재에는 특히 그렇다.

물론 조력 사망에 대한 반대 입장도 존재한다. 대표적인 예시로 '미끄러진 비탈길' 논리나, 완화 의료의 약화, 그리고 취약 계층에 대한 우려 등이 있다. 하지만 이러한 점들은 대부분 제도적인 부분에서 충분히 보완이 가능하다. 먼저, '미끄러진 비탈길' 논리란, 어떤 행위 유형 A를 받아들이게 되면 그와 유사한 행위 B를 받아들이지 않을 수 없고, 또 행위 C를 받아들이지 않을 수 없게 되면서 결국 받아들여선 안 될 행위까지 받아들이게 되는 논리이다. 이 논리가 조력 사망의 논의에 제기되는 이유는 초기에는 조력 사망의 허용에 대한 기준이나 심사가 엄격할 수 있어도, 시간이 지나면서 점차 기준의 점진적 확대로 인해 조력 사망이 시행되는 데 있어서 위험한 수준에 이를 수 있다는 것이다. 하지만 이는 정확한 인과적인 논증이 아닌 그럴 가능성이 존재할 수 있다는 주장일 뿐이며, 현재 조력 사망 제도가 시행 중에 있는 다른 국가들의 사례를 보아도 조력 사망에 대한 허용의 기준이 철저히 지켜지고 있는 것을 볼 수 있다.

한 가지 예로 캘리포니아에서 2015년에 국회에서 통과된 '임종선택법'에 따르면, 18세 이상의 말기 질환 환자인 캘리포니아 주민일 것, 6개월 이내 의학적으로 사망이 예견될 것, 환자가 조력 사망에 대한 설명을 들은 후에 동의할 수 있는 정상적인 정신적 상태에 있을 것, 약물을 스스로 관리할 수 있는 신체적인 요건이 있을 것을 환자의 조건으로 제시하고 있다.[3] 또 조력 사망이 온전히 실행되기 위한 과정으로 2회의 구두 요청과 1회의 서면 요청을 필요로 하고 있다.[4] 무엇보다 조력 사망에 대한 논의가 진행 중에 있을 때 언제든지 환자는 그 요청을 철회할 수 있으며, 의사가 직접 환자에게 약물을 투여하는 '적극적 안락사'와 달리 약물의 관리와 복용은 환자 스스로가 하도록 해 마지막까지 환자의 자기 결정권이 존중된다는 점을 보았을 때 조력 사망 환자의 기준은 구체적이고 철저한 법률을 통해 시행되고 있음을 알 수 있다.

완화 의료의 약화를 우려하는 주장에 따르면, 조력 사망이 허용되면 말기 환자의 고통을 완화하는 데 중점을 둔 완화 의료 시스템보다 더 간편한 해결책으로 조력 사망을 택하게 될 수 있고, 결과적으로 완화 의료의 발전과 제공에 소홀해질 수 있다. 하지만 앞서 말했듯이 조력 사망이 시행되기 위한 기준은 법률로 명확하게 규정되어 완화 의료에 쉽게 대체되어 '해결책'으로 사용될 만한 제도가 아니다. 완화 의료로도 해결되지 않는 극심한 고통을 가진 일부 환자들에게만 적용되는 예외적인 선택지이다. 또한 조력 사망제도와 완화 의료시스템은 병행 가능한 선택지로 이용될 수 있다. 조력 사망에 대한 논의가 활성화되면, 환자들의 마지막 순간의 존엄에 대한 사회적인 관심이 커져 완화 의료시스템에 대한 긍정적인 효과를 일으킬 수 있다. 실제로 네덜란드, 벨기에에서 안락사와 조력 사망이 법적으로 허용된 이후에도 완화 의료가 약화되지 않고 오히려 강화되었다는 점을 보여준 바 있다.[5]

마지막으로 조력 사망 제도가 사회적 약자에게 불리하게 작용될 수 있다는 주장에 의하면, 소수 인종에 해당하는 사람들 혹은 저소득층, 저학력자, 장애인 등의 사람들이 진정한 자기 선택이 아닌 경제적, 사회적 환경에 의해 어쩔 수 없이 죽음을 앞당기게 되는 선택을 하게 될 수 있다는 주장이다. 그러나 현재 조력사망법을 시행 중인 국가들은 모두 환자의 정신적 상태, 자발성, 반복적인 요청을 확인하는 등 무엇보다 환자 스스로의 선택임을 확인하는 절차들에 중점을 두고 있고 실제 사례를 볼 때 현재까지는 이러한 우려가 실현되지 않았음을 알 수 있다. '임종선택법'이 시행된 캘리포니아에서 나온 통계에 따르면, 환자들 중 대다수가 백인이었고 고학력자였으며, 사보험에 가입되어 있었다는 결과를 통해 현실적으로 그와 같은 결과는 나타날 가능성이 낮음을 볼 수 있다.[6] 따라서 조력 사망 제도가 사회적인 약자들에 대해 불리하게 작용할 수 있다는 우려 역시 제도적인 부분을 통해 충분히 예방될 수 있다.

최근 우리나라는 '연명의료결정법'의 개정을 통해 '조력존엄사'의 제정이 논의되고 있다. 그러나 현재 개정안에는 여러 문제점들이 존재한다. 첫 번째로 연명의료결정법 개정안에서는 조력 사망의 대상이 조력존엄사심사위원회에 의해 결정된다. 조력존엄사심사위원회에서는 조력 사망에 적합한 대상인지를 심사를 거치는데, 그 과정에서 대상자 결정일로부터 1개월이 경과한 뒤에 대상자 본인이 담당의사와 전문의 2인에게 조력 사망을 희망한다는 의사표시를 해야 조력 사망을 이행할 수 있게 했다. 이 점은 환자가 애초에 의학적으로 남은 생이 수개월밖에 되지 않은 상태임을 고려했을 때 제도의 실질적인 효과에 의문을 품게 한다.

두 번째로 개정안에서는 의사의 조력 행위가 약물의 처방과 지급 등에서 어느 범위까지 이루어지는가에 대해 정확히 명시되어 있지 않다. 개정안에서 전반적으로 의사의 역할이 보조적이고 수동적으로 제한되어 있다. 의사가 조력 사망의 대상이 되는 환자의 정신적, 육체적 상태에 가장 이해도가 높다는 점을 봤을 때 의사의 역할에 비중을 더할 필요가 있을 것 같다. 명확하고 구체적인 기준과 권한이 뒷받침될 때, 제도는 더욱 안전하고 실질적으로 운영될 수 있을 것이다.

이처럼 조력 사망 제도는 단순히 죽음을 앞당기는 것이 아닌, 삶의 마지막 순간까지 인간으로서의 존엄과 자율성을 지키기 위한 선택지로 작용할 수 있다. 앞서 말했던 환자의 자기 결정권, 고통의 경감, 생명 존중에 대한 새로운 해석은 조력 사망 도입의 필요성을 뒷받침한다. 물론 윤리적, 법적 논의와 더불어 사회적 약자 보호, 오남용 방지를 위해서는 법을 철저하게 설계할 필요가 있다. 그러나 현재 여러 국가에서 조력 사망제도를 효과적으로 시행하는 사례들을 보았을 때 조력 사망의 도입은 더 이상 미룰 수 없는 것으로 보인다. 우리나라 또한 죽음에 대한 자기 결정권을 보장하는 제도를 마련함으로써 진정한 인간 존중의 사회로 한 걸음 더 나아갈 수 있을 것이다.

---

1) 강한, 「국내 첫 합법적 존엄사… 2009년 대법원 전합 판결 이후 '8년 만'」, 『법률신문』, 2017.11.22.

2) 『건강in』, 2021년 4월호, https://www.nhis.or.kr/magazin/168/html/sub3.html, 2024.09.20. 검색.

3) 캘리포니아주 임종선택법, California Health and Safety Code, Part 1.85, §§443 - 443.9. https://law.onecle.com/california/health/division-1/part-1.85/index.html

4) 캘리포니아주 임종선택법, California Health and Safety Code, Part 1.85, §443.3. https://law.onecle.com/california/health/division-1/part-1.85/index.html

5) Ezekiel J. Emanuel & et al., "Attitudes and Practices of Euthanasia and Physician-Assisted Suicide in the United States, Canada, and Europe", *JAMA*, 2016 Jul., p.84.

6) 이지은, 「조력사망에 대한 고찰」, 『의료법학』 23(2), 대한의료법학회, 2022, 88쪽.

– 학생 글

• • • • • •

위의 글은 의학의 발전에도 생명 유지 의료 치료가 존엄한 죽음을 위해 기여하지 못하는 측면에 관한 문제를 제기하고 조력 사망 도입의 필요성을 주장하고 있다. 학생 저자는 이 주장을 정당화하기 위해 근거를 제시하고 이유, 근거, 전제, 반론 수용, 반박의 과정을 거쳐 논증하는 글을 서술했다. 이 글에서 전제를 활용한 부분이 드러나 있지 않지만 암묵적 전제를 유추할 수 있다. 그것은 자기 결정권이 존엄한 죽음을 위해 중요하다는 관점과 관련된다. 안락사와 구분하고 존엄사의 관점에서 조력 사망을 바라보려는 관점은 이 글의 암묵적 전제가 어디에 있는지 보여준다. 이러한 암묵적 전제를 강화하기 위해 헌법에서 자기 결정권을 드러낸 것으로 해석될 수 있는 부분을 모두 가져와 근거로 활용하면서 주장의 암묵적 전제를 강화하는 방식으로 서술했다.

첫 번째 단락에서 질병의 말기 환자들에게 연명 치료를 하게 하는 문제점을 통해 자기 결정권을 행사하는 조력 사망 도입의 필요성을 제기하고 이에 대해 찬성한다는 주장까지 밝혔다. 두 번째 단락에서 조력 사망이 무엇인지 정의하고 필요한 이유를 개괄적으로 설명하였다. 그리고 세 번째 단락에서부터 구체적인 근거들을 제시하고 있다. 그런데 근거 제시에만 그치지 않고 반론을 수용하여 반박하는 과정을 충실히 서술했다.

이 글은 조력 사망에 대한 주장과 근거를 특정한 이론 등을 가지고 깊이 있게 파고들었다고 보기는 어렵지만 논증의 구조를 형식적으로 잘 따르기만 해도 기본적인 논증문을 구성할 수 있다는 것을 보여준다. 근거가 3가지 제시되었는데 첫 번째에서 자기 결정권의 의미를 헌법 조항과 판례를 비교하여 분석적으로 도출하려 한 부분이 좀 더 바람직한 방식의 근거 제시라고 할 수 있다. 물론 자기 결정권의 넓은 함의, 자기 결정권이 사생활 보호의 일종이라는 좁은 의미, 기본권으로서의 가능성 등 여러 층위를 유기적으로 설명하지는 못했지만 의도는 긍정적으로 볼 수 있다. 그런데 조력 사망이 사회적 약자에게 불리하게 작용할 수 있다는 반론을 수용하고 다시 반박하는 과정에서 드러난 논리는 오히려 조력 사망이 부자들만이 할 수 있는 특권으로 이해될 가능성이 있다는 점에서 효과적이지 않다.

이 글은 우리나라가 연명의료결정법 개정을 통한 조력 존엄사 제정이 논의되고 있다는 주장을 하면서 외국의 사례를 소개하는 데 그치지 않고 실질적인 방안에 대한 논의로 나아간다. 이를 위해 저자는 우선 우리나라에서도 이러한 논의가 요청되고 있다는 배경과 맥락을 소개한다. 그러나 조력 존엄사라는 표현으로 이러한 논의가 요청된다는 배경과 맥락을 충분히 설명할 수 있는지 의문이 든다. 그러므로 이 부분을 객관적으로 점검하고 보완할 필요가 있다. 우리 사회가 순수한 자기 결정권의 행사가 가능한 사회인지, 이런 논의가 각계에서 잘 이루어지고 있는지 등을 드러낼 수 있어야 한다는 뜻이다. 이는 이 글의 암묵적 전제인 자기 결정권의 행사가 곧 존엄성이라는 것이 성립하기 위해서도 제시되어야 한다. 자기 결정권이 제대로 행사될 수 있는 환경인지를 살펴보는 일이 선행되어야 한다는 뜻이다. 이렇게 분석적으로 읽으면 논증의 구조를 파악하게 되고 부족한 부분을 찾아 보완할 수 있다.

2. 분석적 읽기의 방법

앞에서 제시한 논증의 구성 요소들을 텍스트 안에서 두루 살펴보는 것은 그대로 분석적 읽기로 이어진다. 분석적 읽기를 위한 구체적 질문은 다음과 같다.

가. 주장하는 바가 무엇인가?
나. 주장을 뒷받침하기 위한 근거는 무엇인가?
다. 암묵적 전제는 무엇인가?
라. 어떤 배경과 맥락에서 서술된 것인가?
마. 저자의 관점은 무엇인가?
바. 이 글이 목적은 무엇인가?

주장하는 바와 이를 뒷받침하기 위한 근거는 글에 제시되어 있기 때문에 이를 찾아보면 쉽게 발견할 수 있다. 글의 배경과 맥락, 저자의 관점은 글에서 찾을 수 있지만 이 주제와 관련된 여러 논의나 저자에 대한 지식 등 외부 정보를 통해 더 잘 파악할 수 있기도 하다. 암묵적 전제는 글의 표면에 드러나 있지 않기 때문에 저자의 관점을 통해 '주장을 참이게 하는 바탕' 즉 주장을 참이게 하는 저자만의 인식을 추론하는 과정이 필요하다. 글의 목적은 이러한 질문들을 잘 파악했을 때 자연스럽게 드러나는 부분이다.

그런데 분석적 읽기의 중요한 목표는 문제를 설정하는 것이므로 위의 질문들에 답하는 과정은 결국 이러한 주제에 대해 자신은 어떤 문제의식을 드러낼 수 있는가와 관련된다.

다음 예문은 유발 하라리의 책 『호모데우스』에서 발췌한 내용이다. 이 글을 분석적으로 읽어 보자.

• • • • • • •

불평등을 업그레이드하다

자유주의가 직면한 또 하나의 위협은 일부 사람들은 업그레이드되어 필수불가결한 동시에 해독 불가능한 존재로 남아 소규모 특권 집단을 이룰 거라는 점이다. 이런 초인간들은 전대미문의 능력과 전례 없는 창의성을 지닐 것이고 그런 힘을 이용해 세계적으로 중요한 대다수의 결정들을 계속 내릴 수 있을 것이다. 그들은 시스템의 유지 보수를 담당할 것이고 시스템은 그런 사람들을 이해하고 관리할 수 없을 것이다. 그러나 대부분의 사람들은 업그레이드되지 않을 것이고 그 결과 컴퓨터 알고리즘과 새로운 초인간 양쪽의 지배를 받는 열등한 계급이 될 것이다.

인류가 생물학적 계급으로 쪼개지는 즉시 자유주의 이념의 근간이 파괴될 것이다. 자유주의는 사회 경제적 격차와 공존할 수 있다. 오히려 자유주의는 평등보다 자유를 우선시하므로 그런 차이를 당연하게 받아들인다. 하지만 그렇다 해도 자유주의의 기본 전제는 모든 인간이 평등한 가치와 권한을 가진다는 것이다. 자유주의 관점에서 보면 한 사람은 억만장자인 반면 또 다른 사람은 가난한 농부인 것이 전혀 문제가 되지 않는다. 자유주의에 따르면 농부의 특별한 경험은 억만장자의 경험만큼이나 가치가 있기 때문이다.

선거에서도 같은 논리가 작동한다. 가난한 농부의 한 표는 억만장자의 한 표와 똑같이 중요하다. 자유주의가 사회적 불평등을 해결하는 방식은 모든 사람의 경험이 같아지게 하는 게 아니라 서로 다른 경험에 평등한 가치를 부여하는 것이다. 하지만 부자와 빈자가 단지 부가 아니라 생물학적 차이로 나뉠 때도 이런 해법이 여전히 유효할까.

안젤리나 졸리는 〈뉴욕타임스〉에 기고한 글에서 유전자 검사 비용이 비싸다는 사실을 언급했다. 졸리가 받은 검사의 비용은 현재 3000달러이다(유방 절제술, 복원 수술, 관련 치료 비용은 포함하지 않았다). 유전자 검사 비용은 시간이 흐를수록 떨어질 테지만 값비싼 새 시술이 끊임없이 개발되고 있다. 그러므로 구식 치료가 대중의 품안으로 한 걸음 들어오면 엘리트 집단은 몇 걸음 더 앞서 있을 것이다. 그동안의 역사에서도 부자들은 많은 사회적·정치적 이점을 누렸지만 생물학적 차이는 결코 크지 않았다. 중세 귀족들은 자신들의 정맥에 푸른 피가 흐른다고 주장했고 인도의 브라만 계급도 원래부터 다른 사람들보다 똑똑하다고 주장했지만 그것은 순전히 허구였다. 하지만 미래에 우리는 업그레이드된 상위 계급과 사회의 나머지 구성원들 사이에 육체적·인지적 능력 차이가 실제로 벌어지는 현장을 보게 될 것이다.

이런 가능성을 얘기하면 과학자들은 약속이라도 한 듯 20세기의 수많은 획기적인 의학 치료들도 부자들이 먼저 시작했지만 결국 인류 전체가 혜택을 보았고 그런 치료들은 사회적 격차를 넓히기보다 좁히는 데 일조했다고 대답한다. 예를 들어 백신과 항생제의 경우 처음에는 서구의 상위 계급에게만 돌아갔지만 지금은 전 세계 모든 사람들이 혜택을 누린다.

하지만 이런 과정이 21세기에도 그대로 반복될 거라는 기대는 희망적 사고에 그칠지 모른다. 첫째 의학은 중대한 개념적 혁명을 겪고 있는 중이다. 20세기에 의학의 목표는 건강한 사람의 성능을 높이는 쪽으로 가고 있다. 병든 사람을 치료하는 것은 평등주의적 목표였다. 반면 건강한 사람을 업그레이드하는 것은 엘리트주의적 목표다. 만일 어떤 형태의 업그레이드가 저렴하고 흔해져서 누구나 접근할 수 있는 것이 된다면 그것이 새로운 기준점이 되어 그것을 능가하는 차세대 치료법이 개발될 것이다.

둘째로 20세기 의학의 혜택이 대중에게 돌아간 것은 20세기가 대중의 시대였기 때문이다. 20세기 군대는 수백만 명의 건강한 군인들을 필요로 했고 20세기 경제는 수백만 명의 건강한 노동자를 필요로 했다. 따라서 국가는 활력을 보장하기 위해 공공 보건 서비스를 마련했다. 하지만 대중의 시대는 끝나고 대중 의학의 시대도 끝날 것이다. 인간 병사와 노동자들이 알고리즘에 밀려나면 적어도 일부 엘리트 집단들은 쓸모없는 가난뱅이 대중에게 더 나은 건강, 표준적인 건강조차 제공할 필요가 없으며 차라리 표준을 능가하는 소수의 초인간을 업그레이드하는 데 집중하는 것이 훨씬 현명한 일이라는 결론에 이를지도 모른다.

이미 일본과 한국 같은 기술 선진국들에서는 출산율이 떨어지고 있다. 두 나라는 줄어드는 아이들의 양육과 교육에 막대한 투자를 하고 그런 만큼 그들에게 더 많은 것을 기대한다. 인도, 브라질, 나이지리아 같은 거대한 개발도상국들이 일본과 어떻게 경쟁할 수 있을까. 수억 명의 가난한 사람들이 안고 있는 문제를 해결하는 데 투자할까. 아니면 몇백만 명의 부자들을 업그레이드하는 데 투자할까. 20세기와 달리 21세기의 가장 효율적인 전략은(비록 비정할지 모르지만) 쓸모없는 3등 칸을 떼어내고 1등 칸만으로 빠르게 전진하는 것이다.

20세기 인간의 거대한 프로젝트(기아, 역병, 전쟁을 극복하는 것)는 모든 사람에게 예외 없이 풍요, 건강, 평화의 보편적 표준을 보장하는 것이었다. 21세기의 새로운 프로젝트(불멸, 행복, 신성을 얻는 것) 역시 인류 전체를 위한 것이다. 하지만 이 프로젝트들의 목표는 기준을 지키는 것이 아니라 능가하는 것이라서 새로운 초인간 계급을 탄생시킬 가능성이 높다. 이런 초인간들은 자유주의의 근본 바탕을 포기하고 보통 인간을 19세기 유럽인이 아프리카인을 대한 것처럼 대할 것이다.

과학의 발견과 기술 발전이 인류를 쓸모없는 대중과 소규모 엘리트 집단의 업그레이드된 초인간들로 나눈다면 혹은 모든 권한이 인간에게서 초지능을 지닌 알고리즘으로 넘어간다면 자유주의는 붕괴할 것이다. 이때 어떤 새로운 종교 또는 이념이 이 공백을 메우고 신과 같은 우리 후손들의 후속 진화를 이끌까?

– 유발 하라리, 『호모데우스』, 김명주 옮김, 김영사, 2017, 474-480쪽.

• • • • • •

유발 하라리는 『호모데우스』에서 과학 기술의 발달로 컴퓨터 알고리즘과 초인간의 등장으로 불평등이 심해질 것이라고 예견한다. 과학 기술의 발달이 가져올 디스토피아적 전망은 그리 낯설지 않다. 그렇다면 유발 하라리도 이런 정도에서 주장을 하는 것일까. 그는 기존의 빈부 차이로 인한 불평등과 도래할 생물학적 차이로 인한 불평등은 차원이 다르다고 진단한다. 이렇게 주장하는 근거로 두 가지를 제시하고 있는데 의학의 중대한 개념적 혁명이 이루어지고 있다는 것과 대중의 시대가 끝났다는 점이다. 두 가지는 서로 연관된다. 대중의 시대가 끝나면 대중 의학의 시대도 끝이 난다고 보기 때문이다.

이러한 주장이 가능할 수 있는 암묵적 전제는 생물학적 업그레이드와 같은 과학 기술의 발전이 그동안 겪지 않았던 전대미문의 변화라는 것이고 그렇기에 기존의 역사에서 살펴볼 수 있는 방식과 다르게 작용한다는 것이다. 사회의 발전은 선한 의지로 이루어진다기보다 그만한 요구와 필요로 인해 발생한다는 관점도 전제되어 있다. 이 글에서 생물학적 계급으로 나뉜다는 의미는 인종적 차이를 말하는 것이 아니라 기계로 신체의 일부분을 대체하여 죽지 않는 인간에 대한 지향성을 함의하고 있기에 트랜스 휴머니즘이 앞으로 위세를 떨칠 것이라는 전제도 확인할 수 있다.

이 책의 제목 '호모데우스'는 신이 된 인간을 의미한다. 이 책은 과학 기술의 발전이 가파르게 진행되면서 최상위 부자들이 그러한 과학 기술을 이용해 수명 연장을 넘어 죽지 않을 수 있는 방법을 찾는 일이 현실에서 진행되고 있는 사회적 변화라는 배경을 바탕으로 서술되었다. 저자는 이러한 배경에서 과학 기술이 불평등을 비롯해 얼마나 사회 전반을 변화시킬지 그 영향력을 중요하게 예상할 수 있어야 하기에 이러한 변화를 공론화하려는 맥락에서 서술되었다. 그리고 이 글은 이 책의 한 부분이므로 이러한 배경과 맥락을 고려해서 읽을 필요가 있다.

저자는 역사학자로서의 관점을 갖고 기존의 역사적 이해를 넘어서는 변화라는 지점을 짚어준다는 점에서 전문가적 식견을 드러내 준다. 저자는 역사학자이지만 생물학과의 경계를 넘나들며 사회 현상을 분석해 주는 저자이기도 하다. 이 글은 인공지능 등의 과학 기술이 가져올 변화가 얼마나 많은 질문을 던지는 것인지 우리가 고민해야 한다는 것을 드러내고 있다. 이렇게 주장과 근거, 저자의 관점을 통한 암묵적 전제, 배경과 맥락, 목적 등을 분석적으로 읽으면 글의 장단점을 파악할 수 있다.

이러한 주제로 글을 쓴다면 유발 하라리의 관점에 동의하지만 저자와는 다른 방식으로 인공 지능을 포함한 과학 기술의 긍정적 기여 가능성을 부각하는 글을 쓸 수 있고 저자의 관점에 동의하지 않는다면 21세기 패러다임의 변화와 관련해 다른 해석을 제시하여 주장을 피력할 수 있다. 다만 후자의 경우 저자가 이미 반박한 측면, 20세기적 과학 기술의 낙관론이 그대로 통용되지 않을 가능성에 대해 대처할 수 있는 관점을 가지고 접근할 필요가 있다.

자신의 글을 쓰기 위한 문제 설정 단계에서는 어떤 주제에 대한 동의와 비동의의 태도만 요구되는 것이 아니고 분석적 읽기를 바탕으로 저자와 다른 내용을 다룰 수 있는 관점을 찾는 것이 중요하다. 과학 기술이 빠르게 발전하여 변화하는 사회에 살고 있는 구성원으로서 이러한 부정적 미래의 가능성을 수긍하더라도 어떻게 대처해야 할지, 어떤 태도가 요구되는지, 이런 미래를 바꾸기 위한 노력들이 있기 때문이다. 또한 저자의 미래에 대한 우려가 지나치다고 판단한다면 여러 분야를 융합하여 연구하는 새로운 과학 기술의 등장이 이러한 비관적인 미래를 바꿀 수 있을지 등을 다룰 수 있다.

분석적 읽기는 수동적으로 글을 잘 이해했는지의 차원에 머무는 활동이 아니라 능동적인 글쓰기를 위한 첫 단계로서 의미가 있다. 모든 글을 분석적으로 읽을 필요는 없겠지만 분석적으로 읽는 태도는 사고력을 자극하고 글쓰기의 과정을 효과적으로 수행할 수 있도록 해 준다는 점에서 적극적으로 활용할 필요가 있다.

연습문제 1

다음 예문은 고용 문제를 연구하는 연구자가 쓴 청년 고용 정책에 대한 칼럼이다. 이 글을 분석적으로 읽고 다음 질문에 대답해 보자.

청년 정책, 언제까지 제자리걸음인가

매년 9월 셋째 주 토요일은 청년의 날이다. 이를 반영하듯 중앙과 지방정부 모두 행사 준비로 분주하다. SNS에는 "대한민국 모든 청년들을 응원하는 이날은 #2025_청년의_날입니다"라는 문구도 눈에 띈다. 지난 몇 년 윤석열 정부 시기에는 요란한 정책 박람회와 일회성 행사들이 대부분이었다. 기념식의 화려한 수사에 청년의 삶은 가려졌다. 우수 청년 정책 제안을 TV 오디션으로 선정하는 등의 행태가 대표적이다. "청년들이 현실의 문제를 해결하고 꿈을 이룰 수 있도록 어떤 지원도 아끼지 않겠다"던 당시 총리는 과연 어떤 지원을 했는지 반문하고 싶다.

지난 3년 청년 정책은 일반 청년보다 취약 청년 지원에 치중했다. 자립과 고립·은둔을 강조했지만 청년들의 현실은 녹록지 않다. 청년 고용 문제가 심각한데도 번지수를 잘못 찾은 해법만 내놓고 있다. 지난 몇 년간 청년 고용률은 떨어지고 실업률도 하락했다. 문제는 '장기 실업'과 '그냥 쉼'이다. 그냥 쉼 상태의 청년(43만 명)을 포함해 구직 의사가 없는 청년 니트(NEET)가 179만 명이나 된다. 실업 청년 10명 중 1명은 장기 실업의 늪에서 헤어나오지 못하고 있다. 그나마 취업한 청년들도 단기 일자리를 반복하는 경우가 적지 않다. 진단이 잘못됐으니 해결도 더딘 것이다.

특히 20대 중후반 '취업 준비'와 '쉬었음'으로 대표되는 청년 니트 대책은 시급하다. 이들은 구직을 포기하고 사회와 단절된 채 살아가고 있다. 수십만 원의 월세를 감당하기 어려워 부모와 함께 사는 청년이 절반을 넘는다. 불안정한 일자리와 높은 주거비 부담이 청년의 독립을 가로막고 있다. 비경제활동 인구의 노동 시장과 사회 참여를 어떻게 견인할지 지혜를 모아야 한다. 지금은 공공기관과 민간 대기업 모두가 양질의 일자리를 제공해야 할 시점이다. 인공 지능(AI) 산업에 수십조 원의 투자를 받는 대기업, 고용부터 금융과 세제까지 다양한 지원을 받는 중소기업이 적지 않다. 그러나 정작 청년 일자리 확대는 애써 외면한다.

우리와 달리 유럽 몇몇 나라들은 더 나은 정책을 모색하고 있다. 청년 정책 설계만이 아니라 당사자들에게 스며들 수 있도록 전달 체계를 촘촘히 운영하고 있다. 지원 프로그램도 부처별로 파편화되지 않고 통합적 방식으로 제공한다. 기후 변화와 디지털화라는 산업 전환에 대응한 청년 역량 강화 지원도 엿볼 수 있다. 특히 지난 몇 년 사이 청년 정책 영역에서 민주주의와 시민의 중요성을 강조한다. 개별 사업 나열식 정책에서 벗어나 생애 주기적 관점의 통합적 접근, 기존 사회 보장 제도와의 연계 강화, 실질적 청년 참여 보장이라는 세 축을 중심으로 변화하고 있다.

몇몇 국가들은 이전과 다른 정책 변화를 모색하고 있다. 프랑스는 '청년 보장'을 '청년 참여 계약'으로 발전시켰다. 단순한 소득 지원을 넘어 청년이 사회에 참여할 수 있는 계약 관계를 맺는 것이다. 니트 청년뿐만 아니라 불안정 고용까지 대상을 확대해 월 561유로의 수당과 함께 교육·훈련 기회를 제공한다. 독일은 더 흥미로운 접근을 보인다. '독립적 청년 정책' 기조하에 모든 정책 결정 과정에서 청년의 관점을 고려한다. 노동 시장, 연금, 주택, 기후 정책 등 사회 전반의 의사 결정에 청년의 목소리를 반영하는 것이다.

과연 어떤 청년 정책이 필요할까. 무엇보다 '특정 청년'만을 골라 지원하는 방식으로는 구조적 문제를 해결할 수 없다. 교육·훈련·취업준비를 포괄하는 고용·사회보장 제도로의 전환이 필요하다. 더불어 기후 위기와 디지털화라는 시대적 변화에 대응하는 청년 정책으로 거듭나야 한다. 이를 위해서는 형식적 참여를 넘어 실질적 권한을 가진 청년 참여 구조도 만들어야 한다. 청년 정책은 단순한 지원책이 아니라 우리 사회의 미래를 설계하는 일이다. 지금은 청년의 '연령 상향'에 몰두할 때가 아니라, 조기 개입이 절실한 시기다.

– 김종진, 「청년 정책, 언제까지 제자리걸음인가」, 『경향신문』, 2025.09.11.

1. 주장하는 바가 무엇인가?

2. 주장을 뒷받침하기 위한 근거는 무엇인가?

3. 암묵적 전제는 무엇인가?

4. 어떤 배경과 맥락에서 서술된 것인가?

5. 저자의 관점은 무엇인가?

6. 이 글의 목적은 무엇인가?

연습문제 2

다음 예문은 환경 문제를 전문으로 다루는 기자가 쓴 칼럼이다. 이 글을 분석적으로 읽고 저자의 주장, 관점과 구별되는 문제를 설정하여 글을 서술해 보자.

플라스틱석, 이것은 결국 윤리의 문제다

전 세계 플라스틱 쓰레기가 해류를 타고 모여드는 미국 하와이 카밀로 해변에서 플라스틱과 모래, 조개껍데기 등이 엉겨 붙어 하나가 된 '복합 응결 물질'이 발견됐다. 지구과학자 퍼트리샤 코코런 등은 이것들을 수집·연구한 결과, 응당 새롭게 발견된 암석으로 봐야 한다는 결론을 내렸다. 2014년 미국지질학회 저널에 발표한 논문에서 이들은 이 발견물에 '플라스티글로머레이트'(플라스틱석)란 이름을 붙였다. 인간이 만들어낸 플라스틱이 모닥불이나 더운 날씨 등에 녹으면서 기존 암석 등과 융합된 결과 아예 새로운 물질이 만들어졌다는 것이다.

플라스틱석은 인간 활동이 지구의 지질에 유의미한 영향을 주고 있다는 시대, 이른바 '인류세'(anthropocene)를 보여주는 여러 이정표 가운데 하나로 꼽힌다. 인간의 영향력이 너무 커진 나머지 자연과 하나가 되어 이 지구의 지층에 각인될 지경까지 왔다는 것이다. 플라스틱석이 특히 충격적인 이유는, 서로 매우 달라 보이는 '인공물'과 '자연물'이 뒤엉킨 모습이 마치 그리스 신화에 나오는 키메라처럼 부자연스럽게 여겨지기 때문일 것이다. 사실 좀 더 깊이 따져보면, 부자연스럽다는 것 또한 인간만의 감각일 뿐이다. 인간 역시 다른 존재들처럼 자연의 일부다. 그렇다면 인간이 공장에서 만들어낸 플라스틱 역시 결국 자연물 아닌가.

많은 사람들에게 익숙한 것은, '인류가 부자연스러운 물질을 너무 많이 만들어서 자연스러운 지구를 해치고 있다'는 감각이다. 그렇기에 인류는 "지구를 보호하기 위해" 플라스틱처럼 자연과 어울리지 않는 것의 생산과 소비를 최대한 줄여야 한다. 그러나 냉혹한 진실은, 지구 자신은 이러나저러나 아무 관심 없다는 데 더 가깝다. 35억 년 전 바닷속에서 남세균이 광합성 활동을 시작했을 때, 산소는 당시 지구에선 몹시도 부자연스러운 물질이었다. 오랜 시간에 걸쳐 누적된 산소 때문에 대기의 상태가 바뀌었고, 그 덕에 존재하게 된 오늘날 우리가 그 결과를 자연스러운 것으로 여기고 있을 뿐이다.

이 대목에서 인간의 짧은 잣대로 지구의 깊은 역사를 재야만 하는 어려움을 체감한다. 누군가는 '인간이 만들어낸 플라스틱이나 남세균이 만들어낸 산소나 결국 같은 거'란 궤변을 꺼낼지도 모른다. 산소가 대기 속에 자리 잡았듯, 플라스틱도 결국 지층 속에 화석으로 담겨 이 지구의 일부분이 된다는 것이다. 실제로 어떤 이들은 이미 플라스틱을 소화하도록 진화한 미생물이 나타났다며, '살아 있는 지구가 스스로 문제를 해결하고 있다'는 기대까지 표출한다. 이런 아전인수는 그리 낯설지도 않다. "이산화탄소는 생명의 필수 물질"이라며 인위적인 온실가스 배출이 기후변화를 일으킨다는 사실을 부정하는 주장, 자연에서도 인간은 방사선에 노출되기 마련이라며 핵폐기물의 위험을 축소하는 주장 등 대부분의 낙관론에서 비슷한 태도를 읽어낼 수 있다.

문제가 되는 건 지구가 아니라 '우리'다. 예컨대 플라스틱은 지구 위에서 살아가는 다양한 생명체들에게 즉각적인 피해를 끼치고 있을 뿐 아니라, 그 피해가 광범위하고 폭발적으로 늘고 있다. 우리는 일차적으로 위기에 빠진 "스스로를 보호하기 위해" 플라스틱의 생산과 소비를 최대한 줄여야 한다. 이때 우리가 피할 수 없는 핵심적인 물음은, 과연 '우리'의 범주를 어떻게 설정할 것이냐다. 해양 폐기물로 고통을 겪는 남태평양 섬나라 사람들은, 폐어구에 묶인 채 버둥거리다 숨이 끊어지는 고래와 바닷새는 과연 우리가 보호해야 할 '우리'에 포함되는가? 산모의 배 속에서 생태계에 축적된 미세플라스틱의 영향을 받을 태아는, 그 뒤로도 대대손손 이어질 지구 위 뭇 생명들은? 만약 그들이 '우리'라면, 우리는 과연 그들에게 "지구가 언젠간 플라스틱을 소화해낼 테니, 잘 견며봐"라고 말할 수 있을까?

45억 년 지구의 나이까지 가늠해봐야 하는 차원에 든다면, 개인적으론 언제나 낙관보다는 비관하는 방향을 선택하고 싶다. '지금, 여기'에서 폐허를 만들어내고 있는 이들이 지구와 우주, 미래 등으로 제멋대로 규모와 차원을 높여가며 "앞으론 다 잘될 것"이라고 부르짖고 있기 때문이다. 여기저기 끊임없이 돌아가는 '행복 회로' 앞에서, "이것은 결국 윤리의 문제"라고 다시금 되새겨볼 뿐이다.

– 최원형, 「플라스틱석, 이것은 결국 윤리의 문제다」, 『한겨레』, 2025.08.26.

참고 문헌

김종진, 「청년 정책, 언제까지 제자리걸음인가」, 『경향신문』, 2025.09.11.
대학글쓰기편찬위원회 편, 『대학글쓰기』, 노스보스, 2020.
유발 하라리, 『호모데우스』, 김명주 옮김, 김영사, 2017.
조셉 윌리엄스 · 그레고리 콜럼, 『논증의 탄생』, 윤영삼 옮김, 홍문관, 2008.
최원형, 「플라스틱석, 이것은 결국 윤리의 문제다」, 『한겨레』, 2025.08.26.

제2장

분석적 요약

이 장에서는 분석적 요약의 방법을 통해 실제로 글을 요약하는 활동을 연습해 보자. 요약은 읽기의 과정에서 글을 이해했는지를 확인하는 정도로 인식되는 경향이 있지만 글을 쓸 때 중요하게 활용할 수 있다. 글을 분석적으로 읽고 문제를 설정하기 위해, 이론들을 근거로 활용하기 위해서 필요하다. 특히 분석적 요약은 나만의 새로운 주장을 하기 위해 차별된 지점을 짚고 문제 제기를 선명하게 해 주는 효과가 있다.

1. 요약의 방법

요약은 핵심 내용을 선별하고 분명하지 않은 부분을 재구성하여 내용을 간략하게 정리하는 활동을 말한다. 그리고 이 장에서 다룰 분석적 요약은 분석적 읽기를 그대로 적용한 요약을 말한다. 분석적 읽기가 비판적 읽기로 이어지듯, 분석적 읽기를 통한 요약 역시 비판적 읽기를 통한 논평으로 이어진다. 분석적 읽기를 그대로 적용한 요약은 형식적 요약이라고도 하는데, 형식적 요약을 통해 드러난 바를 상황과 목적에 맞게 재구성하면 요약문을 완성할 수 있다. 요약문을 제대로 작성하기 위해서라도 형식적 요약의 과정을 착실하게 거칠 필요가 있다.

형식적 요약은 현안 문제, 주장, 근거 등을 찾아 서술하는 것이다. 이는 글의 논리적 구조를 파악함으로써 가능한데 분석적 읽기에서 이미 학습한 바 있기에 우리에게는 익숙한 활동이다. 그러므로 분석적 읽기의 질문들인 저자의 관점이나 배경, 전제까지 고려하여 작성하면 된다. 형식적 요약을 하면 구체적인 내용이 드러난다. 그것을 잘 전달하기 위해 문장의 형태로 연결하는 과정을 거쳐 요약문을 완성한다.

형식적 요약의 방법은 다음과 같다.

① 현안 문제: 현안 문제란 저자가 주로 다루고 있는 문제를 말한다. 쟁점의 대상을 의미한다. 현안 문제는 질문의 형태로 진술한다.

② 주장: 저자가 글에서 말하고자 하는 것으로, 현안 문제에 대한 답변이나 해결책에 해당한다. 간명한 문장으로 진술한다.

③ 근거: 주장이 타당하다는 것을 뒷받침하기 위해 저자가 제시하는 논거를 말한다.

④ 배경: 현안 문제에 대해 논의하게 된 저간의 사정이나 맥락을 말한다.

⑤ 관점: 저자가 현안 문제를 바라보는 시각을 파악한다. 저자의 직업이나 가치관, 연구의 방향 등과 관련된다.

⑥ 전제: 저자가 자신의 주장이 타당하다고 할 만한 바탕, 가정을 찾아 제시한다. 전제는 저자의 관점과 관련된다.

① 현안 문제 ② 주장 ③ 근거만으로도 요약문을 만들 수도 있는데 텍스트에 대한 심층적 이해를 위해서는 ④ 배경 ⑤ 관점 ⑥ 전제까지 살펴보는 것이 좋다. 특히 논평을 하기 위해서는 ④ ~ ⑥을 고려하여 요약문을 완성할 필요가 있다.

2. 분석적 요약의 실제

이 장에서는 분석적 읽기의 질문을 적용해 ① 현안 문제 ② 주장 ③ 근거 ④ 배경 ⑤ 관점 ⑥ 전제를 찾아 형식적으로 읽고 그것을 자연스러운 문장으로 만드는 활동을 해 보자. 형식적 요약에서 요약문 만들기의 전 과정을 포함한 활동이다.

다음 예문은 미국의 언론인이자 작가가 쓴 칼럼이다. 관심사와 장래 일의 연관성에 대한 통념을 반박하는 내용의 글이다. 분석적 읽기에 기반하여 읽고 요약해 보자.

• • • • • • •

열정을 찾으라는 말이 나쁜 조언인 이유

스탠포드 대학의 심리학 교수 캐롤 드웩은 최근 학부생을 대상으로 한 세미나에서 이렇게 물었습니다. "여러분들 중에 열정을 느낄 수 있는 일을 찾고 있는 사람은 손 들어 보세요." 드웩의 말이 끝나자 대부분 학생이 자신의 꿈을 이룬 듯 흐뭇한 표정으로 손을 들었습니다. 아마 '그래, 회계가 내 적성이었어!' 같은 걸 상상했을 겁니다. 드웩이 그들에게, 만약 그런 대상을 찾으면 동기가 끝없이 부여될 거라고 생각하는지 물었을 때 학생들은 진지하게 고개를 끄덕였습니다. "여러분의 꿈을 깨긴 싫지만, 세상은 그런 식으로 돌아가지 않습니다."

드웩이 학생들에게 물어본 것은 미국에서 매우 흔하게 볼 수 있는 말입니다. "열정을 좇으라(Follow your passion)"는 말이 책에 등장하는 빈도는 1990년 이후 아홉 배 늘었습니다. 비슷한 조언으로는 "진정 사랑하는 일을 찾게 되면, 남은 인생 동안 당신은 일을 할 필요가 없어집니다" 같은 말도 있습니다. 하지만 드웩은 이런 조언이 사람들을 오도한다고 말합니다.

예일-싱가폴 국립대의 심리학 교수인 폴 오키프는 묻습니다. "그게 어떤 문제를 만드느냐 하면, 만약 어떤 일이 일처럼 느껴질 때, 사람들은 그 일이 자신에게 맞지 않는 일이라 생각하게 된다"는 겁니다. 그는 자신이 열정을 느낄 수 있는 연구 주제를 찾아 계속 실험실을 바꾸는 한 학생의 예를 들었습니다. "그 학생은 실험실의 첫 느낌이 자신을 감동시키지 못하면 자기가 찾던 일이 아니라고 생각한 것이죠."

이 때문에 스탠포드 대학의 드웩과 그렉 왈튼은 이런 현실을 바꾸어야겠다고 생각했습니다. 그들은 열정은 '찾는' 것이 아니라 '만드는' 것이라고 말합니다. 심리 과학(Psychological Science)에 곧 소개될 그들의 연구는, 태어날 때부터 그 사람의 관심사가 고정되어 있다는 "관심사 고정설"을 믿는 사람과 누구나 자신의 관심사를 키울 수 있다는 "성장설"을 믿는 사람들 사이의 차이를 보았습니다. 이들은 이런 마음가짐의 차이가 어떤 결과를 만드는지 알기 위해, 전공이나 직업에 있어 열정을 느낄 수 있는 일을 찾으라는 조언을 여러 번 들은 바 있는 학부생들을 대상으로 일련의 실험을 수행했습니다.

우선 그들은 학생들을 수학과 과학에 관심을 가진 "이과(techy)"와 인문학, 예술에 관심을 가진 "문과(fuzzy)"로 나누었고, 각각에게 한 사람의 관심사는 바뀌지 않는다는 주장에 얼마나 동의하는지 물었습니다. 이후 자신의 관심사와 맞지 않는 내용의 글, 곧 문과에게는 알고리듬의 미래에 대한 글을, 이과에게는 데리다에 대한 글을 읽게 했습니다. 그 결과 관심사가 바뀌지 않는다고 생각한 학생들일수록 자신이 읽은 글에 관심을 덜 나타냈습니다. 이후 이들은 학생들에게 관심사는 바뀌지 않는다는 내용의 글, 또는 관심사는 계속 바뀐다는 글을 읽히고 다시 그들의 적성에 맞지 않는 글을 읽게 했습니다. 이번에도 관심사는 바뀌지 않는다는 내용의 글을 읽었던 이들은 새로운 내용의 글에 덜 관심을 보였습니다.

이는 관심사가 고정되어 있다고 믿는 학생들은 자신의 관심사와 맞지 않는다는 이유로 흥미로운 수업이나 새로운 기회를 놓치게 될 수 있다는 뜻, 곧 새로운 분야에서 자신이 흥미를 발견할 기회를 놓치게 된다는 뜻입니다. 다음은 월튼의 말입니다. "만약 자신이 열정을 느낄 분야가 이미 존재하며 이를 찾기만 하면 된다고 생각한다면, 그건 완전히 잘못된 생각입니다. 우리는 수업을 듣거나 누군가와 대화를 하다가 어떤 분야를 흥미롭게 생각하게 되고 여기에 관심을 보이면서 관련 내용을 더 찾아보게 됩니다. 이런 과정을 통해 우리는 그 분야에 대한 자신의 열정을 점점 더 키워나가는 것입니다."

관심사 고정설의 또 다른 문제는 이를 믿는 사람들은 너무 쉽게 무언가를 포기한다는 것입니다. 어떤 문제가 너무 어렵게 느껴질 때 사람들은 그 일이 자신에게 맞는 일이 아니라고 생각하기 쉽습니다. 이들의 실험 결과 중에는, 관심사가 고정되어 있다고 생각하는 학생들은 자신이 열정을 느끼는 일을 찾기 더 어려워한다는 결과도 있습니다. 그들은 자신에게 맞는 일이라면 "동기가 무한하게" 부여된다고 생각한 것입니다.

드웩은 지능과 관련된 이와 비슷한 마인드 셋을 앞서 연구한 바 있습니다. 그 연구에서 지능이 성장한다고 생각하는 학생들은 영리함이 타고나는 것이 아니라 만들어진다고 생각해 실패를 덜 두려워했습니다. 관심사는 능력과 연관은 되지만, 전혀 무관할 수도 있다고 저자들은 말합니다. 곧 어떤 일을 매우 좋아하지만 아주 잘하게 되지는 않는 것입니다. 오키프의 말입니다. "나는 기타를 25년 동안 쳤죠. 하지만 지난 10년 동안 기타 실력이 늘었다고 생각되지는 않네요."

드웩은 "열정을 찾아라"는 조언이 탄생부터 문제가 있었던 것은 아니라고 말합니다. "그전에는 사람들이 '너의 천재성을 찾으라(Find your genious)'고 말했지요. 이 말은 정말로 뛰어난 사람만이 성공할 수 있다는 다소 무시무시한 인상을 주었습니다. '열정을 찾아라'는 그보다는 더 민주적입니다. 누구나 자신의 관심사를 가질 수 있으니까요." 하지만 이번 연구는 자신의 '진정한' 관심사를 찾아야 한다는 생각조차도 사람들로 하여금 새로운 시도를 하지 못하게 하는 문제가 있다는 사실을 말해 줍니다.

저자들은 학생들에게 고정설, 혹은 성장설에 관한 글을 읽게 한 뒤, 새로운 분야인 천문학에 관한 글을 주었습니다. 그들은 우선 가디언이 일반인들을 대상으로 만든, 스티븐 호킹의 블랙홀을 해설한 영상을 보게 했습니다. 이후, 학생들은 사이언스에 실린 블랙홀에 관한 어려운 기사를 읽어야 했습니다. 그들은 영상을 본 직후 블랙홀에 매우 흥미를 느낀다고 답했음에도, 고정설에 관한 글을 읽은 이들은 블랙홀에 더 이상 관심이 없다고 답했습니다. 곧 자신의 관심사가 이미 정해져 있다고 생각한 이들은 새로운 주제가 어려워지면 이를 쉽게 포기한다는 뜻입니다. 이번 연구는 저자들이 자신들의 가설과 실험 방법을 미리 등록하는 방식으로 이루어졌습니다. 이 방법은 최근 심리학 연구들에 제기되었던 연구 재연성 문제와 관련해, 소위 말하는 p-해킹이라는, 연구를 성공적으로 보이게 만드는 꼼수를 막기 위해 제안된 방법입니다.

이번 연구에 관여하지 않은, 관심사의 발달을 연구해 온 스와스모어 대학의 K. 앤 레닝거는 "뇌 과학 또한 관심사가 발전한다는 사실을 지지"한다고 말합니다. 이는 적절한 도움이 있다면, 누구나 거의 모든 주제에 흥미를 느낄 수 있다는 뜻입니다. 그녀는 8세 이전의 아이들은 새로운 일에 쉽게 도전하지만, 8세에서 12세 사이에 자신을 다른 사람과 비교하게 되고 자신이 그 일을 잘하지 못할까 두려워하게 된다고 말합니다. 이 때문에 사람들은 이 시기의 아이들이 특정한 주제에 흥미를 가지게 만들 새로운 방법을 찾아야 한다고 말합니다. 저자들은 자신들의 연구는 학생을 대상으로 이루어졌지만, 그 결과는 성인에게도 적용될 것이라 말합니다. 예를 들어 사람들은 자신이 실제로 아기를 가지게 되었을 때 육아에 대한 관심을 가지게 됩니다. 다음 오키프의 말처럼요. "암에 대해 전혀 모르던 사람도 부모님이 암에 걸리면 순식간에 암에 관한 전문가가 됩니다."

성인들의 대상으로 한 다른 연구는 열정을 찾아야 한다고 생각하는 이들은 직장을 처음 고를 때 자신에게 잘 맞는 직장을 고른다는 사실을 보여주었습니다. 이들은 연봉보다는 즐거움을 더 중요하게 생각했습니다. 하지만 열정이 만들어진다고 생각한 이들은 즐거움보다 다른 가치를 더 중요하게 여겼습니다. 그 연구의 저자들은 이들이 "자신의 직업에 자신을 서서히 맞추어갔다"고 말하고 다음과 같이 덧붙였습니다. "결국 자신과 딱 맞지 않는 직업을 고른 사람들도 직업에 만족을 느꼈습니다." 이는 직업에서 열정을 느끼는 방법이 다양할 수 있음을 말해 줍니다.

미국의 젊은이들이 어떻게 하면 "성장"의 마인드 셋을 가지게 만들 수 있을까요? 당신이 부모라면, 새로운 취미를 시도했을 때 조금 어려워졌다고 해서 바로 포기하는 모습을 보여서는 안 되겠지요(오키프는 아이들이 부모의 모습에서 이를 배울 수 있다고 말합니다). 사실 자신이 하는 일이 지금은 재미가 없더라도 어쩌면 곧 열정이 생길지 모른다고 생각하는 것 외에 뚜렷한 방법은 잘 떠오르지 않습니다. 월튼의 말입니다. 우리는 '당신의 열정을 찾으세요'라는 말이 가진 문제를 가질 수 있다는 사실을 이제 막 발견했을 뿐입니다. 정말 이 조언이 이런 문제를 만들까요? 더 많은 연구가 필요합니다.

– 뉴스페퍼민트, 「열정을 찾으라는 말이 나쁜 조언인 이유」, 『PPSS』, 2018.08.31., https://www.ppss.kr/news/articleView.html?idxno=172716 2025.09.20. 검색.
(원문: Olga Khazan, "'Find Your Passion' Is Awful Advice", *The Atlantic*, July 12, 2018.)

• • • • • •

분석적 읽기에 기반한 형식적 요약은 다음과 같다.

① 현안 문제: 열정을 쏟을 관심 분야를 찾는 것이 장래 직업을 결정하는 데 가장 중요한 일일까?

② 주장: 열정을 가질 만한 일을 찾는 것보다 성장할 수 있는 기회를 스스로에게 부여하여 성장의 마인드 셋을 갖도록 하는 게 더 중요하다.

③ 근거: 1. 관심이 정해진 학생들은 새로운 내용에 자극을 받지 않는 경향을 보인다.
- 1.1. 이는 새로운 분야에서 스스로 흥미를 발견할 기회를 놓치게 된다.
- 1.2. 관심이 고정된 사람은 어려운 문제를 쉽게 포기하게 된다.
- 1.3. 이들한테는 열정을 발휘할 만한 일을 찾는 게 어렵다.
- 1.4. 관심사 성장설을 믿는 학생들은 영리함이 만들어진다고 여겨 실패를 덜 두려워한다.

2. 뇌과학은 관심사가 발전한다는 사실을 드러내 준다.
- 2.1. 관심사가 고정되기 전인 8세 이전과 이후의 아이들은 새로운 일에 대한 도전에서 차이를 보인다.

2.2. 성인의 경우에도 가족이 암에 걸리면 전문가가 되는 등 새로운 상황에서 관심사가 변화한다.

2.3. 자신과 딱 맞지 않는 직업을 고른 사람들도 성장설을 가진 사람들은 만족하는 경향이 있다.

④ 배경: 자신이 원하는 일을 잘 하기 위해 관심사만 찾으면 된다는 생각이 무책임한 결과를 낳을 수 있다. 열정을 쏟을 수 있는 일을 찾으라는 말의 함정에 빠지는 학생들이 많다는 것을 통해 통념에 대한 비판을 하려고 한다.

⑤ 관점: 성장은 관심사만 찾으면 되는 문제가 아니라 다양한 요인들이 뒷받침되어 지속될 수 있어야 이루어진다는 것이다. 관심사가 발전할 수 있도록 적절한 자극과 방법을 통해 성장의 동인이 작동하도록 하는 것이 중요하다.

⑥ 전제: 관심사보다 성장이 바람직하다. 고정된 대상이 무엇인지가 아니라 변화에 대응하고 관심을 지속하는 태도가 중요하다.

이를 요약문으로 정리하면 다음과 같다.

요약문

이 글의 저자는 열정을 쏟을 관심 분야를 찾는 것이 장래 직업을 결정하는 데 가장 중요한 일일까에 대해 문제 제기를 하고 그것보다 관심사가 성장할 수 있도록 기회를 갖는 일이 더 중요하다고 주장한다. 저자는 학생들을 대상으로 한 실험을 통해 관심이 고정된 학생들은 새로운 분야에서 흥미를 발견할 기회를 놓치게 되거나(근거 1.1) 어려운 문제를 쉽게 포기하게 되거나(근거 1.2) 열정을 발휘할 만한 일을 찾는 것 자체를 어렵게 만들고(근거 1.3) 관심사 성장설을 믿는 학생들은 영리함이 만들어진다고 여겨 실패를 덜 두려워한다는 것(근거 1.4)을 근거로 제시한다. 뇌 과학의 연구 결과도 이를 지지하는데 관심이 고정되기 전인 8세 이전의 아이들이 새로운 일에 대한 도전을 훨씬 많이 한다든가(근거 2.1) 관심이 없던 일에도 그 일을 맞닥뜨리게 되면 전문가 수준이 될 수 있다든가(근거 2.2) 자신과 딱 맞지 않는 직업을 고른 사람들도 성장설을 믿는 사람들은 결국 만족에 이른다는 것이다.(근거 2.3)

여기에 심층적인 분석적 읽기를 적용한다면 관심사 성장설을 통해 발전에 대한 교육적 관점이 중요하게 작용하고 있다는 것을 덧붙일 수 있다.

연습문제 1

1. 다음 예문은 기자가 쓴 'AI슬롭(Slop, 오물)' 문제에 대한 칼럼이다. 이 글을 분석적으로 읽고 형식적 요약을 해 보자.
2. 형식적 요약을 바탕으로 요약문을 작성해 보자.

AI 스팸 이미지가 당신을 노린다

새우 예수, 아기 트럭 등 AI를 통해 제작된 의미 없는 이미지가 'AI슬롭(Slop, 오물)'이라는 이름으로 SNS에서 확산되고 있다. AI가 생성한 수만 개의 쓰레기들이 스팸처럼 떠올라 광고 클릭 수단으로 활용되고, 이미지를 통해 인기를 얻은 SNS 계정이 사기성 게시글을 올리는 경우도 있어 SNS의 공론장 기능 소멸이 우려된다는 지적이 나온다.

해외에서는 최근 페이스북 등 SNS를 중심으로 '새우 예수', '아기 트럭' 등 괴랄한 이미지가 퍼져 골머리를 앓고 있다. 새우로 뒤덮인 예수가 팔을 벌리고 있거나 예수가 새우를 타고 바다를 건너는 사진, 아기로 가득찬 트럭과 치즈로 만들어진 버스 등 AI가 의미없이 합성한 이미지가 낚시용, 혹은 마케팅용으로 사용되고 있는 것이다.

가디언은 지난 5월 '스팸·쓰레기…슬롭? '좀비 인터넷' 배후에 있는 최신 AI 물결' 보도에서 "스팸과 마찬가지로 AI슬롭을 보고 싶어 하는 사람은 거의 없지만, 경제성 때문에 만들어지고 있다"며 "일부 이용자가 밈을 공유하거나 광고를 클릭한다면 제작 비용 회수가 가능하다. AI슬롭은 부정적인 효과를 가지고 있다"고 했다.

AI가 만든 이미지가 사람이 만든 콘텐츠와 무차별적으로 뒤섞이기 때문에 SNS의 본래 기능인 '연결성'이 퇴색된다는 지적도 나온다. 인터넷 테크 전문언론 404미디어의 창립자 제이슨 코블러(Jason Koebler)는 가디언과 인터뷰에서 이 현상을 '좀비 인터넷'이라고 칭하며 "SNS는 AI와 사람이 뒤섞여 연결이 전혀 없는 비참한 웹사이트로 변했다"고 밝혔다. 또한 AI슬롭에 대한 부정적 인식 때문에 이용자들이 SNS에 게재된 광고에 대해서도 부정적인 평가를 내리고 있다고 지적했다.

인터넷 보안업체 탈레스(Thales)가 지난 4월 발표한 보고서에 따르면 지난해 인터넷 트래픽의 49.6%가 AI 봇에서 발생했으며, 악성 봇과 관련된 트래픽 비중은 2022년 30.2%에서 지난해 32%로 증가했다. 포브스는 "바다 표면에 떠다니는 거대한 플라스틱 쓰레기 섬처럼, AI가 생성한 쓰레기가 표면 위로 떠오르기 시작했다"고 표현했다. 인터넷 콘텐츠 대다수가 실제 사람이 아닌 AI 생성물로 채워진다는 이론인 '죽은 인터넷 이론(Dead Internet Theory)'이 얘기되고 있는 이유다.

AI슬롭 문제는 SNS 중에서도 특히 페이스북에서 심각한 것으로 나타났다. CNN은 지난 3일 '당신만 그런 게 아니다. 페이스북에서 이상한 스팸이 올라오고 있다' 보도에서 "AI 생성 이미지가 페이스북의 올해 2분기 가장 많이 본 콘텐츠 목록에 올랐다. AI가 생성한 이미지에는 때때로 수천 개의 좋아요와 댓글이 달린다"는 디지털 분석회사 메모티카(Memetica)의 벤 데커(Ben Decker) CEO 분석을 전했다.

또한 "페이스북 이용자들이 AI가 생성한 것으로 보이는 스팸 콘텐츠에 불만을 제기하는 경우가 늘어나고 있다"며 "이 같은 콘텐츠는 성가심을 넘어 더 큰 문제로 이어질 수 있다. 일부 계정은 사기 행위를 하기 위해 만들어진 것으로 보이며, 극단적인 경우 (AI슬롭을 활용해) 팔로워를 확보한 계정은 선거를 앞두고 불화를 조장할 수도 있다"고 했다.

페이스북 이용자가 고령화됐다는 점도 문제를 심화시킨다. AI슬롭 이미지를 엑스(트위터)에 업로드하는 한 이용자는 롤링스톤과 인터뷰에서 “페이스북은 일반적으로 고령화된 이용자와 기술을 잘 모르는 사람들로 가득하다. 가장 많은 좋아요를 받는 AI슬롭 게시물은 군인, 미국 국기, 예수 이미지 등 노인을 대상으로 하는 게시물”이라고 했다. AI를 잘 모르는 노인층을 대상으로 한 사기 행각이 심해질 수 있다는 것이다.

이미 AI슬롭과 관련된 사기 사건도 발생했다. 롤링스톤에 따르면 지난 1월 페이스북 아이디를 해킹해 AI슬롭 이미지를 올려 수십만 명의 팔로워를 모으고, 이 페이지에 AI로 만든 건물 사진을 올리며 ‘주택건설 사업을 하니 투자하라’고 홍보해 피해자를 낳았다.

– 권아현, 「AI 스팸 이미지가 당신을 노린다」, 『주간조선』, 2025.11.08.

1) 형식적 요약

구분	내용
① 현안 문제	
② 주장	
③ 근거	

④ 배경	
⑤ 관점	
⑥ 전제	

2) 요약문

연습문제 2

1. 다음 예문은 과학철학자(진화생물학자), 뇌인지과학자가 역겨움의 도덕적 지위를 다룬 논문의 일부분이다. 이 글을 분석적으로 읽고 형식적 요약을 해 보자.
2. 형식적 요약을 바탕으로 요약문을 작성해 보자.

규범 윤리학적 함의

우리의 마음은 지난 250만 년 동안의 수렵채집기 환경에서 오랫동안 적응되어 온 진화의 산물이다. 도덕 본능도 여기서 예외가 아니다. 하지만 그렇게 진화하고 작동하는 도덕 본능을 바탕으로 우리가 마땅히 따라야 할 도덕 규범과 연결짓는 작업은 또 다른 문제이다. 왜냐하면 '무엇을 해야만 하는가', 또는 '무엇을 하는 것이 바람직한가'를 묻는 것은 우리가 '어떻게 적응해왔으며', '어떻게 행하는가'를 묻는 것과는 차원이 다르기 때문이다(게다가 우리의 환경은 이미 많이 변해왔고 앞으로도 계속 변할 것이기 때문에 과거에 적응했던 본능을 계속 밀고 나갈 수도 없다). 이 두 차원(사실/가치)의 진술을 같은 범주로 간주하는 것은 잘 알려진 '자연주의 오류(naturalistic fallacy)'다. 즉, 흄(D. Hume)이 올바로 지적했듯이, "사실 진술들만으로는 당위(가치) 진술들이 도출되지 않는다."

가령, "고문은 나쁘다"라는 가치 진술은 "고문은 고통을 준다"는 사실 진술과 "고통을 주는 행위는 나쁘다"라는 가치 진술이 결합되어야만 도출된다. 사실과 가치가 결합되어야만 또 다른 가치 진술이 논리적으로 도출되는 것이다. 여기에 흥미로운 지점이 있다. 흄의 주장은 되레 사실적 정보의 업데이트를 통해 새로운 가치를 만들어낼 수 있다는 뜻이기도 하기 때문이다. 이런 업데이트 방식으로 인간 도덕성에 관한 새로운 사실들은 규범에도 영향을 줄 수 있다.

그렇다면 여기서 새롭게 알게 된 사실들부터 정리해 보자. 우선, 도덕적 역겨움은 사회적 동물의 원초적 본능으로 작동하는 정서이긴 하지만, 그 역겨움에 기반하여 도덕 원리나 규범을 운용할 수 있는 사회는 규모가 아주 작은 부족 사회 정도라는 사실이다. 도덕적 역겨움은 보편적 감정이긴 하지만 개인의 발달사와 집단의 진화사에 따라 발생 방식(원인, 강도, 빈도 등)이 달라지기 때문에 더 큰 집단을 위한 통합적 도덕 창구로 사용되기에 부적합하다.

예를 들어보자. 최근 우리 사회에서 심각한 사회 갈등으로 치닫기 시작한 여(남)성 혐오, 동성애 혐오, 외국인(난민) 혐오 등은 대개 도덕적 역겨움에 의해 작동하고 있는 반감들이라 할 수 있다. 여기에 도덕 기반 이론을 적용해 보면, 동성애 혐오는 순수성 기반 위배, 외국인 혐오는 내집단 기반 위배, 여성 혐오는 권위 기반의 위배, 남성 혐오는 공정성 기반 위배 때문에 발생하는 도덕적 역겨움이다. 이런 역겨움에만 근거하여 어떤 규범들이 만들어진다면 그 사회는 정말 끔찍할 것이다. 물론 우리는 비슷한 원인에 의한 역겨움을 일상적으로 느낀다. 하지만 다양한 가치와 경험, 그리고 지식을 가진 수많은 사람들로 구성된 복잡한 현대 사회에서 이런 일상적 역겨움은 대개 제재해야 할 부적절한 직관(intuition)이거나 발견법 정도로 사용되어야 할 직관이다.

– 장대익·이민섭, 「역겨움의 도덕적 지위에 관하여」, 『철학연구』 122, 2018, 73-74쪽.

1) 형식적 요약

구분	내용
① 현안 문제	
② 주장	

③ 근거	
④ 배경	
⑤ 관점	
⑥ 전제	

2) 요약문

참고 문헌

권아현, 「AI 스팸 이미지가 당신을 노린다」, 『주간조선』, 2025.11.08.

원만희 외 6인, 『비판적 사고 학술적 글쓰기』, 성균관대학교출판부, 2014.

장대익·이민섭, 「역겨움의 도덕적 지위에 관하여」, 『철학연구』 122, 철학연구회, 2018.

뉴스페퍼민트, 「열정을 찾으라는 말이 나쁜 조언인 이유」, 『PPSS』, 2018.08.31., https://www.ppss.kr/news/articleView.html?idxno=172716 2025.09.20. 검색. (원문: Olga Khazan, "'Find Your Passion' Is Awful Advice", *The Atlantic*, July 12, 2018.)

제3장

비판적 읽기의 방법

1. 비판적 읽기의 필요성

제2장에서 다룬 '분석적 읽기'는 학술적 성격의 글이 어떤 논증 요소들로 구성되어 있고, 텍스트의 논리를 더 강화하기 위해서는 어떤 요소를 보충해야 하는지 등을 이해하는 데 도움이 된다. 뿐만 아니라 주장과 이유, 근거와 전제, 배경과 맥락 등에 대한 분석적 읽기를 통해 저자가 어떤 관점과 목적에서 글을 쓴 것인지도 깊이 이해할 수 있다.

그러나 대학에서 논리적인 글을 제대로 읽고 쓰기 위해서는 분석적 읽기에서 한 걸음 더 나아갈 필요가 있다. 텍스트에서 다룬 정보의 옳고 그름, 논리적 연관성 등을 점검하고 문제를 새로운 시각과 맥락에서 바라보기 위해서는 비판적 읽기가 필수적이다. 비판적 읽기를 통해 저자가 다룬 주제가 얼마나 중요하고 의미 있는 것인지를 평가할 수도 있고, 내용적, 형식적 차원의 오류를 발견할 수도 있다. 또 텍스트의 장단점, 한계와 의의 등을 검토하여 독자 나름의 견해를 제시할 수도 있다.

다음은 텍스트를 비판적으로 읽고 해석하는 방법을 구체적 사례를 들어 설명하고 있는 글이다. 저자의 '독해 방법'을 읽고 비판적 읽기의 필요성에 대해 생각해 보자.

• • • • • •

독해란 무엇인가

텍스트는 단어와 문장으로 이루어져 있으며 정보와 논리, 이야기와 감정을 전해준다. 독해는 텍스트가 전해주는 정보, 논리, 이야기, 감정을 파악하고 해석하고 느끼고 즐기는 일이다. 텍스트를 그저 따라가기만 하거나 그대로 받아들이는 것은 독해가 아니다. 모든 텍스트가 옳은 정보, 앞뒤가 맞는 논리, 공감할 수 있는 이야기와 감정을 담고 있는 것은 아니기 때문이다. 세상에는 잘 쓴 글만큼이나 잘못 쓴 글도 많다. 주제가 무엇인지 알아보기 어려운 횡설수설, 논리와 맥락이 뒤죽박죽인 논문, 쓸데없이 어려운 단어와 복잡한 문장을 늘어놓은 칼럼, 심지어는 쓴 사람이 과연 무슨 말인지 알면서 썼을까 싶은 평론도 있다.

독해는 텍스트의 한계와 오류를 찾아내거나 텍스트를 다른 맥락에서 해석하는 작업을 포함한다. 독해력은 저절로 생기지 않는다. 처음에는 텍스트를 이해하는 것도 쉽지 않다. 어려운 글은 밑줄을 긋고 사전을 뒤지고 인터넷에서 관련 정보를 검색해가면서 읽어야 한다. 독서량이 늘어 아는 게 많아지고 생각이 깊어져야 텍스트를 읽는 속도가 빨라지고 비판적·창의적으로 독해할 능력이 생긴다. 글을 잘 쓰려면 먼저 높은 수준의 독해 능력을 길러야 한다.

텍스트를 비판적으로 읽고 해석한다는 것은 구체적으로 무엇을 어떻게 한다는 말일까? 사례를 들어 이야기하는 게 좋을 듯하다. 아래는 『한국의 이공계는 글쓰기가 두렵다』(임재춘 지음, 북코리아)에서 가져온 글이다. 이 책은 보고서, 발표 자료, 연구 논문을 쓸 때 어려움을 겪는 이공계 출신 엔지니어와 연구자가 논리적 글쓰기의 기본을 익히는 데 큰 도움이 된다. 그렇지만 훌륭한 책도 비판적으로 읽어야 한다. '글쓰기 실용서'라고 예외가 될 수는 없다. 많든 적든, 크든 작든, 모든 책에는 결함이 있다. 비판적으로 독해하지 않으면 결함까지 그대로 따라 배우게 될지 모른다. 임재춘 선생은 핵 발전 또는 원자력 발전과 관련된 예문을 즐겨 썼다.

• 원래 글: 원자력은 탄산가스에 의한 온실효과를 줄일 수 있는 깨끗한 <u>에너</u>

지이며, 또한 발전 단가도 석유나 액화가스에 비하면 거의 반값에 해당하는 저렴한 에너지이다.

- 고친 글: 원자력은 탄산가스에 의한 온실효과를 줄일 수 있는 깨끗한 에너지이다. 또한 발전 단가도 석유나 액화가스에 비하면 거의 반값에 해당하는 저렴한 에너지이다.

여기서 원래 글과 고친 글의 차이는 중간에 한 번 끊어준 것뿐이다. 이렇게만 해줘도 뜻이 더 분명해진다. 임재춘 선생은 한 문장에 하나의 개념(생각, 주장)만 담는다는 글쓰기의 원칙을 설명하려고 예문을 들었다. 한 문장에 생각 하나를 담으면 저절로 단문이 된다. 나는 문장을 단문으로 쓰는 원칙에 전적으로 공감하며, 글을 쓸 때 이 원칙을 따르려고 노력한다. 그런데 이 텍스트는 두 가지 문제가 있다.

첫째, 잘 쓴 문장이 아니다. 이 예문은 원래 저자가 쓴 문장이 아니라 글 고치는 방법을 보여주려고 다른 곳에서 가져온 것이다. 뒤에서 자세히 말하겠지만, '탄산가스에 의한'이나 '액화가스에 비하면 거의 반값에 해당하는 저렴한 에너지'는 우리말다운 표현이 아니다. 운율이 어색한 데다 두 문장 다 '에너지이다'로 끝나서 지루하다. 다음과 같이 문장을 끊어주면서 앞뒤 문장을 서로 다른 형태로 만들어주면 훨씬 분명하고 자연스러운 글이 된다.

- 원자력은 탄산가스를 내뿜지 않는 깨끗한 에너지여서 온실효과를 줄일 수 있다. 발전 단가도 저렴해서 석유나 액화가스의 반밖에 들지 않는다.

둘째, 이 예문이 전하는 정보가 참인지 의심스럽다. 만약 온실효과를 유일한 기준으로 삼는다면 이산화탄소를 대량으로 내뿜는 화력 발전보다 원자력 발전이 깨끗하다고 할 수 있다. 그러나 핵 발전은 화력 발전에 없는 위험이 따른다. 원전 사고와 방사능 누출 위험이다. 화석 연료를 태워 만든 전기만 깨끗하지 않은 게 아니다. 핵분열로 만든 전기도 마찬가지다. 단지 서로 다른 종류의 오염을 일으키며 그 위험의 정도와 양상이 다를 뿐이다. 원자력이 깨끗한 에너지라는 주장은 틀린 것이다.

핵 발전이 화력 발전보다 저렴하다는 주장도 반박할 여지가 있다. 핵 발전 사고는 일단 났다 하면 그 피해가 측정하기 어려울 정도로 크다. 미국 스리마일 원전 사고, 소련 체르노빌 원전 사고, 일본 후쿠시마 원전 사고가 다 그랬다. 게다가 고준위 방사능을 내뿜는 '사용 후 핵연료'와 발생량이 많은 중·저준위 폐기물을 처리하는 데에는 적지 않은 비용이 든다. 수명이 다해서 폐기한 핵 발전소를 안전하게 관리하는 비용도 만만치 않다. 여기에 핵 발전소 인근 지역 주민들이 당하는 피해까지 제대로 계산해서 보태면 핵 발전의 비용은 더 늘어난다. 그래서 어떤 전문가들은 핵 발전이 화력 발전보다 더 비싼 전기 생산 방법이라고 주장한다.

독해는 이렇게 하는 것이다. 텍스트는 내용을 이해하는 것을 넘어 문제점과 한계까지 탐색하면서 읽어야 한다. 한 걸음 더 나아가면 그 문제점과 한계가 어디서 왔는지도 추론해볼 수 있다. 그렇게 하려면 책을 읽을 때 저자가 어떤 사람이며 무슨 일을 하는지 알아보는 게 도움이 된다. 임재춘 선생은 과학기술부 원자력실장을 지낸 핵 발전 전문가이며 책날개의 저자 소개와 서문에서 그런 이력을 명확하게 밝히고 있다. 그는 핵 발전으로 화력 발전을 대체하는 것이 경제적 효율성도 높고 지구 환경을 보호하는 데도 더 낫다는 확신을 바탕으로 텍스트를 썼다. 그러나 나는 그런 주장의 타당성을 의심하면서 그 텍스트를 읽었다.

– 유시민, 『유시민의 글쓰기 특강』, 생각의길, 2015, 129~133쪽.

• • • • • •

저자가 생각하는 '독해'는 단순히 텍스트의 내용을 이해하는 것이 아니다. "텍스트의 한계와 오류를 찾아내거나 텍스트를 다른 맥락에서 해석하는 작업", 즉 비판적 읽기를 포함해야 진정한 독해라는 것이다. 텍스트의 한계나 오류는 문장이 부정확하거나 논리가 부적절해서 나타나기도 하고, 화제를 바라보는 작가와 독자의 관점, 입장 차이 때문에 드러나기도 한다.

위 예문의 저자는 대상 텍스트에 두 가지 문제가 있다고 보았다. 첫째는 잘 쓴 문장이 아니라는 것이고, 둘째는 주장의 근거로 제시한 정보가 의심스럽다는 것이다.

또 주장에 대한 반박의 여지도 있다고 말한다. 첫 번째 문제는 텍스트의 형식적 요건에 해당한다. 간결하고 명료한 문장, 문법적으로 오류가 없는 문장은 텍스트의 의미를 정확히 전달하기 위한 기본 요건인데, 대상 텍스트는 이 점에서 한계가 있다는 평가이다. 두 번째 문제는 텍스트의 내용적 요건에 해당한다. 논리적 근거의 신뢰성과 타당성을 지적하고 있는데, 이는 핵 발전이 화력 발전보다 깨끗하고 저렴하다는 주장의 설득력을 떨어뜨린다는 점에서 오류가 있다는 평가이다. 여기서 한 걸음 더 나아가 저자는 핵 발전에 대한 텍스트의 다소 편향적 주장의 원인이 작가의 과거 경력에 기초하고 있음을 추론해 내었다.

이처럼 텍스트에 대한 비판적 읽기는 텍스트 자체가 지닌 한계나 오류 등을 밝혀내는 것뿐만 아니라 독자가 텍스트의 주장을 수용할지 여부를 판단하는 준거가 된다는 점에서 중요하다. 비판적으로 독해하지 않는다면 논리적 결함이 있는 주장을 그대로 따를 수도 있고, 저자의 숨은 의도나 텍스트 생산의 맥락을 놓칠 수도 있다. 또 비판적 읽기는 저자와는 다른 맥락에서 주제를 새롭게 탐색하는 계기를 마련해 주기도 한다. 창의적 문제 제기도 비판적 읽기에서 시작되는 셈이다.

2. 비판적 읽기의 방법

학문 공간인 대학에서 우리가 읽거나 쓰는 글은 대개 논리적인 글이다. 저자는 자신이 옳다고 여기는 주장이나 의미 있다고 생각하는 견해를 독자에게 전달하기 위해 다양한 논리적 근거를 마련하고, 합리적인 추론 과정을 거친다. 저자가 상당한 시간과 노력을 기울여 쓴 글은 나름의 설득력을 확보하고 있을 가능성이 높다. 그러나 저자의 주장이나 견해가 타당하고 논리적으로 문제가 없는지, 다른 맥락에서 해석할 여지는 없는지 등을 따져보는 것은 학문의 발전을 위해서도 반드시 필요하다.

이 장에서는 텍스트의 '논리적 측면'과 '맥락적 측면'을 고려한 비판적 읽기의 방법을 연습해 보자. 우리가 비판적으로 읽고 해석하려는 텍스트가 문학적 성격의 글이었다면 '작품 내적 요소'나 '작가의 생애', 그리고 '시대적 배경' 등이 훨씬 중요한 검토 대상이 되었을 것이다. 텍스트의 종류나 성격에 따라 비판적 읽기의 방법은 얼마든지 다양할 수 있고 질문 내용도 달라질 수 있다는 의미이다.

1) '논리적 측면'에서 비판적 읽기

논리적 텍스트는 저자의 주장이나 견해, 주장이나 견해를 정당화하기 위한 논증으로 구성되어 있다. 우리가 읽는 텍스트 가운데는 논리 정연한 글도 많지만 논리적 오류로 점철된 글도 적지 않다. 주장은 분명하나 근거가 빈약한 경우, 근거가 제시되었으나 의심스러운 경우, 공감하기 어려운 전제에 기대어 주장을 펼치는 경우 등 논리적 오류의 종류도 다양하다. 그렇기에 독자는 주장이 명확하고 일관성이 있는지, 주장의 근거는 충분하고 신뢰할 만한지, 인용하는 글, 소견, 통계 정보 등은 정확하고 적절한지, 전제는 타당하고 공감할 만한지, 논리적으로 반박할 여지는 없는지 등을 비판적으로 읽어야 한다. 일관되고 분명한 주장, 객관적이고 신뢰할 만한 논거, 추론 과정의 타당성은 논리를 정당화하기 위한 필수 조건이다.

2) '맥락적 측면'에서 비판적 읽기

텍스트에서 저자가 제기한 문제가 어떤 맥락에서 의미 있고 필요한지, 저자의 주장에 다른 의도나 배경이 작용하고 있지는 않은지 등과 같은 텍스트 생산의 배경과 맥락도 꼼꼼히 따져볼 필요가 있다. 모든 문제 제기가 시의적절하고 가치 있는 것은 아니다. 경제적 이윤 추구나 자기 집단의 논리를 대변하기 위한 의도에서 칼럼이나 에세이를 쓰는 이들도 허다하기 때문이다. 사회 구조나 체제, 사람이나 사물을 바라보는 관점이나 태도에도 맥락이 존재한다. 저자의 관점이나 태도가 어떤 맥락에서 나온 것인지를 비판적으로 읽으면 독자는 그 관점이나 태도를 수용할지 여부를 결정할 수 있다. 또한 저자가 텍스트를 집필한 시점뿐만 아니라 텍스트를 읽는 현시점의 사회 문화적 맥락을 고려한 비판적 읽기는 텍스트의 의의나 한계를 분명히 파악할 수 있다는 점에서 유용하다.

아래 제시한 표는 '논리적 측면'과 '맥락적 측면'에서의 비판적 읽기를 위한 질문들이다. '논리적 측면'은 논증 과정을, '맥락적 측면'은 텍스트 생산의 배경과 맥락을 고려한 것으로, 질문 항목과 내용은 대상 텍스트에 따라 변주가 가능할 것이다.

[표 1] 비판적 읽기를 위한 질문

논리적 측면	• 저자의 주장은 명확하고 일관성 있는가? • 근거는 충분하며 신뢰할 만한가? • 전제는 타당하고 공감할 만한가? • 논리적으로 반박할 여지가 있는가?
맥락적 측면	• 이 글의 문제 제기는 의미 있고 필요한가? • 저자의 주장에 다른 의도나 배경이 작용하고 있는가? • 저자의 관점이나 태도는 어떤 맥락을 지니는가? • 집필 시점/현시점에서 이 글이 지닌 의의와 한계는 무엇인가?

다음의 예문은 배달 노동자에 대한 대학교 1학년 학생의 학술 에세이이다. 이 글을 논리적, 맥락적 측면에서 비판적으로 읽어 보자.

• • • • • •

배달을 포기하시겠습니까, 배달 노동자와 공존하시겠습니까?

1. 편리함의 이면, 보이지 않는 사람들

한국 하면 빼놓을 수 없는 문화가 있다. 바로 언제 어디서든 맛있는 음식을 빠르게 먹을 수 있는 배달 문화이다. 배달 문화는 정보통신기술과 스마트폰의 발달로 급속히 발전하였다. 앱 하나로 불과 몇십 분 만에 원하는 장소로 음식을 받는 것뿐만 아니라, 소비자 맞춤형 옵션과 실시간 위치 추적, 비대면 결제 시스템 등 첨단 기술을 결합한 서비스를 손쉽게 이용할 수 있다. 이러한 편리함 덕분에 한국의 배달 문화는 외국에서도 빠르고 체계적인 서비스로 평가받고 있다.

배달 플랫폼이 등장하면서 고객이 직접 전화로 주문하고 음식점 소속 배달원이 음식을 전달하던 방식은 점차 사라졌다. 이제는 플랫폼 앱에서 몇 번의 터치만으로 손쉽게 주문할 수 있게 되었다. 음식은 배달 대행업체 소속의 라이더가 배달한다. 한국의 신속하고 빠른 배달 문화의 중심엔 바로 거리 곳곳을 누비는 이 배달 노동자들이 있다. 이들은 소비자와 음식점을 연결하고 한국 배달 문화를 지탱하는 핵심적인 주체로 자리 잡았다. 그러나 '혁신'이라 부를 수 있는 한국의 배달 문화 중심에 선 배달 노동자를 향한 사람들의 시선은 그리 긍정적이지 않다.

대다수 시민들은 배달 노동자들이 교통 법규를 잘 지키지 않는 '도로 위의 무법자'라고 말한다. 한국교통안전공단이 전국 130여 개 아파트 단지의 주민 777명을 대상으로 실시한 설문조사에 따르면 아파트 주민 4명 중 3명은 '배달 라이더의 주행으로 인해 불안을 느낀다'고 응답했으며, 특히 보도 주행(66%), 아파트 내 과속(64%), 무단 주정차(60%) 등을 문제로 꼽았다.[1] 이러한 배달 라이더의 주행으로 인한 불안은 배달 노동자 전체에 대한 부정적 인식으로 이어졌다.

또한 배달 노동자에 대한 편견과 차별도 날이 갈수록 심해지고 있다. '평생 배달만 해라', '공부를 못하니 배달을 하지'라는 식의 인격 모독성 말들도 서슴없이 한다. 많은 배달 라이더들이 노동자로서의 존중보다 직업적 편견과 감정노동을 더 많이 겪고 있다. 일부 고급 아파트 단지에서는 라이더에게 '냄새가 난다'며 화물 엘리베이터만 이용하라고 하거나, '헬멧을 벗고 들어오라'는 등의 모욕적인 지시를 내리기도 했다고 한다.[2]

일부 시민들은 배달 노동자에 대한 부정적 인식과 편견에 배달 라이더들이 일정 부분 원인을 제공했다고 주장하기도 하지만, 사람들의 부정적인 시선 속에서 수많은 배달 노동자들이 심리적 압박과 스트레스를 느끼며 살아가고 있다.[3] 겉으로는 '혁신 산업의 상징'이라 불리지만 그 이면에는 사회적 편견과 불안정한 노동 환경, 심리적 고립을 겪고 있는 이들이 존재한다. 편리한 배달 소비를 포기하지 않는 이상 우리는 이들과 공존해야 한다. 이에 이 글에서는 다수 시민들과 배달 노동자와의 공존 방안을 모색해 보고자 한다.

2. 교통 법규 위반하는 도로 위의 무법자

사람들이 배달 노동자를 '무법자'라는 이미지로 바라보게 된 것은 단순한 편견에서 비롯된 것은 아니다. 거리에 나가 보면 교통 법규를 위반하는 배달 라이더를 심심찮게 발견할 수 있다. 2023년 7월 오토바이 등 이륜차 교통 법규 위반 횟수는 서울에서만 2만 6천여 건이었으며 접수된 교통사고는 303건에 이르렀다.[4] 문제는 이륜차의 경우 단속하는 것에 한계가 존재한다는 것이다. 단속 카메라는 사륜차 단속이 주목적이기 때문에 이륜차 단속 기능을 기대하기 어려우며, 현장 인력 투입을 통한 현장 단속에 의존할 수밖에 없는데,[5] 이러한 한계로 인해 현재까지도 많은 배달 노동자들이 단속을 피해 교통 법규를 위반하고 있는 것이 현실이다.

이처럼 시민들은 배달 노동자의 교통 법규 위반 행위를 일상적으로 경험하면서 라이더를 도로 위의 무법자로 인식하게 될 수밖에 없다. 또한 교통 법규 위반 외에도 다수의 라이더가 모여 비흡연 구역에서 담배를 피우는 행위, 야간 오토바이 굉음 소리 등으로 인해 배달 노동자를 향한 지역 주민들의 시선은 곱지 않다.[6]

3. 비대면 등록 절차, 불안한 경계 대상

대면 채용 절차를 거친 뒤 가게에 직접 소속되어 배달 서비스를 진행하던 시절과 달리 이제는 대부분의 배달 노동자들이 비대면 등록 절차를 거쳐 서비스를 수행한다. 배달 플랫폼에 신분증을 업로드하고 간단한 가입 절차를 거친 뒤 안전 보건 교육 등을 수강하면 바로 배달 콜을 받을 수 있다. 이러한 절차는 시민들로 하여금 배달 라이더에 대해 의심과 경계심을 갖게 한다. 무엇보다 사적인 공간에서 접촉하게 되는 배달 노동자가 제대로 신원 파악도 되지 않은 사람이라는 사실 때문에 이들은 불편한 손님으로 전락하기 쉽다.[7]

시민들의 불안을 해소하기 위해 정부가 생활물류서비스산업발전법을 개정함에 따라 2025년 1월 7일부로 강력 범죄 전력이 있는 사람의 배달업 종사를 최대 20년간 제한하기 시작했지만 실효성에 대한 문제는 여전하다. 이 개정안은 신규 배달 노동자에게만 적용되기 때문이다. 또한 비대면 등록 절차를 악용한 명의 도용이 빈번하게 이루어지고 있기 때문에 시민들은 이러한 개정안의 실효성에 의문을 제기할 수밖에 없다.[8]

4. 자율성 뒤에 숨은 불안정한 고용

사람들은 배달을 시간이 남을 때 하는 부업이나 누구나 쉽게 할 수 있는 단순한 알바라고 인식한다. 그러나 실제로 많은 라이더들은 이 일을 본업으로 삼아 생계를 책임지는 노동자이다. 자유롭게 일하는 것처럼 보일 수 있으나, 그 자율성은 온전한 자유가 아니라 불안정한 구조 속에서 일을 하는 모습 중 하나일 뿐이다.

배달 노동자의 수입은 고정급이 아닌 배달 건수에 따라 결정되는 구조이다. 한 건이라도 더 배달해야 생활이 유지되기 때문에 폭우나 폭설, 폭염에도 쉴 수 없다. 심지어 사고 위험이나 건강 문제를 감수하면서도 플랫폼이 정한 등급제에 따라 경쟁적으로 일해야 한다.[9] 한 뉴스 보도에 따르면 송도의 한 아파트에서는 오토바이의 지상 출입을 막고 지하로 라이더들을 유도하는 조치를 취했다고 한다. 이는 배달 서비스의 편리성만 소비할 뿐 라이더의 안전은 고려하지 않는 사회의 단면을 보여준다.[10]

또한 라이더는 개인 사업자로 분류되어 있다. 플랫폼 기업에 속한 근로자가 아니어서 사고가 나더라도 플랫폼 기업은 책임을 회피하며 라이더에게 돈을 요구하는 경우도 있다. 사회 보험이나 퇴직금, 산재 보상 등 기본적인 권리들이 온전히 보장되지 않고 오직 빠른 배달과 높은 평점만이 수입을 좌우하게 되는 구조이다.[11] 그럼에도 많은 사람들이 이들을 노력하면 돈을 많이 버는 직업으로만 보거나 편한 직업이라며 폄하하는 경우가 많다.

코로나19 이후 배달은 더욱 일상화되었고 시민의 편리한 소비를 유지하는 필수 노동으로 자리 잡았다. 사람들의 편리함을 책임지는 존재이지만 다른 근로자와 달리 정당한 대우를 받지 못한다는 점에서 배달 노동자는 현대 사회의 새로운 소수자로 이해되어야 한다. 따라서 배달 노동자에 대한 부정적 시선보다는 이들이 겪는 현실을 이해하고 제도적 보호를 확대하려는 사회적 공감이 필요하다.

5. 법과 제도의 한계

그간 정부는 플랫폼 종사자의 안전망 확보를 목표로 여러 제도적 조치를 내놓았다. 예컨대 산재보험법 개정을 통해 기존의 '전속성' 요건을 폐지함으로써 대리

기사, 배달 라이더 등 다수의 노무 제공자가 산재 보험 대상에 포함되도록 한 것은 의미 있는 전진이다.[12] 그러나 이러한 제도적 진전에도 불구하고 현장에서는 여전히 공백이 남아 있다.

첫째, 안전 장비 구입 비용이나 사고 발생 시 초기 대처에 드는 비용은 여전히 라이더 개인에게 귀속되는 경우가 많아 제도화가 곧바로 현장의 부담 경감으로 연결되지 않는다. 둘째, 플랫폼이 운용하는 알고리즘에 따라 배차·요금·평점이 사실상 통제되는 상황에서 '자율성'이라는 형식적 기준만으로 근로자성을 배제하는 기존 판단은 현실을 온전히 반영하지 못한다.[13] 셋째, 제도 자체는 마련되어도 이를 실효적으로 집행·감독할 수 있는 행정적 역량과 책임 규정은 미비한 경우가 적지 않다.

결과적으로 현재의 법과 제도는 플랫폼의 운영 효율과 공공 안전 확보라는 목적 사이에서 균형을 찾지 못한 채, 배달 노동자를 보호하기보다는 관리 대상으로 머물게 하는 한계를 드러낸다. 이러한 한계는 단지 법·제도의 문제에 그치지 않고, 플랫폼 노동에 대한 사회적 인식과 법리적 판단 기준 자체를 재검토할 필요성을 드러낸다.

6. 실질적인 공존 방안: 제도와 인식 개선

플랫폼 노동자와 사회의 실질적 공존을 위해서는 제도 보완과 더불어 인식 전환이 핵심적 과제이다. 우선 법·행정 차원에서 근로자성 판단 기준을 알고리즘 통제를 중심으로 한 기술·조직적 통제와 경제적 종속성까지 포괄하는 방향으로 명확히 할 필요가 있다. AI·플랫폼 기술이 노동의 배분·평가·보상에 깊숙이 관여하는 현실에서 종속성의 판단을 '직접적 지휘, 감독'의 유무로만 축소해서는 보호의 사각지대가 계속될 수밖에 없다. 실제로 '타다' 드라이버 사건에서 대법원은 알고리즘에 의한 통제, 회사 제공 차량, 경제적 의존성 등을 근거로 근로자성을 인정한 바 있는데,[14] 이는 플랫폼 노동자 보호 논의에서 실무적·판례적 시사점을 제공한다.

다음으로 인식 개선을 위한 구체적 방안을 제시하면 다음과 같다. 첫째, 플랫폼, 배달 노동자, 지자체가 함께하는 공익 연계 캠페인을 활성화해야 한다. 플랫폼 앱이나 배달통에 '실종 아동 안내', '지역 안전 알림' 같은 공익 배너를 상시 노출하거나, 특정 시간대 지역 안전·재난 안내 참여 등 공익 미션을 운영하면 배달 노동자의 사회적 역할을 강조할 수 있다. 이러한 공익 연계는 시민이 배달 노동자를 '위험 요소'가 아니라 '공동체 구성원'으로 인식하도록 유도할 수 있다. 둘째, 교육·홍보 기반의 의식 전환 프로그램을 도입해야 한다. 학교·지역센터·지자체 등에서 '플랫폼 노동의 구조와 위험'을 시민에게 알리고, 소비자는 빠른 배달을 요구하지 않으며, 배달 노동자를 근로자로 대우해야 한다. 셋째, 라이더의 자율적 조직화와 공동체 기반 안전 교육을 지원해야 한다. 배달 노동자 협동조합과 지역 단위별 안전 교육 네트워크를 통해 라이더는 '무법자'가 아닌 '안전한 사회 구성원'으로 인정받을 수 있도록 협력해야 한다.

결국 제도적 보호와 인식 개선은 상호 보완적이다. 양자가 함께 작동할 때만이 플랫폼 시대의 새로운 사회적 소수자인 배달 노동자와 다수 시민 간의 지속 가능한 공존이 가능할 것이다.

---

1) 전병용, 「배달라이더 주행에 아파트주민 4명 중 3명 위험하다 느껴」, 『매일신문』, 2020.06.25.

2) 임지혜, 「"무식해서 배달하는 것 아닙니다" 편견에 우는 라이더들」, 『쿠키뉴스』, 2021.02.04.

3) 한국산업의료복지연구원이 배달업 종사자 365명을 대상으로 조사한 연구에 따르면 라이더 중 80%가 심각한 스트레스를 호소하였다. 또 응답자 절반이 심리적 유연성과 마음의 여유가 부족하고 부정적 반응에 취약한 것으로 확인됐으며, 38.36%는 자존감에 문제를 갖고 있었다. 김성현, 「"배달 종사자 10명 중 8명 '심각한 스트레스' 호소...자존감 문제도"」, 『지디넷코리아』, 2023.10.25. 재인용

4) 김이영, 「신호위반·굉음운전 안 돼!...9월 이륜차 집중 단속」, 『YTN사이언스』, 2025.09.08.

5) 조용빈 외 3인, 「배달 이륜차 라이더 교통 법규 위반 단속 연구」, 『한국ITS학회논문지』, 제21권 제1호, 한국ITS학회, 2022, 183쪽.

6) 이동우, 「모여서 담배 '뻑뻑', 한밤중 '부릉'...주택가 배달허브 어찌하리오」, 『머니투데이』, 2021.11.03.

7) 소봄이, 「"'놓고가세요' 요청에도 문밖에 10분 서 있던 배달기사" …혼자 사는 여성 '공포'」, 『뉴시스』, 2025.10.17.

8) 석한글, 「배달업 범죄자 취업 제한, 배달 현장에선 실효성 '의문'」, 『물류신문』, 2025.01.23.

9) 요리, 「배민 쿠팡이츠 라이더 기본 정보 현실적인 수입 후기!」, 『네이버 블로그 요리조리』,

https://blog.naver.com/mskcuteeee, 2025.11.06. 검색.

10) 홍현기, 「배달 오토바이 지상출입 막은 송도 아파트…노조 "배달 중단"」, 『연합뉴스』, 2021.09.26.

11) 임지섭, 「배달라이더 산재 1위인데 ···법 밖에 놓인 '플랫폼 노동'」, 『남도일보』, 2025.10.24.

12) 김지환, 「대리기사·배달라이더도 7월부터 산재보험 적용받는다」, 『경향신문』, 2023.06.06.

13) 신대준, 「근로자성 인정과 판단 기준의 변화 및 전환」, 『강남노무법인』, https://k-labor.co.kr/main/board_list.html?TB_NAME=TB_BOARD&gubun=17&searchword=subject&find=&PageSize=20&lang=ko&cPage=1&idx1=1339, 2025.11.09. 검색.

14) 대법원 2024. 7. 25. 선고 2024두32973 판결(사건명: 부당해고구제재심판정취소).

\- 학생 글

• • • • • •

위의 예문은 현재 한국의 배달 문화를 이끌고 있는 '배달 노동자'에 대한 편견과 부정적 시선을 문제로 제기하고, 배달 문화가 낳은 새로운 사회적 소수자인 배달 노동자와 다수 시민과의 공존 방안을 모색한 글이다. 배달 노동자에 대한 부정적 인식이나 편견은 개인적 차원의 문제가 아닌 불안정한 노동 구조나 소비자의 편리한 소비 증대에 따른 것이므로 문제 해결을 위해 제도 보완이나 인식 전환 등의 방안이 요청된다고 주장하고 있다.

이 글은 배달 노동자에 대한 부정적 인식 및 차별의 원인을 살피고, 현재 시행되는 법과 제도의 한계를 지적한 뒤 보완 방안을 제시하고 있다는 점에서 체계적으로 구성되어 있다고 평가할 수 있다. 그러나 원인과 결과의 관련성, 근거의 충분성 등의 논리적인 문제가 있으며, 제시한 공존 방안에 반박의 여지가 있다. 이러한 점이 보완된다면 더 좋은 글이 될 수 있을 것이다.

먼저 논리적 측면에서 보자면 첫째, 저자는 1장 '편리함의 이면, 보이지 않는 사람들'에서 배달 노동자에 대한 부정적 인식이나 차별 사례 등을 언급하며 수많은 배달 노동자들이 사람들의 부정적 인식 속에서 심리적 압박과 스트레스를 느끼며 살고 있다고 서술하였다. 그런데 근거로 제시한 주석 3)번의 자료 기사를 보면 배달 노동자들이 심리적 유연성, 마음의 여유 부족, 부정적 반응에 취약한 원인이 사람들의 부정적 시선 때문인지는 명확하지 않다. 기사에서는 배달 노동자들이 8시간 이상 장시간 노동에 시달리고 있고, 교통사고나 교통 위반 경험도 높게 나타났으며, 감정노동 유발 상황, 목표 수입 미달성 등과 같은 노동 환경에 처해 있다고 보도하고 있다. 사람들의 부정적 시선도 한몫했겠으나 그 원인만을 특정하여 배달 노동자의 스트레스나 심리적 압박을 설명하는 것은 실상을 왜곡할 수 있다는 점에서 논리적으로 문제이다.

둘째, 저자는 2장 '교통 법규 위반하는 도로 위의 무법자'에서 다수 시민들이 배달 노동자를 '무법자'라는 이미지로 인식하게 된 것은 단순한 편견이 아니라고 서술하였다. 근거로 2023년 7월 서울에서 집계한 이륜차 교통 법규 위반 횟수와 교통사고 접수 건수를 제시하였다. 그러나 이륜차 교통 법규 위반 횟수와 교통사고 접수 건수가 배달 노동자의 무법성을 증명하는 근거로 충분성을 확보하기 위해서는 전체 이륜차 운전자 중 배달 노동자의 위반 비율이 얼마나 되는지를 제시해야 하며, 이를 일반화하기 위해서는 특정 시기나 장소에서 집계된 자료만이 아니라 조사 시기나 장소를 확대해야 한다. 또한 단속 카메라의 기능적 한계로 현재까지도 배달 노동자들이 단속을 피해 교통 법규를 위반하고 있다고 하였는데, 이는 집계된 위반 횟수보다 더 많은 위반자가 있음을 보여주려는 의도일 것이다. 그러나 단속 카메라의 기능적 한계 자체는 배달 노동자의 무법성을 주장하는 근거로 충분하지 않다.

셋째, 저자는 4장 '자율성 뒤에 숨은 불안정한 고용'에서 배달 노동자의 수입 구조나 고용 형태를 서술함으로써 배달 라이더가 '도로 위의 무법자'(2장)나 신원이 확실하지 않은 '경계 대상'(3장)이 될 수밖에 없는 이유를 설명하고 있다. 또 5장 '법과 제도의 한계'에서는 산재보험법 개정으로 배달 노동자가 산재 보험 가입 대상이 되었으나 개인이 비용을 부담하거나 근로자에서 배제되는 등 법적으로 온전히 보호받지 못한다고 지적하였다. 그렇다면 6장 '실질적인 공존 방안'에서 제시되어야 할 제도적 방안은 수입 구조나 고용 형태에 대한 분명한 개선책일 것이다. 저자는 대법원 판례를 들어 "알고리즘 통제를 중심으로 한 기술·조직적 통제와 경제적 종속성까지 포괄하는 방향"에서 근로자성을 판단해야 한다고 서술하였다. 이는 '개인사업자'로 분류된 배달 노동자를 기업의 법적 보호를 받는 근로자로 고용하는 제도를 마련해야 한다는 취지의 서술로 보인다. 그러나 플랫폼 기업이 배달 노동자를 어떤 형태로

'고용'하고 어떤 방식으로 '보호'해야 하는지에 대한 보다 구체적인 방안을 명시적으로 밝힐 필요가 있다. 또 '배달 건수에 따라 수입이 결정되는 구조'를 원인으로 짚었으면서 이를 개선할 해결 방안을 제안하지 않은 것도 문제이다. 배달 노동자의 수입 구조를 '안전 운임제'와 같은 구조로 바꾸고, 안전 교육을 의무화하는 등 배달 플랫폼 기업의 책임을 촉구하지 않는다면 라이더의 속도 경쟁은 계속될 수밖에 없다.

넷째, 저자는 6장 '실질적인 공존 방안'에서 배달 노동자에 대한 부정적 인식을 개선할 방안으로 첫째, 공익 연계 캠페인을 통해 배달 노동자의 사회적 역할 강조, 둘째, 지자체는 플랫폼 노동의 구조와 위험을 시민에게 알리고, 소비자는 빠른 배달을 요구하지 않으며 배달 노동자를 근로자로 대우해야 한다고 하였다. 그런데 플랫폼 노동의 구조가 위험하다면 구조 개선을 위한 방안을 모색해야 한다. 소비자가 빠른 배달을 요구하지 않는 것도 필요하겠지만 근본적으로 플랫폼 기업이 빠른 배달보다는 안전한 배달 방식을 구축하는 것이 효과적이다. 배달 노동자를 근로자로 대우하는 것 역시 소비자의 인식 전환의 문제가 아니라 플랫폼 기업의 고용 형태가 바뀌어야 해결될 문제라는 점에서 반박의 여지가 있다. 또 저자는 세 번째 인식 개선 방안으로 '라이더의 자율적 조직화'와 '공동체 기반 안전 교육 지원'을 제시하였는데, 이는 플랫폼 기업이 배달 노동자를 근로자로 인정해야 한다는 취지로 서술한 '제도 개선 방안'과 논리적으로 충돌하는 서술이다. 배달 노동자에 대한 안전 교육은 마땅히 근로자가 속한 회사에서 책임져야 할 사안이다.

다음 맥락적 측면에서 보자면, 저자는 배달 노동자에 대한 부정적 인식의 원인이 '배달 건수로 책정되는 불안정한 수입 구조'나 신원을 확인하기 어려운 '고용 형태'에서 기인한 것으로 보았다. 그러나 1장 '편리함의 이면, 보이지 않는 사람들'의 네 번째 단락에 보이는 배달 노동자에 대한 직업적 편견이나 멸시는 플랫폼 노동의 구조적 문제나 고용 형태에서 비롯된 부정적 인식과는 다른 맥락으로 읽힌다.

시대가 달라졌고 사회가 변했다. 노동 환경도 많이 바뀌었다. 그럼에도 여전히 특정 직업에 대한 잘못된 고정관념에 사로잡힌 사람들이 있다. 배달 노동자의 속도 경쟁으로 인한 교통 위반이나 소음 등은 분명 구조적 문제이고, 이는 플랫폼 기업이 안전 시스템을 구축하고 안정적인 고용 형태를 유지한다면 해결될 수 있는 사안이다. 그런데 배달 노동자에 대한 뿌리 깊은 편견과 차별은 어떻게 해결해야 할까? 저자는 배달 문화가 발달하면서 나타난 새로운 사회적 소수자로 배달 노동자에 주목하였다. 배달 플랫폼 등장과 노동 시장의 변화라는 사회문화적 맥락에서 보면 타당한 시각이다. 그러나 배달 노동자는 이전에도 존재했고, 특정 직업에 대한 고정관념이 배달 라이더에 대한 편견과 차별의 형태로 현재까지 지속되고 있다는 맥락에서 보면 직업에 대한 관점이나 태도, 사회를 보는 새로운 시각 등과 같은 해결 방안을 글에 함께 제시하지 않은 점은 아쉽다.

이상에서 살펴본 바와 같이 텍스트에 대한 논리적 측면, 맥락적 측면에서의 비판적 읽기는 텍스트가 지닌 장단점, 의의와 한계 등이 무엇인지를 파악하는 데 유용하다. 텍스트에 대한 논리적 검토에서 출발하여 저자와 같은 맥락, 또는 다른 맥락에서 화제나 주제를 다시 들여다보면 텍스트 수용 여부에 대한 독자 나름의 결론에 도달할 수 있을 것이다. 텍스트에 대한 문제 제기, 독자 나름의 평가나 견해 등은 다음 장에서 다룰 논평문을 쓰는 재료로 활용할 수도 있다.

연습문제 1

오찬호는 『하나도 괜찮지 않습니다』에서 우리의 일상에 만연한 차별, 혐오, 폭력 등을 속속들이 파헤치며 지금 우리 사회는 하나도 괜찮지 않다고 말한다. 아래 예문은 차별에 둔감한 현대 사회의 다양한 얼굴들을 비판한 글이다. 이러한 저자의 견해는 논리적 측면에서 수용할 만한가? 반박의 여지가 있는가? 맥락적 측면에서 이 글은 어떤 의의와 한계를 지니는가를 비판적으로 읽어 보자.

차별한 적 없다고요?

모두의 목숨이 소중하다고?

20대 청년이 미국 뉴욕의 백화점에서 우리 돈 37만 원 정도의 벨트를 고르고 계산대에서 신용카드를 건넨다. 그런데 백화점에서는 고객을 다른 방으로 끌고 가 '이 카드가 어디서 났는지' 취조한다. 그가 흑인이기 때문이다. 흑인은 대부분 게으르고 그래서 가난해서 범죄를 자주 저지른다는 여러 고정관념이 결합한 일상 속 인종 차별이다. 버스에 백인 좌석, 흑인 좌석 따로 있던 킹 목사 시절이 아니라 2013년의 일이다. 있을까 말까 한 일도 아니다. 흑인이 자기 집 앞에서 열쇠를 못 찾아 두리번거리면 도둑 침입인 줄 알고 이웃 주민은 신고하고 경찰은 체포한다. 이 지경이니 비무장 용의자가 경찰이 쏜 총에 맞아 죽는 경우의 태반이 흑인이라는 사실이 놀랍지 않다. 흑인 가정에서 '백인 경찰이 검문할 때는 따지지 말고 절대 움직이지 말라'는 교육을 자녀가 어릴 때부터 철저히 하는 게 이해가 된다.

사례들이 의미하는 바는 명징하다. 미국 사회에는 인종 차별이 존재한다. 누구는 모든 흑인이 이런 대우를 받는 것은 아닌데 지나친 일반화 아니냐고 입을 삐죽거릴 게다. 하지만 상대가 자신의 '피부색만 보고 지레 의심하는' 상황 때문에 모멸감을 느끼는 사람의 절대다수가 흑인이라는 사실은 분명하다. 여기서 끄집어내야 할 일반화는 '백인 모두가 차별하는 건 아니다'는 폭력적 기만이 아니라 '흑인 모두가 차별의 대상일 수 있다'는 상식적 추론이다.

황당한 사람의 주장을 들었다. 국내 라디오 시사 프로그램에서 미국의 흑인 시위를 논하면서 현지 분위기 파악 차 교민을 전화 연결했다. 그는 직함만으로도 성공한 한인 사업가로 보였는데 다짜고짜 이런 말부터 늘어놓았다. "아니, 요즘 미국에 인종 차별이 어디에 있다고 그래요?" 근거는 빈약했다. 과거부터 흑인이 따로 화장실을 사용하지도 않고 농구 선수들 중에 억만장자는 죄다 흑인인데 차별이 어디 있냐나 뭐라나. 흑인이 과거처럼 노예가 아니니 평등하다는 이 놀라운 논리는 일상에서 그가 어떤 차별을 일삼는지를 적나라하게 설명한다. 사회자가 그래도 인종 차별의 정서가 있으니 흑인을 범죄자로 오인하거나 과잉 검문이 있는 거 아닐까 물으니 대답이 더 가관이다. "그건, 그럴 수밖에 없어요. 흑인들이 범죄 많이 저지르는 건 사실이잖아요."

아마 이런 사람이 'Black lives matter(흑인의 목숨은 소중하다)'라는 피켓을 들고 있는 절박한 흑인 옆에서 'All lives matter(모두의 목숨은 소중하다)'라는 피켓을 들면서 '나는 차별한 적 없다'고 떠벌리지 않았을까? 겉으로는 아무런 문제가 없는 문구처럼 보이지만, 차별에 항의하는 사람 옆에 나란히 서게 되면 '왜 너희들만 힘들다고 난리냐?'라는 뜻을 발현한다. 객관적인 차별을 희석시키니 그 팻말은 굉장히 차별적이다.

과연 태평양 건너의 이야기일까? 노예제처럼 인종 차별의 역사가 선명한 나라에서만 다룰 주제일까? '여자의 생명은 소중하다'는 피켓을 들고 여성 혐오 범죄에 항의하는 사람들 옆에서 '남자의 생명도 소중하다'는 피켓을 든 한국 사람들은 화성에서 왔던가? 경력 단절의 태반이 여성인 현실에서 요즈음은 여자가 살기 좋아졌다고 하는 한국 사람은 머나먼 행성에서 갑작스레 이주라도 했을까? 임대 아파트에 사는 주민들과 어떻게든 섞이지 않으려고 철조망을 치고, 심지어 아이들의 놀이터 이용도 사적 재산권 운운하면서 통제하는 사람은 미국 사람인가? 흑인 분장을 한 코미디언이 등장하는 예능 프로그램을 보면서 깔깔거렸던 사람은 누구였던가. 인종이 '웃음의 소재'로 사용되어서는 안 된다고 비판하면 '재밌자고 한 일인데 죽자 살자 달려든다'면서 비아냥거렸던 사람은 평범한 우리의 이웃 아니었던가. 한국은 차별을 차별이 아니라고 하는 부끄러운 사람이 그냥 많다. 그냥 많다는 말은 사회의 시스템이 차별에 반대하지 않는다는 말이다. 이런 곳에서 자연스럽게 살다 보면 누구나 차별에 둔감한 사람이 된다.

… (중략) …

무장애 놀이터, 선한 의도의 나쁜 결과

차별은 누군가의 얼굴을 마주보고 비아냥거릴 때만 이루어지는 것이 아니다. 누군가에게 수치심을 안겨 줄 때, 혹은 그런 배경을 형성하는 데 기여할 때 시작된다. 진화생물학자 존 휘트필트는 『무엇이 우리의 관계를 조종하는가』에서 수치심을 나쁜 사람이 된 느낌이라고 한다.* 차별받는 사람에게 '너만 차별받아?', '그게 차별이야?'라고 하면 당사자는 자신이 타인의 고통에는 아랑곳하지 않는 이기적인 사람인 양 느낄 수밖에 없다.

수치심을 느낄수록 사람은 위축되기에 사회로부터 점점 배제되어 차별에 쉽게 노출될 수밖에 없다. 가난해서 억울한 것인데 억울한들 아무도 인정해 주지 않으니 뭐라 말을 할 수도 없다. 이와 비례하여 약자에 대한 사회적 배려가 줄어드니 가난한 이들은 가난이 결정적 원인이 되어 경쟁에서 뒤처진다. 그러니 수치심을 제공한 누군가 때문에 누구나 누려야 하는 평범한 삶에서 배제된 차별받은 사람이 등장했다는 것은 결코 비약이 아니다.

문제는 우리들이 '그런 의도가 아니어도' 결과적으로 누군가가 수치심을 느낄 수밖에 없는 상황을 끊임없이 만든다는 거다. '무장애 놀이터'가 그렇다. 장애인이 놀이터 이용을 마음껏 하자는 취지로 만들어진 이 놀이터는 (실제 기능적으로 그러한가의 문제는 차치하고) 기업의 후원 아래 2000년대 중반부터 지자체에서 많은 관심을 표하고 있다. 취지는 좋다. 장애인을 조금도 배려하지 않은 일반적인 놀이터에서 그들은 수많은 차별을 경험했을 것이고, 이를 '생각해 준 것이' 무장애 놀이터인데 무엇이 문제냐고 할 만하다.

이 놀이터는 차별의 시작이 '분리'로부터 시작됨을 간과한다. 차별의 해소는 차별이 발생하는 곳에서 이루어져야 한다. 장애를 가진 아이가 집 앞 놀이터에서 여러 차별을 느낀다면 '누구나 갈 수 있는' 그 놀이터가 변해야 한다. 이를 무시하고 '저기 어딘가' 놀 만한 곳을 만든다고 사회는 달라지지 않는다. 오히려 일상적인 놀이터에서 발생하는 차별은 면죄부를 받는다.

무장애 놀이터가 있다는 사실은 보통의 놀이터는 '비장애인 전용', 즉 '노(No) 장애인 존'이 되어도 문제가 아니라는 인식을 심어 준다. 앞으로 장애인이 동네의 평범한 놀이터에 가서 자신의 신체에 관한 당연한 권리를 주장하기는 머쓱해진다. 그곳에서 장애인이 비장애인의 동선을 방해하거나 불편하게 하면 '너희 놀이터는 따로 있는데 왜 이곳에 왔느냐'는 핀잔을 들을 가능성이 높아진다.

장애인은 그저 놀러 갔을 뿐인데 '남의 권리를 침해한 듯한' 나쁜 사람의 느낌을 받는다. 이때부터 고작 놀이터를 가기 위해 '저기 어딘가'로 차를 타고 이동해서 장애인들하고만 만난다. 자연스레 일상의 모든 공간은 비장애인을 위한 것, 한쪽 구석의 요만큼은 장애인을 위한 공간이 되고 '요만큼'을 보장해 주었으니 '이만큼'의 차별은 차별이 아닌 것이 된다.

무장애 놀이터를 생각한 사람들이 차별주의자는 아니었을 것이다. 하지만 일상에서 '꿀 먹은 벙어리', '눈뜬장님', '절름발이' 등의 표현을 아무렇지 않게 사용할 수 있었던 사람들이 생각해 낸 아이디어는 딱 그 수준이다. 편해문 놀이터 비평가는 이렇게 말한다.

"스스로 하는 일이 선하다고 생각할 때만큼 무서운 것은 없다."**

이런 곳에서는 차라리 아무것도 하지 않는 것이 더 나을지도 모른다. 차별하면서도 차별한 적이 없다고 느끼게 되니 사회에서 '누구든지 생활의 모든 영역에 있어서 차별을 받지 아니한다'는 헌법 제11조 1항은 참으로 낯설다.

---

* 존 휘트필트, 『무엇이 우리의 관계를 조종하는가: 보이지 않는 곳에서 마음의 흔적을 남기는 평판의 힘』, 김수안 역, 생각연구소, 2012, 139쪽.

** 편해문, 「무장애 놀이터는 차별의 기념비일 뿐」, 『한겨레』, 2016.07.27.

– 오찬호, 『하나도 괜찮지 않습니다』, 블랙피쉬, 2018, 60~67쪽.

연습문제 2

기부는 사회적으로 장려되어야 할 아름다운 행위이다. 그러나 경제학자 장하준은 기부가 사회에 진정으로 도움이 되기 위해서는 적절한 조세, 적절한 규제와 삼위일체를 이루어야 한다고 주장한다. 이러한 저자의 견해는 논리적 측면에서 수용할 만한가? 반박의 여지가 있는가? 맥락적 측면에서 이 글은 어떤 의의와 한계를 지니는가를 비판적으로 읽어 보자.

부자들의 기부만으론 부족하다

경제학의 아버지 아담 스미스는 "우리가 밥을 먹을 수 있는 것은 푸줏간 주인, 양조장 주인, 빵집 주인들의 자비심 때문이 아니라, 그들이 자기 이익을 챙기기 때문이다"라는 유명한 말을 했다.

이 말은 지난 30여 년간 세계를 지배해 온 시장주의 경제학의 가장 중요한 전제—즉, 인간은 모두 이기적이라는 전제—를 잘 요약해 준다. 개인들이 본성대로 자기 이익을 추구하다 보면, 시장 기제라는 '보이지 않는 손'을 통해 조화가 이루어지고, 그 과정에서 사회 전체가 이익을 본다는 것이다.

그런데 최근 이러한 인간의 '본성'에 어긋나는 일들이 많이 벌어지고 있다. 세계 여러 나라에서 일부 부자들이 나서서 부자들에게 세금을 더 매기자고 주장하고 있는 것이다.

미국에서는 유명한 금융투자가 워런 버핏이 이끄는 일군의 갑부들이 더 이상 부자 감세 정책은 안 된다며 경제 위기 속에서 '고통 분담'을 위해 최상층 부자들(mega-rich)에 대한 세금을 올려야 한다고 주장하고 나왔다. 특히 버핏은 뉴욕타임스 기고를 통해 자신의 실질 소득 세율은 18% 정도로 자기 직원들보다도 낮다며 미국 의회가 최상층 부자들을 마치 무슨 멸종 위기에 처한 동물이라도 되는 것처럼 보호해 왔다고 공개적으로 비난하였다.

프랑스에서는 프랑스 최고의 여자 부자인 로레알 그룹의 최대 주주 릴리안

베탕쿠르 등 16명의 갑부들이 공개서한을 통해 경제 위기 극복을 위해서는 1년에 50만 유로 이상 돈을 버는 고소득자들이 한시적으로 세금을 더 내야 한다고 제안하였다.

미국이나 프랑스에서 '부자 증세' 운동을 주도하는 사람들과 같은 초갑부들은 아니지만, 독일에서도 '부유세를 지지하는 부자들의 모임'이라는 단체가 결성돼 50만 유로 이상의 재산을 가진 사람들에게 당분간 재산세를 더 물려야 한다고 주장하고 나섰다. 세금뿐이 아니다. 마이크로소프트 창립자 빌 게이츠는 재산의 99%를 기부하기로 약속했고, 워런 버핏도 재산의 대부분을 기부하기로 약속했다.

우리나라에서도 최근 현대자동차 정몽구 회장이 사재 5000억 원을 기부하였고, 이와 비슷한 시기에 정몽준 의원의 사재 2000억 원을 비롯하여 소위 범현대가가 5000억 원을 기부하고 나섰다. 이런 속에서 기부가 사회적으로 주요 이슈가 되면서 기부금에 매겨지는 증여세를 없애서 기부를 장려해야 한다는 주장이 대두되고 있고, 일부 국회의원들은 100억 원대 기부를 하고도 전셋집에 사는 가수 김장훈 씨의 이름을 따서 기부를 많이 한 사람이 노후에 생계가 어려워지면 나라에서 지원해 주자는, 소위 '김장훈법'을 발의하기까지 했다.

기부 행위는 칭찬받아야 한다. 아무리 돈이 많아도 대가 없이 돈을 남에게 준다는 것은 쉬운 일이 아니며 따라서 이런 어려운 결정을 한 사람들, 특히 자신의 안위를 해쳐가면서까지 기부한 사람들은 사회적으로 존경해 주어야 한다.

그러나 기부가 사회에 진정으로 도움이 되기 위해서는 적절한 조세, 그리고 적절한 규제와 삼위일체를 이루지 않으면 안 된다. 버핏처럼 부자들이 기부도 더 하고 세금도 더 내야 한다고 생각하는 사람도 있지만, 기부를 강조하는 사람들 중 많은 이들이 기부를 세금에 대한 대체물로 보는 경향이 있다. 이들의 논리는 개인의 자유를 강조하는 자유시장주의적 사고에 따른 것으로, 정부가 강제로 돈을 빼앗아가는 세금보다는 돈 있는 사람이 자진해서 돈을 내는 기부가 개인의 자유를 덜 침해하면서 부를 더 넓게 나누는, 더 바람직한 길이라는 것이다. 부자들이 더 기부를 많이 해야 한다고 이야기하는 사람들이 동시에 부자 감세 정책을 추진할 수 있는 것이 바로 이런 이유이다.

그러나 기부가 세금을 대체할 수는 없다. 첫째, 자기 재산의 99%를 기부한 빌 게이츠나 85%를 기부한 워런 버핏 같은 사람들도 있지만, 많은 사람들이 돈이 있어도 기부를 하지 않는다. 기부가 훌륭한 행위라고 칭송받는 것이 바로 대부분의 사람이 기부를 하지 않는다는 증거라고 할 수 있다. 기부를 많이 한다고 하는 미국에서도 1년 기부액이 국민 총생산의 2%가 채 안 되는데, 이에 의존해서 정부 재정을 운용할 수는 없다. 자신의 재산을 거의 전부 기부한 버핏이 자신을 비롯한 부자들이 세금을 더 내도록 법을 바꾸자고 하는 것이 바로 이런 이유에서이다.

둘째, 기부하는 사람들이 자기가 기부한 돈이 어떻게 쓰이는지를 지정하는 것이 인지상정이고 관례인데, 이는 기부할 수 있는 돈이 많은 사람들이 정하는 대로 돈이 쓰여지게 된다는 것을 의미한다. 얼핏 생각하면 별문제가 없는 것 같지만, 여러 가지 다른 견해를 가진 사람들이 공존해야 하는 민주 사회에서는 문제가 될 수 있다. 예를 들어, 우리나라에서 기부하는 사람들은 주로 빈곤층 아동의 교육 문제에 관심이 많아 그런 쪽에 기부를 많이 하는데, 그렇게 되면 자연히 노인 문제, 여성 취업 문제, 이주 노동자 문제 등 다른 중요한 문제들이 상대적으로 경시될 수밖에 없다. 물론 정부 예산 중에서 기부가 많이 되는 쪽에 쓰이는 부분을 전용하여 상대적으로 기부가 적은 쪽에 쓸 수 있지만, 경직적인 정부 예산의 성질상, 시시각각으로 바뀌는 기부의 액수와 지정 용도에 따라 예산 구성을 바꿀 수는 없는 노릇이다.

셋째, 같은 액수의 돈을 내더라도, 세금이 아닌 기부로 내게 되면, 개인이 돈을 많이 벌고 적게 벌고는 전적으로 개인의 능력과 노력에 따른 것이라는, 시장주의 이데올로기를 강화하게 된다. 세금을 내는 것은 아무리 능력이 뛰어난 개인이라도 사회의 덕을 보아 성공했고, 따라서 자신이 번 돈의 일정 부분을 사회에 돌려줄 의무가 있다는 전제에서 출발하는 것이고, 기부를 하는 것은, 성공한 사람은 기본적으로 자기가 잘나고 열심히 노력해서 성공한 것이므로 자기 소득의 일부를 사회에 돌려줄 의무는 없지만, 그래도 좋은 마음에서 되돌려 주는 것이라는 전제에서 출발하는 것이니, 얼핏 보기에는 비슷한 것 같아도, 완전히 다른 접근 방법이다. '성공은 전적으로 개인에게 달린 것'이라는 사고가 퍼지게 되면, 개인들이 자신을 키워 준 사회에 환원을 하는 것이 '선택 사항'이 되면서 결국 기부 문화의 기반마저 좀먹게 될 수 있다.

적절한 세제와 더불어 제대로 된 기부 문화의 확립에 또 한 가지 필요한 것은 이윤 추구 활동에 대한 적절한 규제이다. 시장주의자들은 흔히 기업들이 괜히 어쭙지않게 '사회적 책임'을 지려 하는 것보다, 냉혹하게 이윤을 극대화하고 그를 통해 국민 소득을 최대화하는 것이 기업이 진정으로 사회에 공헌하는 길이라고 주장한다. 기업가가 그래도 다른 사람을 더 직접적으로 도와주고 싶으면, 극대화한 이윤에서 일부를 헐어 기부를 하면 되니까, 기부를 많이 하기 위해서도 이윤을 극대화하는 것이 효과적이라고 주장한다.

그러나 문제는 이윤 극대화 과정에서 기업이 사회적인 해악을 끼칠 수 있다는 것이다. 공해 문제가 대표적인 예이지만, 작업장의 안전 경시, 중소기업 착취, 소비자 권익 침해 등, 제대로 규제를 안 할 경우에 기업의 이윤 추구에는 도움이 되지만, 다른 사회 구성원들의 복지를 해칠 수 있는 것들이 많다. 극단적인 예를 들자면, 마약 거래상이 마약을 더 많이 팔아 번 돈으로 기부를 더 많이 한다면 그것이 사회적으로 좋은 것인가 아닌가를 생각해보면 된다.

기부를 강조하는 시장주의자들은 대개 규제 완화를 주장하는데, 규제를 완화하여 돈을 많이 번 기업주가 기부를 더 많이 한다고 해도, 만일 그 규제 완화 때문에 다른 사회적 문제가 생긴다면, 기부를 더 하는 것이 사회에 진정한 도움이 되지 않을 수도 있는 것이다.

기부는 아름다운 일이고 사회적으로 장려돼야 한다. 그러나 요즘 우리나라의 시장주의자들이 생각하는 것처럼 최대한 규제 완화를 하고 감세를 하여 기업들이 돈을 많이 벌게 하고, 그다음에 기부를 많이 하도록 장려해 복잡한 현대 사회의 문제들을 해결할 수 있다고 생각하면 오산이다. 기부가 세금과 규제와 삼위일체를 이룰 때만이 진정으로 '함께 사는' 사회가 건설될 수 있는 것이다.

– 장하준, 「부자들의 기부만으로 부족하다」, 『경향신문』, 2011.09.06.

참고 문헌

대학글쓰기편찬위원회 편, 『대학글쓰기』, 노스보스, 2020.
오찬호, 『하나도 괜찮지 않습니다』, 블랙피쉬, 2018.
원만희 외, 『비판적 사고 학술적 글쓰기』, 성균관대학교 출판부, 2014.
유시민, 『유시민의 글쓰기 특강』, 생각의길, 2015.
장하준, 「부자들의 기부만으론 부족하다」, 『경향신문』, 2011.09.06.
전대석, 『학술적 글쓰기』, 북코리아, 2023.
조셉 윌리엄스·그레고리 콜럼 지음, 『논증의 탄생』, 윤영삼 옮김, 크레센도, 2021.

제4장

비판적 논평

'비판적 읽기'는 텍스트에서 문제나 의미를 발견하고, 독자 나름의 평가나 견해를 확인하는 과정이라고 할 수 있다. 그러나 텍스트를 비판적으로 읽었다고 해서 그 자체가 '논평문'이 되는 것은 아니다. 비판적 읽기는 논평문을 쓰기 위한 재료 준비의 단계에 해당한다. 이 장에서는 비판적 읽기에서 얻은 재료를 재구성하여 논평문을 작성해 보자.

1. 논평의 방법

논평을 하는 이를 논평자라고 한다. 논평자는 대상 텍스트를 읽으면서 저자의 주장이나 견해에 전적으로 동의할 수도 있고, 전반적으로 동의하지만 몇몇 지점에서는 보완이 필요하다고 느낄 수도 있다. 또 논평자와는 대상을 바라보는 관점이나 입장이 달라 저자의 주장에 동의할 수 없는 경우도 있고, 견해 차이는 있지만 몇몇 지점은 수용할 수도 있을 것이다. 우리가 읽고 논평하는 글은 대개 어떤 문제에 대한 저자의 주장이 담긴 글이기 때문에 대상 텍스트에 대한 논평자의 평가나 견해가 논평의 주된 내용이 된다. 이와 같이 대상 텍스트에서 발견한 논점이나 문제를 논평자의 평가나 견해에 부합하게 서술한 것을 곧 논평문이라 한다.

논평자의 수용 태도나 입장에 따른 논평문의 내용 구성은 대개 다음과 같다.

[표 1] 논평자의 수용 태도나 입장에 따른 논평문의 내용 구성

동의하는 경우	• 저자의 문제 제기가 의미 있고 필요하다고 평가 • 문제에 대한 저자의 관점이나 태도가 공정하다고 평가 • 주장, 근거, 전제에 논리적으로 반박할 여지가 없다고 평가 • 텍스트가 전적으로, 혹은 부분적으로 의의가 있다고 평가
동의하지 않는 경우	• 저자의 문제 제기가 의미 없고 불필요하다고 평가 • 문제에 대한 저자의 관점이나 태도가 공정하지 않다고 평가 • 주장, 근거, 전제에 논리적으로 반박할 여지가 있다고 평가 • 텍스트가 전적으로, 혹은 부분적으로 한계가 있다고 평가

텍스트를 논리적, 맥락적 측면에서 비판적으로 읽고 나면 논평자는 저자의 주장이나 견해에 대한 평가를 하게 되고, 자신이 어떤 입장인지를 확인하게 된다. 논평자의 수용 태도가 동의와 비동의로 명확하게 나뉘지 않는 경우도 있을 수 있고, 문제 제기에는 동의하지만 주장은 수용할 수 없는 경우, 텍스트가 의의 있다고 생각하지만 한계 역시 간과할 수 없다고 평가하는 경우도 있을 수 있다. 이처럼 논평문은 논평자의 다양한 평가와 견해를 확인할 수 있는 글이다.

2. 비판적 논평의 실제

앞에서 서술하였듯이 논평문은 대상 텍스트에서 발견한 비판의 논점이나 문제를 재료로 삼아 논평자의 평가나 견해를 주된 내용으로 하여 작성한 글이다. 비판적 논평의 대상에 따라 문학 비평, 영화 비평, 시사 비평, 역사 비평 등등의 논평문을 작성할 수 있을 것이다. 이 장에서는 저자의 핵심 주장이 담긴 논리적인 글을 대상으로 논평문 작성을 연습해 보자.

다음 글은 대학생들의 '대학 서열 중독증'을 비판하고, 차별을 정당화하는 대학생들에게 성찰을 촉구하는 내용의 칼럼이다. 먼저 저자의 문제 제기, 관점이나 태도, 주장과 논리 전개, 텍스트의 의의와 한계 등에 대한 비판적 읽기를 해보자.

• • • • • • •

왜 우리는 차별에 찬성하는가?

갑의 못된 횡포를 '갑질'이라고 한다. 갑의 갑질이 얼마나 추악하고 비열한지는 당해본 을만이 안다. 그런데 갑을 관계의 진짜 비극은 갑의 갑질에 있다기보다는 갑질을 당한 을이 자신보다 약한 병에게 갑질과 다를 바 없는 을질을 한다는 데에 있다. 병은 또 자신보다 약한 정에게 갑질·을질과 다를 바 없는 병질을 한다.

이런 먹이 사슬 관계를 온몸으로 가장 잘 드러내는 이들이 놀랍게도 아직 갑을 관계의 본격적인 현장에 뛰어들지 않은 대학생들이다. 미리 연습을 하려는 걸까? 사회학자 오찬호 박사가 출간한 『우리는 차별에 찬성합니다: 괴물이 된 이십대의 자화상』은 대학생들의 '대학 서열 중독증'을 실감나게 고발하고 있다. 대학생들과의 자유로운 대화에 근거한 애정 어린 고발이지라 분노보다는 연민을 불러일으킨다.

오 박사는 대학의 수능 점수 배치표 순위가 대학생들의 삶을 지배한다고 말한다. 전국의 200개 대학을 일렬종대로 세워 놓고 대학 간 서열을 따지는 건 단지 재미를 위해 하는 일이 아니다. 매우 진지하고 심각한 인정 투쟁이자 생존 투쟁이다. 서열이 한두 개 차이 나는 대학을 '비슷한 대학'으로 엮기라도 할라치면 그 순간 서열이 앞선다는 대학의 학생들은 "무슨 말도 안 되는 소리를 하냐"며 흥분한다. 이런 현실에 대해 오 박사는 다음과 같이 말한다.

"지금 대학생들은 '수능 점수'의 차이를 '모든 능력'의 차이로 확장하는 식의 사고를 갖고 있다. 십대 시절 단 하루 동안의 학습 능력 평가 하나로 평생의 능력이 단정되는 어이없고 불합리한 시스템을 문제시할 눈조차 없는 것이다. 아이러니한 점은 본인이 당한 인격적 수모를 보상받기 위해 본인 역시도 이런 방식을 사용한다는 점이다. 이들은 더 '높은' 곳에 있는 학생들이 자신을 멸시하는 것에 문제를 제기하기보다, 스스로 자신보다 더 '낮은' 곳에 있는 학생들을 멸시하는 편을 택한다. 그렇게 멸시는 합리화된다."

대학생들의 이런 정신 상태는 우리 사회에서 갑을 관계와 비정규직 차별이 사라지기는커녕 앞으로 더욱 기승을 부릴 가능성이 높다는 것을 말해 준다. 오 박사 말마따나, 오늘날 이십대는 "부당한 사회 구조의 '피해자'지만, 동시에 '가해자'로서 그런 사회 구조를 유지하는 데 일조하는 존재"가 되고 말았다. 이 모든 게 전적으로 기성세대의 책임이라는 점에서 비교적 편한 시절을 살았던 기성세대의 한 사람으로서 그들에게 죄스러울 따름이다.

대학생들의 '대학 서열 중독증'은 미국에서 벌어진 '능력주의'(meritocracy) 논쟁을 떠올리게 만든다. 오늘날 미국의 극심한 빈부 격차를 정당화하는 주요 이데올로기가 바로 "능력에 따른 차별은 정당할 뿐만 아니라 바람직하다"고 하는 능력주의다. 능력은 주로 학력과 학벌에 의해 결정된다. 그런데 고학력과 좋은 학벌은 주로 부모의 경제력에 의해 결정된다. 학력과 학벌의 세습은 능력주의 사회가 사실상 이전의 귀족주의 사회와 다를 바 없다는 것을 웅변해 준다.

이런 한국형 '세습 자본주의'를 바꾸는 것이 제1의 개혁 의제가 되어야 하겠지만, 우리 모두 어느 정도는 갖고 있는 '사소한 차이에 대한 집착'도 성찰의 대상으로 삼을 필요가 있다. 수능 점수 몇 점이나 정규직·비정규직의 능력 차이는 사소한 것임에도 우리는 그런 차이에 엄청난 의미를 부여하면서 그에 따른 차별에 찬성하는 것을 정당한 능력주의라고 믿는 경향이 있기 때문이다.

한국은 평등주의가 강한 사회라곤 하지만, 평등주의는 위를 향해서만 발휘될 뿐이다. 밑을 향해선 차별주의를 외치는 이중적 평등주의를 진정한 평등주의라고 할 수는 없다. 이런 이중적 평등주의는 우리 모두를 피해자로 만든다. 그럼에도 우리 모두의 '사소한 차이에 대한 집착'으로 인해 그 체제는 지속될 수밖에 없다.

50년 전 시인 김수영이 "왜 나는 작은 일에만 분개하는가"라고 물었듯이, 이제 우리도 스스로 물어야 할 때다. 우리가 사소한 차이에만 집착하고 그 차이의 정의가 실현되지 않는 것에 분개하는 동안 세상은 점점 더 돌이킬 수 없는 거대한 구조적 불평등과 차별의 나락으로 빠져드는 건 아닐까?

– 강준만, 「왜 우리는 차별에 찬성하는가」, 『한겨레』, 2014.12.14.

• • • • • • •

논평자는 칼럼 저자의 문제 제기나 주장에 전적으로 동의할 수도, 부분적으로 동의할 수도, 동의하지 않을 수도 있다. 텍스트에서 주요하게 다루고 있는 '대학 서열화'나 '능력주의'를 저자와는 다른 관점에서 바라볼 수도 있고, 문제의 원인이나 해결 방안에 대한 견해 차이가 있을 수도 있다. 논평자의 입장이나 관점에 따라, 텍스트의 수용 여부에 따라 다양한 유형의 논평이 가능하다.

다음은 칼럼을 읽고 대학교 1학년 학생들이 작성한 논평문을 예시로 든 것이다.

1) 텍스트의 문제 제기와 주장에 동의하는 논평문 예시

• • • • • •

같은 것은 같게, 다른 것은 다르게

"왜 나는 작은 일에만 분개하는가". 강준만의 「왜 우리는 차별에 찬성하는가」를 관통하는 문장이다. 한국 사회의 학벌주의와 능력주의는 대를 이어 세습되고 있다. 이 칼럼은 이러한 대한민국의 현실을 비판한다. 대학의 서열화를 통해 '갑질', '을질'을 이어가는 학생들은 가해자인 동시에 피해자로서 고착화된 차별을 당연시한다. 강준만은 이러한 현실을 '대학 서열 중독증'이라 칭하며 대한민국의 보여주기식 평등주의를 비판하고 구조적 불평등과 차별을 문제시하기보다 사소한 차이에 집착하는 스스로에 대한 질문을 던져야 한다고 말한다.

나는 이 칼럼에 전적으로 동의한다. 현재 대한민국의 청소년들은 수능이라는 시험 하나에 모든 것을 쏟아붓는다. 거의 모든 사람들이 수능에서 좋은 점수를 받아서 높은 대학에 입학하여 누구나 알아주는 회사에 입사하는 것이 인생의 전부인 것처럼 여긴다. 좋은 대학에 가지 못하면 실패한 사람이고, 더 높은 점수를 받아서 대학에 간 학생은 자기보다 낮은 대학교에 재학 중인 학생을 비난하고, 그 낮은 대학교의 학생은 또 더 낮은 대학교의 학생을 비난한다. 주변에서도 그런 친구들을 쉽게 찾아볼 수 있을 만큼 거의 모든 학생들의 대학 서열화가 극심하다. 강준만은 이런 현실을 아주 적나라하게 관통했다.

"능력에 따른 차별은 정당할 뿐만 아니라 바람직하다"라는 사상은 아주 위험하다. "내가 더 열심히 노력해서 좋은 결과를 얻었는데 왜 더 대우받지 못해?"라는 말 속에는 "내가 더 우월한 사람이니 열등한 너는 무시당해도 괜찮아"라는 말이 숨어 있다. 아주 작고 사소한 그런 생각들이 모여 한국 사회를 병들게 한다. 물론 능력주의 사상이 무조건 잘못되었다는 뜻은 아니다. 자신의 능력만큼 보상을 받고 싶어하는 것이 당연하다. 그렇다고 해서 남을 평가하고, 비난하고, 멸시하는 것이 정당화될 수는 없다.

또한 현재 한국 사회가 추구하는 것은 진정한 능력주의가 아니다. 한국 사회에는 롤스가 말했던 원초적 베일의 상태가 부재한다. 흔히 '대치 키드'라고 불리는 아이들과 학원 하나 없는 작은 마을에서 사는 아이들의 출발선이 같을까? 많은 자산을 가진 부모 밑에서 원하는 인터넷 강의를 마음껏 볼 수 있는 아이들과 인터넷 강의 하나 결제할 돈이 없어 교과서로만 공부해야 하는 아이들이 과연 동일한 노력으로 동일한 결과에 이를 수 있을까? 대한민국의 학벌주의는 이러한 것들을 무시하고 있다.

같은 것은 같게, 다른 것은 다르게. 우리는 이 문장을 되새겨야 한다. 내가 생각하는 평등이란 모두를 똑같이 대우하는 것이 아니라 개개인의 특성을 이해하고 인정하며 상대적으로 바라보는 것이다. 칼럼에서 이중적 평등주의는 진정한 평등주의가 아니라고 언급했듯이 우리 사회에 깊숙하게 뿌리내린 이러한 사상은 당연한 것이 아닌 바뀌어야 할 구조적 문제점이다. 모두의 머릿속에 박힌 잘못된 능력주의를 부수고 대한민국이 더 건강한 사회가 될 수 있도록 모든 구성원의 노력이 절실하다.

– 학생 글

• • • • • •

위 글의 학생 논평자는 칼럼 저자의 문제 제기에 전적으로 동의하는 입장에서 논평문을 작성하였다. 대학생들의 대학 서열화를 바라보는 저자의 관점에, 능력주의가 차별을 정당화하고 있다는 저자의 주장에 동의한다는 견해가 논평문의 주된 내용이다. 논평문의 내용을 단락별로 제시하면 다음과 같다.

[표 2] 논평문의 단락별 주요 논지

단락	주요 논지
1단락	분석적 요약: 칼럼의 핵심 주장 요약
2단락	평가1: 대학 서열화에 대한 저자의 관점에 동의
3단락	평가2: 능력주의가 차별을 정당화한다는 저자의 주장에 동의
4단락	견해1: 한국 사회의 학벌주의는 진정한 능력주의가 아님
5단락	견해2: 잘못된 능력주의에서 벗어나 건강한 사회로 나아가야 함

2) 텍스트의 문제 제기에 동의하지만 한계가 있다는 논평문 예시

• • • • • • •

날카로운 문제의식, 소극적인 마침표

저자의 글은 한국 사회에 깊이 뿌리내린 '대학 서열주의'라는 병폐를 단순한 서열 놀이가 아닌, 차별을 정당화하고 내면화하는 비윤리적 기제로 규정하며 그 본질을 예리하게 파고든다. 저자는 능력주의의 허울 아래 가려진 계급적 대물림의 현실을 고발하고, 이 부조리한 시스템의 '피해자'인 동시에 '가해자'가 되어버린 대학생들의 모순을 지적한다. 이처럼 문제의 핵심을 꿰뚫는 분석은 독자로 하여금 불편한 진실을 마주하게 하며, 공감을 일으킨다.

그러나 이처럼 따끔한 문제 제기에도 불구하고, 글을 다 읽고 난 뒤에 '그래서 우리는 무엇을 해야 하는가?'라는 근본적인 질문에 대한 답은 찾기 어렵다. 저자는 문제의 '왜'를 파헤치는 데는 성공했지만, 해결을 위한 '어떻게'를 제시하지 못했다는 점에서 명백한 한계를 가진다. 따라서 이 글에서는 저자가 「왜 우리는 차별에 찬성하는가?」에서 제기한 문제의식의 의의를 인정하는 한편, 현실적인 대안의 부재가 그 비판의 힘을 어떻게 약화시키는지 논하고자 한다.

물론 저자의 문제의식은 매우 타당하며 우리 사회에 꼭 필요한 경종을 울린다. 단 한 번의 시험으로 개인의 가치를 재단하고, 그것이 평생의 꼬리표가 되어 차별을 정당화하는 사회는 결코 건강한 사회라 볼 수 없다. 특히 학생들이 스스로를 '더 높은 곳'에 올려놓기 위해 '더 낮은 곳'의 타인을 멸시하는 행태를 합리화하는 심리를 분석한 대목은 '대학 서열주의' 문제의 윤리적 심각성을 효과적으로 드러낸다.

하지만 비판의 궁극적인 목적이 현실의 긍정적 변화에 있다면, 문제 제기를 넘어 해결의 방향을 제공해야 한다. 이 지점에서 해당 글은 아쉬움을 남긴다. 저자의 비판대로라면 대학 서열화는 완전히 철폐되어야 할 악습이지만, 그것이 과연 현실적으로 가능하며 바람직한 대안인지에 대해서는 답하지 않는다. 현실성을 떠나서, 만약 학벌이라는 '객관적' 지표가 사라진다면, 그 자리를 연줄, 주관적 평가, 혹은 정성적 스펙과 같은 더 불투명하고 불공정한 기준이 채울 위험은 없을까? 그렇다면 기업과 사회는 어떤 기준으로 인재를 선발하고 평가해야 하는가? 이러한 질문에 대한 고민 없이 서열주의 철폐만을 외치는 것은 자칫 허울뿐인 이상론으로 흐를 수 있다.

결국 이 글은 기존 시스템의 부조리를 폭로하는 데 그칠 뿐, 우리가 지향해야 할 '공정한 경쟁'과 '정의로운 결과'가 어떤 모습이어야 하는지에 대한 청사진을 제시하지 않는다. 그렇기에 독자들은 문제의 심각성에는 공감하지만, 자신이 처한 현실에서 무엇을 실천해야 할지 막막함을 느낄 수밖에 없을 것이다. 이는 저자의 날카로운 비판이 독자들에게 변화의 동기를 부여하기보다, 오히려 체념과 무력감을 안겨줄 수 있다는 점에서 비판의 본래 취지에서 벗어나는 결과를 낳는다고 생각한다.

결론적으로 이 글은 대학 서열주의라는 우리 사회의 오랜 질병에 대한 '진단서'로서는 매우 뛰어나다. 병의 원인과 증상을 정확히 짚어냈고, 환부의 고통을 생생하게 전달하는 데 성공했다. 하지만 환자에게 꼭 필요한 '처방전'을 제시하는 데는 실패했다. 과감했던 문제 제기와 달리, 다소 소극적인, 한 발짝 물러난 결론이라고 볼 수 있겠다.

날카로운 문제 제기가 공허한 외침으로 끝나지 않으려면 현실적인 대안 마련이 뒤따라야 한다. 따라서 이 글의 비판을 출발점 삼아, 우리는 이제 비판을 넘어선 대안을 모색하는 단계로 나아가야 한다. 대학의 역할을 어떻게 재정의할 것인지, 기업의 채용 문화를 어떻게 바꿀 것인지, 그리고 다양한 가치가 존중받는 사회를 만들기 위해 어떤 제도적 장치를 마련할 것인지에 대한 사회적 논의가 절실히 필요하다. 이 글이 던진 묵직한 질문에 대한 답을 찾아가는 것은 이제 우리 모두의 몫이다.

– 학생 글

• • • • • •

위 글의 학생 논평자는 칼럼 저자의 문제 제기가 타당하고 우리 사회에 경종을 울릴 만큼 묵직한 질문을 던졌다는 점에서 긍정적으로 평가할 수 있지만 해결의 방향을 제시하지 못한 점은 한계라는 내용의 논평문을 작성하였다. 대학 서열화라는 부조리한 시스템 앞에서 가해자이자 피해자가 되어버린 대학생의 모순을 날카롭게 비판한 저자의 문제 제기는 의미 있지만 문제를 해결할 현실적인 대안을 제시하지 않아 비판의 힘을 약화시키고 있다고 지적하고 있다. 논평문의 내용을 단락별로 제시하면 다음과 같다.

[표 3] 논평문의 단락별 주요 논지

단락	주요 논지
1단락	분석적 요약: 칼럼의 핵심 주장 요약
2단락	문제 제기: 저자의 글은 현실적인 대안이 부재한다는 한계가 있음
3단락	평가1: 대학생들의 서열 중독증에 대한 저자의 문제의식은 타당함
4단락	견해1: 대학 서열 폐지는 실현 불가능하고 이를 대체할 대안도 없음
5단락	평가2: 시스템의 부조리를 비판만 할 뿐 청사진을 제시하지 못했음
6단락	견해2: 비판을 넘어 대안을 모색하는 단계로 나아가야 함

3) 문제를 바라보는 저자의 관점에 동의하지 않는 논평문 예시

• • • • • •

서열의 이름, 차별의 방식

'서연고', '서성한', '중경외시', '건동홍숙', '국숭세단'. 처음 들으면 뜻 모를 주문을 웅얼거리는 것처럼 들린다. 하지만 이것은 주문이 아니다. 소위 국내 상위 대학들의 이름 첫 글자를 줄 세운, 그리하여 그 서열을 정리한 말이다. 대입을 겪었든 겪지 않았든, 관심이 있든 없든, 어딘가에서 스치듯 들어봤을 것이다. 누가 만들었는지조차 모를 이 표현은 너무도 자연스럽게 우리의 뇌리에 박혀 발화되는 순간 서열 공고화에 일조한다.

이름을 줄 세운다는 것은 곧 질서를 만든다는 것이다. 질서를 만든다는 것은 곧 서열을 매긴다는 것이다. 질서와 서열, 대관절 누구를 위해 존재하는 것인가. 차례로 나열된 대학의 이름은 단순한 배열이 아니다. 사람들은 그 순서의 서열을 진실이라 믿는다. 한 번 굳어진 생각은 좀처럼 부서지지 않는다.

강준만은 「왜 우리는 차별에 찬성하는가」에서 대학생들의 '대학 서열 중독증'을 비판하며 차별을 정당화하지 말라는 메시지를 전한다. 나도 그 주장에 동의한다. 그러나 대학생들이 대학 서열에 집착하기 때문에 갑을 관계와 비정규직 차별이 사라지지 않는다는 문장은 선후가 바뀐 것처럼 느껴진다. 오히려 이렇게 말해야 하는 것이 아닐까. 갑을 관계와 비정규직 차별이 사라지지 않기 때문에 대학생들이 대학 서열에 집착하게 된 것이라고.

교사는 성적이 좋은 학생을 특별하게 대하고, 언론은 입시가 끝날 때마다 상위권 대학 진학률이 높은 고등학교에 대해 보도한다. 기성세대는 '좋은 학벌이 곧 좋은 삶을 보장한다'고 말하고, 젊은 세대는 그것을 '수능 점수가 인생을 결정한다'는 신념으로 받아들인다. 이 믿음은 어디에서 시작했을까. 입시 제도는 언제나 성적을 기준으로 사람을 줄 세우고 그 과정의 차별들을 자연스럽고 정당한 것으로 포장해 왔다.

그러나 "'수능 점수'의 차이를 '모든 능력'의 차이로 확장하는 사고"를 대학생들만 하는 것은 아니다. 오히려 그 사고방식이 가장 강하게 작동하는 곳은 고용 시장이다. 고용 시장에서 상위권 대학 출신과 그렇지 않은 사람들은 각각 다른 이름으로 불린다. 유능한 자와 무능한 자, 성실한 자와 게으른 자, 갑과 을. 출신 대학의 이름과 명성이 곧 개인의 가치가 되는 세계에서, 학벌은 그 자체로 권력이 된다. 대학생들의 대학 서열 집착은 그런 세상에서 생존하기 위한 발버둥이다. 더 좋은 직업적 기회를 위해, 더 나은 삶을 위해, 목에 핏대를 세워가며 대학 서열에 집착하는 것이다.

입시 제도와 학벌 프리미엄은 대학 서열을 지탱하며, 그것을 당연한 것으로 만든다. '대학 서열 중독증'은 개인의 문제가 아니다. 그것은 사회가 만들어낸 하나의 구조다. 단순한 인식의 변화만으로는 아무것도 바뀌지 않는다. 변화는 필연적으로 제도적이어야 한다. 입시 제도와 고용 시장이 변화하지 않는 이상, 대학 서열은 사라지지 않을 것이다. 그리고 그 서열 속에서 우리는 영원토록 줄을 서고, 세우게 될 것이다.

– 학생 글

• • • • • •

위 글의 학생 논평자는 저자의 주장에는 동의하지만 문제를 바라보는 저자의 관점에 대해 의문을 제기하고 있다. 대학생들이 대학 서열에 집착하기 때문에 불합리한 사회 구조가 유지되는 것이 아니라 입시 제도와 고용 시장에서 생존하기 위한 발버둥이 대학 서열에 대한 집착으로 나타난 것이라는 견해를 중심으로 논평문을 작성하였다. 논평문의 내용을 단락별로 제시하면 다음과 같다.

[표 4] 논평문의 단락별 주요 논지

단락	주요 논지
1단락	문제 상황: 대학 서열화를 보여주는 '대학 이름 줄 세우기'
2단락	문제 의미: '대학 이름 줄 세우기'의 의미
3단락	요약/문제 제기: 저자의 핵심 주장 요약 및 주요 관점에 대한 문제 제기
4단락	견해1: 서열화를 조장하는 입시 제도
5단락	견해2: 서열화를 공고히하는 고용 시장
6단락	정리: 개인이 아니라 제도가 바뀌어야 변화가 시작될 것임을 강조

이상의 예시 글에서 공통적으로 확인되는 논평문의 내용을 열거하면, ①대상 텍스트에 대한 분석적 요약, ②문제 제기, ③저자의 관점/주장에 대한 평가, ④주요 논제/저자의 관점/주장에 대한 논평자의 견해 등을 들 수 있다. ①~④가 모두 포함된 논평문도 가능하고, 이들 중 어느 하나가 생략되거나 어느 하나가 확대된 구성도 가능할 것이다. 논평문은 논평자가 대상 텍스트를 어떤 관점에서 읽고 수용하는지에 따라, 저자의 관점/주장에 어떤 견해를 지니고 있는지에 따라 다양한 논의 구성이 가능한 글이다.

연습문제 1

신영복은 『강의-나의 동양고전 독법』에서 '동양의 사회 구성 원리'인 '관계론(關係論)'을 화두(話頭)로 걸어놓고, 관계론적 관점에서 『시경(詩經)』, 『주역(周易)』, 『논어(論語)』 등 동양고전을 재조명하였다. '유럽 근대사의 구성 원리'인 '존재론'이 개별적 존재를 세계의 기본 단위로 인식하고 그 개별적 존재에 실체성(實體性)을 부여하는 것이라면, '관계론'은 세계의 모든 존재가 관계망(關係網)으로 존재하고, 최대한의 관계성을 존재의 본질로 규정한다는 인식이자 시각이다.

아래 예문은 저자가 『주역』의 관계론을 강의하면서 그 핵심 개념인 위(位)와 응(應)에 대해 설명한 대목이다. 저자는 너나 할 것 없이 '큰 자리'를 선호하는 오늘날의 세태를 비판하고, 100의 능력을 요구받는 자리가 아닌 '70%의 자리'가 득위(得位)의 비결이라고 강조한다. 또 자리[위]보다 자리의 관계[응]를 중시하며 개인적 성취보다 주변과의 관계나 조화가 더 중요하다고 말한다. 아래 글을 비판적으로 읽고 논평문을 작성해 보자.

『주역』의 관계론

위(位)와 응(應)

『주역』 사상의 핵심을 관계론이라고 하는 경우 지금 설명하려는 위(位)와 응(應)의 개념이 바로 그것을 의미합니다. 위와 응 이외에도 『주역』의 관계론을 읽을 수 있는 여러 가지 개념이 있습니다만 위와 응에 대해서만 설명하기로 하겠습니다.

『주역』의 독법에서 가장 먼저 설명해야 하는 것이 위(位)입니다. 즉 '자리'입니다. 어떤 효(爻)의 길흉화복을 판단할 때 그 효만 보고 판단하는 것이 아니라 그 효가 어디에 자리하고 있는가를 보고 판단합니다. 대성괘(大成卦: 64괘)는 여섯 개의 효로 이루어져 있기 때문에 1(初), 2, 3, 4, 5, 6(上)의 여섯 개의 자리가 있습니다. 이 여섯 개의 자리 중에서 1, 3, 5는 양효(陽爻)의 자리이고 2, 4, 6은 음효(陰爻)의 자리입니다. 양효가 양효의 자리, 즉 1, 3, 5에 있는 경우와 음효가 음효의 자리인 2, 4, 6에 있는 경우를 득위(得位)라 합니다. 효가 그 자리를 얻지 못한 경우 이를 실위(失位)라 합니다. 양효가 음효의 자리, 즉 2, 4, 6에 있거나 마찬가지로 음효가 양효의 자리인 1, 3, 5에 있는 경우가 실위입니다.

효는 득위(得位)해야 좋은 것입니다. 양효라고 해서 어떤 자리에 있거나 항상 양의 성질을 발휘하는 것은 아닙니다. 마찬가지로 음효도 어떤 자리에 있거나 음효일 뿐이라고 하는 고정된 관념은 없습니다. 개별적 존재에 대해서는 그것의 고유한 본질을 인정하지 않거나, 그러한 개별적 본질을 인정하는 경우에도

별로 중요하지 않은 것으로 여깁니다. 이는 동양적 전통에서는 매우 자연스러운 생각입니다. 그 처지에 따라 생각도 달라지고 운명도 달라진다는 것이지요. 역지사지(易地思之)라는 금언도 바로 여기에서 비롯됩니다. 처지를 바꾸어서 생각하라는 말은 처지에 따라 그 생각도 달라진다는 것을 뜻합니다. 그래서 옛사람들은 "처지에 눈이 달린다"는 표현을 하지요. 눈이 얼굴에 달려 있는 것이 아니라 발에 달려 있다는 뜻이지요. 사회 과학에서는 이를 입장(立場)이라 합니다. 계급도 말하자면 처지입니다. 당파성과 계급적 이해관계도 같은 맥락에서 이해할 수 있는 것입니다.

어쨌든 개인에게 있어서 그 자리[位]가 갖는 의미는 운명적이라 할 수 있습니다. 자신의 자리가 아닌 곳에 처하는 경우 십중팔구 불행하게 됩니다. 제 한 몸만 불행하게 되는 것이 아니라 다른 사람도 불행에 빠트리고 나아가서는 일을 그르치게 마련입니다.

여러분은 어떤 자리가 자기에게 어울리는 자리인지 알아낼 수 있는 방법이 궁금하지요? 이건 여담입니다만 나는 사람이란 모름지기 자기보다 조금 모자라는 자리에 앉아야 한다고 생각합니다. 집터보다 집이 크면 그 터의 기(氣)가 건물에 눌립니다. 고층 빌딩은 지기(地氣)를 받지 못하는 건축 공간이라고 할 수 있습니다. 서울 땅에 건물을 너무 많이 쌓아놓았다고 생각하지 않습니까? 뉴욕이나 도쿄 역시 말할 필요가 없습니다. 터와 집의 관계뿐만 아니라 집과 사람의 관계도 그렇습니다. 집이 사람보다 크면 사람이 집에 눌립니다. 그 사람의 됨됨이보다 조금 작은 듯한 집이 좋다고 하지요.

자리도 마찬가지입니다. 나는 그 '자리'가 그 '사람'보다 크면 사람이 상하게 된다고 생각합니다. 그래서 나는 평소 '70%의 자리'를 강조합니다. 어떤 사람의 능력이 100이라면 70 정도의 능력을 요구하는 자리에 앉아야 적당하다고 생각합니다. 30 정도의 여유가 있어야 한다는 생각입니다. 30 정도의 여백이 있어야 한다는 뜻입니다. 그 여백이야말로 창조적 공간이 되고 예술적 공간이 되는 것입니다.

반대로 70 정도의 능력이 있는 사람이 100의 능력을 요구받는 자리에 앉을 경우 그 부족한 30을 무엇으로 채우겠습니까? 자기 힘으로는 채울 수 없습니다. 거짓이나 위선으로 채우거나 아첨과 함량 미달의 불량품으로 채우게 되겠지요. 결국 자기도 파괴되고 그 자리도 파탄될 수밖에 없습니다. 우리는 한 나라의 가장 중요한 자리를 잘못된 사람이 차지하고 앉아서 나라를 파국으로 치닫게 한 불행한 역사를 가지고 있습니다. 불행한 일이 아닐 수 없습니다. 그럼에도 불구하고 자기의 능력과 적성에 아랑곳없이 너나 할 것 없이 '큰 자리'를 선호하는 세태는 참으로 어처구니없는 일입니다. '70%의 자리'가 득위(得位)의 비결입니다.

여담이었습니다만 자기의 능력을 키우려는 노력도 중요하지만 동양학에서는 그것보다는 먼저 자기의 자리를 찾아야 한다는 것입니다. 개체의 능력은 개체 그 속에 있지 않고 개체가 발 딛고 있는 처지와의 관계 속에서 생성된다고 하는 생각이 바로 『주역』의 사상입니다. 어떤 사물이나 어떤 사람의 길흉화복이 그 사물 자체에서 비롯되는 것이 아니라는 것이 『주역』 사상입니다. 이러한 사상이 득위(得位)와 실위(失位)의 개념에 잘 나타나 있습니다. 이것이 곧 서구의 존재론과는 다른 동양학의 관계론입니다.

… (중략) …

이제 응(應)에 대해 이야기하지요. 위(位)가 효(爻)와 그 효가 처한 자리의 관계를 보는 것임에 비하여 응은 효와 효의 관계에 관한 것입니다. 어떤 효가 다른 효와 조화를 이루고 있는가, 그렇지 못한가를 보는 것입니다. 여섯 개의 효 중에서 1효와 4효, 2효와 5효, 3효와 6효의 음양 상응 관계를 보는 것입니다. 다시 말하자면 하괘(下卦)의 1, 2, 3효와 상괘(上卦)의 1, 2, 3효가 서로 음양 상응 관계, 즉 조화를 이루고 있는가를 보는 것이 응입니다.

『주역』 사상에서는 위보다 응을 더 중요한 개념으로 칩니다. 이를테면 '위'의 개념이 개체 단위의 관계론이라면, '응'의 개념은 개체와 개체가 이루어내는 관계론입니다. 이를테면 개체 간의 관계론이지요. 그런 점에서 위가 개인적 관점이라면 응은 사회적 관점이라 할 수 있습니다. 위보다는 상위 개념이라고 할 수 있습니다. 그래서 "실위(失位)도 구(咎)요 불응(不應)도 구(咎)이다. 그러나 실위이더라도 응이면 무구(無咎)이다"라고 합니다. 실위도 허물이고 불응도 허물이어서 좋을 것이 없지만 설령 어느 효가 득위를 못했더라도 응을 이루고 있다면 허물이 없다는 것이지요.

위보다 응을 더 상위의 개념으로 치는 것이 『주역』의 사상입니다. 이것은 우리가 일상생활의 도처에서 만나는 것입니다. 집이 좋은 것보다 이웃이 좋은 것이 훨씬 더 큰 복이라 하지요. 산다는 것은 곧 사람을 만나는 일이고 보면 응의 문제는 참으로 중요한 것이 아닐 수 없습니다. 직장의 개념도 바뀌어서 최근에는 직장 동료들이 좋은 곳을 좋은 직장으로 칩니다. 위가 소유의 개념이라면, 응은 덕(德)의 개념이라고 할 수 있습니다. 우리의 삶을 저변에서 지탱하는 인간관계와 신뢰가 바로 응의 내용이라고 할 수 있습니다.

– 신영복, 『강의: 나의 동양고전독법』, 돌베개, 2004, 99-105쪽.

텍스트에 대한 수용 태도를 확인하기 위해 다음의 질문에 답해 보자. 질문에 대한 자신의 평가와 견해를 토대로 논평문을 작성해 보자.

(1) 저자의 문제 제기가 의미 있고 필요한가? 그렇지 않은가?
(2) 문제에 대한 저자의 관점이나 태도가 공정한가? 그렇지 않은가?
(3) 주장, 근거, 전제에 논리적으로 반박할 여지가 있는가? 없는가?
(4) 텍스트가 전적으로, 혹은 부분적으로 의의가 있는가? 한계가 있는가?

연습문제 2

보수 성향의 경제학자들이나 신자유주의자들의 논리에 의하면 부자는 돈을 많이 벌기 위해서 여가를 희생한 사람들이고, 가난한 사람들은 여가를 많이 가지기 위해서 소득을 희생한 사람들이다. 또 부자는 미래를 위해서 열심히 번 돈을 아껴서 저축을 많이 한 사람들이고, 가난한 사람들은 현재의 즐거움을 더 중요하게 생각하기 때문에 저축을 하지 않기로 작정한 사람들이다. 이렇게 여가와 소득, 저축과 소비를 각자가 알아서 선택한 결과로 빚어진 빈부 격차를 누가 탓할 것이냐고 보수 성향 경제학자들은 묻는다. 이에 대해 경제학자 이정전은 과연 자발적 선택인지 의심스럽다고 답한다. 아래 글을 비판적으로 읽고 논평문을 작성해 보자.

실업과 빈부를 보는 눈

고학력 청년 실업

그러나 현실에서 모든 사람들이 교과서처럼 여가와 노동 시간, 저축과 소비를 그렇게 자유롭게 선택할 수 있는지 극히 의심스럽다. 부자는 여가보다는 돈벌이를 선택한 사람들이고, 가난한 사람들은 돈벌이보다는 여가를 선택한 사람들이라는 주장도 너무 비현실적이다.

아무 일도 하지 않고 가만히 있는 시간을 여가라고 한다면, 실업자나 반실업자들은 이런 의미의 여가를 너무 많이 가진다. 하지만 이들의 여가는 강요된 여가이며 그야말로 무료하기 짝이 없는 여가이다. 돈 없는 여가는 고통일 뿐이다. 일자리도 없고 돈도 없어서 하는 수 없이 길거리에 무료하게 앉아서 행인들을 하루종일 맥없이 쳐다보고 있는 사람들을 보고 이들이 여가를 즐기는 사람들이라고 말한다면 소도 웃을 일이다. 그런 사람들을 하루 24시간 중에서 노동에 0시간을 배정하기로 자발적으로 선택한 사람, 하루 24시간 몽땅 놀기를 자발적으로 선택한 사람이라고 말할 수 있을 것인가?

과연 어떤 사람이 자발적으로 그런 선택을 할 수 있을까? 먹고살 걱정도 없고 여가도 충분히 즐길 수 있을 만큼 경제적으로 넉넉한 사람일 것이다. 여가를 더 늘리기 위해서는 일하는 시간을 줄여야 하는데, 그러면 소득이 줄어든다. 먹고살기에도 바쁜 사람들에게 여가를 위해서 소득 감소를 감수할 여지는 거의 없다. 가난한 사람들에게 여가가 있다면 그 여가는 사실상 강요된 것이다. 이들에게는 오직 한 가지 선택, 즉 노동을 최대한 많이 하는 선택만 남아 있다. 입에 풀칠하기 바쁜 사람들에게는 소득과 여가를 적절히 조정할 여지는 없다. 이들에게 즐거운 여가는 우리말로 '그림의 떡'이요, 영어로 '하늘 높이 떠 있는 파이(pie in the sky)'다. 대체로 부자들은 돈도 많고 여가도 풍족하게 누리는 반면, 가난한 사람들은 돈도 없고 여가도 제대로 즐기지 못한다.

보수 성향 경제학자들은 대부분의 실업자가 자발적 실업자라고 주장하면서 고학력 청년 실업자를 그 예로 꼽는다. 매년 늘어나고 있는 고학력 청년 실업자가 오래전부터 우리 사회의 골칫거리이다. 보수 성향 경제학자들이 이들을 자발적 실업자라고 보는 데에는 그럴 만한 근거가 있다. 우리 사회에 실업자가 많다고는 하지만, 일손이 부족해서 쩔쩔매는 분야도 많이 있다. 이른바 3D(Difficult, Dirty, Dangerous) 업종이 그런 분야들 중의 하나이다. 우리나라 대학 졸업생들이 저임금의 막노동이나 3D 업종도 감수하고 열심히 뛴다면 굳이 그 많은 외국인 노동자들을 우리나라로 불러들일 필요가 없다는 것이다. 이들이 3D 업종을 외면하였기 때문에 한쪽에서는 외국인 노동자들이 득실대고 다른 한쪽에서는 고학력 청년 실업자들이 득실대는 기현상이 벌어지고 있다고 보는 것이다. 엄연히 일자리가 있음에도 불구하고 이를 외면하는 청년은 자발적으로 실업을 선택한 사람인 것이다. 보수 성향 경제학자들의 눈에는 고학력 청년 실업자들이 정신 차리지 못한 못난이나 따끔한 교훈이 필요한 게으름뱅이 정도로 비쳐진다.

일과 노동 구별하기

이것이 고학력 청년 실업자들 개인만 탓할 일인가? 이들은 머리도 좋고, 배운 것도 많으며, 힘도 좋기 때문에 우리 사회에서 가장 생산성이 높은 사람들일 뿐만 아니라 세계 최고 수준의 우수한 인재들이다. 순전히 경제적으로만 보더라도 그런 세계 최고의 우수한 인재들이 대거 집에서 놀고 있다는 것은 엄청난 인적 자원의 낭비이다. 그렇다고 보수 성향 경제학자들의 주장대로 이들을 억지로 저임금 막노동이나 3D 업종에 종사하게 만드는 것도 문제이다. 능력을 전혀 발휘하지 못하는 직종에서 세계 최고 수준의 인재들이 썩고 있다면, 이것 역시 막대한 인적 자원의 낭비이다. 과거 미국의 실업률이 높을 때 뉴욕시에 박사 학위를 가진 택시 운전사들이 여기저기 나타나자 많은 사람들이 혀를 끌끌 찼다.

고학력 청년 실업자에게도 자존심이 있다. 누구에게나 자존심은 중요하다. 그러나 우리나라 노동 시장이 고학력 젊은이들에게 자존심을 가지고 종사할 일자리를 충분히 제공해 주고 있지 못하다는 것, 바로 이것이 더 근원적인 문제이다. 여기에는 노동 시장의 구조적인 요인도 작용하고 있다. 오늘날 노동 시장이 공급하는 일자리의 성격을 이해하기 위해서는 우선 '노동'과 '일'의 차이를 구별해야 한다.

보통 노동이란 순전히 금전을 목적으로 육체와 정신을 사용하는 행위를 말한다. 따라서 노동의 특징은 돈을 목적으로 한다는 것이다. 노동과 달리 '일'이란 금전을 초월해서 행위자 스스로 설정한 별도의 목적을 위하여 육체와 정신을 사용하는 행위를 말한다. 예를 들어서 아프리카 오지에서 의료 봉사 활동을 하는 의사는 돈보다는 보람을 찾는 사람이다. 유명 법률 회사(이른바 로펌)에서 일하다가 고액 연봉을 포기하고 가난한 시민 단체의 봉사 활동을 선택한 어느 여변호사가 얼마 전에 장안의 화제가 되었는데, 이 변호사 역시 돈보다는 보람을 선택한 사람이다. 이와 같이 행위의 수행 과정에서 느끼는 가치, 그 행위가 초래하는 인간관계에서 느끼는 가치, 그 행위의 수행 그 자체가 개인의 전반적 인생 설계에서 지니는 의의 등을 목적으로 하는 행위를 내적 동기에 의한 행위라고 한다. 일은 바로 이 내적 동기에 의한 행위이다.

학자들뿐만 아니라 보통 사람들도 노동과 일을 구별한다. 때로는 남에게 노동과 일을 구별하기를 요구한다. 예를 들면 우리 국민은 국회의원들이나 정치가들이 국민을 위해 열심히 '일'할 것을 요구하지 열심히 '노동'할 것을 요구하지 않는다. 그래서 월급이 적다고 투덜대는 국회의원이나 돈을 밝히는 정치인은 욕을 얻어먹는다. 대학교수에게 연구와 교육을 열심히 하라고 요구하지 노동을 열심히 하라고 요구하지는 않는다. 그래서 돈을 쫓아다니는 교수에게 많은 사람들이 눈살을 찌푸린다. 의사와 변호사도 마찬가지이다. 치료비를 낼 능력이 없는 환자를 거절하는 의사를 악덕 의사라고 하고, 돈만 밝히는 변호사를 악던 변호사라고 부르면서 이들에게 손가락질을 한다. 이것이 일반 국민의 정서이다.

물론 노동과 일이 두부모 자르듯이 확연하게 갈리는 것은 아니다. 대체로 보면 노동의 성격이 강한 일자리가 있고 일의 성격이 강한 일자리가 있다. 의사, 변호사, 약사, 수의사, 박사 등의 업종은 일의 성격이 강하고, 3D 업종이나 막노동은 노동의 성격이 강하다고 볼 수 있다. 대체로 고학력자들은 노동의 성격이 강한 업종보다 일의 성격이 강한 업종을 선호한다. 그렇기 때문에 고학력 청년들은 3D 업종을 기피한다.

문제는 노동 시장이 일의 성격이 강한 일자리보다 노동의 성격이 강한 일자리를 더 많이 공급하는 경향이 있다는 것이다. 경쟁이 점차 치열해짐에 따라 생산성이 점점 더 중요해지는데, 생산성을 높이는 가장 보편적인 방법이 분업화와 기계화이다. 대체로 분업화되고 기계화될수록 작업이 단순화되고 단조로워지고 재미없어지면서 일의 성격보다는 노동의 성격이 강해진다. 그런 작업 그 자체는 큰 보람을 주지 못한다. 예컨대 옷 만드는 작업을 옷감 자르기, 단추 박기, 단춧구멍 뚫기, 바느질하기, 다리미질하기 등으로 분업화하고 기계화하면, 확실히 작업의 능률은 크게 올라가겠지만 하루종일 옷감만 자른다든가, 단춧구멍만 판다든가, 바느질만 한다든가, 다리미질만 하는 등 한 가지 일만 계속 반복한다는 것은 지루하기 짝이 없는 노릇이며 비인간적이다.

분업이라고 하면 경제학자들은 애덤 스미스를 제일 먼저 떠올리지만, 그는 분업이 사람을 바보 멍청이로 만든다는 경고를 잊지 않았다. 오늘날 노동 시장은 그런 지루하고 비인간적이며 사람을 바보 멍청이로 만드는 일자리를 양산하면서 심지어 고학력 젊은이들에게도 그런 일자리를 강요한다. 고학력 젊은이들의 입장에서 보면, 노동 시장에서 마땅한 일자리를 선택할 여지가 점점 더 줄어들고 있다.

원래 사람은 움직이고 무얼 만들기를 거의 본능적으로 좋아한다. 노동이 아닌 일은 즐거움의 원천이며, 인간은 일을 함으로써 정신적 육체적 건강을 유지할 수 있고 나아가서 보람을 느끼고 행복을 느끼게 되어 있다. 바로 이런 보람과 행복을 주는 일을 자발적으로 마음껏 할 수 있어야 진정으로 자유로운 것이지, 입에 풀칠하기 위해서 억지로 하는 노동, 남에 의해서 강제된 노동, 기계적이고 새미없는 단순 반복 노동, 이런 것들을 하는 사람은 진정으로 자유로울 수가 없다.

대부분의 서민들에게는 취직할 것인가 말 것인가를 선택할 자유가 없다. 이들은 입에 풀칠하기 위해서라도 반드시 취직해야 하지만, 그렇다고 취직이 보장되는 것도 아니다. 노동 시장의 특성상 노동 대신 일을 선택할 여지는 점점 더 줄어들고 있다. 그래서 청년 실업자들이 양산되고 있다. 이것이 우리의 현실이다.

– 이정전, 『시장은 정의로운가』, 김영사, 2012, 51~57쪽.

텍스트에 대한 수용 태도를 확인하기 위해 다음의 질문에 답해 보자. 질문에 대한 자신의 평가와 견해를 토대로 논평문을 작성해 보자.

(1) 저자의 문제 제기가 의미 있고 필요한가? 그렇지 않은가?
(2) 문제에 대한 저자의 관점이나 태도가 공정한가? 그렇지 않은가?
(3) 주장, 근거, 전제에 논리적으로 반박할 여지가 있는가? 없는가?
(4) 텍스트가 전적으로, 혹은 부분적으로 의의가 있는가? 한계가 있는가?

참고 문헌

강준만, 「왜 우리는 차별에 찬성하는가」, 『한겨레』, 2014.12.14.
대학글쓰기편찬위원회 편, 『대학글쓰기』, 노스보스, 2020.
신영복, 『강의: 나의 동양고전독법』, 돌베개, 2004.
원만희 외, 『비판적 사고 학술적 글쓰기』, 성균관대학교 출판부, 2014.
이정전, 『시장은 정의로운가』, 김영사, 2012.
전대석, 『학술적 글쓰기』, 북코리아, 2023.
조셉 윌리엄스·그레고리 콜럼 지음, 『논증의 탄생』, 윤영삼 옮김, 크레센도, 2021.

제3부

계열별 학술적 글쓰기 방법

제1장 인문학적 글쓰기 - 인간적인 것에 대한 탐구와 성찰

제2장 사회과학적 글쓰기 - 사회 현상의 이해와 대안 탐색

제3장 자연과학적 글쓰기 - 과학적 의사소통 방법

제1장

인문학적 글쓰기
– 인간적인 것에 대한 탐구와 성찰

1. 인문학적 글쓰기, 무엇을 지향할 것인가?

인문학은 '인간적인 것'을 규범적으로 반성하고 연구하는 학문이다. 인간의 모든 행위와 문화 현상을 대상으로 하는 인문학은 인간다운 삶을 위한 가치 창조와 연관된 학문이기에, 대상을 단순히 인지하는 것으로 끝나지 않고 비판적으로 검토한다. 때문에 인문학은 규범적이고 가치 지향적일 수밖에 없으며, 인문학이 추구하는 앎은 지식(episteme)과 구별되는 지혜(phronesis)에 가깝다. 인문학은 인간적인 것을 탐구하고 성찰하며 실천하는 학문인 것이다.

인문학이 인간적인 것에 대한 탐구와 성찰, 실천을 본질로 하는 학문이라면, 인문학적 글쓰기는 그러한 탐구와 성찰, 실천의 과정과 결과를 담아내는 글쓰기라고 할 수 있다. 그래서 인문학적 글쓰기에서는 인간과 인간의 삶을 둘러싼 근본적인 문제에 대해 거듭해서 물음을 제기하고, 당연한 것처럼 보이는 문제도 다시 생각하게 한다. 이를 위해 새롭고 낯선 자료를 제시하고 다른 관점에서 문제를 바라보면서 기존의 이해나 관점이 놓치고 있는 것은 없는지 캐묻는다. 그리고 우리가 지향해야 할 가치가 진정 무엇인지에 대해 진지하게 묻고 심각한 논란을 벌인다. 인간, 그리고 인간의 삶과 문화를 구성하고 지탱하는 지식체계에 대해 부단한 질문을 던지고 더 정교하고 새로운 해석을 통해 인간적인 것에 한 걸음 더 가까이 다가가고자 하는 것이 인문학적 글쓰기인 것이다.

과학기술의 눈부신 발달과 함께 생성형 AI가 인간을 대신해서 학술적 글쓰기를 해주게 될 날도 멀지 않았다고 한다. 아니 어느 정도는 대신해 주고 있는 것이 현실이기도 하다. 이와 같은 현실에서 인문학적 글쓰기는 다시 묻는다. 과연 인간과 인간의 모든 행위를 가장 잘 설명해 내고 가장 잘 담아내는 글쓰기는 어떤 것이어야 할까? 이 장에서는 인문학적 글쓰기의 특징과 방법을 '개념 규정과 문제의 재정의', '구체적 분석을 통한 논증', '다르게 보기와 새로운 해석', '심층적 사고와 통찰적 발견'이라는 네 가지 측면에서 살펴보고자 한다. 이 모든 것은 결국 인문학의 본질, 인간적인 것에 대한 물음과 탐구로 귀결될 것이다.

2. 인문학적 글쓰기의 방법

1) 개념 규정과 문제의 재정의

인문학적 글쓰기에서 다루는 문제는 우리 사회에 새롭게 등장한 것일 수도 있고 기존에 익히 알려진 것일 수도 있다. 새롭게 등장한 문제일 경우에는 해당 문제의 개념을 정확하게 정의하는 것에서부터 출발할 필요가 있다. 그래야 문제를 정확하게 규정하고 본격적인 논의와 접근을 전개해 나갈 수 있기 때문이다. 기존에 익히 알려진 문제라고 해도 문제를 바라보는 관점이나 시각에 따라 개념을 새롭게 정의하고 기존 논의와는 다른 차원에서 논의를 펼쳐나갈 수도 있다. 아래의 글을 살펴보자.

> 계몽이란 인간이 스스로의 잘못으로 초래한 미성년 상태로부터 벗어나는 것이다. 미성년 상태란 다른 사람이 이끌어 주지 않으면 자신의 지성을 사용할 수 없는 무능력 상태를 말한다. 이러한 미성년 상태의 원인이 지성의 결핍 때문이 아니고 다른 사람의 지도를 받지 않고서 지성을 사용할 결단력과 용기의 결핍 때문이라면 미성년 상태는 스스로의 잘못으로 초래한 것이다.

– 이마누엘 칸트 외 지음, 『계몽이란 무엇인가』, 임홍배 옮김, 도서출판 길, 2020, 28쪽.

오늘날 우리는 '계몽'이라는 말을 잘 알고 있지만, 칸트(Immanuel Kant, 1724~1804) 당시만 해도 '계몽'이라는 말은 독일 사회에 새롭게 등장한 신조어여서 일반 대중에게는 낯선 용어였다. 때문에 모제스 멘델스존(Moses Mendelssohn, 1729~1786)이나 요한 게오르크 하만(Johann Georg Hamann, 1730~1788)을 비롯한 여러 학자들이 계몽의 개념을 학술적으로 정의하고 이해하기 쉽도록 설명하기 위해서 다양한 논의를 펼쳤다. 계몽에 대한 칸트의 이 글도 그러한 논의 가운데 하나였다.

칸트는 계몽이란 '인간이 스스로의 잘못으로 초래한 미성년 상태로부터 벗어나는 것'이라고 정의하였다. 칸트는 이와 같은 개념 규정을 좀 더 정확하게 이해할 수 있도록 하기 위해서 '미성년 상태'의 개념을 다시 풀어서 설명하였다. 다른 사람의 도움이나 지도가 없으면 자신의 지성을 사용할 수 없는 무능력한 상태를 '미성년 상태'라고 규정한 것이다. 또 지성을 사용하지 못하는 이 무능력 상태가 지성의 결핍 때문이라면 이해할 수 있겠으나, 지성이 있음에도 불구하고 결단력과 용기가 없어서 사용하지 못하는 것이라면 그 책임은 자기 자신에게 있다는 것이다. 지성을 사용하지 못하는 무능력한 상태가 바람직하지 않고 그것이 자신의 잘못 때문에 초래된 것이라면, 마땅히 바로잡아야 한다는 것이다. 인문학적 글쓰기에서의 개념 규정은 이처럼 문제에 대한 규범적·실천적 지향을 포함하기도 한다. 그렇기에 칸트는 계몽을 이렇게 정의하고, 자신의 지성을 사용할 용기를 가지라고 했던 것이다. 사페레 아우데(Sapere aude)!

계몽이란 무엇인가에 대한 칸트의 개념 규정에서 볼 수 있듯이, 정확한 개념 규정은 무엇이 문제이고, 어떻게 해야 할 것인가를 선명하게 보여줄 수 있다. 이번에는 누구나 익히 알고 있는 개념을 새롭게 정의함으로써 기존에 주목하지 못했던 새로운 측면에 대한 이해를 도모하고, 새로운 방향성을 제기한 사례를 보기로 하자.

이해하는 것은 번역하는 것과 결코 다르지 않다. 다시 말해 이해하는 것은 한 텍스트에 상응하는 것을 제시하는 것이지 그것의 근거를 제시하는 것이 아니다.

글로 쓰인 종이 배후에는 아무 것도 없다. 다른 지능, 즉 설명자의 지능 작업이 필요한 이중의 바탕도 없다.

– 자크 랑시에르 지음, 『무지한 스승』, 양창렬 옮김, 궁리, 2008, 24쪽.

자크 랑시에르(Jacques Rancière, 1940~)의 『무지한 스승』에는 1818년 조제프 자코토(Jean Joseph Jacotot, 1770~1840)가 우연히 마주해야 했던 지적 모험이 소개되어 있다. 네덜란드 루뱅 대학의 불문학 담당 외국인 강사가 된 자코토는 프랑스어를 모르는 네덜란드 학생들을 대상으로 불문학을 가르치는 강의를 담당해야 했는데, 그 역시 네덜란드어를 몰랐기 때문에 난관에 봉착한다. 다행히 페늘롱(François Fénelon, 1651~1715)이 쓴 『텔레마코스의 모험』 프랑스어-네덜란드어 대역판이 출간되어 있어서 자코토는 이 책을 가지고 학생들과 수업을 하게 되었다. 그리고 그 과정에서 그는 '이해'에 대한 새로운 발견에 이르게 된다. 위의 인용문은 그 새로운 발견을 단적으로 보여주는 대목이다.

가르친다고 하는 것은 일반적으로 스승이 학생에게 지식을 전달하는 것으로 이해된다. 잘 짜인 순서에 따라 가장 단순한 것에서 가장 복잡한 것으로 이끌고 가면서 점진적으로 학생의 정신을 형성해 가는 것이 교육이라고 보는 것이다. 교육을 이렇게 이해하면, 학생이 앎을 제 것으로 만들고 판단과 취향을 형성해 가는 과정에는 스승의 설명이 빠질 수 없는 필수 요소가 된다. 그러나 교수자와 학생 사이에 소통할 수 있는 공통의 언어가 없었던 상황에서도 놀라운 학습이 일어남을 깨닫게 된 자코토는 교육에 대한 이와 같은 통념을 다시 생각하게 된다. 교수자가 자신의 지식을 학생들의 지적 능력에 맞추어 전달하고 학생들이 그것을 이해했는지 검증할 수 있다고 하는 것은, 설명하는 자에게 절대적 권위를 부여하고 배우는 학생들에게 무지의 베일을 씌우는, 교육학이 만들어 낸 신화에 불과할 뿐이라는 것이다. 이와 같은 인식은 세계를 유식한 정신과 무지한 정신, 성숙한 정신과 미숙한 정신, 유능한 자와 무능한 자, 똑똑한 자와 바보 같은 자로 양분하면서 학생들을 바보로 만든다.

그러나 학생들은 자코토의 설명 없이도 프랑스어로 말하고 쓰는 법을 스스로 익혔다. 자코토는 학생들에게 프랑스어의 기본 요소, 철자법과 동사 변화도 설명해 주지 않았지만, 학생들은 자신들이 아는 단어에 상응하는 프랑스 단어와 어미 변화의 이치를 스스로 찾아냈다. 책을 읽어 나가면서 철자법과 문법도 점점 더 나아져 갔다. 그것은 학생들이 그렇게 할 수 있음을 믿어주고 그들의 능력을 현실화하도록 강제했기 때문이다. 무언가를 혼자 힘으로, 설명해주는 스승 없이 배워보지 못한 사람은 세상에 한 명도 없다. 자코토는 이 '보편적 가르침'을 실천했을 뿐이고, 학생들은 저마다 자기 안에 발휘되지 않고 잠들어 있는 능력을 발휘했을 뿐이다. 그러한 경험을 통해 자코토는 '이해하는 것'은 번역하는 것과 다르지 않고 그에 상응하는 것을 제시하는 것이라고 규정할 수 있었던 것이다.

'이해'의 개념을 이렇게 달리 규정하게 되면, 가르친다는 것에 대한 인식, 스승에 대한 인식에 변화를 가져올 수 있다. 가르친다는 것은 학생을 스승에게 예속시키는, 바보로 만드는 행위가 아니라 예속으로부터 해방시키는, 자유롭게 만드는 행위로 바뀌게 되며, 스승은 자기가 아는 것만 가르칠 수 있는 사람이 아니라 자기가 모르는 것도 가르칠 수 있는 사람이 된다. 개념에 대한 새로운 정의는 문제를 다시 보게 하고 기존 통념과 다른 새로운 방향으로의 전환을 추동할 수 있게 한다.

연습문제 1

1. 개념 규정은 항상 어렵다. 그러나 정확한 개념 규정은 문제의 본질을 선명하게 인식할 수 있도록 하고, 새로운 개념 규정은 또 다른 관점에서 문제를 이해할 수 있게 한다는 점에서 글쓰기에서 매우 중요하다고 할 수 있다. 각자 자신이 관심을 가지고 있는 분야의 핵심 문제를 선정하여 그에 대한 개념 규정을 시도하는 글을 써 보자. 한 단락으로 작성하되, 개념 규정을 보충하는 부연 설명 문장을 추가해서 문제의 핵심을 명확하게 전달할 수 있도록 해 보자.

2. 고전, 정전, 고전화·고전 형성, 정전화·정전 형성에 대한 아래와 같은 개념 규정을 참

고하여 고전화 혹은 정전화 과정을 설명하는 글을 구체적인 예를 들어 작성해 보자. 네 단락으로 작성하되, 고전화 또는 정전화가 가지고 있는 긍정적 측면과 부정적 측면을 포함하는 글을 작성해 보자.

이제까지의 논의를 종합해 '정전'과 '고전'이라는 용어 및 어떤 텍스트가 '고전'으로서의 위상을 확보해 가는 '고전화' 과정과 '정전'으로서의 지위를 획득해 가는 '정전화' 과정을 구분하여 아래와 같이 개념 규정하고자 한다. 그리고 이러한 고전화·정전화의 역사적 과정을 직선적 흐름으로 시각화하여 함께 제시해 본다.

- 고전(古典, Classic): 오랫동안 많은 사람에게 널리 읽혀 모범이 될 만하다고 인정된 작품
- 정전(正典, Canon): 국가 권력이나 그에 준하는 집단에 의해 그 권위적 가치가 보존 유지되고 있는 작품
- 고전화·고전 형성(古典化·古典 形成, Classic Formation): 어떤 텍스트가 일군의 지식인 학자 대중들에 의해 널리 읽힐만한 가치 있는 작품으로 인정되는 과정
- 정전화·정전 형성(正典化·正典 形成, Canon Formation): 어떤 텍스트가 국가 권력이나 그에 준하는 영향력을 행사하는 집단에 의해 교과과정으로 제도화되어 모범적 텍스트로 공인되는 과정

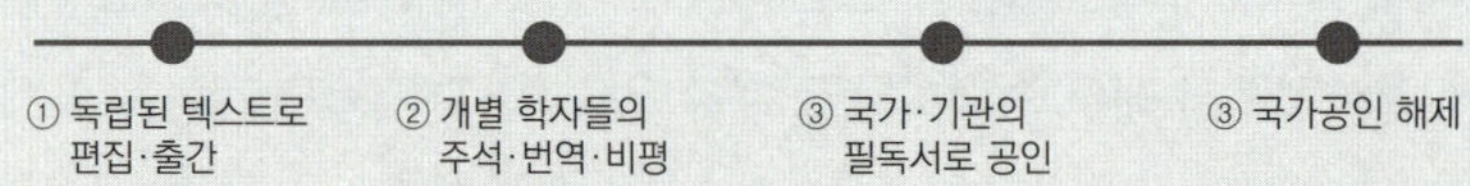

박경남, 「고전과 정전 개념의 분리 재정립을 위한 제언」, 『우리어문연구』 51, 우리어문학회, 2015, 23쪽,

2) 구체적 분석을 통한 논증

인문학적 글쓰기에만 한정되는 것은 아니겠으나, 인문학적 글쓰기에서는 특히 구체적인 사실에 대한 세밀한 분석에 집중한다. 김소월의 시 〈접동새〉를 분석한 김대행의 글을 예로 살펴보자. 논자는 이 작품이 민담을 시로 만든 것이라는 안서(岸曙) 김억(金億, 1896~ ?)의 언급을 소개하고, 소월은 〈춘향과 이도령〉, 〈물마름〉, 〈팔벼개 노래〉 등 민담적 요소를 내포한 시를 많이 창작했다고 하였다. 그러나 그것이 소월을 민요시인으로 보아야 하는 충분조건이 될 수는 없다고 보았다. 분석 대상으로 삼은 소월의 〈접동새〉가 민요시로서의 아름다움을 갖추고 있는지가 충분히 해명되지 않으면 이 물음에 흔쾌히 동의하기 어렵다는 것이다. 구체적인 작품 분석을 통해 이 의문을 해결하는 것, 즉 소월의 〈접동새〉가 민요시로서의 아름다움을 갖춘 작품이라는 사실을 밝히는 것, 그래서 소월이 민요시인임을 밝히는 것이 논자가 해결하고자 한 문제였다.

논자는 우선 소월의 시가 7·5조라고 하는 정형적 율격에 기반을 두고 있다고 해서 그를 민요시인이라고 하는 것은 성립할 수 없는 주장이라고 하였다. 7·5조는 우리 민요의 율격이 아닐 뿐 아니라 개화기 이래 일본에서 전래된 것이기 때문이다. 7음절·5음절로 되어

접동새

김소월

접동
접동
아우래비 접동

津頭江 가람가에 살던 누나는
津頭江 앞마을에
와서 웁니다.

옛날, 우리나라
먼 뒤쪽의
津頭江 가람가에 살던 누나는
의붓어미 시샘에 죽었습니다.

누나라고 불러보랴
오오 불설워
시새움에 몸이 죽은 우리 누나는
죽어서 접동새가 되었습니다.

아홉이나 남아 되던 오랩동생을
죽어서도 못잊어 참아 못잊어
夜三更 남 다 자는 밤이 깊으면
이山 저山 옮아가며 슬피 웁니다.

있는 7·5조를 3·4·5 등의 3음보로 이해하려는 관점도 생각해 볼 수 있으나, 우리 민요에는 3음보격이 거의 없다는 점에서 이 역시 소월을 민요시인으로 볼 수 있는 근거가 되기는 어렵다고 보았다.

그보다는 오히려 의미론적 지향을 중시하여 〈접동새〉의 율격이 우리 시가의 전통 율격인 2음보 대응 연립과 연계될 수 있는지에 주목하였다. 〈접동새〉 제2연은 외형상 3행으로 되어 있지만, 의미론적 지향을 따라 긴밀도 관계를 분석해 보면 아래와 같이 2음보적 대응 관계를 이루고 있다는 사실에 주목한 것이다. ①과 ③은 부사구이고, ②는 주어구, ④는 서술어구로 서로 짝을 이루며 긴밀하게 대응한다.

자세히 들여다보면 이와 같은 2음보적 대응 관계는 제3연과 제4연에서도 각각 3번씩 반복되고, 마지막 제5연에서는 4번 반복되면서 지속되고 있음을 알 수 있다. 그러한 율격의 변주 속에 죽어서도 잊지 못하는 동생들을 밤마다 찾아다닌다는 슬픈 전설을 노래하는 것이 소월의 〈접동새〉인 것이다.

논자는 율격을 넘어 시어에도 주목하였다. 소월의 〈접동새〉 하면 우리는 "접동 / 접동 / 아우래비 접동"이라고 하는 제1연의 시어 '아우래비'에 일찍부터 관심을 기울여 왔다. '아홉 오래비'의 의미와 함께 접동새의 울음소리를 환기하는 독특한 시어였기 때문이다. 그러나 논자는 민요시로서의 〈접동새〉에서 주목할 시어는 '불설워', '오랩동생'과 같은 향토색 짙은 시어라고 하였다. 이들 시어는 단순히 평안도라는 지역적 의미를 넘어 토속성이라는 민족 보편의 공감대를 형성함으로써 이 작품을 집단적 공유물로 환원시키는 데 기여한다는 것이다. '진두강(津頭江)'이라는 시어 역시 특정 지역의 고유명사라기보다는 일반명사로서 누구나 가슴속에 품고 있는 친근한 동네 나

루를 떠올리게 한다는 점에서 보편적 공감대 형성에 기여한다고 하였다. 이와 같은 토속적이고 친근한 시어를 사용하여 가슴 속 깊은 곳에 자리한 전설과도 같은 이야기를 풀어내며 읽는 이의 마음을 흔드는 것은 〈접동새〉가 민요시로서의 아름다움을 담아낸 작품이라는 사실을 보여준다는 것이다.

나아가 논자는 제2연부터 제5연까지의 의미론적 지향이 'aaba'라고 하는 한국 시가의 보편적인 짜임 형태를 갖추고 있다고 함으로써 소월의 〈접동새〉가 민요적 특성을 갖춘 시라고 주장한다. 전체 5개 연으로 이루어진 이 작품의 의미론적 지향이 'aaba'라고 하는 한국 시가의 보편적 짜임 형태에 대응하는 것임을 보이기는 자칫 쉽지 않아 보인다. 그러나 논자는 이 작품의 제1연이 접동새의 울음소리를 객관적으로 제시한 부분이라는 점을 고려하여 제1연을 제외한 나머지 4개 연의 의미론적 지향을 중심으로 〈접동새〉가 한국 시가의 보편적인 짜임 형태와 어떻게 연관되는지에 주목하였다. 제2연과 제3연, 제5연의 의미론적 지향이 민담적 요소의 서사적 제시에 초점을 맞추고 있다면, 제4연의 의미론적 지향은 "누나라고 불러보랴 / 오오 불설워"라고 하는 대목에서 보듯 화자의 주관적 정서가 개입하고 있다는 점에서 다른 연과 차이를 보이는데, 논자는 이 점에 주목하여 〈접동새〉의 의미론적 지향이 'aaba'라고 하는 한국 시가의 보편적 짜임 형태를 그대로 취하고 있다고 주장한 것이다.

논자는 민담을 시로 만든 것이라는 사실만으로는 소월의 〈접동새〉가 민요시임을 설명하기에 충분치 못하다는 문제의식에서 출발하여 그렇다면 과연 이 작품을 민요시라고 하는 이유가 무엇인지, 그 충분조건이 무엇인지를 탐색하였다. 그리고 율격이나 시어, 짜임의 형태 등에 대한 구체적인 분석을 통해서 이 작품이 민요시임을 입증해 냈다. 인문학적 글쓰기는 이처럼 물음을 던지고 구체적인 분석을 통해 그 물음에 대한 답을 찾아가는 과정, 자신의 주장을 입증하는 방식으로 이루어질 수도 있다.

연습문제 2

1. 인문학적 글쓰기는 구체적인 사실의 해명도 중요하지만 그 결과가 일반화될 수 있을 때 더 큰 의의를 지닌다. 단순한 사례 분석과 해석에 머물러서는 탐구의 결과가 갖는 가치나 의의가 제한적일 수밖에 없기 때문이다. 〈진달래꽃〉을 비롯한 소월의 다른 작품들을 통해서 〈접동새〉에 관한 위와 같은 논의 결과를 일반화하는 데 문제가 없을지 점검하는 글쓰기를 해 보자.

2. 제2부에서 학습했던 분석적 읽기와 비판적 읽기의 방법을 활용하여 아래 예문을 읽고 조 오쉬어로 대표되는 디지털 네이티브의 학습 활동에 대한 논평문을 작성해 보자. 논평문에는 조 오쉬어의 발언에 대한 플로리다 주립대학 영화학교 학장 프랭크 패터슨의 우려에 대한 논의도 포함하도록 한다.

2008년 봄에 나는 21세기 대학에 대해 토론하기 위해 플로리다 주립대학의 총장 및 학과장 등과 함께 하는 오찬 회동에 초대됐다. 그런데 대학의 미래에 대해 심각한 이야기를 나누고 있던 그들 사이에 한 잘생긴 남학생의 얼굴이 보였다. 조 오쉬어라는 22세의 이 학생은 마치 월가의 고액 연봉을 주는 회사에 입사 시험을 보러 가는 것처럼 깔끔한 흰색 셔츠에 넥타이를 매고 앉아 있었다. 그의 연설 차례가 돌아왔다.

"사실 저는 책을 읽지 않습니다." 이 말에 대학교의 높으신 분들은 모두 다소 놀란 표정을 지었다. "저는 구글에 들어가서, 필요한 정보를 빨리 찾을 수 있습니다. 이 정보 중에 어떤 것들은 책에 나오는 겁니다. 그러나 자리에 진중하게 앉아서 처음부터 끝까지 책을 읽는다는 건 제게 합리적으로 보이지 않습니다. 제가 필요한 모든 정보를 인터넷에서 빨리 찾을 수 있는데 굳이 오랜 시간 동안 책을 읽는다는 건 제 시간을 유용하게 활용하지 못하는 것 같다는 생각이 듭니다. 제게는 숙련된 정보 사냥꾼이 되는 방법을 아는 게 더 중요합니다."

여러분도 예상할 수 있겠지만 그의 이런 시각은 활발한 토론을 일으켰다. 플로리다 주립대학의 유명한 영화학교 학장인 프랭크 패터슨(Frank Patterson)은 "이것이 문명의 종말을 예고하는 건지, 아니면 정말로 흥미롭고 새로운 미래를 예고하는지 모르겠다."라고 말했다.

오쉬어는 게으름과는 거리가 멀다. 그는 101만 달러의 예산을 운용하는 총학생회장이다. 그는 학생들을 대표해서 수십 곳의 대학 위원회에서도 활동하고 있다. 그는 몇 명의 친구들과 힘을 합쳐서 글로벌 평화 교환(Global Peace Exchange)이라는 프로젝트를 시작했는데, 이것은 지속 가능한 개발 프로젝트에 학생들의 참여를 유도하는 게 목적이다. 허리케인 카트리나가 휩쓸고 지나갔을 때, 그의 가장 피해가 컸던 지역인 뉴올리온스의 로우어 나인스 워드 마을에서 병원을 열어 매년 1만 명의 환자들을 무료로 돌봤다. 그는 당시 사람들의 기부 열기에 놀랐다고 말했다. "인간은 원래 동정심이 많습니다. 그러나 많은 경우, 사회 속에서 그러한 성향이 감춰질 때가 많은데 여건만 갖춰진다면 다시 그것이 드러날 수 있습니다. 우리는 사회적인 인간입니다. 우리는 지역 사회에서 살고 있습니다. 우리는 다른 사람들을 배려합니다. 그것이 우리의 본성입니다."

나는 오쉬어의 말에 감동을 받고, 그에게 내가 빌려서 타고 왔던 비행기에 동승할 것을 제안했다. 그 해에 그는 개인적으로 매우 슬픈 일을 겪었다. 그의 부모님 두 분이 모두 돌아가셨던 것이다. 이제는 온라인에서 형제들을 모아서 월드 오브 워 크래프트(World of War Craft)와 같은 비디오 게임을 할 만큼 슬픔에서 벗어났다. 그는 내게 이렇게 말했다. "함께 일하면서, 우리가 같은 팀이라고 느낀다는 게 정말로 재미있어요. 게임은 사람들이 협력하고, 함께 배울 수 있는 위대한 기회를 제공해 줘요. 우리 셋이 모두 조그만 팀이에요."

그는 내게 옥스퍼드에 진학할 예정이라고 말했다. "저는 정말 대학 생활이 기대돼요. 태어나서 처음으로 건강검진을 받게 돼요. 우리는 자라면서 그런 걸 받은 적이 없어요. 심지어 병원에 간 적도 없어요."

나는 그의 말을 듣고 감명을 받았다. 옥스퍼드는 입학하기가 여간 까다롭지 않다. 나는 물론 그가 학비를 마련했는지 궁금했다. 그러자 그는 장학금을 받았다고 말했다. 내가 조금 더 자세히 말해 달라고 묻자, 그는 "로즈 장학금(Rhose Scholarship)을 받았다."고 말했다.

– 돈 탭스콧 지음, 『디지털 네이티브』, 이진원 옮김, 비즈니스 북스, 2009, 551~552쪽.

3) 다르게 보기와 새로운 해석

철학자 최진석은 인문학의 출발을 '생각하는 것'에서 찾았다. 철학의 출범 자체가 믿음의 세계인 신화에서 벗어나면서부터 시작된 것처럼, 믿음을 거부하고 믿음의 대상에 고개를 쳐들며 인간의 길을 가겠다고 자기 자신의 힘으로 생각하기 시작하는 것, 그것이 곧 인문학의 출발이라는 것이다. 그는 인문학적 사고를 한다는 것은 낯설게 할 줄 안다는 것, 다르게 생각할 줄 안다는 것이라고 하면서, 그것을 끝까지 집요하게 물고 늘어지는 것이 인문학에서는 중요하다고 했다. 그 낯섦의 발생이나 집요함의 유지가 모두 주체의 활동력이고 자기의 세계라는 것이다.

상상력이라고 하는 것이 비단 인문학에만 국한된 것은 아니지만, 누구나 가장 먼저 떠올리는 것은 인문학적 상상력이다. 그것은 인문학적 사고가 본질적으로 낯설게 하기, 다르게 생각하기를 전제하고 있기 때문이다. 인문학적 글쓰기는 자신만의 독창적 사고, 주체적 사고, 남과 다르게 생각한 결과를 담아내는 글쓰기가 되어야 한다. 다음 예문을 보자.

우리 옛 그림에는 서양화에 없는 여백이란 것이 있다. 그것은 화가가 그린 그림 바탕을 전혀 손대지 않고 그대로 남겨둔 것을 말한다. 그러므로 현상적으로는 '나머지 흰 부분', 화면의 '빈 부분'이다. 그러나 여백은 정말 '비어 있는' 것이 아니다. 오히려 여백에는 형상보다 더 심오한 것이 더 많이 담겨 있다. 그러므로 최상의 화가는 형상을 위하여 여백을 이용한다기보다 오히려 여백을 음미하기 위하여 형상을 그린다.

– 오주석, 『옛그림 읽기의 즐거움 [1]』, 솔 출판사, 1999, 114쪽.

여백은 단순히 비어 있는 곳이 아니라 형상보다 더 심오한 것이 더 많이 담겨 있는 곳이라는 생각은 우리의 옛 그림을 이해하는 데 중요한 관점을 제공한다. 오주석은 단원 김홍도(金弘道, 1745~1806)의 〈주상관매도(舟上觀梅圖)〉에 대한 해석에서 이 여백에 특히 주목하였다. 〈주상관매도〉는 어른 키만큼이나 큰 화폭에 그린 그림이지만 형상이라고는 화폭의 반은커녕 5분의 1도 채워져 있지 않다. 위쪽에는 산비탈의 매화나무를 덩그러니 그려 놓았고, 아래에는 배를 타고 지나가는 물 위의 노인을 그려 놓았을 뿐이다. 둘 사이에는 여백만 있을 뿐 아무것도 없다. 배 위의 노인이 산 위의 매화나무를 쳐다보는 눈길만 상상할 수 있을 뿐이다.

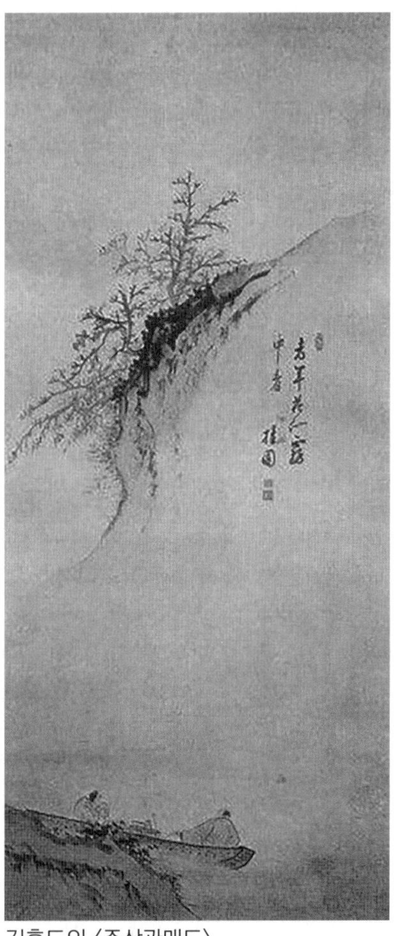
김홍도의 〈주상관매도〉

그런데 어디가 물이고 어디가 산인지, 어디가 산이고 어디가 하늘인지 구분할 수가 없다. 아무것도 그려 넣지 않은 채, 텅 비워 둔 여백이 산속 물가를 따라 자욱하게 피어오르는 안개를 머릿속으로 그려보게 할 뿐이다. 여백이 차지한 커다란 공간만큼, 그림을 보는 사람의 마음속에서는 그림에 담기지 않은 산자락과 강물, 그 사이를 감싸고 피어나는 자욱한 안개의 모습이 더욱 신비롭게 그려지면서 노인과 매화 사이의 물리적·심정적 거리에 빠져 들게 된다. “늙은 눈에 보이는 저 꽃나무는 아슴푸레하니 안개 속에 잠겨 있는 듯하다[老年花似霧中看]”라고 하는 화제(畵題)는 그러한 정황을 포착한 것이다. 노인은 안개 속 매화나무를 보면서 무슨 생각을 하는 것일까?

춘수(春水)이 빅를 씌여 가는듸로 노흐시니
물 알의 한늘이오 한늘우희 물이로다
차중(此中)의 노안(老眼)의 뵈는 곳든 무중(霧中)인가 흐노라

- 『청구영언』 연민본

김홍도가 지었다고 하는 이 시조는 〈주상관매도〉에 담은 정경을 그대로 노래한 작품으로 보인다. 만물의 생명이 새롭게 피어나는 봄날, 물 아래 비친 하늘과 그 하늘 위를 흐르는 물, 노인의 어둑어둑한 눈에 비친 세상은 자욱한 안개 속에 묻혀 있다. 아직 추위가 물러가지 않았는지 제법 두툼한 옷을 입은 노인은 짙은 안개 속 어렴풋이 보이는 매화나무를 멀리서 바라본다. 혹독한 추위를 이겨내고 꽃을 피운 매화는 새로운 계절이 돌아왔음을, 생명의 경이와 신비를 알린다. 노인은 대자연의 질서와 생명의 신비 앞에서 상념에 잠긴다. 그 말할 수 없는 상념의 깊이를 김홍도는 빈 여백에 담으려고 한 것일까? 이 작품이 김홍도의 만년에 이루어진 작품이라는 점을 고려하면, 우리는 더 많은 생각에 잠기게 된다. 여백은 그저 '비어 있는 공간'이 아닌 것이다.

허버트 리드(Herbert Read, 1893~1968)는 『예술의 의미』(The Meaning of Art, 1967)에서 동양에 대한 이해가 충분치 않았던 과거, 서구인들이 동양화에 대해 가지고 있었던 오해를 영국의 자연주의 풍경화가 컨스터블(John Constable, 1776~1837)의 예를 들어 설명한 적이 있다. 컨스터블은 명암법을 '예술의 혼이며 매개물', '공간을 만들어 내는 힘'이라고 하면서 매우 중요하게 여겼던 화가다. 그는 자연 어디서나, 어느 때나, 명암을 발견하게 된다고 하면서, 대치, 통일, 빛, 그림자, 반사, 굴절, 이 모든 것이 명암법에 기인한다고 했다. 그러면서 그는 2천 년 동안이나 그림을 그려오면서도 명암법이란 것이 존재한다는 사실을 발견하지 못한 중국인들을 경멸했다. 자연을 이해하지 못한 채, 자연을 올바르게 보지 못한 채 그림을 그려왔다는 것이다.

그러나 허버트 리드는 이와 같은 컨스터블의 경멸이 실은 동양화가들이 자연을 대하는 태도에 대한 무지에서 비롯된 것이라고 설명한다. 동양화에 명암법이 결여된 까닭은 무능력이나 후진성 때문이 아니라 자연을 이해하는 과정에서 중국인들은

빛과 그림자 대신 선의 리듬에 더 주목했기 때문이라는 것이다. 태양광선처럼 변화하기 쉬운 순간적인 것이 주는 우연의 효과보다는 선의 리듬이 더 본질적이고 기본적인 것이라고 여겼기 때문이라는 것이다. 컨스터블이 이해한 것과는 달리 중국인들은 그들 나름의 독자적인 방식으로 자연을 이해하고 그들 나름의 독창적인 예술 세계를 창조했던 것이다.

인문학적 글쓰기는 남의 눈으로 본 세상을 이야기하는 것이 아니라 나의 시선과 관점에서 바라본 세상을 이야기한다. 관점을 바꾸면 새로운 것이 보인다. 익숙한 것에 안주하지 않고 낯선 세계로 나아가는 글쓰기가 인문학적 글쓰기이다. 소설의 역사가 끊임없는 자기 갱신의 역사였던 것처럼, 인문학적 글쓰기는 기존의 관점에 끊임없이 물음을 제기하고 그것을 전복하고자 하는 저항적이고 창조적인 글쓰기이다. 그래서 인간과 세계에 대한 이해를 더욱 풍요롭고 깊이 있게 하는 것이 인문학적 글쓰기인 것이다.

연습문제 3

2022년 11월 30일 Open AI사의 ChatGPT가 공개되면서 생성형 인공 지능을 활용한 글쓰기가 널리 행해지고 있다. 인문학적 글쓰기 차원에서 생성형 인공 지능을 활용한 글쓰기 문제를 어떻게 해석할 것인지, 아래의 글을 참고하여 자신의 생각을 글로 작성해 보자.

> 챗GPT-4에게 윤동주의 〈자화상〉을 참고해서 현대적인 느낌의 시를 써 보도록 프롬프트를 입력해 보았다. 스마트한 챗GPT는 지체 없이 바로 자화상 시를 만들어 주었다. … (중략) … 만약 이 시를 어떤 학생이 글쓰기 수업의 과제로 냈다고 가정해 보자. 그 학생은 AI가 써 준 시에 자신의 문체로 윤문을 한다. 구조와 형식 등에 있어서도 자신의 생각을 가미해서 수정을 한다. 그리고 그 과제를 담당 교수에게 제출한다. 그런 경우 학생이 쓴 글과 AI가 쓴 글을 단번에 구분할 수 있는 방법은 사실상 없다.
>
> 그렇다면, 문장 작성의 단계가 아닌, 자료 수집의 단계에서 AI의 도움을 받았다

면 어떻게 할 것인가? 혹은 다 작성된 문장의 윤문을 AI에게 맡겼다면 그 글은 'AI ZERO'라고 할 수 있을까? 챗GPT는 이러한 문제의식을 모든 글쓰기 주체들에게 던져주고 있다. 강력한 타자로서의 존재성을 지닌 챗GPT와 우리는 어떤 공존 관계를 유지해야 할지 진지한 고민이 필요한 시점이다.

그래서 앞으로의 글쓰기는 'AI ZERO'가 강조될지도 모른다. 자신의 글이 AI의 도움 없이 썼다고 스스로 보증하는 것이다. AI가 개입되지 않은 순수한 창작물임을 스스로 보증하는 행위는 매우 낯설다. 이것은 글쓰기 주체의 윤리 의식을 반영하는 것일 수도 있지만, 앞으로의 글쓰기에서 나타날 수 있는 정형화된 형식일 수도 있다. 어떤 관점에서 보면 'AI ZERO'는 'NO AI'처럼 AI를 부정적인 이미지로 인식하게 할 가능성이 있다. AI 앞에서 인간성을 항변하는 시위처럼 느껴질 수도 있는 것이다.

호모 스크립투스(Homo Scriptus)는 'AI ZERO'의 경계에 서 있다. AI와 어떤 관계성을 형성해야 할지 글쓰기의 주체들은 결정해야 한다. 'AI ZERO'라는 말이 전기가 발명된 시대에 촛불을 켜는 것과 같이 들릴 수도 있다. 과학기술의 발전은 이제 글쓰기 영역에까지 그 힘을 미치고 있다. 글쓰기에 주눅 들어서 자신의 생각을 마음껏 표현하지 못하던 사람들에게 챗GPT와 같은 생성형 AI는 '디지털 훈민정음'처럼 느껴질 수 있다. 어쩌면 재능 있는 작가들, 지식을 갖춘 학자들의 지적 공간이었던 글쓰기 영역이 모든 사람들에게 문호를 연 것일 수도 있다.

팬데믹을 거치면서 문명사적 대변환기에 접어든 인류는 거의 모든 영역에서 'AI ZERO'의 경계에 서게 될지 모른다. 그것이 글쓰기이든지, 아니면 일상의 다른 행위이든지, AI와의 공존에 대해 주체적인 판단을 내려야 하는 것이다. AI의 세상에서 인간이 주체적으로 행하는 선택은 그 행위 자체가 모순되게 느껴지기도 하지만, 과학기술의 발전에 상응하는 정신적 깊이를 확보하는 것은 여전히 인간의 몫이다. 그렇지만 AI로 인해, 인간 종족은 다시금 자신의 정체성에 대해 진지하게 고민하게 됐다. 그 고민의 과제가 글을 쓰고 기록하는 인간, 호모 스크립투스에게 맡겨졌다.

– 노승욱, 「호모 스크립투스–AI시대의 글쓰기」, 『AI의 세상에서 인간을 찾다』, 소명출판, 2024, 48~51쪽.

4) 심층적 사고와 통찰적 발견

인문학은 가치 영역을 탐구하고 제시한다. 다양한 인간 군상과 삶의 방식을 그리는 문학에서는 때로 일상에서는 상상조차 할 수 없었던 적나라한 인간의 모습을 보여주면서 기존에 우리가 가지고 있었던 인간에 대한 이해가 과연 올바른 것인지 되묻곤 한다. 인간의 본질을 새롭게 발견하게 하는 것이다. 예술이나 문학작품에서 경험하게 되는 이와 같은 세계는 어떤 의미에서는 예술가나 작가의 통찰을 보여주는 것이라고도 할 수 있다. 이와 같은 세계는 이전에 우리가 경험했던 작품들에서는 만나지 못했던 새로운 것들인데, 그와 같은 통찰은 인간과 인간의 삶에 대한 깊이 있는 관찰과 사색에서 길어 올려지는 것이다.

인문학적 글쓰기는 자연과학적 글쓰기와 달리 사실이나 현상에 대한 평가와 판단, 해석과 비판에 초점을 맞춘다. 인문학적 글쓰기가 심층적 사고나 통찰적 발견과 관련한 글쓰기가 될 수밖에 없는 까닭이나. 인문학적 글쓰기는 사실이나 현상에 대한 정확한 기술을 넘어 그 이면의 진실을 파헤치는 데 역점을 두기 때문에 그것을 둘러싼 상황과 맥락에 대한 종합적이고 심층적인 탐구, 새로운 시각에서의 접근, 이에 근거한 평가와 판단을 담아내지 않을 수 없다. 통찰적 발견은 그와 같은 종합적이고 심층적인 탐구 과정, 비판적 접근 과정에서 우리에게 주어지는 선물과도 같은 축복이다. 여기에서는 〈해와 달이 된 오누이〉 이야기를 다룬 글을 예로 들어 인문학적 글쓰기가 지향하는 심층적 사고와 통찰적 발견의 문제에 대해 살펴보기로 한다.

우리가 잘 알고 있는 〈해와 달이 된 오누이〉 이야기를 어떻게 이해해야 할 것인가를 두고 오랫동안 연구해 온 신화학자 조현설은 이 이야기 속에 등장하는 호랑이는 어머니의 파괴적 본능의 발현이고, 그런 호랑이의 죽음은 근친 증오에서 오는 살모(殺母) 콤플렉스의 표현이며, 어머니 옷을 입은 호랑이의 오누이 쫓기는 나르시시즘의 표현이라는 기존의 심리학적 해석으로는 일월창조신화로서의 이 이야기의 본질을 설명하지 못한다고 보았다. 그래서 그는 비교신화학적 관점에서 다른 여러 나라에 전하는 이와 유사한 이야기들과의 비교를 통해 이해의 실마리를 찾으려고 하였고, 마침내 이 이야기가 근친상간 모티프를 지닌 '인변형(人變型) 일월기원신화'에 기원을 둔 이야기라는 통찰에 이르게 된다. 〈해와 달이 된 오누이〉 이야기가 근친상간 모티프를 가지고 있다는 생각을 하기는 쉽지 않은데, 연구자는 '인변형 일월기원신화'가 그러한 모티프를 가지고 있음을 비교신화학적 접근 방식을 통해 입증하고, 우리가 알고 있는 〈해와 달이 된 오누이〉 역시 그러한 이야기 가운데 하나임을 보인다.

실제로 그러한가. 논자가 그런 통찰적 발견에 이르게 된 과정을 추적해 보기로 하자. 해와 달의 기원에 관한 신화는 천지개벽과 더불어 저절로 해와 달이 생성되는 '자생형(自生型) 신화'로부터 창조신의 신체 일부가 해와 달이 되었다고 하는 '화생형(化生型) 신화', 창조신이 직접 해와 달을 만드는 '신조형(神造型) 신화', 창조신이 해와 달을 낳는 '신생형(神生型) 신화', 지상의 인간이 하늘로 올라가 해와 달로 변하는 '인변형(人變型) 신화' 등 여러 유형이 있다. 우리가 알고 있는 〈해와 달이 된 오누이〉는 그 가운데 인변형 신화에 해당한다. 그런데 인간이 하늘로 올라가 해와 달로 변하는 이야기는 우리가 익히 알고 있는 〈해와 달이 된 오누이〉 말고도 여러 가지 이야기가 전한다. 레비-스트로스는 일식이나 월식이 근친상간과 등가 관계라는 원칙을 제시하는 신화가 브라질, 볼리비아, 가이아나를 거쳐 베링해협에 이르기까지 아메리카 전역에 널리 전한다고 하면서 그 구체적인 이야기들을 소개한 바 있는데, 연구자는 이에 주목하였다. 다음은 레비-스트로스가 소개한 베링해협의 에스키모 신화이다.

> 옛날에 한 남자와 그의 아내가 바닷가 외딴 마을에 살고 있었다. 그들에게는 아이가 두 명 있었는데 하나는 여자이고 다른 하나는 남자였다. 아이들이 성장했을 때 소년은 여동생을 사랑하게 되었다. 그가 줄기차게 동생을 쫓아다녔으므로 동생은 하늘로 피신해 달이 되었다. 그 이래로 소년은 해의 형상으로 소녀를 끊임없이 따라다녔다. 때때로 소년은 여동생과 합류해 그녀를 껴안는 데 성공했고 그렇게 월식을 일으켰다.
>
> 아이들이 떠난 후 아버지는 사람들을 향한 암울하고 미운 마음을 가졌다. 아버지는 사람들이 많은 세상으로 나와 질병과 죽음을 일으켰다. 그리고 질병으로 죽은 희생자들을 자신의 먹이로 삼았다. 그렇지만 그의 탐식은 만족시킬 수 없을 만큼 커졌다. 그러자 그는 건강한 사람들마저 잡아먹기 시작했다.

레비-스트로스는 근친상간 욕망의 일시적 실현을 일식 혹은 월식으로 이야기하는 이와 같은 신화들을 다양하게 소개하면서 이 신화들은 일식이나 월식을 질병, 나아가 식인 행위와 연결지어 설명한다는 사실에 주목한 바 있다. 〈해와 달이 된 오누이〉의 의미를 비교신화학적으로 추적하고자 한 연구자는, 창조신화에서는 일반적으로 천지가 개벽하고 해와 달이 창조되고 인류가 등장하는데, 이 에스키모 신화에서는 가족의 일상생활이 먼저 있고 해와 달이 나중에 생성되는 것으로 이야기되고 있다는 점에 주목하였다. 그리고 그러한 선후 관계의 역전, 일종의 논리적 모순은 인변형 창조신화가 다른 일월기원신화와 달리 해와 달의 창조만이 아니라 어떤 문화적 맥락, 즉 오누이형 근친상간에 대한 금기(taboo)까지 말하려고 했기 때문에 그런 결과가 빚어진 것이라고 보았다.

연구자는 이와 같은 신화는 퀘벡의 포트-치모 이누이트족 신화에서도 볼 수 있다고 하면서 아래와 같은 신화를 소개한다.

> 태양은 여성으로 생각되었다. 달은 남자이면서, 태양인 여성의 오빠이기도 했다. 어느 날 밤 그녀는 여느 때와 다름없이 (부모의 집) 자기 방에 누워 있었다. 그녀로서는 도저히 정체를 알 수 없는 한 남자의 방문을 받게 된다. 그녀는 어떻게든 그 정체를 밝혀내리라고 작정하고 기름과 램프 그을음을 섞어 자기 젖꼭지를 까맣게 만들었다. 그래서 다시 찾아온 그가 그녀의 가슴에 입술을 갖다 대자 그 입술이 까맣게 변해 버렸다. 다음 날 아침 오빠 입술에 묻은 자국을 보고 그녀는 그만 소스라치게 놀랐다. 그녀가 하도 미친 듯이 발광을 해대자 소란을 목격한 부모는 이유를 대라며 주먹을 들이댔다. 그리고 화가 나서 남매를 함께 나무라자 그녀는 수치심을 이기지 못해 그날 밤 마을을 떠났다. 그녀는 불길을 지나다가 불씨 하나를 움켜쥐고는 지구 반대편으로 도망쳤다. 그녀의 오빠도 계속 그녀를 쫓아갔다. 그 때문에 횃불에서 불똥이 떨어졌고 그것들은 하늘의 별이 되었다. 오빠는 그녀를 쫓아갔는데 아주 드문 경우가 아니면 동생을 따라잡을 수 없었다. 일식과 월식이 바로 드문 경우였다. 달이 기울기 시작하면 오빠는 동생이 나타날 수 있도록 몸을 감추어야만 했다.

이 이누이트족 신화에는 우리가 후백제 견훤의 탄생담으로 익히 알고 있는 야래자(夜來者) 이야기가 포함되어 있다. 뿐만 아니라 오누이 사이의 근친상간과 그에 대한 금기, 그 금기를 위반한 오빠로 인해 발생하는 가정의 혼란과 누이동생의 수치심, 일식과 월식의 유래, 이누이트족의 신화는 이 모든 것을 담고 있다. 이 신화는 일월기원신화가 오누이의 근친상간 금기와 밀접하게 관련되어 있음을 보여주는 또 하나의 사례인 것이다.

그러나 우리가 알고 있는 〈해와 달이 된 오누이〉 이야기에는 일식이나 월식에 대한 이야기가 등장하지 않고, 오누이가 서로 쫓고 쫓기는 이야기도 등장하지 않는다. 〈해와 달이 된 오누이〉 이야기가 근친상간 모티프를 지닌 일월창조신화라는 주장을 입증하기 위해서는 우리가 익히 알고 있는 이야기에서도 이 문제를 설명할 수 있어야 한다. 연구자는 그러한 자신의 주장을 뒷받침하기 위해 아래와 같은 만주족의 일월창조신화를 가져온다.

> 아주 오랜 옛날 하늘에는 해도 달도 없었다. 지상은 칠흑같이 어두워 천지를 분간할 수 없었으며 사람들은 아무것도 볼 수 없었다. 사람들 가운데 친 오누이가 있었는데, 사람들을 위하여 빛을 찾기로 결심한다. 둘은 온갖 고난을 이기고 서천(西天)의 부처를 찾아갔다. 부처는 오누이에게 등불 하나와 날아다니는 신발 한 켤레를 주었다. 누이동생이 신발을 신고 날아다니자 오빠는 아무리 해도 누이를 쫓을 수가 없어서 소리를 질러댔다. 그 소리가 부처에게 전해지자 부처는 오빠에게 거울 하나를 주었다. 오빠가 거울을 비추자 누이동생의 모습이 나타나 쫓아갈 수 있었다. 그 시절에는 사람들이 옷을 입지 않았기 때문에 거울 속에는 실오라기 하나 걸치지 않은 사람들의 모습도 비춰졌다. 누이동생이 부끄러워 고개를 돌려 달아나자 오빠가 뒤에서 쫓았는데 쫓고 쫓기면서 둘은 하늘로 올라갔다. 누이동생의 손에 있던 등불은 태양이 되고, 오빠의 손에 있던 거울은 달이 되었다.

만주족의 일월기원신화는 오누이가 빛을 찾기 위해 여행을 떠나는 영웅 서사적 요소가 결합되어 있고, 근친상간 모티프는 문면에 드러나 있지 않으며, 오누이 자신이 해와 달이 되는 것이 아니라 부처에게서 받은 등불과 거울이 해와 달이 된다는 점에서 앞에서 보았던 에스키모 신화와 다르다. 그런데 이 만주족의 일월기원신화에서 연구자의 관심을 끈 것은 오빠의 거울에 비친 벌거벗은 모습을 보고 누이동생이 부끄러워 고개를 돌려 달아난다는 점이었다. 그 시절에는 사람들이 옷을 입지 않았기 때문에, 거울에 누이동생의 모습이 나타나 쫓아갈 수 있었다는 말은 오빠가 거울에 비친 누이동생의 벗은 몸을 보았다는 것이고, 누이 역시 오빠의 벗은 몸을 보았다는 뜻이다. 연구자는 누이동생이 부끄러워 고개를 돌려 달아났다는 것, 그것은 곧 초자아에 의해 억압되어 있던 성적 충동이 다시 살아남, 근친상간이라는 금기의 위반을 향한 충동에 다름 아니라고 보았다. 만주족 신화에는 오누이 근친상간 모티프가 '거울 - 등불 모티프'로 치환되어 있기는 하지만, 여전히 '오빠의 거울' 위로 근친상간 금기 위반의 욕망이 어른거리고 있다고 본 것이다.

호랑이가 이웃 부잣집에 품 일을 갔다 오던 늙은 어머니를 잡아먹고, 어머니의 옷과 머릿수건으로 변장을 하고 오누이가 있는 집으로 찾아가 문을 열어달라고 한다. 오누이는 문구멍으로 내다보고는 호랑이인 줄 알고 뒷문으로 도망쳐 나무 위로 피한다. 이를 추격하여 호랑이가 나무로 올라오자 오누이는 하늘에 빌어 하늘에서 내려준 쇠줄을 타고 하늘로 올라가 해와 달이 되지만 호랑이는 썩은 동아줄을 타고 하늘에 오르다가 줄이 끊어져 수숫대가 있는 곳에 떨어져 죽었다. 하느님은 오빠는 해, 동생은 달이 되게 하였지만, 동생이 밤이 무섭다고 하여 역할을 바꾸어 오빠는 달, 여동생은 해가 된다. 여동생은 낮에 사람들이 쳐다보는 것이 부끄러워 강력한 빛을 뿜어낸다.

연구자는 그동안 우리가 주목하지 못했던 〈해와 달이 된 오누이〉 이야기의 한 대목에 주목한다. 여동생은 사람들이 쳐다보는 것이 부끄러워 강력한 빛을 뿜어낸다는 화소이다. 오누이가 위치를 바꾸고, 그 결과로 누이가 부끄러움을 느껴 사람들이 쳐다볼 수 없도록 빛을 발산한다는 화소는 이누이트족 신화에 보이는 누이의 수치심, 만주 신화에 보이는 누이의 부끄러움으로 이어지는 원시 신화의 유전자를 간직한 화소로 보이기 때문이라는 것이다. 결국 오누이 일월기원신화는 누이를 범하고자 하는 오빠의 욕망, 근친상간 금기 위반의 욕망으로 인해 탄생한 신화라는 것이다. 오빠가 누이를 범하려고 하지 않았다면 해와 달이 지상에 생성될 수 없었고, 암흑은 광명으로 이행할 수 없었다는 것이다. 그리고 그 욕망은 지금도 계속 이어지고 있음을 일식과 월식, 달의 찌그러짐으로 이 신화들은 설명한다는 것이다.

그러면서도 연구자는 어머니를 잡아먹고 오누이까지 잡아먹으려고 하는 호랑이의 존재를 어떻게 설명해야 하는지에 대해 고심한다. 신화는 카오스에서 코스모스로의 이행 과정을 보여주는 것이라고 하는 일반적 관점으로는 어머니와 오누이의 행복한 가정이 호랑이로 인해 파괴되는 이야기 속 상황을 설명할 수 없었기 때문이다. 카오스에서 코스모스로의 이행이 아니라 오히려 코스모스에서 카오스로의 이행으로 볼 때 이 문제는 납득할 수 있고, 그럴 경우 오누이 일월기원신화는 일반적인 창조신화와 달리 '문화적 맥락의 개입'이 전제된 신화로 이해할 수 있는 길이 열린다. 그래서 〈해와 달이 된 오누이〉 이야기는 근친상간으로 인한 혼란과 이를 금기시하는 문화적 요소가 개입된 것으로 해석해야 한다는 시각을 갖게 되었던 것이다. 우리가 익히 알고 있던 〈해와 달이 된 오누이〉 이야기를 이처럼 깊이 있게 읽어내기까지는 연구자의 오랜 관심과 고민이 없이는 불가능했을 것이다. 통찰적 발견은 하루아침에 이루어지는 것이 아니다. 문제에 대한 오랜 관심과 고민, 구체적인 관찰과 세밀한 분석이 동반되어야만 가능한 것이 아닐 수 없음을 다시 한번 확인하게 된다.

연습문제 4

우리는 전례 없는 정보 혁명의 한가운데 살고 있다. 유발 하라리는 이 정보 혁명의 씨앗은 컴퓨터라고 진단한다. 인터넷부터 AI까지 다른 모든 것은 그 부산물일 뿐이라는 것이다. 초창기 컴퓨터와 달리 오늘날의 컴퓨터는 스스로 결정을 내릴 수 있고, 스스로 아이디어를 생성할 수 있다는 점에서 인간의 통제와 이해를 벗어나 사회, 문화, 역사를 주도적으로 만들어갈 수 있는 능동적인 행위자가 되고 있다. 아래 글을 읽고 오늘의 정보사회가 안고 있는 문제를 진단하고 이 문제를 어떻게 해결할 수 있을지에 대한 글을 작성해 보자.

2016~2017년에 아라칸 로힝야 구세군(ARSA)이라는 소규모 이슬람 조직이 아라칸/라카인주에 무슬림 국가를 세우기 위해 여러 군 초소를 공격하고 수십 명의 비무슬림 민간인을 살해하고 납치하는 등 연쇄 공격을 감행했다. 이에 대응해 미얀마군과 불교 극단주의자들은 로힝야족 전체를 겨냥한 전면적인 민족 청소 운동을 시작했다. 그들은 로힝야족 마을 수백 곳을 파괴하고, 7,000~2만 5,000명에 이르는 비무장 민간인을 죽이고, 1만 8,000~6만 명의 여성과 남성을 강간하거나 성폭행했으며, 약 73만 명의 로힝야족을 잔인하게 추방했다. 폭력을 부채질한 것은 로힝야족을 향한 극심한 증오였다. 그런 증오는 반로힝야 선전에 의해 조장되었고, 선전의 대부분이 페이스북을 통해 퍼져나갔다. 페이스북은 2016년 미얀마에서 수백만 명이 사용하는 주요한 뉴스 출처이자 정치적 동원에 가장 중요하게 이용되는 플랫폼이었다.

2017년에 미얀마에 거주한 구호 활동가 마이클은 전형적인 페이스북 뉴스 피드를 다음과 같이 묘사했다. “온라인에 퍼진 로힝야족을 향한 독설은 양에서나 폭력성에서나 믿기 어려운 수준이었다. 입이 다물어지지 않을 정도였다. … (중략) … 당시 미얀마 사람들의 뉴스 피드는 그런 독설로 도배되어 있었다. 이는 로힝야족이 권리를 누릴 자격이 없는 테러리스트라는 생각을 강화했다.” 페이스북 계정들에는 ARSA가 실제로 저지른 잔악 행위를 보고한 게시물도 있었지만, 일어나지도 않은 잔악 행위와 테러 공격 계획에 대한 가짜 뉴스가 넘쳐났다. 포퓰리스트들이 주도하는 음모론은, 대부분의 로힝야족이 미얀마 국민이 아니며 최근 반불교 성전(聖戰)을 주도하기 위해 방글라데시에서 미얀마로 들어온 이민자라고 주장했다. 미얀마 인구의 90퍼센트에 육박하는 불교도들은 자신들이 쫓겨나거나 소수 집단이 될까봐 두려워했다. 이런 선전 공세가 없었다면, 조직도 제대로 갖춰지지 않은 ARSA의 몇 차례 공격에 전체 로힝야족을 겨냥한 총력전으로 맞대응할 이유가 없었을 것이다. 페이스북 알고리즘은 그런 선전 활동에 중요한 역할을 했다.

전염성 강한 반로힝야족 메시지들은 불교 승려 위라투 같은 '인간 극단주의자'들에 의해 만들어졌지만, 어떤 게시 글을 추천할지 결정한 것은 페이스북 알고리즘이었다. 국제사면위원회는 "알고리즘이 페이스북 플랫폼에서 폭력, 증오, 차별을 부추기는 콘텐츠를 선제적으로 증폭하고 추천했다"는 사실을 밝혀냈다. 2018년 유엔 사실 조사단은 페이스북이 증오로 가득한 콘텐츠를 유포함으로써 민족 청소 운동에 "결정적인 역할"을 했다고 결론지었다.

… (중략) …

페이스북은 비판을 피하기 위해 정확히 이런 논리에 의존했다. 페이스북은 2016~2017년에 "우리 플랫폼이 분열을 조장하고 오프라인 폭력을 선동하는 데 사용되지 않도록 충분한 조치를 취하지 않았다"는 사실만 공개적으로 인정했다. 이 진술은 죄를 시인하는 것처럼 들릴 수 있지만, 사실상 증오 발언이 확산된 것에 대한 책임의 대부분을 플랫폼 사용자들에게 전가하고, 페이스북의 죄는 기껏해야 사용자들이 생산한 콘텐츠를 효과적으로 관리하지 못한 '부작위'에 해당한다는 것을 암시한다. 하지만 이는 페이스북 알고리즘이 저지른 문제적 행동을 모른 척하는 것이다.

– 유발 하라리 지음, 『넥서스』, 김명주 옮김, 김영사, 2024, 287~289쪽.

3. 인문학적 글쓰기의 실천

인문학적 글쓰기는 인간적인 것을 탐구하는 실천적 글쓰기이다. 과연 무엇이 인간적인 것인가에 대한 끊임없는 질문과 새로운 개념 정의, 구체적 분석과 논증, 다르게 보기와 새로운 해석, 심층적 사고와 통찰적 발견에 이르기 위한 도전 자체가 인문학적 글쓰기의 실천일 수도 있다. 인문학은 가치 지향적 학문이다. 오늘보다 나은 내일을 꿈꾸는 학문이다. 그 꿈을 실현하기 위해 오늘도 새로운 글쓰기에 도전하는 하루하루가 되기를 기원한다.

연습문제 5

아래 두 편의 글을 찾아서 읽고, 이 수업을 듣는 동료 학우들 앞에서 '디지털 시대 책 읽기의 방향'에 대한 자신의 생각을 발표하는 글을 작성해 보자. 동료 학우들을 대상으로 하는 글이니만큼 어렵거나 낯선 용어의 사용은 가능한 한 피하고, 명료하면서도 이해하기 쉽도록 작성해 보자.

김주언, 「소설 읽기 교육의 정체성-책 속의 '길'을 중심으로-」, 『우리어문연구』 80, 우리어문학회, 2024.

한수영, 「디지털 전환시대의 책읽기: 지식콘텐츠, 챗GPT 그리고 고전」, 『한국고전연구』 60, 한국고전연구학회, 2023.

참고 문헌

김대행, 「김소월의 〈접동새〉-민요시의 정체」, 『한국 현대시 작품론』, 도서출판 문장, 1984.

김주언, 「소설 읽기 교육의 정체성-책 속의 '길'을 중심으로-」, 『우리어문연구』 80, 우리어문학회, 2024.

노승욱, 「호모 스크립투스-AI시대의 글쓰기」, 『AI의 세상에서 인간을 찾다』, 소명출판, 2024.

박경남, 「고전과 정전 개념의 분리 재정립을 위한 제언」, 『우리어문연구』 51, 우리어문학회, 2015.

심재완, 『정본 시조대전』, 일조각, 1984.

오주석, 『옛 그림 읽기의 즐거움 [1]』, 솔출판사, 1999.

이성원, 「인문학의 특성, 인문학의 위기」, 『인문과학의 이념과 방법론』, 성균관대학교 출판부, 1996.

조현설, 「〈해와 달이 된 오누이〉형 민담의 창조신화적 성격 재론」, 『비교민속학』 33, 비교민속학회, 2007.

최진석, 『인간이 그리는 무늬』, 소나무, 2013.

한수영, 「디지털 전환시대의 책읽기: 지식콘텐츠, 챗GPT 그리고 고전」, 『한국고전연구』 60, 한국고전연구학회, 2023.

돈 탭스콧 지음, 『디지털 네이티브』, 이진원 옮김, 비즈니스북스, 2009.

유발 하라리 지음, 『넥서스』, 김명주 옮김, 김영사, 2024.

이마누엘 칸트 외 지음, 『계몽이란 무엇인가』, 임홍배 옮김, 도서출판 길, 2020.

자크 랑시에르 지음, 『무지한 스승』, 양창렬 옮김, 궁리, 2008.

허버트 리드 지음, 『예술의 의미』, 박용숙 옮김, 문예출판사, 1985.

제2장

사회과학적 글쓰기
– 사회 현상의 이해와 대안 탐색

1. 사회과학적 글쓰기란 무엇인가

사회과학은 인간 사회의 여러 현상을 과학적이고 체계적으로 연구하는 학문이다. 사회과학은 학문 분야에 따라 사회학, 정치학, 경제학, 역사학, 인류학, 지리학, 교육학, 법학 등으로 분류된다. 사회과학이 대상으로 하는 '인간 사회의 여러 현상'이란 인간이 집단을 이루어 살아가는 과정에서 다양한 사회적 활동과 상호작용을 통해 형성되는 사회적 관계, 제도, 문화, 변화 양상 등을 의미한다. 가령 기후 위기 현상 자체는 자연과학의 영역이지만 여기에서 파생되는 물 부족, 식량 위기, 기후 난민, 기후 불평등, 전염병 확산 등은 문제시되는 사회 현상이라고 할 수 있다. 그리고 기후 위기의 원인 또한 인간의 사회 활동에 의한 것이기 때문에 이와 관련된 문제는 사회과학적 측면에서 접근할 수 있다.

그렇다면 사회과학 연구의 목적은 무엇일까? 우선 사회에서 어떤 일이 일어나고 있는지, 왜 그런 일이 발생하는지, 그 안에 어떤 의미가 담겨 있는지 분석하여 사회 현상을 설명하고 이해하는 것이다. 또 사회 변화를 연구할 수도 있는데 이전의 데이터를 바탕으로 변화 양상과 가능성 등 미래를 예측할 수 있다. 더불어 사회 문제 분석을 통해 해결방안을 제시함으로써 더 나은 사회를 만드는 데 기여할 수 있다.

다음 글에서는 사회과학이 나아가야 할 방향을 제시하고 있다.

• • • • • •

향후 한국이라는 공동체가 정치·경제·사회 질서 체계들 간의 평등적이고 상호의존적 관계를 유지하면서 행복하고 강한 국가는 어떻게 만들 수 있을까.

앞서 후기근대성에서 인용했던 마르쿠제(H.Marcuse)의 통찰을 상기할 필요가 있다. 그가 언급한 초기자본주의의 가치는 근면과 금욕이었으나 후기자본주의인 지금은 경쟁과 성과라는 지적은 적절하다. 인간은 그 사람이 소유하고 있는 상품(자동차, 주택 등)을 통해서 보여지게끔 만든다고 마르쿠제가 말한 바와 같이 후기자본주의 사회로 들어오면 대중들은 기업이 만든 과다한 광고 등에 의하여 상품의 소유를 위해 경쟁하고 그 성과를 취하는 데에 이의를 달지 않는다. 마르쿠제는 바로 이것이 일차원적인 인간, 변증법이 정지된 사회의 현대인의 모습이라고 말한다. 변증법의 원칙인 현실(경쟁과 성과)을 부정하는 이상향에 대해서는 아무도 얘기하지 않는다는 것이다. 심지어는 계급주의적인 노동자들마저도 풍요로운 삶 속에 계급의식이 사라지고 현실에 안주하며 다른 대안을 찾지 못하는 1차원적인 인간의 사고방식에 젖어 들었다고 그는 개탄한다. 후기자본주의의 현대인들은 삶의 실천적 문제들까지 과학기술이 전적으로 해결해 준다는 환상을 갖고 있다는 것이다. 이러한 인간의 소외(비인간화)를 극복하기 위해서는 이상향인 유토피아를 회복하여야 하고 비판적 사유의 토대를 갖춘 지식인의 역할이 무엇보다도 중요하다고 강조한다. 마르쿠제는 바로 '지식인의 위대한 거부'를 대안적 변증법으로 강조하는 것이다. 물론, 이와 같은 마르쿠제의 견해에 대한 비판도 있다. 대중은 그가 말한 것처럼 조종당하기만 한다거나 수동적이지만은 않다. 정보사회로 넘어오면서 기업뿐만 아니라 개체인 대중 스스로가 유튜브, SNS 등과 같은 공간에서 생산 활동을 할 수 있게 되었으며 페이스북 같은 공간에서 팔로워들의 동의에 의하여 해당 분야의 '헤게모니'도 장악할 수 있게 되었다. 과거 히피문화나 락음악과 같은 대항(저항)문화가 국가가 시장을 만든 것에 대체하여 주류문화가 될 수도 있다. 그러나 이러한 모든 것을 현실에 순응(경쟁과 성과를 위한 효율성의 추구=합리성)하는 1차원적인 인간은 생각할 수 없으므로 현실을 타개하는 새로운 변증법적 사고가 필요하다. 바로 이것이 지식인의 숙명이라고 마르쿠제는 말하고 있다.

– 임승빈, 「자기성찰적 공동체를 지향」, 『질서의 지배자들』, 법문사, 2024, 281–282쪽.

• • • • • • •

마르쿠제는 20세기 후반부터 현재까지를 지칭하는 후기자본주의 사회에 대해 경쟁과 성과 중심의 가치가 지배적이며, 인간은 소비문화 속에서 상품 소유를 통해 자신을 드러내는 '일차원적 인간'으로 전락했다고 한다. 이로 인해 현실을 부정하거나 이상향을 상상하는 변증법적 사고가 사라지고, 현대인들은 삶의 문제를 과학 기술이 해결해 줄 것이라는 환상을 갖게 된다. 마르쿠제는 이러한 인간 소외(비인간화)를 극복하기 위해서는 비판적 사유의 토대를 갖춘 지식인의 역할이 중요하다고 강조한다.

즉 우리는 현실 순응적인 일차원적 인간에 머물러서는 안 된다. 변증법적 사고와 비판적 사유를 통해 사회를 성찰해야 하며, 이를 바탕으로 새로운 사회적 대안을 제시하여 평등하고 상호 의존적인 공동체를 만들어가야 한다. 이는 결국 우리 사회가 올바른 방향으로 나아가기 위한 것으로, 사회과학의 목적과 일치한다.

모든 글쓰기가 그렇지만, 사회과학적 글쓰기 역시 자신의 관심사로부터 출발해야 한다. 그리고 주제를 선정할 때에는 자신이 흥미를 느끼는 문제를 바탕으로 하되, 사회적으로 화제가 되고 있는 것과 사회에서 주목받지 못하지만 우리가 관심을 가져야 하는 사안까지 생각해 볼 수 있다.

최근 사회적으로 큰 화제이면서 다양한 시선이 공존하는 대표적 사례로 인공 지능이 있다. 인공 지능, AI는 우리 사회에 많은 변화를 가져왔으며 앞으로의 발전 가능성 또한 높게 평가되고 있다. 이전에는 정보를 얻기 위해 포털 사이트에서 검색한 후 자신에게 맞는 정보를 선별하는 과정이 필요했다면, 근래에는 텍스트나 음성으로 질문하면 AI가 맞춤형 답을 찾아주는 게 보편화되고 있다. 바야흐로 '검색의 시대에서 대화의 시대'로 넘어가고 있는 것이다.

인공 지능은 개인 활용의 범위를 넘어 산업, 의료, 교육, 문화, 예술, 국방 등 다양한 분야로 확장되면서 사회 전반의 혁신을 선도하고 있다. 하지만 인공 지능 사용의 보편화는 노동의 대체, 정보 접근의 격차, 알고리즘 편향, 저작권과 윤리 문제, 인간

관계 변화 등 다양한 사회적 문제를 수반하고 있다. 이에 따라 인공 지능을 바라보는 시각에는 기술이 삶을 획기적으로 향상시킬 것이라는 유토피아적 전망과 사회 불평등과 다양한 구조적 위험을 확대할 것이라는 디스토피아적 전망이 공존한다. 아직 인공 지능 활용의 역사가 길지 않아 단정적인 결론을 내리기 어렵지만, 이러한 변화는 앞으로 우리 사회가 지속적으로 관심을 가져야 할 중요한 사회적 과제이다.

한편 사회적으로 크게 화제가 되지는 않지만 공론화가 필요한 사안들도 있다. 그중 향후 사회적 문제가 심화될 것으로 예상되지만 상대적으로 관심을 덜 받고 있는 것이 바로 노인 문제이다. 한국은 이미 초고령 사회로 진입했다. 65세 이상의 인구가 전체 인구의 20% 이상일 때 초고령 사회라고 하는데, 우리나라는 2025년 기준 20.3%를 기록하고 있다. 하지만 가족 구조의 변화로 인한 독거노인의 증가와 더불어 높은 노인 자살률과 빈곤율 등 사회 문제가 산재해 있다.

그렇다면 노인 문제는 사회적 관심에서 왜 소외되었을까? 우리 사회의 정책과 관심은 주로 저출산과 청년층의 문제에 집중되어 있다. 특히 노년층은 경제 활동에 참여하는 생산 가능 인구에 포함되지 않기 때문에 사회 발전의 측면에서 상대적으로 덜 주목받을 수밖에 없다. 또 노년층이 적극적으로 사회 활동에 참여하는 계층이 아니다 보니 문제가 표면적으로 드러나지 않거나, 이들의 빈곤과 고립을 개인의 불행이나 책임으로 돌리기도 한다.

그러면 우리는 왜 노인 문제에 주목해야 할까? 우선 지난 시대의 경제 발전을 책임졌던 노인 세대의 복지 문제를 이제는 사회가 책임질 수 있어야 한다. 더 나아가서 노인 문제는 비단 노년층만의 문제에 머무르지 않는다. 노년층의 빈곤과 고립은 사회적 비용을 증가시키고 결국 청년층을 비롯해 경제 활동 인구에도 부담이 될 수 있다. 또 이런 문제가 계속 소외된다면 미래의 노인이 될 청년 세대에도 불안 요소가 될 수 있다. 소외된 문제에 관심을 가져야 하는 이유이다.

사회과학 글쓰기는 사회 현상을 분석하고 이해하며, 문제를 발견하고 해결책을 제시함으로써 사회가 더 나은 방향으로 나아갈 수 있도록 하는 것을 목적으로 한다. 사회에서 발생하는 다양한 현상이나 문제에 대한 관심과 성찰은 사회 변화와 발전의 원동력이 될 수 있다.

연습문제 1

1. 내가 관심 있는 사회 현상이나 문제는 무엇인가?

2. 최근 화제가 되고 있는 사회 문제는 무엇인가?

3. 현재 사회적으로 주목받지는 못하지만, 관심을 가져야 하는 사안은 무엇인가?

2. 사회과학적 글쓰기의 역할

1) 사회 현상의 분석과 예측

사회과학은 인간 사회에서 일어나는 다양한 사회 현상과 인간의 사회적 행동을 탐구하는 것이다. 따라서 사회과학적 글쓰기는 복잡한 사회 현상들을 경험적 자료와 이론을 바탕으로 체계적으로 분석하고 설명할 수 있다. 이때 어떤 현상들을 관찰하고 분석해서 인과 관계를 드러낼 수도 있고, 일정한 체계로 재구성해 쉽게 이해할 수 있게 표현할 수도 있다. 또 사회 현상의 패턴과 인과 관계 분석을 바탕으로 사회 변화의 방향을 추론할 수 있는데, 합리적인 예측은 제도 개선 제안이나 정부 정책 등 해결 방안을 세우는 근거가 되기도 한다.

• • • • • •

2023년 통계에 따르면 청년층 체감 실업률은 20%를 넘어섰다. 명목상 취업자라 하더라도 비정규직, 플랫폼 노동 등 불안정한 일자리 비율이 높다. 청년들은 안정적 직장을 잡기 위해 스펙을 쌓고, 취업 시험을 준비하며 긴 시간을 소비하지만, 돌아오는 보상은 점점 더 줄어들고 있다.

취업에 성공하더라도 높은 주거비, 교육비, 미래에 대한 불확실성은 여전히 청년들의 어깨를 짓누른다. 꿈을 꾸기에는 현실이 너무 가혹한 상황이다. 청년들이 삶의 목표를 '버티기'로 설정하는 시대, 한국 사회는 심각한 경고를 받고 있는 것이다.

청년 세대가 이토록 절망에 빠진 데는 단순한 경기 침체나 개인적 노력 부족만으로는 설명할 수 없는 구조적 요인이 있다. 첫째, 일자리 질의 문제이다. 청년 고용의 상당 부분이 비정규직, 계약직, 단기 아르바이트 등으로 채워지고 있으며, 안정성과 소득 수준 모두 만족스럽지 못하다. 대기업과 중소기업 간 임금 격차는 여전히 크고, 정규직 취업은 극소수에게만 허락된 특권이 되어 버렸다.

둘째, 스펙 경쟁과 과잉 자격의 문제다. 청년들은 각종 자격증, 외국어 능력, 인턴 경험을 갖추기 위해 시간과 비용을 투자하지만, 실제 노동 시장에서 이들의 가치를 온전히 인정받지 못한다. 경쟁은 치열해졌지만, 보상은 줄어들었다. 과잉 경쟁 속에서 상실감과 무력감은 점점 깊어지고 있다.

셋째, 주거 문제다. 수도권을 중심으로 한 집값 폭등은 청년들의 주거 안정성을 심각하게 위협하고 있다. 월세 부담은 소득의 상당 부분을 잠식하고 있으며, 내 집 마련은 꿈조차 꾸기 어려운 상황이다. 자산 격차는 부모 세대부터 대물림되고 있고, 출발선의 차이는 갈수록 벌어지고 있다.

넷째, 사회 안전망의 부재다. 청년층을 위한 맞춤형 복지 제도는 여전히 부족하고, 실패를 경험한 청년들이 재도약할 수 있는 지원 시스템도 미약하다. 창업, 이직, 진로 변경 과정에서 겪는 위험을 청년 개인이 고스란히 떠안아야 하는 구조 속에서, 많은 청년은 스스로를 실패자로 낙인찍으며 사회에서 멀어져 간다.

– 권의종, 「청년세대 절망–일자리, 주거, 미래 불안」, 『서울이코노미뉴스』, 2025.05.21.

• • • • • •

이 글은 청년 세대들이 느끼는 절망과 불안을 개인의 문제가 아닌 사회 구조의 문제로 접근하고 있다. 청년들은 높은 실업률과 치열한 경쟁을 뚫고 취업에 성공하더라도 주거비와 교육비 부담, 미래에 대한 불확실성 속에서 여전히 불안정한 현실에 놓이게 된다. 그리고 위기의 원인을 일자리 질 저하, 과도한 스펙 경쟁, 주거난, 사회 안전망의 취약성 등 사회 구조적 문제에서 비롯된 것으로 본다. 이런 문제들이 지속될 경우 청년들이 상실감과 무력감을 느끼고 스스로 실패자로 인식해 사회와 멀어질 위험이 있다고 지적한다. 즉 청년 문제의 사회 구조적 원인을 분석함으로써 미래 세대의 불안이라는 사회 위기를 경고하고 있다.

사회과학 글쓰기의 중요한 역할 중 하나는 사회 현상을 분석하고 미래를 예측하는 것이다. 이는 표면적으로 드러나는 사회 현상뿐 아니라 인간과 사회의 다양한 관계 속에서 현상의 이면에 있는 원인과 구조를 탐구하고, 그 결과가 앞으로 어떤 변화를 불러올지 합리적으로 추론하는 지적 활동이다. 그리고 이러한 분석과 예측은 사회 문제 해결을 위한 대안 제시와 정책 수립의 토대가 될 수 있다.

연습문제 2

〈자료 1〉은 2021년부터 2024년까지 우리나라의 초중고 총 사교육비와 전체 학생 1인당 월평균 사교육비 통계이다. 〈자료 2〉는 서울시교육청이 주최한 '2025 교육 대전환 포럼-사교육비 경감 프로젝트 시민 토론'에 대한 기사다. 두 자료를 활용해서 현재 우리나라 초중고 사교육비 지출 문제의 양상과 원인을 설명하는 글을 작성해 보자.

〈자료 1〉

초중고 총 사교육비 (단위: 조 원)	2021년	2022년	2023년	2024년
초등	10.5	11.9	12.4	13.2
중등	6.3	7.1	7.2	7.8
고등	6.5	7.0	7.5	8.1

전체 학생 1인당 월평균 사교육비 (단위: 만 원)	2021년	2022년	2023년	2024년
초등학생	32.8	37.2	39.8	44.2
중학생	39.2	43.8	44.9	49
고등학생	41.9	46	49.1	52

출처: 국가데이터처

〈자료 2〉

18일 서울시교육청이 주최한 '2025 교육 대전환 포럼–사교육비 경감 프로젝트 시민 토론'에서 이덕난 국회입법조사처 교육문화팀장은 "공교육의 질을 높이고 만족도를 높이면 사교육이 감소할 것이라는 주장은 비현실적 이상"이라고 지적했다. 그러면서 "남들보다 학교 밖에서 공부를 더 하는 것이 더 높은 점수를 받는 데 효과가 별로 없고 설령 그 결과로 더 높은 점수를 받더라도 아이들의 대학 진학, 취업, 연봉, 행복 등에 긍정적인 영향이 없다는 것을 체감하면 달라질 수 있다"며 "이는 사회 제도 전반의 변화가 함께 수반돼야 가능하다"고 말했다.

통계청에 따르면 지난해 사교육비는 29조 2,000억 원으로 전년 대비 7.7% 증가했다. 초·중·고 전체 학생 수는 전년보다 8만 명 감소했으나, 사교육비는 오히려 증가한 것이다.

이 팀장은 한국교육개발원(KEDI)의 교육 여론 조사 결과를 근거로 들며 양질의 공교육 제공과 사교육 감소는 관련이 없다고 주장했다.

조사 결과 학부모들이 사교육을 시키는 이유로 '남들이 하니까 심리적으로 불안해서'(21.8%), '학교에서보다 더 공부시키려고(20.0%)', '남들보다 앞서 나가게 하려고'(18.4%) 등이 꼽혔다.

– 박성렬, 「지난해 사교육비 30조 원 육박… "사교육비 경감 위해 학원 교습 시간 제한해야"」, 『매일경제』, 2025.06.19.

2) 사회 문제의 발견과 해결 방안 탐색

사회과학 글쓰기는 사회 현상에 대한 분석과 설명에만 머무르지 않는다. 이러한 분석을 통해 미래를 예측하고 사회 문제에 대해 대안을 제시할 수 있다. 즉 사회과학 글쓰기는 구체적인 근거를 바탕으로 미래를 전망하고 궁극적으로는 사회를 개선하기 위한 대안을 마련해 사회 변화에 기여하는 지적 실천이라고 할 수 있다.

요즘 전 세계적으로 큰 관심을 끌고 있는 화제 중 하나는 기후 위기다. 다음 글은 기후 위기라는 전 지구적 문제를 사회과학적 시각에서 다루고 있다.

• • • • • • •

2015년 체결된 파리기후협약에는 온실가스 배출을 획기적으로 감축하고 기후 변화를 저지하기 위한 온 인류의 의지와 염원이 담겨 있다. 대부분의 국가가 2050년까지 넷제로에 도달하겠다는 서약을 했다. 이를 통해 2100년까지 지구 평균 기온 상승을 산업 혁명 이전과 비교해 2도, 가능하다면 1.5도 이내로 제한하겠다는 것이다.

2도와 1.5도는 고작 0.5도 차이이다. 얼핏 보면 큰 차이가 아닌 듯하지만 이는 엄청난 차이이다. 우리 동네의 기온이 아니라 지구 전체의 평균 기온이 0.5도 오르거나 오르지 않는 것은 이미 타는 듯한 여름을 매년 겪고 있는 남부 유럽, 호주 그리고 아프리카의 몇몇 국가에는 그야말로 생존의 문제가 될 수 있다. 우리가 먹는 야채, 바닷속의 산호초 그리고 인간에 이르는 모든 생명체의 생존 가능성은 그리 크지 않아 보이는 0.5도에 달려 있다고 해도 지나친 말이 아니다. 온도 상승의 폭을 그만큼만 줄일 수 있어도 굶주림과 무더위에서 벗어나 생활의 질이 높아지고 건강한 삶이 가능해질 것이다.

하지만 2100년까지 기온 상승의 폭을 1.5도 이내로 제한하는 것은 어려운 일이다. 왜냐하면 우리 사회와 경제가 화석 연료에 의존적이기 때문이다. 전기를 만들 때, 한 장소에서 다른 장소로 이동할 때, 우리가 집에 거주하면서 무언가를 먹고 마실 때 모든 행동이 온실가스를 배출하고 있다. 심지어 얼핏 보면 화석 연료와 거의 관련이 없을 것 같은 섬유 산업조차 매년 약 10억 톤의 이산화탄소를 내뿜고 있다. 이쯤 되면 온실가스 배출을 줄이기 위해서는 우리가 먹고, 입고, 물건을 사용하다가 최종적으로 버리는 거의 모든 생활 방식을 바꿔야만 한다.

기후 변화를 연구하는 과학자들의 분석에 따르면 2024년 인류는 2100년까지 기온이 2-3도가량 상승하는 곡선에 올라타 있다. 즉각적이고 매우 효과적인 정책을 시행하지 않으면 2100년에는 지구 평균 기온이 산업 혁명 당시와 비교해 약 3도 정도 오른 극단적인 기후를 경험하게 될 것이다.

반면 적절한 정책이 시행되고 꾸준한 기술 개발이 진행된다면 2070년을 전후해서는 지금과는 완전히 다른 세상이 되어 있을 것이다. 화석 연료를 기반으로 하는 석탄 화력 발전소는 자취를 감추었을 것이고 휘발유와 디젤을 기반으로 하는 차량도 모두 사라지고 도로 위에는 전기 자동차만 달리고 있을 것이다. 집에서 사용하는 거의 모든 전기도 화석 연료가 아닌 신재생 에너지나 수력 등으로 생산된 전기이거나 에너지 저장 장치에서 가져온 전기일 것이다.

하지만 이런 미래는 노력 없이 주어지지 않는다. 이미 현재 시점에도 존재하는 다양한 탄소 중립적 기술을 좀 더 발전시키고 보급해야만 할 것이다.

– 김기상, 『기후위기는 국경을 모른다』, 초록비책공방, 2025, 236-239쪽.

• • • • • •

2015년, 온실가스 감축을 위해 '파리기후협약'이 체결됐다. 하지만 이 글에서는 현 상황에서 기후 협약의 목표대로 기온 상승의 폭을 1.5℃ 이하로 유지하기는 어렵다는 점을 지적한다. 오늘날 인류의 생활 양식은 여전히 화석 연료에 매우 의존적이며, 산업과 소비의 과정 대부분이 온실가스를 배출하는 활동이기 때문이다. 결국 기후 위기는 인간의 활동과 사회·경제적 구조가 만들어낸 문제이다. 기후 변화를 연구하는 과학자들은 현재와 같은 패턴이 지속될 경우 2100년까지 지구 평균 기온이 약 3℃ 상승할 것으로 예측한다. 이렇게 된다면 인류는 극단적인 기후 변화와 위기를 겪게 된다는 것이다. 따라서 이런 변화를 예방할 해결책이 필요한데, 온실가스 배출을 줄이기 위해서는 화석 연료를 사용하는 에너지 생산과 관련된 정책들이 시행되어야 하며 탄소 중립 기술 개발을 위해서도 노력해야 한다고 대안을 제시한다.

즉 사회 문제를 해결하기 위해서는 사회 현상에 대한 충분한 이해를 바탕으로 문제의 원인을 분석하고 미래를 예측할 수 있어야 하며, 더 나아가 이를 토대로 합리적인 해결 방안을 제시할 수 있어야 한다. 사회과학 글쓰기는 단순히 현상을 기술하는 데 그치지 않고 더 나은 사회를 만들기 위한 사유와 실천의 과정이다.

연습문제 3

최근 개인 정보 유출 문제가 심각하다. 특히 디지털 기술이 발달할수록 데이터 의존도가 높아지는데, 개인 정보도 이 데이터들의 일부를 차지한다. 다음은 개인 정보 관련 용어의 의미인데, 이 자료를 참고해서 요즘 사회적으로 문제가 되고 있는 개인 정보 유출 및 보호와 관련해서 화제를 설정하고 문제점과 해결 방안을 제시하는 글을 작성해 보자.

개인 정보 보호 책임자 (CPO)

CPO는 영어 단어 'Chief Privacy Officer' 약자로, 개인 정보의 처리에 관한 업무를 총괄해서 책임지는 개인 정보 책임자를 의미하며, 기업·기관 데이터와 개인 정보 보호 정책 및 전략을 다루는 역할을 수행해요.

개인 정보 자기 결정권

정보 주체가 개인 정보를 보호받기 위해 자신에 관한 정보가 언제, 누구에게, 어느 범위까지 알려지고 또 이용되도록 할 것인지를 정보 주체가 스스로 결정할 수 있는 권리를 의미해요.

잊힐 권리

온라인상 자신과 관련된 모든 정보에 대한 삭제를 요구할 수 있는 권리를 의미해요. 개인정보위는 아동·청소년의 잊힐 권리를 지원하기 위해 지우개 서비스를 운영 중이에요.

출처: 개인정보보호위원회

3. 사회과학적 글쓰기에서 통계, 데이터의 활용

1) 통계, 데이터 활용의 중요성

사회과학은 단순히 사회에서 발생하는 현상만 가지고 연구하기는 어렵다. 관련 이론, 사례, 통계 자료 등을 통해 사회 현상이나 문제를 보다 객관적으로 이해하거나 심층적으로 분석할 수 있다. 특히 수치 자료, 표, 그래프 등의 데이터를 활용하면 문제의 근거 제시, 심각성 제고, 해결 방안 제안 등에서 객관성, 신뢰성, 타당성을 확보할 수 있다. 또 통계와 데이터의 활용을 통해 복잡한 현대 사회의 특징이나 문제를 한눈에 파악할 수 있게 제시할 수도 있다.

다음 두 글은 공통적으로 배달 문화 확산으로 인한 일회용품 사용 증가와 관련해서 문제 제기를 하고 있다. 그러나 통계와 데이터 활용 여부에 따라 객관성과 신뢰성에 차이를 보인다.

• • • • • •

(가) 최근 몇 년 사이 배달 문화가 더욱 확산되고 있다. 이는 생활 방식의 변화 때문이라고 할 수 있는데, 배달이 증가함에 따라 일회용품 사용도 함께 늘어나게 되었다. 주변에 친구들만 보더라도 대부분 배달 앱을 자주 사용하는데, 배달 음식을 먹은 후 플라스틱 쓰레기가 많이 나온다고 얘기하곤 한다. 이는 우리가 주목해야 하는 환경 문제 중 하나이다.

– 학생 글

(나) 1인 가구의 증가와 배달 플랫폼의 무료 배달 혜택 확산은 온라인 음식 서비스 시장의 지속적인 성장을 견인하고 있다.

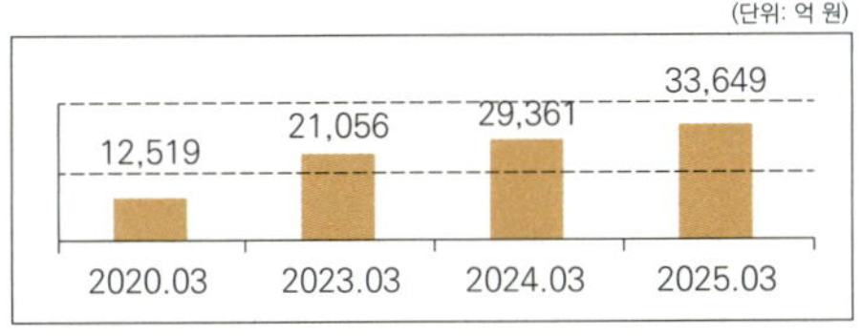

출처 : 통계청

[그림 1] 온라인 음식 서비스 거래액

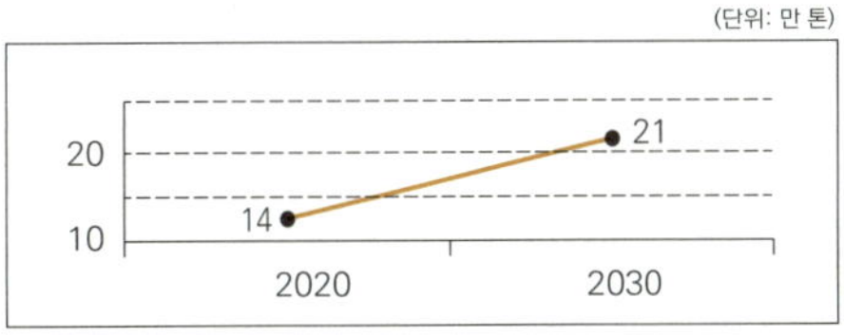

(단위: 만 톤)
20
10
14
21
2020
2030

출처 : 한국플라스틱포장용기협회

[그림 2] 플라스틱 용기 폐기물 발생량 예측

실제로 통계청이 발표한 「2025년 3월 온라인 쇼핑 동향」에 따르면, 2025년 3월 기준 음식 서비스 거래액은 3조 3,649억 원으로, 이는 지난달 대비 2,678억 원, 전년 동월 대비 4,288억 원이 늘어난 수치이다. 이러한 음식 배달 시장의 지속적인 성장은 환경 문제와도 직결된다. 한국플라스틱포장용기협회는 2020년 플라스틱 배달 및 테이크아웃 용기 폐기물량이 연간 14만여 톤에 달한다는 사실을 토대로 2030년 폐기물량은 약 21만 톤에 이를 것임을 예측했다. 하지만 2020년 당시, 음식 서비스 거래액이 1조 2,519억 원이었던 점을 고려해 볼 때 불과 5년 만에 거래액이 약 2.7배 증가한 현 상황에선 향후 플라스틱 폐기물 발생량은 기존 예측인 21만 톤을 크게 넘어설 것으로 전망된다. 배달 서비스의 확산과 그에 따른 환경 부담이 심화되면서, 오늘날 환경 보호에 대한 관심은 그 어느 때보다 뜨겁다.

– 학생 글

• • • • • •

두 글은 모두 배달 문화의 확산으로 일회용품 사용이 증가하고, 그 결과 플라스틱 폐기물로 인한 환경오염이 심화되고 있다고 문제 제기를 하고 있다. 하지만 첫 번째 글은 개인적인 경험을 중심으로 서술하고 있어 공감대 형성에는 도움이 되지만, 구체적인 수치와 객관적인 근거 부족으로 문제의 심각성이 제대로 전달되지 않는다. 반면 두 번째 글은 통계를 활용해서 배달 서비스 증가와 그에 따른 플라스틱 용기 사용량 변화를 구체적으로 제시하고 있으며, 향후 전망에 대해서도 언급하고 있다. 이는 글의 신뢰도를 높일 뿐 아니라 문제의 심각성을 효과적으로 드러낸다. 즉 데이터와 통계를 적절하게 활용하면 글의 객관성과 신뢰성을 확보할 수 있으며, 미래도 예측할 수 있어서 문제 해결을 위한 의사 결정에 도움이 된다.

사회과학 글쓰기에서 통계나 데이터를 활용하는 이유는 다음과 같이 정리할 수 있다.

첫째, 복잡한 사회 문제의 원인과 구조를 합리적으로 분석할 수 있다.
둘째, 공신력 있는 데이터를 제시함으로써 독자의 신뢰를 확보할 수 있다.
셋째, 문제의 실태나 현황을 정량적으로 보여 주고 객관적인 개선 방안을 모색할 수 있다.

2) 통계, 데이터의 함정

사회과학 글쓰기에서 통계는 사회 현상을 체계적인 숫자로 나타냄으로써 대상을 쉽게 파악할 수 있게 한다. 그리고 이는 일정한 표본 집단을 실제로 조사해서 나온 결과를 기반으로 하기 때문에 기본적으로 사실에 기초한다. 그렇다면 통계나 데이터가 항상 객관적이며 옳은 것일까? 통계와 데이터는 표본 집단 구성과 질문 설정에 오류가 있을 수 있으며, 자료를 활용하고 해석하는 과정에서 의도적이거나 비의도적으로 왜곡할 수 있는 해석의 함정이 숨어 있다.

예컨대 2000년대 후반 '4대강 사업 환경 영향 평가'에서 환경에 부정적 영향이 발생할 거라는 입장과 긍정적 영향을 미칠 거라는 양극단의 논리가 펼쳐졌다. 이런 평가는 각기 다른 입장을 가진 학자들이 통계와 데이터를 서로 다른 방식으로 분석하고 예측한 결과였다. 이처럼 통계와 데이터를 어떻게 활용하냐에 따라 동일한 현상을 두고도 상반된 결론을 도출할 수 있다.

다음 사례에서도 서로 다른 기준의 통계가 동일한 현상을 어떻게 다르게 보여 주는지 알 수 있다.

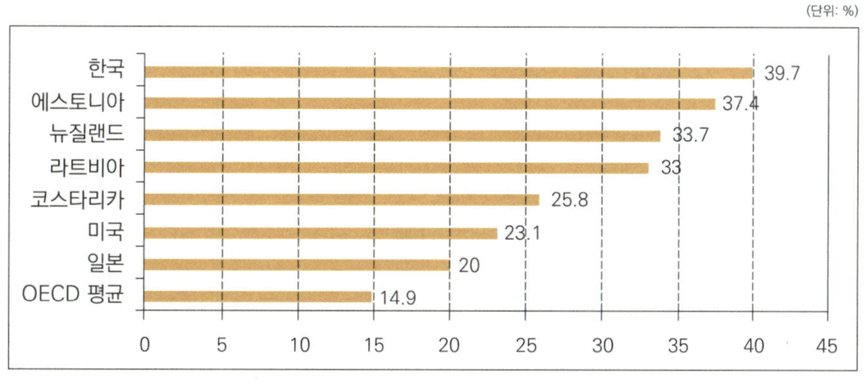

출처 : OECD

[그림 3] 2022년 OECD 노인 빈곤율

우리나라가 OECD 국가 중 노인 빈곤율 1위라는 것은 널리 알려진 사실인데, 위의 통계는 그 심각성을 단적으로 보여 준다. 2022년 기준 우리나라의 노인 빈곤율은 39.7%로 OECD 평균 14.9%의 두 배 이상 높은 상황이다. 하지만 현재 우리나라의 경제 수준을 고려하면 이런 수치가 선뜻 납득되지 않는다. 이를 이해하기 위해서는 우선 OECD의 노인 빈곤율 정의를 살펴보아야 하는데, '만 65세 이상 인구의 중위 소득 50% 이하 소득 비율'을 기준으로 하고 있으며, 여기에서 소득은 세금, 보험 등 필수 지출을 빼고 가용할 수 있는 '처분 가능 소득'을 의미한다.

다음 통계는 우리나라 노인 빈곤율에 대해서 사뭇 다른 결과를 보여 준다.

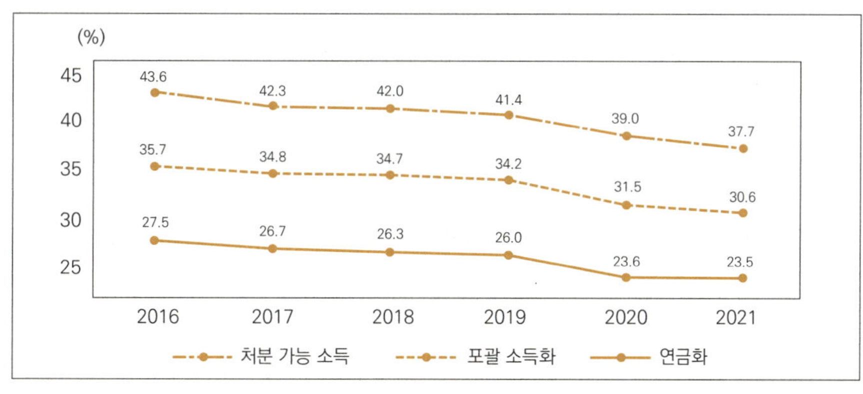

출처 : 이승희, 「노인 빈곤의 현황, 전망과 대응」, 「KDI-한국은행 공동 심포지엄」, 2025.

[그림 4] 자산의 소득화에 따른 노인 빈곤율(2016~21년)

이 통계는 OECD의 '처분 가능 소득' 기준 노인 빈곤율이 우리나라의 경제 구조를 충분히 반영하지 못한다는 것을 보여 준다. 우리나라의 경우 노년층 자산 중 부동산 비중이 높기 때문에 처분 가능 소득만으로는 실제 경제력과 빈곤 수준을 정확히 파악하기 어렵다. 여기에서 '포괄 소득화'는 실제 현금 소득 이외에 임대 소득이나 이자 소득 등을 포함하며, '연금화'는 부동산 자산을 주택 연금 등으로 소득화하는 것을 말한다. 2021년 노인 빈곤율은 처분 가능 소득을 기준으로 보면 37.7%지만 포괄 소득화를 포함하면 30.6%, 연금화까지 포함하면 23.5%로 크게 낮아진다. 연금화까지 고려해도 OECD 국가 평균보다 여전히 높은 수준이지만, 실제 노인 빈곤 실태를 정확하게 파악하는 데 의미가 있다. 이처럼 통계는 무엇을 기준으로 삼느냐에 따라 결과가 매우 달라질 수 있다.

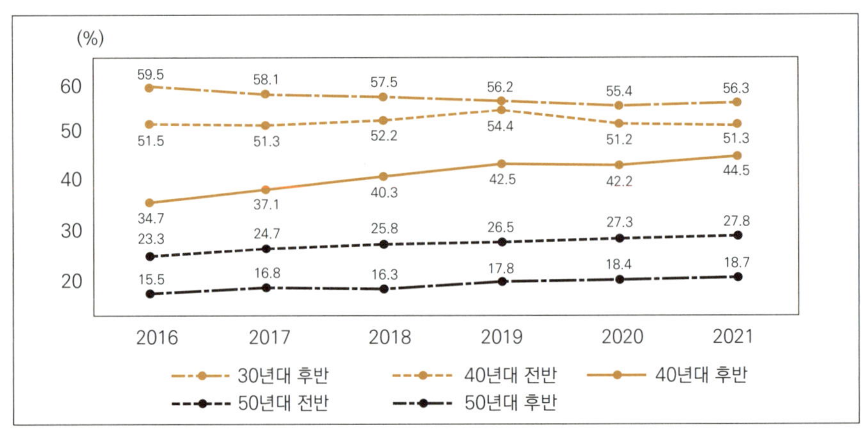

출처 : 이승희, 「노인 빈곤의 현황, 전망과 대응」, 『KDI-한국은행 공동 심포지엄』, 2025.

[그림 5] 세대별 노인 빈곤율(2016~21년)

세대별 노인 빈곤율 차이가 큰 것도 시사점을 제공한다. 2021년 기준 1930년대 후반생의 노인 빈곤율은 56.3%였던 반면 1940년대 후반생은 44.5%, 1950년대 전반생은 27.8%였고, 1950년대 후반 출생자로 한정하면 18.7%까지 낮아져 세대 간 최대 3배까지 차이가 났다. 이는 조사 과정에서 표본 집단을 어떻게 설정하냐에 따라 통계 결과가 달라질 수 있음을 보여 준다.

그렇다면 통계의 정확성과 객관성은 왜 중요한 것일까? 우선 실제 노인 빈곤율을 정밀하게 예측하고 빈곤의 원인도 파악할 수 있다. 더 나아가서 정확한 통계는 노인 빈곤에 대한 실효적인 정책을 세우는 것까지 연결될 수 있다. 소득 기준으로 볼 때는 실질적으로 소득을 늘릴 수 있는 연금 제도 개혁이나 노인 일자리 창출이라는 정책을 펼 수 있지만, 포괄 소득화나 연금화 소득을 기준으로 봤을 때는 부동산 자산을 통한 주택 연금 확대 등으로 정책 방향이 바뀔 수 있다.

즉 통계는 비교적 객관적인 지표이지만, 선택적으로 사용하거나 편향되게 해석하면 오류에 빠질 수 있다. 왜곡된 통계는 사회 구성원들에게 잘못된 인식을 심어줄 수 있으며, 사회 문제와 관련된 통계의 경우 국가 정책에도 영향을 미칠 수 있다. 따라서 통계를 활용할 때는 비판적 시각을 가지고 신중하게 접근해야 한다.

(1) 유리한 통계의 선별적 차용의 함정

통계를 활용할 때 빠지기 쉬운 함정이 바로 자신의 목적에 맞는 유리한 통계를 선택적으로 가져오는 것이다. 체리 피킹이라고도 불리는데 이는 체리를 딸 때 맛있는 체리만 선별해서 담는 데서 유래한 표현으로, 자신에게 유리한 정보와 통계를 선택적으로 활용하는 것을 말한다.

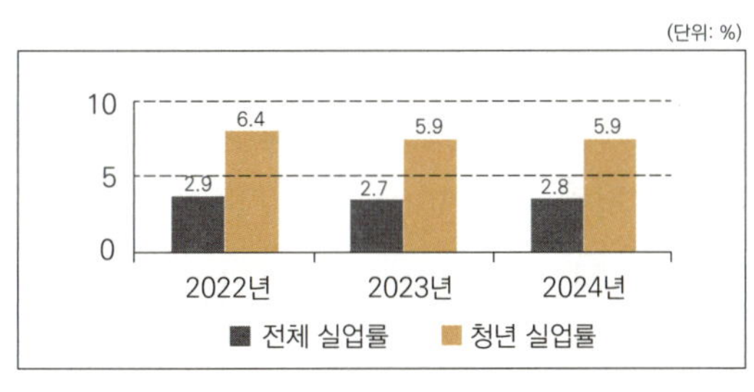

[그림 6] 우리나라 실업률

위의 통계를 보면, 2022-2024년 기준 전체 실업률은 3% 미만으로 비교적 낮은 수치를 기록하고 있어서 고용률이 안정적으로 보인다. 하지만 청년 실업률은 전체 실업률의 두 배 가까이 되는 6%에 육박하고 있어 전혀 다른 양상을 보여 준다. 즉 전체 실업률 수치가 안정적임에도 불구하고 실제 취업을 준비하는 청년들이 체감하는 취업의 벽은 여전히 높은 것으로 볼 수 있다. 전체 실업률만을 내세워 취업 시장이 안정적이라고 하는 것은 정책 홍보용으로는 유용할 수 있지만, 실제 청년층의 고용 불안 문제를 소외시킬 수 있으며 노동 시장의 구조적인 취약성을 축소하거나 왜곡할 수 있다. 실효성 있는 정책을 수립하기 위해서는 전체 실업률과 함께 세대별 실업률, 체감 실업률 등도 고려해야 한다.

(2) 표본 구성 차이(표본 편향)의 함정

통계는 원칙적으로 모집단 전체를 조사하는 것이 가장 정확하다. 하지만 시간과 비용 등의 현실적인 제약 때문에 대표성을 가진 일부만 조사 대상으로 삼기도 하고, 통계 대상 범위의 설정 원칙 등으로 인해 모집단 구성에 제한이 있기도 하다. 이때 통계 조사 대상을 표본이라고 하는데, 이 표본이 모집단의 특성을 반영하지 못할 때 문제가 발생한다. 이를 표본 구성 차이 혹은 표본 편향의 함정이라고 한다. 즉 표본이 전체를 대표하지 못하거나 특정 조건을 가진 집단에 치우쳐 있을 때, 또 표본의 크기가 지나치게 작아서 통계의 신뢰도가 떨어질 때 결과에 오류가 발생하는 것을 말한다.

예컨대 낮시간 대에 유선 전화로 여론 조사를 할 경우 비교적 높은 연령대가 응답할 가능성이 크다. 이 경우 무작위 추출 조사라고 하더라도 실제 표본 집단이 특정 연령대에 편중되어 청년층이나 직장인의 의견은 소외될 수 있으며 왜곡된 여론을 형성할 수 있다. 또 통계청처럼 대규모 표본을 사용하는 기관과 달리 소규모 설문 조사의 경우 표본 수가 너무 적을 수 있어서 통계의 대표성이 떨어지고 결과 해석에서도 과도한 일반화의 오류가 발생할 수 있다.

한편 앞선 예시에서 청년 실업률의 경우 6% 정도로 높은 수치를 보이는데, 사실 이 수치도 청년들의 고용 현실과 체감 실업률을 제대로 반영하지 못하고 있다는 지적이 제기되고 있다.

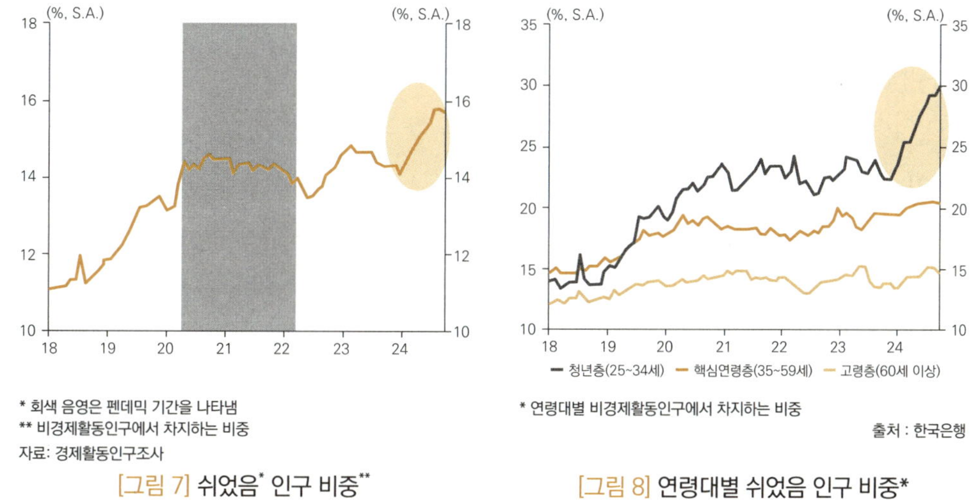

[그림 7] 쉬었음* 인구 비중**

[그림 8] 연령대별 쉬었음 인구 비중*

실업률은 구직 활동자를 기준으로 산출되기 때문에, 구직 활동을 하지 않는 비경제 활동 인구는 포함되지 않는다. 그런데 최근 청년층을 중심으로 '쉬었음 인구', 즉 구직을 포기한 이들이 급증하고 있다. 팬데믹 이후 이 비율은 특히 청년층에서 두드러지게 상승했는데, 이는 단순한 취업 의지 부족이 아니라 고용의 질 하락, 경력직 선호, 취업 장벽 등 구조적 문제로 인해 비자발적으로 노동 시장을 떠나는 청년들이 많아졌기 때문이다.

문제는 이들이 실업률 산정에서 제외되면서 통계상 실업률은 낮아 보이지만 실제 고용 상황은 더 악화되고 있다는 점이다. 전체 실업률 3%만 보면 고용이 안정적인 것처럼 보이지만, 그 이면에는 청년층의 높은 실업난과 '쉬었음 인구' 증가라는 문제적 현실이 존재한다. 이는 표본이 노동 시장을 제대로 반영하지 못하는 표본 편향의 대표적 사례로, 배제된 집단까지 고려해야 실제 청년 실업 문제를 정확히 진단하고 적절한 정책을 마련할 수 있음을 보여 준다.

(3) 기준 시점 설정의 함정

통계에서는 어떤 시점을 기준으로 삼느냐에 따라 해석이 달라질 수 있다. 동일한 지표를 대상으로 하더라도 기준 시점을 다르게 하면 상승과 하락, 개선과 악화 등이 전혀 다르게 읽힐 수 있는 것이다. 특히 집값, 주가, 소득, 실업률 등 장기적인 변화

추이가 중요한 통계 지표 해석에서 오류가 나타나기 쉬우며, 특정 집단에서 자신에게 유리한 시점을 선택적으로 제시해서 현실을 왜곡할 수 있다. 즉 통계 수치 자체보다는 기준 시점이 통계의 해석과 의미를 좌우할 수 있는 함정이다.

우리 사회는 살인, 강도, 성폭력, 상해, 절도 등 다양한 범죄들로 곤혹을 치르고 있다. 실제로 우리나라 범죄율은 2019년에 전년 대비 상승한 바 있다. 그렇다면 우리 사회의 범죄율은 점점 상승하고 있는 것일까?

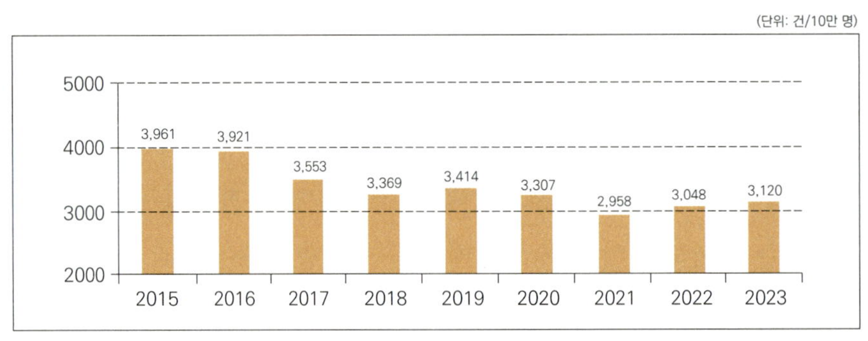

출처 : 검찰청, 「범죄 분석 통계」

[그림 9] 우리나라 범죄율

범죄율은 형법 범죄와 특별법 범죄를 모두 포함한 것으로, 인구 10만 명당 범죄 건수를 기준으로 하는 통계이다. 2019년도와 2022년도에는 전년 대비 범죄율이 상승했지만, 2015년을 기준으로 장기적인 흐름을 살펴보면 범죄율은 오히려 하락하는 추세에 있다. 따라서 특정 시점만을 기준으로 사회 문제를 분석하고 판단할 경우 현실 인식과 정책 설정에 왜곡이 발생할 수 있으므로 유의해야 한다. 즉 통계는 특정 시점에서 보기보다는 여러 시점을 비교해야 하며, 단기 변동성과 함께 장기 추세도 살펴보아야 한다.

(4) 평균값 착시의 함정

평균값은 집단 전체를 하나의 기준으로 단순화해서 보여 주는 통계를 말한다. 하지만 평균값이 전체의 현실과 문제를 제대로 반영하지 못하는 경우가 있는데, 이를 평균값 착시라고 한다. 평균값이 어떤 집단의 특징을 보여 주는 것처럼 보이지만,

말 그대로 평균일 뿐 실제의 문제적 상황이나 다양한 현실을 반영하지 못할 수 있다.

다음 출산율 통계는 이런 문제를 잘 보여 준다.

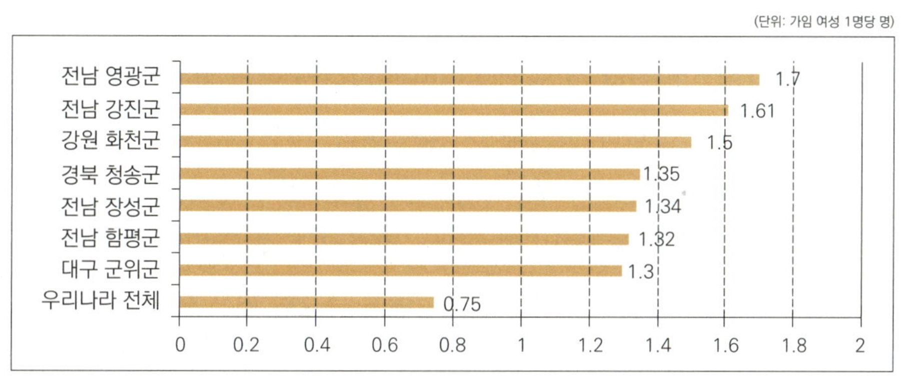

[그림 10] 2024년 우리나라 시군구별 합계 출산율 상위

2024년 기준 우리나라의 합계 출산율은 0.75명으로 OECD 최하위 수준이다. 그런데 2024년 시군구별 합계 출산율을 보면 일부 지역은 전국 평균 0.75명보다 훨씬 높은 출산율을 기록했다. 그렇다면 지방 소멸을 염려해야 하는 시대에 실제로 해당 지역의 출산 환경은 희망적인 것일까? 사실 이는 평균값이 만들어낸 착시에 가깝다.

일부 지역의 출산율이 높게 나타나는 이유 중 하나는 젊은 여성 인구의 감소에 있다. 교육과 일자리를 찾아 도시로 이동하면서 농어촌에는 미혼 여성이 줄고 기혼 여성의 비중이 커진다. 이때 출산율은 출생률과는 달리 가임기 여성(15-49세) 한 명이 평생 낳을 것으로 예상되는 평균 출생아 수를 의미하는데, 가임기 여성 전체를 분모로 계산하기 때문에 농어촌 지역의 기혼 여성 중심 인구 구조는 출산율을 실제보다 높게 보이게 하는 착시를 만든다.

통계청과 주민 등록 인구 자료를 보면, 출산율이 높은 지역일수록 역설적이게도 20·30대 여성 유출이 많다. 즉 높은 출산율 수치가 반드시 인구 증가의 긍정적 신호가 되는 것은 아니다. 따라서 출산율을 논할 때는 단순 평균인 합계 출산율만 보지 말고 인구 구조, 젊은 여성 유출, 혼인율 등 맥락적 지표를 함께 고려해야 현실을 정확하게 이해할 수 있다.

3) 통계, 데이터의 올바른 활용

사회학에서도 관찰, 조사, 측정 등 실증주의적 연구가 확대되면서 과학적 방법을 통한 분석이 중요해지고 있다. 이는 객관적이고 타당성 있는 지식과 정보를 기반으로 합리적인 결론을 도출한다는 전제에서 출발한다. 이런 과정에서 통계와 데이터는 신뢰성과 객관성을 담보하는 매우 중요 도구라고 할 수 있다. 그러나 통계는 객관적 진실을 말해 주는 수단임에도 불구하고, 활용이나 해석의 방식에 따라 진실을 흐리거나 왜곡할 수도 있다. 사회과학 글쓰기에서 중요한 것은 통계 숫자 자체가 아니라 '그 숫자가 무엇을 의미하며, 어떻게 읽을 것인가'에 대한 비판적 시각이다. 따라서 통계와 데이터를 무비판적으로 받아들이기보다는 맥락과 근거를 갖춘 비판적이고 성찰적인 '읽기'와 '활용'이 필요하다.

첫째, 출처와 조사 방법을 확인해야 한다. 통계의 출처가 어디인지, 어떻게 표본을 구성하고 어떤 조사 방식을 사용했는지 반드시 확인하고 검토해야 한다. 신뢰할 수 없는 출처, 특정 계층에 편중된 표본, 소규모 표본 집단의 활용 등은 사회 문제의 실상을 왜곡할 수 있으므로 유의해야 한다.

둘째, 균형 있는 시각으로 상반된 자료와 다른 관점의 해석도 함께 검토해야 한다. 자신에게 유리한 통계만을 선별적으로 활용하기보다는 다양한 자료들과 해석을 참고함으로써 균형 있는 시각을 유지해야 한다. 그래야 설득력과 객관성을 동시에 확보할 수 있다.

셋째, 단기 데이터만 보지 말고 장기적 추세를 살펴봐야 한다. 우리 사회는 팬데믹, 계절적 특성, 경기 변화, 정책 변화 등 예측되거나 혹은 예측되지 않은 상황들이 발생하기도 한다. 통계에서는 이런 외부 요인이 영향을 미칠 수 있기 때문에 단기간의 수치만 강조하거나 확대 해석해서는 안 되며, 장기적인 추세를 살펴보고 그 의미를 읽어 낼 수 있어야 한다.

연습문제 4

〈자료 2〉를 활용해서 〈자료 1〉을 비판적으로 분석하는 글을 작성해 보자.

〈자료 1〉

GDP(국내 총생산)는 일정 기간 한 나라에서 생산된 모든 재화와 서비스의 시장 가치를 합한 것이다. GDP 성장률은 전년 대비 GDP가 얼마나 증가 혹은 감소했는지를 나타내는 비율로 경제의 성장 속도를 보여 주는 핵심 지표이다. 우리나라의 GDP는 코로나 팬데믹이었던 2020년에는 마이너스 성장률을 보였지만, 2021년 대규모 재정, 통화 정책과 수출 호조로 4.6%로 반등했고, 이후에도 등락은 있지만 우리 경제가 꾸준히 성장하고 있음을 보여주고 있다.

우리나라 GDP 성장률 (단위: %)

연도	2015	2016	2017	2018	2019	2020	2021	2022	2023	2024
GDP 성장률	2.9	3.2	3.4	3.2	2.3	-0.7	4.6	2.7	1.6	2.0

출처: 통계청

〈자료 2〉

올해 1분기 소득 상위 20%(5분위)의 소득 증가율이 하위 20%(1분위)보다 두 배 가까이 높았던 것으로 나타났다. 세금과 연금, 사회 보험료 등을 제외한 처분 가능 소득 증가율에서는 3배 이상 차이가 났고, 상위 20%와 하위 20% 간 빈부 격차는 더 커졌다. 통계청이 25일 발표한 1분기 가계 동향 조사 결과에 따르면 1분기 소득 5분위 가구의 월평균 소득은 1천148만 3천 원으로 1년 전보다 6.0% 증가했다. 소득 1분위 가구의 월평균 소득이 107만 6천 원으로 3.2% 늘어난 것과 비교하면 소득 증가 속도가 2배 가까이 빠르다. 5분위 가구의 소득 증가율은 2분위(소득 하위 21~40%: 2.2%), 3분위(소득 상위 41~60%: 2.5%), 4분위(소득 상위

21~40%: 5.3%) 등 5개 분위 중 가장 높았다. 1분기 물가 상승률이 4.7%였음을 고려하면 4분위와 5분위만 실질 소득을 늘린 셈이다.

– 김현경, 「커지는 빈부격차…고소득층 소득 증가 2배 빨라」, 『한국경제TV』, 2023.05.25.

4. 사회과학적 글쓰기의 실천

사회과학적 글쓰기는 사회 현상을 분석하고 예측하며 사회 문제에 대한 해결 방안을 탐구하는 것이다. 이는 사회를 이해하고 성찰함으로써 더 나은 사회를 만들기 위한 출발점이 될 수 있다. 또 사회과학적 글쓰기는 단순히 자신의 주장이나 의견을 일방적으로 제시하는 것이 아니라, 검증 가능한 객관적 근거를 바탕으로 독자를 설득하는 학술적 글쓰기이다. 이때 사회 현상을 분석하고 문제의 원인을 진단하며 해결 방안을 도출하는 과정에서 통계와 데이터가 중요한 도구로 활용될 수 있다. 이런 자료들은 문제 제기의 근거가 되고 문제의 심각성을 입증하는 데 기여하며 더 나아가 현실적인 정책과 제도적 대안을 마련하는 기반이 되기도 한다.

고용과 노동, 빈곤과 불평등, 인구 구조, 출산율, 환경오염, 기후 변화, 지역 소멸, 범죄율, 복지, 세대 갈등, 교육 문제 등은 오늘날 우리가 주목해야 하는 사회 현상들로 사회과학적 글쓰기의 소재가 될 수 있다. 그리고 글쓰기 과정에서 단순히 현상과 문제의 심각성을 제시하는 차원을 넘어 실질적인 정책과 제도에도 영향을 미칠 수 있음을 염두에 두어야 한다. 이런 지적 실천은 긍정적인 사회 변화를 이끌어 내며, 지속 가능한 사회를 만드는 데 기여할 수 있다.

참고 문헌

강원택, 『사회과학 글쓰기』, 서울대학교출판문화원, 2019.
권의종, 「청년세대 절망-일자리, 주거, 미래 불안」, 『서울이코노미뉴스』, 2025.05.21.
김기상, 『기후위기는 국경을 모른다』, 초록비책공방, 2025.
김현경, 「커지는 빈부격차...고소득층 소득 증가 2배 빨라」, 『한국경제TV』, 2023.05.25.
노성호 외, 『사회과학 연구방법론』, 박영사, 2024.
박성렬, 「지난해 사교육비 30조 원 육박… "사교육비 경감 위해 학원 교습 시간 제한해야"」, 『매일경제』, 2025.06.19.
씨익북스 편집부 2팀, 『허위 통계의 함정』, 리브라북, 2025.
이승희, 「노인빈곤의 현황, 전망과 대응」, 『KDI-한국은행 공동 심포지엄』, 2025.
이승희, 『노인빈곤에 관한 연구: 소득과 소비를 중심으로』, KDI, 2023.
임승빈, 『질서의 지배자들』, 법문사, 2024.
성병기, 『사회과학 글쓰기』, 서울대학교출판부, 2005.
게르트 기거렌처 외, 『우리는 왜 숫자에 속을까』, 구소영 옮김, 온워드, 2023.
앨런 B. 다우니, 『통계의 함정』, 김상현 옮김, 에이콘, 2024.

제3장

자연과학적 글쓰기
– 과학적 의사소통 방법

1. 과학과 자연과학

자연과학(Natural Science)과 사회과학(Social Science)의 공통 단어는 '과학(Science)'이다. 사회과학은 '인간 사회의 여러 현상을 과학적, 체계적으로 연구하는 것'을 통칭하며 자연과학은 '자연의 여러 현상을 과학적, 체계적으로 연구하는 것'을 이른다.

그렇다면 과학이란 무엇인가? 누군가에게는 우주, 외계인, SF영화와 같이 무한한 상상을 자극해 주는 단어로 와 닿을 것이고, 직업적으로 관련이 있는 이들에게는 과학자, 과학 실험, 첨단 과학 기술과 같은 단어들을 떠올리게 할 것이며, 교사나 학생들을 비롯하여 교육과 관련이 있는 이들에게는 물리, 화학, 생물, 지구과학과 같은 과학 교과목이나 학문적 분류로서 자연과학을 연상하게 할 것이다. 이와 같이 '과학'이라는 단어는 여러 분야에서 다양하게 사용하고 있고, 각 분야별로 사용하고 있는 정의도 다양하여 합의된 정의로 규정하기 어렵다.

이에 1992년 린드버그(D. Linderberg)는 『서구과학의 시작(Tre Beginning of Western Science)』의 책에서 과학의 정의를 다음과 같이 7가지로 정리하였으며, 각 정의에 대한 이해를 돕고자 설명을 추가하였다.

첫째, 과학은 인간이 주위의 환경을 지배하기 위해 얻어낸 행동의 유형이다. 약 50만 년 전 인류가 등장한 이후 고대 유적이나 선사 시대의 유적을 보면 인간이 자연을 상당한 수준까지 이해하고 있었으며, 자연을 통제하는데 있어서도 상당한 수준의 기술을 가지고 있었다는 것을 알 수 있다. 예를 들어 구석기 시대 원시인들은 추위를 피하기 위해 불을 발견하였으며 수렵과 채집 생활이 신석기 시대에는 최초의 농경과 목축 생활로 발전되었다. 이러한 활동 속에서 인류는 이론적인 체제는 갖추지 못하였지만 농경과 목축과 같이 자연을 효율적으로 지배하려는 행동 양식이 갖춰졌으며 이러한 행동 양식은 다음 세대에게 과학 지식으로서 전달되었다. 당시의 지식 전달 방식은 말로써 전달되는 구비 전승적 지식 전달 방식이 사용되었기에 지식이 객관적이지 못하고 와전되기도 하였다.

둘째, 과학은 자연에 대한 이론적인 지식의 추구이고, 기술은 실제적인 문제를 해결하기 위한 이론적 지식의 응용으로 엄연히 구분될 필요가 있다. 청동기 시대 이후 BC 5000년~BC 3000년 전 4대강 유역에서 인류의 4대 문명이 출현하였고 역사 시대의 문명 단계가 도래한 후 정치 제도, 종교, 문자의 발명 등 각종 제도와 기술들이 발달하게 된다. 이에 자연을 지배하기 위한 일련의 행동 유형인 과학 지식은 문자로 기록되기 시작하였으며, 자연 현상을 규명하려는 이론적인 지식 추구의 과학(Science)과 이론적 지식을 응용하여 인류의 실제적인 문제를 해결하려는 기술(Technology)로 구분되었다. 이러한 맥락에서 실용적인 관점으로 자연을 대했던 이집트와 바빌로니아인들보다 자연 현상을 합리적인 관점으로 설명하려고 한 BC 6C의 그리스의 자연과학 철학자들로부터 과학이 시작되었다고 볼 수 있다. 인류는 생존을 위해 과학과 기술을 받아들였으며, 인류의 역사에 있어 과학은 그림자와 같다고 할 수 있다. 현대에는 이러한 측면에서 과학과 기술을 구분하지 않고 '과학 기술'을 한 단어처럼 더 많이 사용하고 있다.

셋째 과학은 보편적이며, 법칙과 같은 언어들의 집합이다. 자연 현상은 많은 법칙으로 설명할 수 있으며, 법칙은 반복적으로 관찰되는 자연 현상에서 규칙성을 찾고 그것을 일반화한 것이다. 법칙은 관찰 사실을 설명하고 이론을 구성하고 새로운 사실을 예상하는 근거가 됨으로써 보편적인 지식을 구성하는 핵심적인 요소로 작용한다. 예를 들어 뉴턴의 제3법칙인 관성의 법칙, 가속도의 법칙, 작용 반작용의 법칙과 유전 법칙, 기체 반응의 법칙 등 다양한 법칙으로 자연 현상을 설명 가능하게 하였으며 이론, 법칙, 원리 등의 다양한 언어의 집합으로 설명된다. 과학은 기본적이고 단순한 자연법칙에 의해 탄생하고 통제되는 우주의 규칙성을 탐색하는 활동이다.

넷째, 과학은 실험적인 방법을 통해서 얻어지는 모든 것이다. 과학은 자연 세계에 '왜(why)?' 라는 질문을 던지고 답을 찾기 위해 끊임없이 관찰하고 탐구한다. 왜 이런 현상이 발생하는지 가설을 설정하고, 가설이 맞는지 확인하기 위해 실험을 설계 및 수행하고, 결과를 수합하고 분석 및 해석함으로써 일반화 과정을 거친다. 가설의 채택과 기각 여부에 따라 탐구 결과는 보편타당한 과학 지식으로 산출된다. 따라서 과학 지식은 실험과 탐구를 통해 검증 과정을 거치므로 가장 객관적인 지식이라고 할 수 있다. 이처럼 과학자가 자연 세계와 소통하여 얻어낸 결과물을 과학 지식이라고 할 수 있다.

다섯째, 과학은 참된 지식을 얻는 유일한 방법이라 할 수 있다. 과학이란 지식과 탐구 과정 모두를 의미하며, 과학 지식은 과학적인 탐구 방법 또는 과정을 통해서 얻어진 산물이다. 과학 지식은 실험과 탐구 결과로 얻어진 가장 객관적인 지식이라고 할 수 있다. 따라서 과학 지식은 참된 지식이라 할 수 있으며, 이러한 과정인 과학은 참된 지식을 얻는 유일한 방법이라고 할 수 있다.

여섯째, 과학은 자연에 관한 총체적인 지식으로서의 과학 교과의 내용이 된다. 과학은 자연 세계에서 현상, 사물, 사건, 그리고 자연의 질서와 규칙성 등을 발견할 목적으로 적용되는 탐구와 탐구를 통해 수집한 자연에 관한 과학 지식이다. 따라서 인류는 자연에 관한 총체적인 과학 지식을 다음 세대로 전달하기 위해 유아에서 초등교육까지는 과학 교과목 내용으로, 중등 교육에서는 물리, 화학, 생명과학, 지구과학의 교과목 내용으로, 대학 교육에서는 더욱 세부적이고 심화된 형태로 이공 계열 전공과목의 교과목에 과학 지식을 과학 교육 과정으로 체계적으로 정리하여 교육하고 있다.

마지막으로 과학은 '과학적'과 동의어로서 객관적인 특성의 지식 모두를 총칭한다. 과학은 탐구를 통해 얻은 자연 세계에 관한 객관적인 지식을 의미하므로 '과학적'을 접두어로 사용하면 객관적인 지식 또는 정확성이나 타당성을 함의하게 된다.

예를 들어 방법, 사고, 사실, 증거가 객관적이고 타당하다는 것을 보여 주고자 할 때 '과학적'을 접두어로 사용하여 과학적 방법, 과학적 사고, 과학적 사실, 과학적 증거라고 한다. 유사한 맥락으로 오늘날 '과학'은 인문과학, 사회과학, 자연과학과 같이 보편적 진리를 추구하는 체계적 지식을 포함하는 학문을 의미하는 접미어로 사용되고 있으며, 특히 자연과학과 사회과학은 각각 자연 현상과 인간 사회의 여러 현상을 객관적으로 기술, 설명, 이해, 예측, 통제하려는 방법론적 특색을 지닌 지식 체계를 의미한다. 그렇지만 일반적으로 과학은 가장 협의적 의미로 자연과학만을 의미한다.

따라서 자연과학적 글쓰기에서 '자연과학'은 이상에서 정의한 '과학'을 의미하며, 이에 '과학적 글쓰기'와 동일 맥락에서 글쓰기 방법을 제시하고자 한다. 이를 위해서는 우선 과학 글쓰기와 과학적 글쓰기를 구분할 필요가 있다.

2. 과학 글쓰기와 과학적 글쓰기

4차 산업 혁명이 미래 성장의 원동력으로 부각되면서 AI와 디지털 기반 기술이 나노 기술(NT), 생명 공학 기술(BT), 정보 기술(IT) 등 첨단 과학 기술과 기하급수적으로 융합되고 있고, 이는 분야별 미래 융합 기술로서 첨단 과학 기술 발달의 혁신을 이끌고 있다. 과학 기술자들은 주로 과학 및 공학 분야의 전문 지식을 사용하여 조직 내 구성원들과 의사소통하지만 때로는 언론 매체나 저술을 통해 일반인들에게 전문 지식을 소개하거나 대중과 소통하는 등 과학의 대중화에 일조하기도 한다.

과학 기술자들에게는 논문과 보고서와 같은 학술적 글쓰기도 중요하지만 대중이 과학 지식을 쉽게 이해하고 과학적 소양을 함양할 수 있도록 대중을 위한 글쓰기도 사회적 책무라 할 만큼 중요하다. 관련하여 가장 대표적인 대중서로는 칼 세이건의 『코스모스』와 리처드 도킨스의 『이기적 유전자가』가 있다. 그 외 2022년 노벨 생리의학상 수상자인 페보 박사는 2014년 『네안데르탈인: 잃어버린 게놈 연구』, 2015년에 『잃어버린 게놈을 찾아서: 네안데르탈인에서 데니소바인까지』라는 제목으로 대중서를 출판했으며, 같은 해 노벨 물리학상을 수상한 안톤 차일링거 교수는 2005

년에 『아인슈타인의 베일: 양자물리학의 새로운 세계』라는 대중서를 출판하여 양자물리학의 전체적인 흐름과 양자에 대한 이해를 돕기 위해 노력했다.

이와 같이 과학 기술자들이 대중서를 집필하거나 칼럼(column)이나 에세이(essay)를 쓰는 것은 과학에 대해 글을 쓰는 것(writing about science)이며, 논문이나 보고서와 같은 글은 과학적인 맥락이나 형식을 갖춰 쓰는 것(writing in the context of science)이라 할 수 있다. 즉, 과학 내용을 소재로 삼거나 과학과 관련된 주제로 글을 쓰는 것을 '과학 글쓰기(writing about science)'라 하고, 논문이나 보고서와 같은 학술적 글쓰기의 일환으로 실험 및 연구 과정을 통해 수집된 정보와 자료를 기반으로 객관적으로 글을 쓰는 것을 '과학적 글쓰기(scientific writing)'라 할 수 있다.

과학을 소재로 한 '과학 글쓰기' 방법은 제4부에서 다루고 있으므로 이 장에서는 '과학적 글쓰기'이면서 '자연과학적 글쓰기' 방법으로 특히 이과 계열이나 공학 계열 대학생들이 학부 과정에서 가장 많이 활용할 수 있는 실험 보고서 작성 방법에 대해 알아보고자 한다.

연습문제 1

다음 글을 읽고 '과학 글쓰기'의 사례인지 '과학적 글쓰기'의 사례인지 판단하고, 판단의 근거를 작성해 보자.

지금 무엇을 보고 계신가요?

우리는 지금 '눈 뜨고 코 베이는 세상'에 살고 있다. 문자와 카카오톡으로 날아온 온라인 청첩장이 궁금하여 눌렀다가 내 계좌가 털리고 통장이 순식간에 텅장이 되어 버리는 스미싱이 범람하는 시대에 살고 있다. 보이스 피싱의 나날이 발전하는 수법에 검찰도 경찰도 믿어서는 안 되며 취업의 합격조차 의심해 봐야 한다. '엄마 살려 주세요'의 AI 목소리와 내 아이들의 목소리를 구분할 줄 알아야 하며 딥페이크로 만들어진 가짜 이미지와 가짜 뉴스도 선별해야 하는 어려운 시대에 살고 있다. 법과 규제를 피한 AI와 인간의 속고 속이는 팽팽한 줄다리기는 첨단 과학 기술의 발달과 함께 더욱 심화될 것으로 보인다.

이처럼 '눈 뜨고 코 베인다'는 속담은 코가 보이는데도 즉, 알면서도 속수무책으로 당하는 경우에 사용한다. 보이는데도 당하는데, 보이지 않는다면 더 당하는 세상이기에 우리는 보기 위해 애를 쓴다. 우리가 볼 수 없는 상황은 어떤 상황일까? 우선 물체를 보기 위해서는 물체에 '빛'이 '반사'되어야 한다. '반사'되지 않고 투과된다면 투명한 상태가 되어 못 보는 것이고, 반사될 '빛'이 없다면 또한 볼 수 없게 된다. 즉, '빛'은 있지만 물체가 투명하면 못 보게 되고, 물체는 투명하지 않지만 빛이 없으면 또한 못 보게 된다. 밤에는 물체에 반사되는 빛이 없어 못 보는 것이다.

그렇다면 이 두 상황에서 볼 수 있는 방법은 무엇이 있을까? 모든 물체는 보유한 온도에 따라 적외선을 방출하는데 열 화상 카메라는 이 적외선을 감지하여 물체의 온도 분포를 이미지로 보여준다. 열 화상 카메라는 최초에 군사 작전 등을 위해 개발되었으나 최근 사용 범위가 다양한 분야로 확대되었다. 연구 분야에서는 초정밀 열 영상 현미경을 개발하여 반도체의 발열 특성 측정 및 분석 장비 국산화의 기반을 구축했으며 의료 분야에서는 염증이나 종양의 열적 특성을 이용하여 병변을 검사하고 장기 내 병변의 위치를 확인할 수 있다.

… 중략 …

두 번째, 빛이 없는 깜깜한 곳에서 볼 수 있는 방법은 무엇일까? 〈쉬리〉 영화의 초반부에 OP요원들이 항구의 정박된 배 안에서 실종된 과학자를 찾는 장면이 나온다. [그림 1]에서 OP요원들은 어두운 실내에서 잘 보기 위해 야시경을 썼지만 더 잘 보기 위해 랜턴을 켜고 있다. 아주 약한 빛을 증폭시켜 볼 수 있도록 해 주는 것이 야시경의 원리인데 랜턴의 강한 빛이 야시경에 입사하게 된다면 실종된 과학자를 찾기 전에 OP요원들 먼저 눈에 치명타를 입고 병원에 실려 갈 상황이 될 것이다.

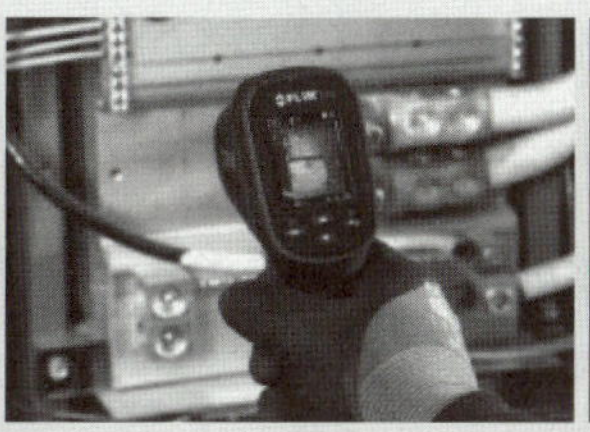

[그림 1] 열 화상 카메라로 보이는 피실험체, 열화상 장비의 건축물 준공 검사, 〈쉬리〉의 OP 요원들의 수색 장면

야시경의 원리에는 또한 아주 중요한 과학적 개념이 적용되고 있다. 먼저 야시경의 원리를 살펴보면 야시경은 주변의 빛(Existing ambient light)이 광음극(Photocathode)에 입사되면 광전자(Photoelectron)가 방출되고, 마이크로채널 플레이트(Microchannel Plate)를 지나면서 광전자는 증폭된다. 증폭된 광전자는 형광판(Phosphor screen)을 지나면서 선명한 이미지를 만들어 주어 어두운 곳에서도 물체를 볼 수 있게 해 준다([그림 2]).

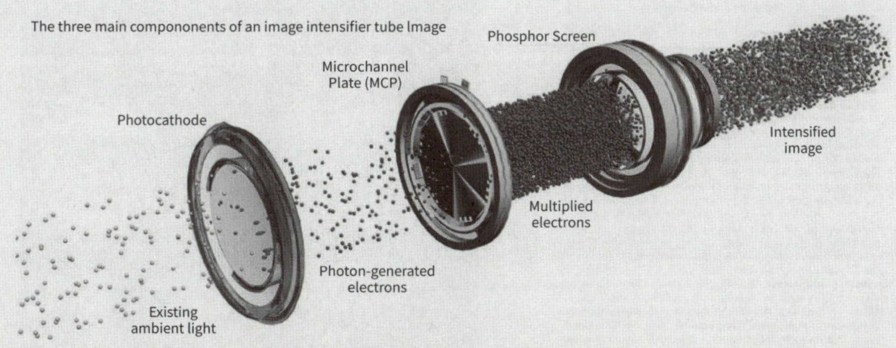

출처: 구글 이미지

[그림 2] 야시경의 원리와 광전효과

이 과정 중 입사된 빛에 의해 광음극에 있던 전자가 방출되는 현상을 광전효과(photoelectric Effect)라 하며 1905년 아인슈타인이 광전 효과를 설명하며 빛의 입자성, 즉 광자(photon)임을 증명하는 데 결정적인 역할을 하게 된다. 빛의 파동성이 패러다임으로 확고했던 시대에 아인슈타인의 광전 효과를 통한 입자성 이론은 양자 역학의 길을 열고 빛의 이중성을 완성하는 데 큰 공헌을 하게 된다.

아인슈타인은 우리에게 가장 잘 알려진 상대성 이론이 아니라 광전 효과의 규명에 대한 공로로 1921년 노벨 물리학상을 수상하게 된다. 광전 효과는 야시경뿐만 아니라 태양광 발전과 광센서 등에도 다양하게 활용되고 있다.

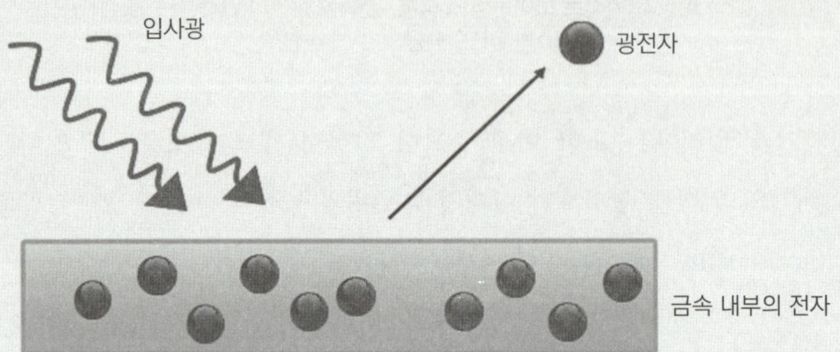

6. *Über einen die Erzeugung und Verwandlung des Lichtes betreffenden heuristischen Gesichtspunkt;*
von A. Einstein.

Zwischen den theoretischen Vorstellungen, welche sich die Physiker über die Gase und andere ponderable Körper gebildet haben, und der Maxwellschen Theorie der elektromagnetischen Prozesse im sogenannten leeren Raume besteht ein tiefgreifender formaler Unterschied. Während wir uns nämlich den Zustand eines Körpers durch die Lagen und Geschwindigkeiten einer zwar sehr großen, jedoch endlichen Anzahl von Atomen und Elektronen für vollkommen bestimmt ansehen, bedienen wir uns zur Bestimmung des elektromagnetischen Zustandes eines Raumes kontinuierlicher räumlicher Funktionen, so daß also eine endliche Anzahl von Größen nicht als genügend anzusehen ist zur vollständigen Festlegung des elektromagnetischen Zustandes eines Raumes. Nach der Maxwellschen Theorie ist bei allen rein elektromagnetischen Erscheinungen, also auch beim Licht, die Energie als kontinuierliche Raumfunktion aufzufassen, während die Energie eines ponderabeln Körpers nach der gegenwärtigen Auffassung der Physiker als eine über die Atome und Elektronen erstreckte Summe darzustellen ist. Die Energie eines ponderabeln Körpers kann nicht in beliebig viele, beliebig kleine Teile zerfallen, während sich die Energie eines von einer punktförmigen Lichtquelle ausgesandten Lichtstrahles nach der Maxwellschen Theorie (oder allgemeiner nach jeder Undulationstheorie) des Lichtes auf ein stets wachsendes Volumen sich kontinuierlich verteilt.

Die mit kontinuierlichen Raumfunktionen operierende Undulationstheorie des Lichtes hat sich zur Darstellung der rein optischen Phänomene vortrefflich bewährt und wird wohl nie durch eine andere Theorie ersetzt werden. Es ist jedoch im Auge zu behalten, daß sich die optischen Beobachtungen auf zeitliche Mittelwerte, nicht aber auf Momentanwerte beziehen, und es ist trotz der vollständigen Bestätigung der Theorie der Beugung, Reflexion, Brechung, Dispersion etc. durch das

[그림 3] 광전 효과, 아인슈타인과 광전 효과 논문(출처: 동아사이언스)

– 맹희주, 「지금 무엇을 보고 계신가요?」, 『원자력산업』 458(7), 2024, 68~72쪽.

3. 자연과학적 글쓰기의 방법

자연과학적 글쓰기는 관찰과 실험을 통해 얻은 자료와 정보를 객관적으로 전달해야 하기에 불필요한 표현은 가급적 피하고 의사소통에 효과적인 방법을 잘 활용해야 한다. 즉 자연 현상에 대해 관찰하고 문제를 발견하고, 문제를 해결하기 위해 가설을 설정하고, 설정한 가설이 맞는지 확인하기 위해 실험을 설계하고 수행하여 자료와 정보를 수집한다. 그리고 수집한 자료를 해석하기 위해 표나 그래프를 그려 분석하여 결론을 도출하고 일반화하는 일련의 과정을 객관적으로 기술해야 하기에 적절한 표현 방법과 형식이 필요하다. 이를 위해 수집된 자료와 정보는 기본적으로 정확성, 명확성, 간결성, 객관성을 갖추어 실험 보고서로 작성해야 한다. 효과적인 의사소통을 위한 자연과학적 글쓰기의 기본 요소는 구체적으로 다음과 같은 특성을 지닌다.

1) 전문 용어로 정확하게 기술

자연과학 내용의 실험 보고서나 연구 논문은 과학 및 공학 분야의 전문 지식을 담고 있다. 따라서 전문 지식은 전공 분야의 '전문 용어'로 표현해야 하며 정확한 용어로 분명하고 정확하게 사용해야 한다. 과학자들은 자연 현상을 가장 간단하면서도 정교한 방법으로 설명하려 하였으며 그에 따라 고유한 용어들을 개발하여 사용해 왔다. 예를 들어 물질이나 물체의 근본적인 특성에 대한 개념(전자, 원자, 분자, 질량, 전하, 에너지 등), 물체의 운동 상태를 기술하기 위한 용어(변위, 속도, 가속도 등), 혹은 성질을 기술하는 용어(고체, 유체, 열, 전류, 압력 등) 등이 있다. 이러한 용어들은 개념적이고 사전적인 정의 이외에 어떻게 측정하는가를 기술함으로써 정의하는 수행성 정의[1]도 포함한다.

[1] 예를 들어 1초는 세슘 133 원자로부터 나오는 전자기파가 정확하게 9,192,631,770번 진동하는 데 걸리는 시간이다. 이 세슘 원자 시계는 30만 년에 1초가 틀릴 정도로 정확하며 1967년 국제도량형총회에서 1초의 정의로 채택하였다. 1950년대 이전에는 평균 태양일(태양이 남중에서 다음 남중까지 걸리는 평균 시간)을 사용하여 1초는 평균 태양일의 1/86,400로 정의하였으나, 지구의 자전 속도의 미세한 변화

과학자들은 주변의 자연 현상을 이해하고 설명하기 위해 탐구하였으며, 탐구한 것들을 기록하기 시작하였다. 측정을 수반한 관찰 결과와 실험 결과를 기록하고 학회에서 결과를 토론하거나 공유해야 할 상황들이 많았으나 척도나 단위에서 합의된 기준이 없어 활용의 어려움이 많았다. 예를 들어 우리나라는 전통적으로 길이를 자(또는 척, 10치), 치(1자의 1/10, 손가락 한마디), 부피를 되(약 1.8ℓ), 말(1말은 10되), 홉(1되의 1/10, 약 180㎖), 섬(1섬은 10말)으로, 무게는 근(1근은 600g), 돈(3.75g), 관(3.75㎏)으로, 면적은 평(약 3.31㎡), 마지기(볍씨 한 말(18ℓ)을 심을 수 있는 논이나 밭의 넓이)와 같이 농경 생활에서 필요한 기준이나 신체의 일부를 기준으로 하였다.

이와 같이 측정 단위는 직관적이고 경험적인 방식을 이용하였기에 지역이나 측정 대상에 따라 기준이 달랐다. 신체를 이용한 측정은 유럽에서도 활용되었다. 고대 이집트와 바빌로니아 등에서는 팔꿈치에서 가장 긴 손가락 끝까지의 길이를 완척(cubit, 45.7㎝)이라 불렀으며 피라미드의 설계와 시공에 사용하였다. 이렇듯 신체를 이용하기에 사람마다 완척의 길이가 달랐을 것인데 어떻게 완벽한 정사각형의 거대한 피라미드를 건축할 수 있었을까? 그 비밀은 마스터 큐빗이라는 검은 화강암으로 만들어진 자가 있었으며 특히 통치자인 파라오의 완척을 기준으로 한 '로얄 큐빗 마스터'가 있었기에 가능했다는 것이다. 매달 보름달이 뜨는 날 피라미드 건축가와 감독관들은 자신들의 큐빗 자를 당시 표준(standard)으로 삼고 있었던 '로얄 큐빗 마스터'와 비교하여 정확성을 점검받았으며, 이러한 엄격한 측정 표준 덕분에 0.1%의 정밀도로 건축될 수 있었다.

시대의 변화에 따라 과학이 발달하고 상업이 발전하면서 국가 간의 거래는 더욱 활발해졌으나 표준의 부재로 교류의 어려움이 많아지게 되었다. 이러한 상황에서 프랑스 과학자들은 뒹케르크에서 파리를 지나 바르셀로나까지 이어지는 자오선 길이를 측정하고 삼각 측량 방식으로 북극까지의 거리를 계산하여 미터(meter)를 '북극

로 평균 태양일의 길이가 일정하지 않아 정확도에 문제가 있었다. 이후 미세한 오차조차 허용되지 않는 정밀한 과학 기술 분야들이 등장하며 정확한 시간 측정이 요구되었고 이에 많은 관찰을 통해 불변하지 않는 전자기파의 진동 시간을 1초의 기준으로 정의하게 되었다. 이와 같이 1초의 정의가 새롭게 채택되었다는 사실은 과학이 얼마나 정확성을 요구하는 분야인지를 보여주는 한 예시라 할 수 있다.

으로부터 적도 사이의 거리의 1,000만분의 1'로 정의하였다. 또한 측정치를 백금으로 제작하여 1799년 미터 표준기로 파리 국립 기록 보관소에 보관하였고 복제품들을 여러 나라에서 사용하도록 수출하였다. 그러나 복제품들의 마모로 정확도가 낮아지자 1889년에 백금-이리듐 합금의 금속 막대에 1m 간격의 눈금을 두 개 새기고 끝이 마모되더라도 미터를 알아볼 수 있도록 제작하여 공식적인 미터 표준기로 사용하였다. 당시 프랑스 과학자가 처음으로 측정한 바르셀로나까지의 자오선 길이와 오늘날 위성으로 측정한 거리는 2㎞의 정도의 오차이지만 정밀도의 문제가 있고, 국제도량형국의 보관만으로 표준을 유지하기에 화재 등 도난과 같은 물리적 어려움이 제기되었다.

따라서 불변의 미터에 대한 정의가 필요했으며 빛의 속력(C=299,792,458㎧)이 측정되면서 1983년에 미터의 정의는 '빛이 진공 속에서 정확히 1/299,792,458초 동안 진행하는 거리'로 수정되었다. 그럼에도 불구하고 미국은 여전히 미국 관습 단위로 인치(inch), 피트(feet)와 파운드(pound)를 생활에서 기본 단위로 사용하고 있다. 물론 과학, 첨단 산업 분야에서는 국제단위기준(SI: Systeme International)을 따르려고 하고 있다.

SI에 따라 길이는 미터(m)를, 질량은 킬로그램(㎏)을, 시간은 초(s)를, 온도는 절대 온도(K)를, 전류는 암페어(A)를 기준 단위로 사용하고 있으며, 이 중 길이와 질량과 초 단위인 m, ㎏, s를 mks 시스템이라 칭하는데 이는 SI의 모체가 된다. 따라서 '10㎝'와 같이 SI 기본 단위 외로 측정된 자료는 SI 단위 인 '0.1m' 로 환산[2]을 해서 기술해야 한다.

한편 인간의 오감을 이용한 측정은 정확도가 매우 낮고 신뢰할 수 없으므로 현재는 센서 등 정밀도가 높은 측정 도구를 사용하고 있다. 그러나 정밀한 측정 도구가 없다면 기본적인 측정 장치인 자 또는 저울(전자 저울)이나 비이커 등 눈금이 있는 전통의 실험 도구들을 사용해야 할 때도 많다. 그렇다면 측정값의 정확도를 높이기 위해 어떤 방법을 사용해야 할까? 예를 들어 측정값이 눈금과 눈금 사이에 있다면 어떤 숫자를 기록해야 할까? 이때 필요한 것이 유효 숫자이며, 유효 숫자는 측정값의

[2] SI 단위 환산 방법은 전공별 교재에서 다루고 있으므로 본 교재에서는 자세한 설명을 생략한다.

정밀도와 정확도를 나타내는 신뢰가 있는 숫자이다. 과학적 표기법은 바로 유효 숫자를 명확하게 표기[3]하는 것이다. 예를 들면 4.0m와 2.0×10^3m는 모두 2개의 유효 숫자를 가지며 정확한 과학적 표기법으로 기술했다고 할 수 있다.

따라서 자연과학적 글쓰기에서 실험 결과나 관찰 자료를 기술할 때 물리량의 기본 단위는 반드시 SI 단위를 사용하여 누구나가 이해할 수 있도록 하고 단위를 통해 계산 값이 정확한지 점검할 수 있어야 하며, 유효 숫자로 표기하여 측정값과 계산 값의 정확성을 표현해야 한다.

연습문제 2

다음은 실험 보고서의 일부이다. 정확성 측면에서 잘못된 표현을 찾고 바르게 고쳐 보자.

2. 실험의 이론적 배경

… 중략 …

• 어는점 내림을 이용하여 분자량을 계산하는 방법

$$\text{용질의 분자량}(g/mol) = \frac{\text{몰랄 어는점 내림 상수}(℃ \cdot kg/mol) \times \text{용질의 질량}(g)}{\text{어는점 내림}(℃) \times \text{용매의 질량}(kg)}$$

$$M_{\text{용질}}(g/mol) = \frac{K_f \cdot m_{\text{용질}}(g)}{\Delta T \cdot m_{\text{용질}}(kg)}$$

… 중략 …

3 유효 숫자 표기법과 유효 숫자를 고려한 계산법 또한 전공별 교재에서 자세히 다루고 있으므로 본 교재에서는 자세히 다루지 않는다.

5. 실험 결과

• 용매의 몰랄 어는점 내림 상수(℃·kg/mol) : 약 6.94 ℃·kg/mol

용매의 질량(g)	5g
용질의 질량(g)	0.1g
용매의 어는(녹는)점(℃)	77.9℃
용액의 어는점(℃)	75.3℃

측정 용질의 분자(원자)량	53.38g/mol
실제 용질의 분자(원자)량	32.065g/mol

ΔT(이론적) = 0.623752495×6.94℃ = 4.328842315℃
ΔT=순수용매의 어는점-용액의 어는점=77.9-75.3=2.6℃
K_f= 6.94℃·kg/mol

• 실제 용질의 분자량= $\frac{6.94 \times 0.1}{4.328842315 \times 0.005}$ =32.064

• 측정 용질의 분자량= $\frac{6.94 \times 0.1}{2.6 \times 0.005}$ =53.38461538

2) 논리적으로 명확하게 기술

실험 또는 연구 보고서는 주제와 목표가 무엇이었는지, 무엇을 관찰했는지, 무엇을 어떻게 연구했는지, 어떤 결과를 도출했는지 명확하고 논리적으로 제시해야 한다. 즉 실험 또는 연구 목표(또는 목적)가 무엇인지 분명하게 제시해야 하며, 연구의 필요성을 뒷받침해 줄 수 있는 이론적 배경을 타당하게 기술하고 연구 주제와 연구 목표에 부합하는 과학적 개념과 원리를 제시해야 한다. 또한 실험 과정이 구체적이어야 하며 결과는 표와 그래프를 사용하여 간결하게 작성하고 결과에 따른 결론과 고찰은 실험을 통해 알게 된 것과 성공적인 실험이 이루어졌는지, 그렇지 않다면 오차는 왜 발생하게 되었는지를 반성적으로 기술해야 한다.

보고서에서는 이와 같은 내용을 일반적으로 '1. 실험 목표(실험 목적)', '2. 실험 배경 이론(실험 이론 및 원리)', '3. 실험 기구 및 재료(실험 장치)', '4. 실험 방법(실험 과정)', '5. 실험 결과', '6. 비고 및 고찰', '7. 참고 문헌'의 순서로 작성하기도 하며, 'Ⅰ. 서론(1. 실험 목적, 2. 실험 이론)', 'Ⅱ. 본론(1. 실험 준비물, 2. 실험 방법)', 'Ⅲ. 결론(1. 실험 결과, 2. 실험에 대한 고찰, 3. 오차 개선 방안)', 'Ⅳ. 참고 문헌'의 범주로 구조화하여 작성하기도 하는데, 두 유형 모두 실험 보고서의 형식을 갖추고 있으므로 어떤 유형으로 작성하는가는 교수자의 요구나 작성자의 선호에 따라 결정된다.

단, 실험 또는 연구 보고서는 주어진 과제 또는 자신이 설정한 연구 주제를 조사, 탐구, 실험 등의 방법을 동원하여 자신의 분야의 전문성이 잘 드러나도록 설명하고 기술해야 한다. 따라서 보고서 작성 형식이나 작성 단계에 적합한 표현을 사용하여 관찰, 실험 등 연구를 통해 알게 된 내용이나 도출된 결과를 논리적으로 명확히 기술하는 것이 중요하다.

이에 실험 보고서 작성 단계에 따른 작성 방법을 예시와 함께 간략히 설명하고자 한다.

① 실험 제목

변인을 포함하여 어떤 실험인지 구체적으로 작성한다.

예: (독립 변인)에 따른 (종속 변인)의 변화: 물체의 위치에 따른 역학적 에너지의 변화

② 실험의 목표(목적)

실험이나 관찰을 왜 하는지, 무엇을 검증하거나 알아보고자 하는지 명확하게 작성한다.

> 예: 혼합 용액의 어는점 내림을 이용하여 용질의 몰랄 농도를 계산하고, 몰랄 농도의 개념을 이용하여 용질의 분자량을 추론한다.

③ 실험 배경 이론(실험 이론 및 원리)

실험이나 관찰의 주제, 연구의 필요성이나 결론 도출의 근거가 될 수 있는 과학적 원리, 개념, 법칙, 용어의 정의 등은 출처가 명확한 자료를 활용하여 작성하고 해당 출처를 참고 문헌에 제시한다.

예: '역학적 에너지' 실험 보고서 작성 사례 참조(교재 p.247.)

④ **실험 기구 및 재료**(실험 장치)

실험이나 관찰에 필요한 실험 기구와 실험 재료는 명칭과 수량을 정확히 제시한다.

예: (1) 시약 : 벤조산과 아세트아닐라이드 혼합물(약 1:1), 1M NaOH, 1M HCl

(2) 실험 기구 : 저울, 가열기, 비커, 눈금실린더, 눈금 피펫, 유리 젓개, 시계접시, 온도계, 뷰흐너 깔때기, 감압 플라스크, 감압기, 거름종이, pH 시험지

⑤ **실험 방법**(실험 과정)

실험이나 관찰의 순서와 절차를 구체적으로 제시하고, 실험의 순서와 이유를 객관성과 정량성을 기반으로 자연스럽고 설득력 있게 기술한다. 이때 실험 장치가 복잡하여 글로 표현하기 어렵거나 최신 또는 다소 생소할 수 있는 실험 장치를 사용하는 경우에는 필요에 따라 실험 과정을 도식화하거나 실험 장치의 사진을 포함하는 것도 연구와 실험 과정 이해에 도움을 줄 수 있다.

예: 과학교육과 학생의 '재결정과 거르기' 주제의 일반화학 실험 보고서 내용 중 실험 방법의 작성 사례

• • • • • •

가. 감압 여과 장치 사용 방법

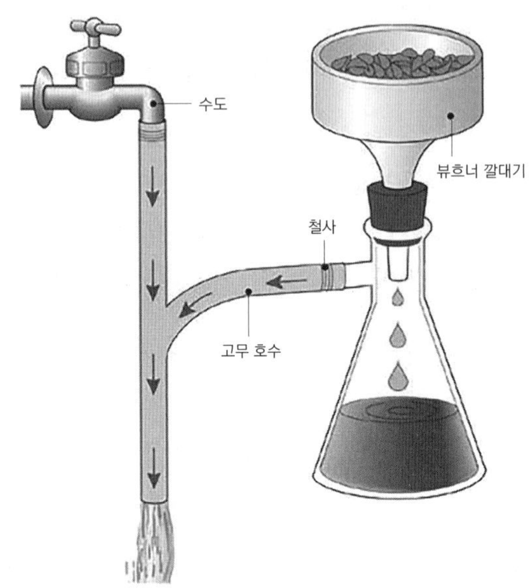

플라스크 안의 공기가 빠져나가 압력이 감소한다.

1. 감압 여과 장치의 뷰흐너 깔때기를 여과용 플라스크에 끼운다.
2. 여과지를 뷰흐너 깔때기의 밑면 크기에 맞게 잘라 뷰흐너 깔때기 바닥에 놓는다.
3. 전원을 넣거나 아스피레이터에 물을 틀어 감압을 시킨다.
4. 소량의 증류수로 여과지를 적시며 감압 여과하여 뷰흐너 깔때기에 완전히 밀착시킨다.
5. 여과할 물질을 뷰흐너 깔때기에 넣고 여과를 한다.
6. 여과가 완전히 끝나면 뷰흐너 깔때기를 플라스크에서 분리를 한다.
7. 감압을 해제한 후 여과지와 여과액을 회수한다.

• • • • • •

⑥ 실험 결과

실험이나 관찰을 통해 얻은 정보나 측정값을 표, 그래프, 사진 등으로 정리하여 객관적으로 제시한다. 구체적인 예시는 '3) 정보와 자료는 간결하게 객관적으로 제시'에서 설명하였다.

⑦ 비고 및 고찰

결과를 바탕으로 실험 목표나 연구 목표에 도달했는지 평가하고 오차와 그 원인을 이론적으로 설명한다. 마지막에는 다음 실험을 위한 성찰을 제시한다.

예: 과학교육과 학생의 '분별 증류 실험' 주제의 일반화학 실험 보고서 내용 중 비고와 고찰의 작성 사례

메탄올의 이론상 끓는점은 64.1℃이며, 물의 이론상 끓는점은 100℃이다. 1차 분별 증류 실험은 온도를 74℃로 설정하였다. 실험 전 이론적인 내용을 통해 1차 분별 증류 실험에선 끓는점이 낮은 메탄올만이 증류될 것이라고 추측하였다. 하지만 실험을 통해 1차 분별 증류에서 얻은 메탄올의 밀도는 0.85g/ml이었다. 메탄올의 이론상 밀도 값은 0.7918g/ml이며 물의 이론상 밀도 값은 0.9970g/ml이다. 실험으로 얻은 메탄올의 밀도는 두 용액의 이론상 밀도 값의 사잇 값을 가지기 때문에 1차 분별 증류 실험에선 메탄올만이 아닌 메탄올과 물이 함께 증류되었다는 것을 알 수 있고, 이는 이론과 차이점을 보인다.

1차 분별 증류 실험에서의 오차율을 구하면

$\frac{|0.85-0.7918|}{0.7918} \times 100 = 7.350340995$ 이므로 약 7.4%의 오차율을 가진다.

혼합물의 끓는점은 [그림 2]와 같이 각각의 화합물이 가진 끓는점보다 낮아지거나 높아지는 현상이 나타난다. [1차 분별 증류]에는 그래프의 2번 지점에 해당한다. 이 지점에선 메탄올의 끓는점보다 약간 높은 온도에서 메탄올이 끓어 나오며 일부 물도 같이 기화되어 나오기 때문에 실험 결과와 이론 사이에 차이가 발생한 것이다.

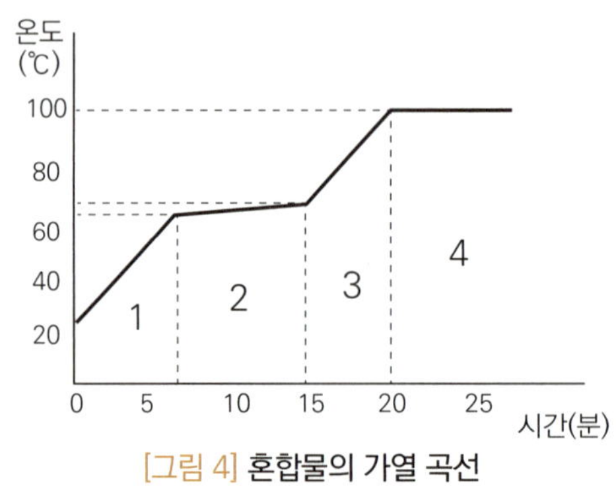

[그림 4] 혼합물의 가열 곡선

⑧ **참고 문헌**

실험 배경(실험 이론 및 원리)에 제시한 정보의 출처를 제시하여 실험 보고서의 신뢰도를 높이고 글쓰기의 윤리적 태도를 함양할 수 있다.

예: 제1부 제2장 학술적 글쓰기의 과정의 2. 인용과 각주, 참고 문헌의 작성 참고

3) 정보와 자료는 간결하게 객관적으로 제시

보고서의 문장은 가급적 간결하게 작성하며 실험 측정값과 관찰 자료를 논리적이고 체계적으로 정리해야 한다. 이때 정밀도와 정확성을 위해 측정값은 유효 숫자로 제시해야 한다. 그리고 수집된 자료는 객관적으로 기록해야 하며 도표로 작성하여 결과를 쉽게 이해할 수 있도록 해야 한다. 도표는 표와 그림을 포함하는데 표는 수치 자료를 규칙적으로 배열하는 표현 방법이며, 그림은 표를 제외한 사진, 지도, 차트, 그래프 등을 의미한다. 표는 정량적 측정값을 객관적으로 기술하고 논리 정연하게 나타낼 수 있어 간결하고 정확하게 자료를 제시할 수 있다는 장점이 있다.

수집된 자료를 통계적으로 분석하기 위한 소프트웨어로 엑셀과 같은 스프레드시트를 이용한다면 표를 작성하거나 그래프를 그리기에 용이하며, 평균과 표준 편차 등 간단한 통계 분석까지 수행할 수 있어 연구 결과 제시에 매우 효율적이다. 즉 연구 결과를 차트나 그래프로 시각화하면 숫자보다 간단하고 명료하게 결과를 제시할 수 있어 측정값들의 비교 분석 및 변화를 예측하고 결론을 일반화하는 데 매우 용이

하다. 특히 시간에 따른 변화를 분석하고 예측하기 위해서는 꺾은선그래프를 사용하고, 변인들의 비교 분석이 목표인 연구에서는 막대그래프를 사용하여 결과를 제시하는 것이 효과적이다.

도표나 그래프를 그리는 프로그램은 매우 다양하며 최근에는 MBL(Microcomputer Based Laboratory: 마이크로컴퓨터기반 실험)을 활용한 실험이 확대되어 인터페이스[4]의 원리에 따라 측정 도구 및 실험 장치와 컴퓨터를 연결시켜 컴퓨터가 센서로 직접 자료를 수집하고 프로그램으로 분석하여 그래프로 그려주기도 한다. 또한 AI · 디지털 기반 교육의 확산으로 시뮬레이션으로 실험하고 실험 결과를 그래프로 동시에 보여주기도 한다. 이러한 디지털 기반의 실험과 연구는 짧은 기간에 많은 결과를 관찰할 수 있고 더욱 신속하고 정확하게 실험을 수행할 수 있게 해 주어 실험을 준비하고 수행하는 데 걸리는 시간을 단축하는 대신 창의적으로 연구를 설계하고 고찰하는 데 더 많은 시간을 할애할 수 있다는 장점이 있다.

다음은 소프트웨어인 파스코 캡스톤(PASCO Capstone)을 사용하여 실험 결과를 표와 그래프로 제시한 과학교육과 학생의 실험 보고서 작성 사례이다.

• • • • • •

역학적 에너지 보존

1. 실험 목표

중력에 의해 운동하는 카트의 역학적 에너지가 어떻게 변화할까? 경사진 트랙 위에서 중력에 의해 움직이는 카트의 운동 에너지, 퍼텐셜 에너지 및 역학적 에너지가 어떻게 변화하는지 알아보자.

2. 배경 이론

역학적 에너지는 물체의 운동과 위치와 연관이 있다. 지표 위의 물체는 위의 두 가지 형태의 에너지를 가지게 되는데, 하나는 중력에 의한 퍼텐셜 에너지, U_g

4 전기적 신호를 컴퓨터가 읽을 수 있도록 디지털 신호로 변환시켜 주는 역할을 하는 기기

다른 하나는 운동 에너지 K로 나타낸다. 이때 물체의 총 역학적 에너지 E는 퍼텐셜 에너지와 운동 에너지의 합으로 나타낼 수 있다.

$$E = U_g + K \qquad (1)$$

중력 퍼텐셜 에너지는 지구 중력장에 의해 인력을 받는 물체에 저장되는 에너지를 의미한다. 이는 물체의 질량 m, 높이 y 그리고 지구중력가속도 g로 나타낼 수 있다.

$$U_g = mgy \qquad (2)$$

물체의 운동 에너지는 운동을 함으로써 물체에 저장되는 에너지를 의미한다. 이는 물체의 질량 m 그리고 물체의 속력 v로 나타내며, 물체의 속력이 증가하면, 운동에너지는 증가한다.

$$K = \frac{1}{2}mv^2 \qquad (3)$$

이 실험에서 카트의 높이와 속력을 측정할 것이다. 이를 통해, 카트의 퍼텐셜 에너지 및 운동 에너지를 계산하고, 중력에 의해 카트의 운동에 변화가 생김으로써 카트의 총 역학적 에너지가 어떻게 변화하는지 알아보자.

3. 실험 준비물

- Smart cart
- Dynamics Track with feet
- Dynamics Track End Stop
- Balance, 0.1-g resolution, 2,000-g capacity
- Angle Indicator
- 3 Textbooks to set track on

4. 실험 방법

설치

1. 아래 그림처럼 설치한다. 트랙은 지면으로부터 약 10°를 유지한다.

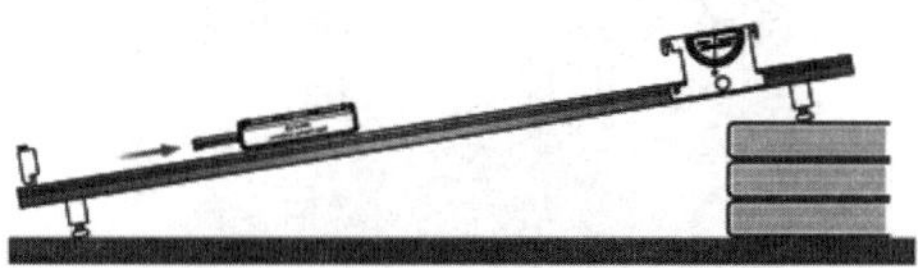

2. Conservation of Energy 실험 파일을 연다. 스마트카트의 전원을 켜고 소프트웨어와 무선 연결한다.
3. 실험 파일에서 위치, 속도 vs 시간 그래프를 확인한다.

데이터 수집

4. 카트의 질량을 측정하고, 표 1에 기록한다.
5. 각도기를 보고 표 1에 각도를 기입한다.
6. 카트의 플런저를 안쪽까지 밀어 넣어 장전한 다음, 플런저가 트랙의 멈춤 장치를 바라보도록 카트를 배치한다.

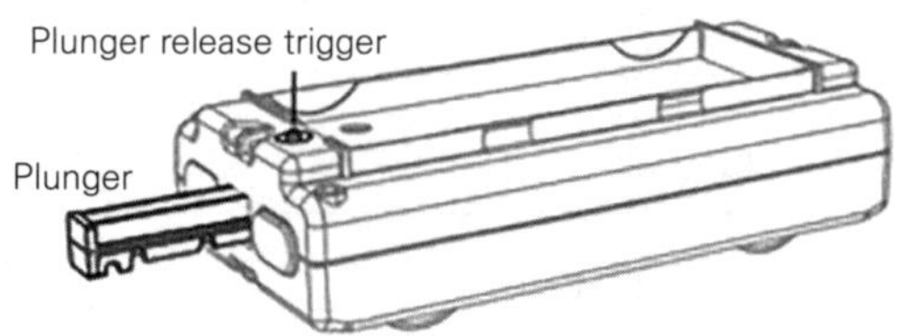

7. Record 버튼을 눌러 측정을 시작한다. 카트의 트리거 버튼을 눌러 플런저를 발사시킨다.
8. 카트가 튕겨 나가 다시 멈춤 장치에 닿기 전에 Stop 버튼을 누른다.

실험 전 10° 맞추기

5. 실험 결과

[결과 분석]

카트의 질량, $m=0.273766(kg)$

트랙의 경사각, $\theta=10°$

표 1. 카트의 역학적 에너지

	Speed, v (m/s)	Distance, d (m)	Height, y (m)	Potential Energy, U_g (J)	Kinetic Energy, K (J)	Mechanical Energy, E (J)
Point 1	1.008	0.06250	0.01085	0.02914	0.1391	0.1682
Point 2	-1.006	0.08290	0.01440	0.03867	0.1385	0.1754
Point 3	-0.01100	0.3743	0.06499	0.1745	1.656×10^{-5}	0.1745

* 유효숫자는 4개로 설정하였으며, 중력가속도 $g=9.81m/s^2$로 설정하였다.

1. 그래프를 보고 카트의 속도-시간 데이터를 관찰하라. 카트가 올라가고 내려오는 지점을 확인하라.

[결과 그래프]

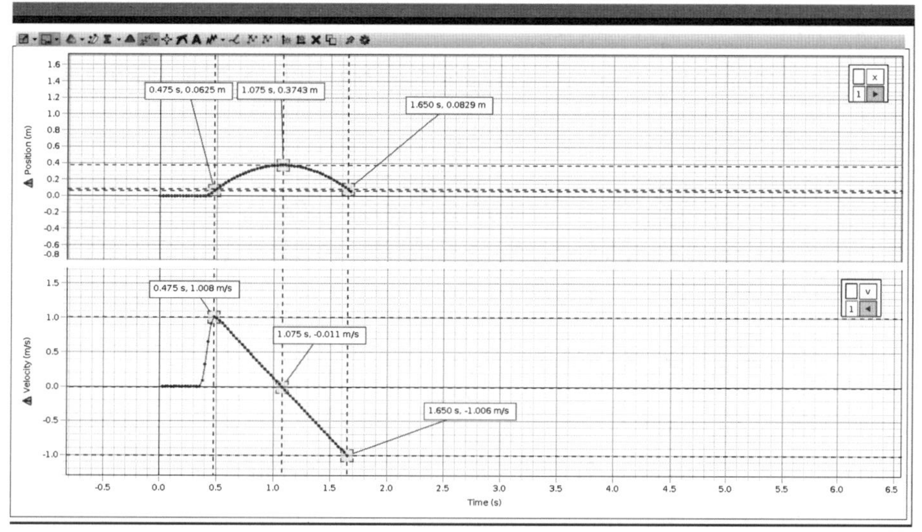

2. 트랙 위의 3가지의 임의의 점을 고른다.
   ① 카트의 속도가 양수인 지점
   ② 카트의 속도가 음수인 지점
   ③ 카트의 속도가 0인 지점

2. 좌표 도구를 이용하여 위의 3지점에서의 카트의 속력 v 및 거리 d를 측정하고, 각 지점에서의 카트의 속력과 거리를 표 1에 기록하여라.

4. 카트가 발사되기 전 카트의 위치를 0이라고 가정하고, 위의 3지점에서의 각각 카트의 높이를 표 1에 기록하라.

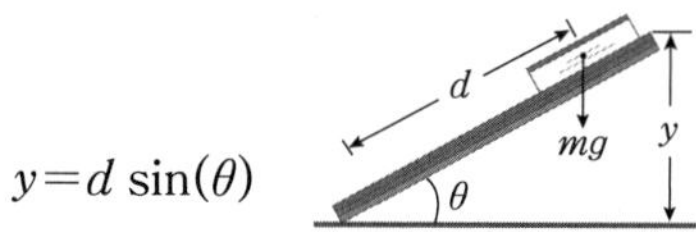

5. 표 1의 데이터와 식 (1), (2) 및 (3)을 통해 위의 3지점에서의 카트의 퍼텐셜 에너지, 운동 에너지 및 역학적 에너지를 각각 구하여라. 구한 값을 표 1에 기입하라. 중력가속도 $g=9.81m/s^2$로 가정하라.

6. 결론 및 고찰

[질문]

1. 3지점에서 카트의 포텐셜 에너지와 운동 에너지가 어떻게 다른가? 다르거나, 유사하다면 왜 그런지 설명하라.

   : 지점 1과 지점 3은 값이 유사한 것을 확인할 수 있지만 지점 2는 값이 다르다. 그 이유는 위 실험에서 질량은 모두 동일하고 중력가속도 또한 $9.81m/s^2$로 동일하므로 $U=mgh$에서 h(높이)의 값에 따라 U의 값이 변화하기 때문이다. 또 $h=mg\sin\theta$식에서 θ값이 10°로 일정하기 때문에 E_P가 비슷한 지점은 카트의 변위가 비슷한 지점이다. 또, $K=\frac{1}{2}mv^2$라는 식을 이용하여도 증명이 가능한데 위 실험에서는 질량이 0.273766kg으로 일정하므로 운동에너지가 같다는 말은 속도가 같다는 것을 의미한다. 그리하여 지점 1과 지점 2는 변위와 속도가 비슷하므로 운동에너지 값이 비슷하게 나온다는 결론을 내릴 수 있다.

2. 3지점에서의 역학적 에너지는 어떻게 다른가?

   : 이론상으로는 세 지점의 역학적 에너지가 모두 같아야 한다. 하지만 외력의 작용으로 인해 같은 값이 아닌 유사한 값을 가진다.

3. 측정한 데이터로 역학적 에너지가 보존된다는 것을 알 수 있는가? 증명해보아라.

   : 이론상으로는 역학적 에너지가 보존되어야 한다. 하지만 측정한 데이터만을 놓고 보았을 때 미세한 차이가 존재하므로 역학적 에너지가 보존되었다고 보기는 어렵다. 실험의 과정에서 플린저를 같은 칸수만큼 밀어넣고 실험을 진행하기 때문에 카트에 주어지는 힘은 같다. 카트에 주어지는 힘이 같으므로 역학적 에너지는 항상 일정해야하지만 측정된 데이터 값에서는 약간의 오차가 발생하였고 이를 통해 에너지 손실이 발생했다는 사실을 알 수 있다.

• • • • • •

4. 자연과학적 글쓰기의 실천

자연과학적 글쓰기로서 실험 보고서를 작성해 보고 다음의 체크 리스트에서 평가한 후 점수가 낮은 내용에 대해 수정 · 보완하여 보고서의 완성도를 높이도록 하자. 과거에 작성한 실험 보고서를 체크 리스트로 평가해 보는 것도 좋은 연습 방법이 될 수 있다.

[표 1] 실험 보고서 체크 리스트

단계	내용	평가			
		매우 그렇지 않다	그렇지 않다	매우 그렇다	그렇다
실험 제목	어떤 실험인지 제목에 명확하게 기술되어 있는가?	①	②	③	④
실험의 목표(목적)	실험의 목표(목적)가 명확히 기술되어 있는가?	①	②	③	④
실험의 배경 이론(실험 이론 및 원리)	실험의 필요성이 명확히 기술되어 있는가?	①	②	③	④
	실험과 관련된 과학 이론이나 개념 및 원리 등이 명확히 기술되어 있는가?	①	②	③	④
실험 기구 및 재료(실험 장치)	실험 기구나 재료의 명칭이 구체적으로 기술되어 있는가?	①	②	③	④
	실험 도구나 재료의 수량이 정확히 제시되어 있는가?	①	②	③	④
	실험 방법에 따라 기구나 재료가 빠진 것이 없는가?	①	②	③	④
실험 방법(실험 과정)	실험 순서와 절차 등이 구체적으로 기술되어 있는가?	①	②	③	④
	실험 절차에 따라 필요한 도구나 재료의 정량적인 내용이 구체적으로 기술되어 있는가?	①	②	③	④
	실험 수행에 적합하도록 논리적으로 기술되어 있는가?	①	②	③	④

실험 결과	측정값은 도표 등을 활용하여 기록되어 있는가?	①	②	③	④
	결과를 확인하기에 적합한 그래프로 제시되어 있는가?	①	②	③	④
	유효 숫자로 제시되어 있는가?	①	②	③	④
비고와 고찰	실험 결과의 표나 그래프가 의미하는 바를 이론과 연결하여 설명하고 있는가?	①	②	③	④
	가설이 있다면 가설의 기각 여부와 이유를 이론에 근거하여 설명하고 있는가?	①	②	③	④
	오차는 구체적인 이론값과 측정값을 근거로 작성되어 있는가?	①	②	③	④
	오차의 원인을 이론을 근거로 설명하고 있는가?	①	②	③	④
	다음 실험을 위해 오차를 줄이고 더 정확한 실험을 위한 개선 방안이 제시되어 있는가?	①	②	③	④

참고 문헌

노상도·박상태·한기호·한영신, 『과학 기술 글쓰기』, 성균관대학교 출판부, 2024.

맹희주, 「지금 무엇을 보고 계신가요?」, 『원자력산업』 458(7), 2024.

박진·박필현·김낙현, 『글쓰기_자연과학 · 공학계열』, 국민대학교출판부, 2023.

신형기·정희모·김성수·이재성·유현재·김현주, 『모든 사람을 위한 과학 글쓰기』, 사이언스북스, 2023.

조용욱, 『알기 쉬운 자연과학사』, 형설출판사, 2021.

조희형·최경희, 『과학교육총론』, 교육과학사, 2001.

Eugen. H., *Physics: Calulus*, 물리학교재편찬위원회 역, 청문각, 2005.

Hazen, R.M. & Trefil, J., *Science matters: Achieving science literacy*, NY: Anchor Books, 1991.

Trowbridge, L. W., Bybee, R. W., & Powell, J. C., *Teaching secondary school science: Strategies for developing scientific literacy(7th ed)*. OH: Merrill Columbus, 2000.

제4부

학술적 글쓰기 연습

제1장

어떻게 살 것인가?

버락 오바마(Barack H. Obama II) 미국 전 대통령은 햄튼대학교(Hampton University) 졸업식 축사에서, 이제 정보는 더 이상 역량 강화의 도구나 해방의 수단이 아니라, 주의 분산과 기분 전환, 오락의 형태가 되어 버렸다고 하면서, 그것은 개인만이 아니라 국가와 민주주의에 새로운 압박으로 작용하고 있다고 한 바 있다. 또한 파나이오티스 카넬로스(Panayiotis Kanelos) 세인트존스 칼리지 전 총장은 단순 착오로 인한 잘못된 정보나 특정 목적을 전제로 한 가짜 뉴스, 또는 확인되지 않은 정보가 범람하는 오늘날 그 가운데 과연 어떤 정보가 정확한 정보이고 가치 있는 정보인지를 가려내 합리적 판단에 이를 수 있도록 하는 지적 여과 장치(intellectual filter)를 갖추는 일, 그러한 판단 능력을 기르는 일이 그 어느 때보다 중요해졌다고 하였다.

이처럼 지적인 판단 능력을 기르는 일이 중요하지만, 아는 것을 실제 삶에서 이행할 수 있도록 하는 문제, 즉 지행합일(知行合一)의 문제는 더욱 중요한 과제가 아닐 수 없다. 지혜는 사색만도 아니고 행동만도 아니며 행동하는 사색이어야 하기 때문이다. 누구나 법을 어겨서는 안 된다는 것을 알지만 우리가 사는 세상에는 범법자가 있기 마련이고, 도덕적으로 또는 윤리적으로 바른 선택을 해야 하고 행동을 해야 한다는 것을 누구나 알지만 실제 현실 속에서는 부도덕한 사람들, 비윤리적인 사람들이 헤아릴 수 없을 만큼 많은 것도 사실이다.

맹자(孟子)는 일찍이 사람에게는 누구나 목숨보다 더 간절히 바라는 것이 있으며 죽기보다 싫은 것이 있다고 했다. '사생취의(捨生取義)', '살신성인(殺身成仁)'이라고 하는 것이 그것이다. 그러나 그것은 누구나 할 수 있는 것이지만, 아무나 할 수 있는 것은 아니라고도 하였다. 실상 선하게 사는 사람이 언제나 복을 받는 것은 아니고, 악하게 산다고 해서 언제나 벌을 받는 것도 아니다. 그래서인가? 우리말에는 '하늘도 무심하시지'라는 말이 있고, 사마천(司馬遷)은 그 옛날 '하늘'이 존재하는지, 과연 '천도(天道)'가 있는지를 묻기도 하였다.

그럼에도 불구하고, 우리는 항상 윤리적 선택과 도덕적 판단에 이르고자 고뇌하고, 이를 삶에서 실천하기 위해 노력한다. 또한 그렇게 하지 못해 부도덕하고 비윤리적인 길을 선택해 간 사람들을 비판하고 비난한다. 이 글에서는 이와 관련한 몇 가지 문제를 제기하고 생각할 거리를 제공하여 우리의 삶과 연관되어 있는 문제들을 돌아보고 스스로의 마음을 다잡는 기회로 삼고자 한다. 특정 주제에 대한 글쓰기를 통하여 그러한 다짐을 더욱 새롭게 하고자 하는 것이다.

1. 이야기 속 우리의 자화상

이순원의 소설 〈얼굴〉의 주인공인 김주호는 은행원이다. 그는 이튿날 아침 일찍 출근해야 하지만 밤마다 비디오를 보느라 잠을 이루지 못한다. 1980년 5월 광주의 상황을 담은 비디오에 자신의 얼굴이 잡혔을까 불안해서이다. 군에 입대하면서 공수부대 요원으로 차출되어 1980년 계엄군으로 광주에 투입되었던 김주호는 제대 후 광주에 대한 기억을 잊으려고 노력한다. 그는 직장 생활을 하면서도 이와 같은 자신의 이력이 알려질까 두려워한다.

그러던 중 김주호는 중소기업 경리를 보던 박영은을 알게 된다. 결혼을 하게 된다면 그녀와 같은 여자와 할 것이라고 생각하던 그는 그녀가 광주에서 여고를 나왔다는 이야기를 듣게 되고, 그녀의 부모는 여전히 광주에 살고 있으며, 당시 대학교 3학년이었던 그녀의 오빠는 1980년 광주에서 목숨을 잃었다는 사실을 알게 된다. 그 순간 그는 이것이 그녀와의 마지막이겠구나 하는 것을 직감한다.

이 일이 있고 난 후, 김주호는 하루에도 수백 명씩 드나드는 고객 가운데 혹시라도 자신의 얼굴을 기억하는 사람이 있을까 걱정이 되어 평소 쓰지 않던 안경을 쓰게 된다. 창구에 앉아 있기가 두려워진 김주호는 인사 담당자를 찾아가 상담한 끝에 본점 고객관리부로 자리를 옮긴다. 그러나 직장 예비군 훈련을 받게 되면서 그가 공수부대 출신이라는 사실이 동료들에게 알려지게 된다. 불안한 마음에 매일 밤을 새워가며 광주 청문회를 지켜보았던 그는 동료들이 텔레비전을 보았느냐고 물어도 못 보았다고 답할 수밖에 없었다. 이상한 눈초리로 자신의 얼굴을 바라보는 동료들의 시선을 견디다 못한 그는 이민을 생각하기까지 한다.

"김형도 그거 봤지요?"

다음날 회사에 나가자 먼저 나와 기다렸다는 듯이 그 동료가 물었다.

"거기 김형 얼굴은 안 나오던가요?"

그때에도 그는 아무 말도 하지 못했다. 만약 당신이 나처럼 그렇게 차출되어 그 자리에 서 있었다면 어떻게 했겠어요. 그는 그 말을 가까스로 눌러 참았다. 어쩌면 평생을 두고도 입 밖으로 쏟아 내지 못할 말인지도 모른다. 그리고 무엇보다 얼굴 …….

아마 그때부터였을 것이다. 그는 월부로 자기 방에 놓아 둘 텔레비전과 비디오 세트를 구입하고, 구할 수 있는 대로 광주 비디오를 구해 복제하기 시작했다. 뒤이어 나온 KBS의 '광주는 말한다'를 볼 때도 그는 내내 거기 어디엔가 있을지 모를 자신의 얼굴을 찾아보았다. 없었다. 어느 곳에도. 그는 안심했다. 그리고 그 안심을 다짐하듯 생각날 때마다 어쩌다 한번씩 오랫동안 묵혀 두었던 기계를 점검하듯 테이프를 꺼내 그것들을 확인했다.

그러던 어느 날, 그는 그 테이프를 확인하는 기간이 점점 빨라지고 있음을 느낌과 동시에 문득 그 속 어딘가에 자신의 얼굴이 화면 바깥에서 안으로 튀어나올지도 모른다는 생각이 드는 것이었다. 그리고 그 불안은 얼굴 없는 테이프를 확인하면 할수록 점점 더 눈덩이처럼 커지기 시작하는 것이었다. 광주 문제로 사사건건 부담을 주던 그 동료가 지방 영업점으로 발령을 받아 나가던 날에도 그는 오래도록 테이프를 보았었다. 그러나 그가 없다고 하여, 그리고 끝내 어느 테이프에도 내 얼굴이 나오지 않는다고 하여 끝까지 그 일과 나는 상관이 없을 수 있을 것인가.

– 이순원, 『얼굴: 이순원 소설집』, 문학과 지성사, 1993, 137쪽.

우리는 이와 같은 김주호를 어떻게 받아들여야 하는가? "그때 거기에 간 건 내가 아니라 나라의 부름을 받고 군에 입대한, 더럽게도 운이 없어 그곳으로 차출된 한 익명의 공수부대원이었다고 생각하자. 그리고 그렇게 차출되어 그 자리에 서게 되면 집단적인 무의식 속에 누구라도 그런 짐승 같은 행동을 했을 것이라고 생각하자."라고 생각하는 김주호를 어떻게 이해해야 하는가? 사실을 털어놓지 못하고 불안에 시달리며 밤을 지새워야 하는 김주호, 동료들 속에 자연스럽게 녹아들지 못하는 김주호를 향해 무슨 이야기를 해 주어야 할 것인가? 김주호와 같이 그때 거기 가야 했던 아들을 두었던 어머니, 아버지들은 또 어떻게 이해해야 할 것인가?

연습문제 1

2024년 12월 3일 한국 사회는 뜻하지 않았던 비상계엄 선포로 인해 또 한 차례의 홍역을 치렀다. 이 뜻하지 않은 상황을 마주한, 비상계엄에 동원되었던 군인들의 태도는 소설 속 김주호의 태도와는 자못 다른 것이었다. 40여 년 전 한국 사회와 오늘의 한국 사회를 비교하며 지난 40년 간 우리 사회는 무엇이 달라졌기에 이런 변화가 나타나게 되었는지 생각해 보고 글로 써 보자.

2. 역사 속 인간의 민낯, '악의 평범성'

제2차 세계대전 중 아돌프 아이히만(Otto Adolf Eichmann, 1906~1962)은 나치스가 제도적으로 추구한 '최종 해결책'을 열정적으로 실행에 옮겼다. 그는 수백만 명에 이르는 남녀와 아이들을 상당한 열정과 세심한 주의를 기울여 죽음으로 내몰았다. 그 결과 그는 유대인 대량 학살이라는 인류 역사상 최악의 끔찍한 결과를 초래하였다. 그럼에도 불구하고 그는 양심에 가책을 받은 적이 없었느냐는 질문에 도리어 자신이 명령받은 일을 하지 않았다면 양심에 가책을 받았을 것이라고 답하였다. 오히려 자기 자신을 '희생자'라고 일컬었다.

그의 변호를 맡았던 로베르트 세르바티우스(Robert Servatius)는 "아이히만은 신 앞에서는 유죄라고 느끼지만 법 앞에서는 아니다."라고 하기도 하였다. 무죄 주장의 근거는 다음과 같았다. 아이히만은 당시 존재하던 나치 법률 체계 하에서는 아무런 잘못도 하지 않았고, 그가 기소당한 내용은 범죄가 아니라 '국가적 공식 행위'였으므로 여기에 대해서는 어떤 다른 나라도 재판권을 행사할 수 없다는 것이었다. 명령에 복종하는 것이 그의 의무였고, '이기면 훈장을 받고 패배하면 교수대에 처해질' 행위를 했을 뿐이라는 것이다.

그러나 우리는 생각하지 않고 시키는 대로 따라 한 결과가 얼마나 끔찍한 결과를 초래할 수 있는지를 아이히만을 통해 확인할 수 있었다. 한나 아렌트(Hannah Arendt, 1906~1975)는 이와 같은 비극이 초래된 원인 가운데 하나로 아이히만이 타인의 입장에서 생각하는 데 무능했던 점을 들었다. 그리고 여기에서 말과 사고를 허용하지 않는 '악의 평범성(banality of evil)'이라는 교훈을 이끌어냈다. 타인의 입장에서 생각하지 못한다는 것은 자기만의 세계에 갇혀 지내는 것을 말한다. 다른 세계와 소통하지 못하고 자기만의 고정된 세계 속에 갇혀 지내는 것은 결국 판단의 근거가 되는 정보가 제한될 수밖에 없다는 점에서 예기치 않은 오류를 범할 가능성을 배제할 수 없다. 그 극단적인 사례를 우리는 아이히만에게서 보는 것이다.

> 피고는 전쟁 기간 동안 유대인에게 저지른 범죄가 기록된 역사에 있어서 가장 큰 범죄라는 것을 인정했고, 또 피고가 거기서 한 역할을 인정했습니다. 그런데 피고는 자신이 결코 사악한 동기에서 행동한 것이 결코 아니고, 누구를 죽일 어떠한 의도도 결코 갖지 않았으며, 결코 유대인을 증오하지 않았지만, 그러나 그와는 다르게 행동할 수는 없었으며, 또한 죄책감을 느끼지 않는다고 말했습니다. 우리는 이러한 것이 전적으로 불가능한 것은 아니지만 그러나 믿기가 어렵다고 보았

습니다. 이러한 동기와 양심의 문제에서 합당한 의심을 넘어선 것으로 입증될 수 있는 당신에 대한 증거는 비록 많지는 않았지만 일부 존재합니다.

피고는 또한 최종 해결책에서 자신이 맡은 역할은 우연적인 것이었으며, 대체로 어느 누구라도 자신의 역할을 떠맡았을 수 있으며, 따라서 잠재적으로는 거의 모든 독일인들이 똑같이 유죄라고 말했습니다. 피고가 말하려는 의도는 모든 사람, 또는 거의 모든 사람들이 유죄인 곳에서는 아무도 유죄가 아니라는 것입니다. 이것은 실로 상당히 일반적인 결론이기는 하지만 우리가 피고에 대해 기꺼이 내주고 싶은 결론은 아닙니다.

그리고 만일 피고가 우리의 거절을 이해하지 못한다면 우리는 성서에 나오는 두 이웃하는 도시인 소돔과 고모라의 이야기에 주목해 볼 것을 권합니다. 이 두 도시는 거기에 사는 모든 사람들이 똑같이 죄가 있었기 때문에 하늘로부터 내려온 불로 인해 파괴되었습니다. 이것은 말하자면 '집단적 죄'라는 최신식 개념과는 무관합니다. 이 개념에 따르면 그들 자신이 행하지 않았더라도 그들의 이름으로 행해진 일(그들이 참여하지도 않았고 또 그로부터 이익을 얻지 않은 일)에 대해서는 유죄로 추정한다는 것, 또는 죄책감을 느낀다는 것입니다. 다른 말로 하자면 법 앞에서의 유죄와 무죄는 객관적인 본질의 것이지만, 그러나 비록 8,000만 독일인이 피고처럼 행동했다 하더라도 그것이 피고에 대한 변명이 될 수 없을 것입니다.

운 좋게도 우리는 그만큼 멀리 나갈 필요는 없습니다. 피고 자신은 전대미문의 범죄를 저지르는 것이 주된 정치적 목적이 된 국가에서 산 모든 사람의 편에 서서 그 죄가 현실적으로가 아니라 오직 잠재적으로만 유죄라고 주장했습니다. 그리고 내적이고 외적인 어떠한 우연적 상황을 통해 피고가 범죄인이 되는 길로 내몰렸는지 간에, 피고가 행한 일의 현실성과 다른 사람들이 했을지도 모르는 일이라는 잠재성 사이에는 협곡이 있습니다. 우리는 여기서 오직 피고가 한 일에만 관여할 뿐, 피고의 내적 삶과 피고의 동기에서 가능한 비범죄적 본성 또는 피고 주위에 있는 사람들의 범죄적 가능성에는 관여하지 않습니다.

피고는 피고의 이야기를 불운에 찬 이야기로 만들어 들려주었습니다. 그리고 그러한 상황을 알고 있는 우리는 어느 정도까지는 만일 상황이 보다 유리했더라면 피고는 우리 앞이나 또는 다른 형사재판소로 나오지 않았을 가능성이 상당히 있다는 점도 당신에게 인정해 줄 용의가 있습니다. 논증을 위해서 피고가 대량 학살의 조직체에서 기꺼이 움직인 하나의 도구가 되었던 것은 단지 불운이었다고 가정을 해봅시다. 피고가 대량 학살 정책을 수행했고, 따라서 그것을 적극적으로 지지했다는 사실은 여전히 남아 있습니다. 그리고 (마치 피고와 피고의 상관들이 누가 이 세상에 거주할 수 있고 없는지를 결정할 어떤 권한을 갖고 있는 것처럼) 이 지구를 유대인 및 수많은 다른 민족 사람들과 함께 공유하기를 원하지 않는 정책을 피고가 지지하고 수행한 것과 마찬가지로, 어느 누구도, 즉 인류 구성원 가운데 어느 누구도 피고와 이 지구를 공유하기를 바란다고 기대할 수 없다는 것을 우리는 발견하게 됩니다. 이것이 바로 당신이 교수형에 처해져야 하는 이유, 유일한 이유입니다.

– 한나 아렌트, 『예루살렘의 아이히만』, 김선욱 옮김, 한길사, 2006, 380~382쪽.

연습문제 2

에리히 프롬(Erich Pinchas Fromm, 1900~1980)은 일찍이 『자유로부터의 도피』에서 자유로운 인간이 되지 못하고 '자동인형' 같은 인간이 되고 싶어 하는 근대인의 모습을 경계한 바 있다. 그럼에도 불구하고 여전히 우리는 집단 속에서 자신의 목소리를 드러내기보다 무언의 동조자로 살아가고 있는 우리 자신을 발견할 때가 종종 있다. 이와 같은 문제의식을 일깨워줄 수 있는 사례를 역사나 사회 현실 속에서 찾아내 과연 나는 어떻게 살 것인가에 대한 생각을 정리하는 글을 써 보자.

3. 인간 존엄성에 대한 성찰

'국민주권의 원리'를 기본이념으로 하는 민주주의는 그 실천을 위해 '다수결의 원칙'을 따른다. 다수결의 원칙은 국민의 의사를 최대한 반영하는 것을 목적으로 하지만, 남김없이 반영하지는 못한다는 한계를 가지고 있기도 하다. 때문에 다수결의 원칙을 따르는 민주주의 사회에서도 소수나 약자의 권익이 무시당하는 일이 빚어진다.

2021년 12월 전국장애인차별철폐연대가 혜화역이나 삼각지역 등 서울의 지하철역을 중심으로 출근 시간인 오전 8시를 전후하여 지하철 승하차를 지연시키거나, 승강장에서 장애인의 이동권 등 주요 권리를 알리는 '지하철 행동'을 시작하였다. 휠체어를 탄 시위자들이 정차역마다 승차와 하차를 반복하며 지하철을 지연시키거나, 승강장에서 피켓을 메고 지하철을 기다리는 시민들에게 자신들의 의견을 알리며, 스크린 도어나 승강장 바닥, 엘리베이터 주변에 스티커를 부착하기도 하였다. 어떤 날은 휠체어를 탄 활동가들이 목에 건 사다리를 지하철 출입문에 끼워 지하철 운행을 몇 분간 중지시키기도 했고, 또 어떤 날은 휠체어에서 내려 바닥을 기어가며 승차하기도 하여 지하철 운행을 지연시켰다. 이로 인해 출근길의 서울 시민들은 커다란 불편을 감수해야 했다.

전국장애인차별철폐연대는 국제 인권 규범이나 헌법 및 관련 볍령을 근거로 장애인의 교육 및 사회보장, 자립생활, 반차별에 대한 다양한 주장을 했지만, 이와 같은 장애인의 '지하철 행동'을 바라보는 시선이 고운 것만은 아니었다. 그러한 불편한 감정은 장애인을 타자화하면서 '불편함을 초래하는 장애인'과 '고통받는 일반 시민'이라는 경계를 만들어 내기도 하였다. 더욱이 '힘이 약한 사람이 힘이 약하다는 이유만으로 선하고 고결하며, 강한 사람은 힘이 강하다는 이유로 비난받아야 마땅하다는 믿음'을 뜻하는 '언더도그마(underdogma)'라는 용어까지 등장하면서 '공적 감수성(public sentiment)'에 대한 문제를 다시 생각하게 하는 계기가 되었다. 전국장애인차별철폐연대의 '지하철 행동'을 우리는 어떻게 받아들여야 할 것인가? 이와 같은 행동은 '법치국가 틀 안에서 이루어지는 비폭력적·도덕적 저항'이라고 하는 시민불복종(civil disobedience)의 한 유형으로 받아들일 수 있는가?

마사 누스바움(Martha C. Nussbaum)은 '무엇이 우리로 하여금 다양한 형태의 권력 위계 제도(hierarchies)에, 특정 집단에 대한 폭력적 적대 프로젝트에 그토록 쉽게 빠지게 하는가?'라는 문제를 제기한 바 있다. 도대체 무엇이 권력 집단으로 하여금 통제와 지배를 추구하게 하는가? 무엇 때문에 다수는 소수를 중상모략하고 낙인찍으려고 애쓰는가? 또 어떻게 하여 사람들은 존경과 민주적 평등이라는 가치들을 내면에 수용할 수 있게 되는 것일까? 그녀에 따르면, 특권 집단은 경계 짓기와 낙인찍기와 같은 방식을 통해 불결함과 혐오의 대상을 타자화함으로써 자신을 보다 우월하고 심지어 초자연적 존재로 규정한다. 그리하여 세계를 '순수한 것'과 '순수하지 않은 것'으로 양분하고, 결점 없는 '우리'와 더럽고 사악한 '그들'을 구분한다. 그렇다면 이 문제를 해결할 수 있는 희망은 어디에 있는가? 누스바움은 그것을 깊은 공감(empathy)에서 오는 관점 전환의 경험을 통해 컴패션(compassion, 고통에 대한 공감) 능력을 발전시키는 데에서 찾는다.

> 컴패션 능력의 부족은 혐오감과 수치심의, 예의 그 악독한 역학으로 이어질 수 있다. 사회 내 특정 집단이 수치스럽고 혐오스러운 이들로 인식되는 경우, 그 집단의 구성원은 사회의 주류 집단보다 '아래'에 있으며, 그 집단과는 매우 상이한 이들인 양 냄새 나고 오염되었으며 사회를 오염시키는 동물인 양 취급된다. 그리하여 그들을 컴패션의 대상에서 제외시키기란 쉬워지는 반면, 그들의 관점에서 세계를 보는 일은 어려워진다. 다른 백인에 대해서는 커다란 컴패션을 느끼는 백인이 유색인의 관점에서 세계를 보는 일을 거부한 채 그들을 동물이나 사물처럼 취급할 수 있는 것이다. 남성 역시 다른 남성에 대해서는 공감을 느끼면서도 여성을 그런 식으로 취급하기 쉽다. 간단히 말해, 컴패션 능력의 함양은 그 자체로 노예화와 종속화의 힘을 극복하기에 충분한 것이 아니다. 이는 컴패션 자체가 엘리트들 간의 연대를 강화하고 종속 집단들과의 거리를 더욱 멀게 하면서, 혐오감과 수치심의 동맹 세력이 될 수 있기 때문이다.
>
> – 마사 누스바움, 『학교는 시장이 아니다』, 우석영 옮김, 궁리, 2011, 77쪽.

우리 사회에는 전국장애인차별철폐연대의 ‘지하철 행동’만이 아니라 다양한 문제들이 민주사회 시민들의 깊은 공감을 기다리고 있다. 그렇다고 소수자에 대한 온정주의적 동정이나 연민을 기대하는 것은 아니다. 그것은 도리어 공적으로 해결해야 할 문제를 단순히 개인적 비극이나 불운의 문제로 왜곡시킬 가능성이 있기 때문이다. 전국장애인차별철폐연대의 ‘지하철 행동’은 누군가에게는 도무지 낯설고 설득력 없는 불복종인 반면, 또 다른 누군가에게는 특별한 논증 없이 정당성을 확인할 수 있는 정치 행동으로 받아들여질 수 있다. 그러나 단순한 연민, 자선, 시혜와 동정이 아니라 그들의 법적, 도덕적 권리를 정립하는 것으로 나아갈 수 있을 때, 우리 사회는 인간 존엄의 새로운 차원으로 들어설 수 있을 것이다.

연습문제 3

전국장애인차별철폐연대의 ‘지하철 활동’에 대해 검찰은 공동 재물 손괴 혐의로 전국장애인차별철폐연대 상임공동대표 등을 기소하였다. 법원은 그러한 행위가 지하철역 승강장의 효용을 해할 정도에 이르렀다고 인정하기 어렵다면서 무죄를 선고했지만, 2025년 1월 22일 항소심 법원은 이를 파기하고 공동재물손괴죄 유죄를 인정하여 벌금형을 선고하였다. 법원과 항소심 법원의 판결문을 찾아보고, 그에 대한 자신의 의견을 글로 작성해 보자.

4. 생각의 변화, 규범과 윤리의 재구성

경제개발협력기구(OECD)는 이주 배경 인구가 전체 인구의 5%를 넘으면 다문화·다인종 국가로 분류한다. 법무부 출입국통계에 따르면 2024년 말 기준 국내에 체류하는 외국인은 265만 783명으로 우리나라 전체 인구 5,121만 7,221명의 5.18%를 차지했다. 대한민국도 다문화국가 시대로 접어든 것이다. 단일민족의 정체성을 강조해 온 우리 사회는 다문화사회로의 전환이라는 시대적 과제를 슬기롭게 헤쳐 나갈 준비가 되어 있는가?

여성가족부가 발표한 「2024년 국민 다문화수용성 조사」 결과에 따르면, 2024년 일반 국민의 다문화 수용성은 53.38점으로 2021년에 비해 1.11점 상승한 반면, 청소년의 다문화 수용성은 69.77점으로 2021년 대비 1.62점 하락하였다. 다문화 수용성을 구성하는 3개 차원 8개 요소, 즉 다양성 차원(문화 개방성, 국민 정체성, 고정 관념 및 차별), 관계성 차원(일방적 동화 기대, 거부·회피 정서, 상호 교류 행동 의지), 보편성 차원(이중적 평가, 세계시민 행동 의지) 가운데 일반 국민은 다양성 차원의 점수가 가장 높았고 청소년은 관계성 차원의 점수가 가장 높았다. 반면 보편성 차원의 점수는 일반 국민이나 청소년 모두 가장 낮았다.

[표 1] 다문화 수용성 지수: 일반 국민(여성가족부, 2025)

구분	사례수(명)	비율(%)	수용성(점)	차원(점)			하위 구성요소별(점)							
				다양성	관계성	보편성	문화개방성	국민정체성	고정관념 및 차별	일방적 동화기대	거부·회피정서	교류행동의지	이중적 평가	세계시민행동의지
			Wt=100	W1=39	W2=38	W3=23	w1=12	w2=13	w3=14	w4=12	w5=14	w6=12	w7=12	w8=11
2012	2,500	100	51.17	53.23	49.86	49.85	48.08	48.84	61.73	49.91	55.17	43.61	46.96	53.00
2015	4,000	100	53.95	55.15	53.45	52.76	49.36	50.32	64.60	46.44	66.01	45.81	48.88	56.98
2018	4,000	100	52.81	53.90	51.59	52.98	49.34	48.78	62.58	45.69	64.46	42.48	48.25	58.13
2021	5,000	100	52.27	53.95	51.09	51.39	48.04	49.20	63.42	48.53	63.86	38.76	48.89	54.11
2024	6,000	100	53.38	55.94	53.07	49.54	49.41	52.02	65.17	50.61	65.09	41.51	46.75	52.59

[표 2] 다문화 수용성 지수: 청소년(여성가족부, 2025)

구분	사례수(명)	비율(%)	수용성(점)	차원(점)			하위 구성요소별(점)							
				다양성	관계성	보편성	문화개방성	국민정체성	고정관념 및 차별	일방적 동화기대	거부·회피정서	교류행동의지	이중적 평가	세계시민행동의지
			Wt=100	W1=39	W2=38	W3=23	w1=12	w2=13	w3=14	w4=12	w5=14	w6=12	w7=12	w8=11
2015	3,640	100	67.63	67.13	70.09	64.03	63.88	65.58	70.62	61.53	72.25	74.83	61.49	66.83
2018	4,225	100	71.22	71.10	73.72	66.83	67.31	70.34	74.32	64.97	76.00	78.49	64.84	69.01
2021	5,000	100	71.39	71.22	74.35	66.05	65.26	71.89	74.69	66.04	77.18	78.09	66.92	65.08
2024	5,000	100	69.77	70.36	73.14	62.38	63.60	70.25	75.10	63.41	77.47	76.39	64.27	60.30

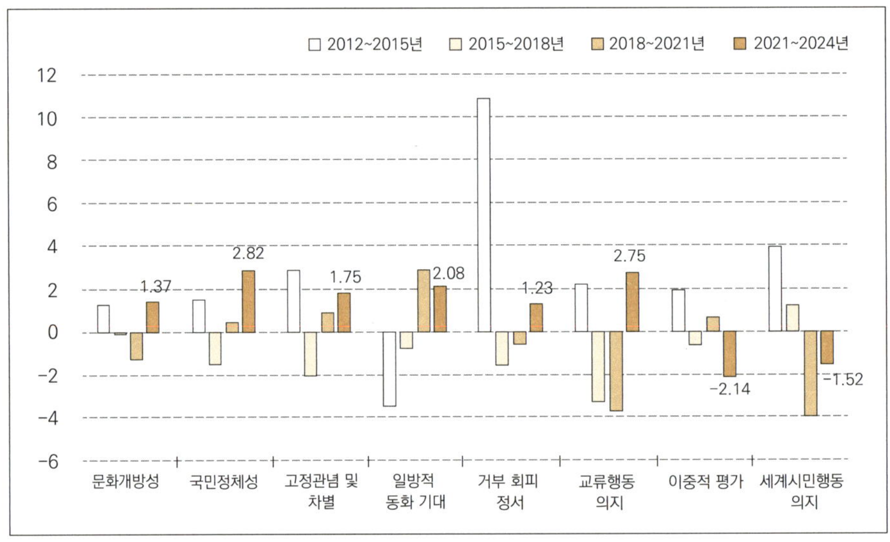

(여성가족부, 2025)

[그림 1] 다문화 수용성 구성 요소별 증감: 일반 국민

2018년 예멘인 481명이 제주도에 들어와 망명을 신청하면서 우리 사회도 난민 문제에 관심을 가지게 되었다. 물론 이 가운데 난민으로 인정받은 경우는 단 2명에 불과했지만, 우리 사회에 난민에 대한 인식을 제고하는 계기가 되었다. 아래 [그림 2]는 난민 수용 및 지원에 대한 일반 국민의 인식 변화 추이를 보여주는 것이라고 할 수 있다.

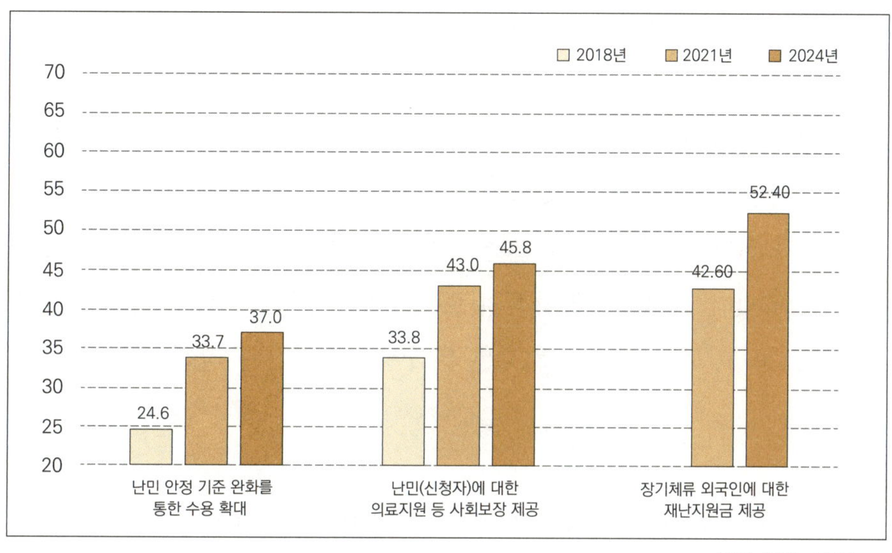

(여성가족부, 2025)

[그림 2] 난민 수용 및 지원에 대한 동의 비율: 일반 국민

그러나 이와 같은 인식의 변화는 실천 현장에서 종종 충돌이나 균열을 일으키기도 한다. 2018년 예멘인들이 '인도적 체류'를 허가받으면서 제주에 머무는 동안 그들을 지원했던 시민들의 경험은 우리에게 많은 것을 돌아보게 한다. 그들의 몇 가지 경험을 통해서 이 문제를 짚어보기로 하자.

> 하루 일당이 6만 원이었어요. 최저시급은 꼭 줬어요. 다른 (제주의) 할머니들은 오히려 최저시급을 못 받았어. 그런데 일하러 가기로 했는데 10만 원 안 주면 안 갈 거라고 연락이 왔어. 황당하잖아요. 자기네 용돈벌이 못하고 있어서 그나마 불러준 거였는데, 너무 화가 났어.
>
> – 염현주, 「난민을 둘러싼 규범의 균열과 재의미화」, 『탐라문화』 79, 탐라문화연구원, 2025, 175쪽.

먹는 게 안 맞고 일의 강도가 생각했던 것보다 너무 세다고 해서 농장에서 도망나와 버리는 이들도 있었다. 그래서 그들을 농장에 주선했던 시민이 농장 주인에게 사과를 해야 하기도 했다. 이와 같은 회고는 난민을 지원하는 시민들이 일종의 은혜를 베푼다는 생각을 전제하고 있었던 것은 아닌가 하는 의문을 갖게 한다. 도움을 받는 자와 도움을 주는 자 사이의 위계적 질서, 그에 대한 위반은 있을 수 없다는 일종의 고정 관념이 전제되었던 것은 아닌가 하는 것이다. 그들을 돕기 위해 애써 주선했는데 그것을 받아들이지 않았을 때 느끼게 되었다는 당혹스러운 감정은 그런 생각의 단초가 된다. 때로 자신이 그들을 왜 도와야 하는지 혼란스러워지기까지 했다는 시민도 있었다. 그것은 "일방적인 도움이었고, 거기서 온 갈등도 분명히 있었던 것 같아요."라고 하는 시민의 회고는 우리에게 그같은 윤리적·규범적 성찰을 요구한다.

> (예멘 난민들이랑 같이) 조리대 캐는 일을 했는데, 몇몇 배고픈 친구들이 있었어. (배려해서 돼지고기를 뺀 메뉴로 미리 부탁해 두었던 정식집에서) 점심 안 먹고, 옆에 미깡 밭에 가서 그걸 따 먹는 거야. 걸려서 난리가 난 거야. 거기에 피해 주는 거잖아. (일을 데리고 간) 나한테도 그렇고. 그런데 배고픈 사람은 남의 땅의 과실을 따먹어도 된다는 그런 율법이 있다네. 그건 자기네 나라의 관습인 거지. 한국에선 불법이고 나쁜 행위인 거잖아요. 나는 그런 것들이 실망스러웠던 거죠. 물론 그들도 낯선 타국이니 힘들건데, 그래도 우리가 배려하는 만큼 최소한의 뭔가를 배려해 줄 수 있잖아요. 자꾸 자기네 생각으로 행동하니 문제들이 생기는 거죠.
>
> – 염현주, 「난민을 둘러싼 규범의 균열과 재의미화」, 『탐라문화』 79, 탐라문화연구원, 2025, 180쪽.

문화적 차이에 대한 무지는 뜻하지 않은 오해를 낳는다. 지나친 배려도 문제다. 예멘 어린이 학교 교사로 활동했던 시민은 "이기적으로 굴거나 할 때, 한국 아이라면 혼냈을 상황인데 고민해요. 혹시 내가 편견 때문에 이렇게 생각하나?"하는 자기 검열에 빠지기도 했다는 것이다. 예멘 난민이 제주에 정착하는 동안 그들을 돕기 위해 나섰던 시민들이 겪어야 했던 일들은 다문화사회를 살아가야 하는 우리에게 더 많은 고민과 성찰을 요구한다. 인종적·문화적 차이와 다양성을 인정하고 관용을 지향하라는 것을 알고 있지만, 실제 현장에서 마주치게 되면 기존에 우리가 가지고 있는 윤리와 규범의 틀로는 해결하기 어려운 상황에 봉착하게 되는 것이다.

그렇지만 예멘인들을 지원하기 위해 참여했던 시민들은 그들과 갈등하고, 때로는 책임을 요구하면서도 자신이 그렇게 행동하는 것이 '나쁜 사람'이 되는 일이 아님을 체득해 갔다. 그 과정은 타자와의 관계 속에서 새로운 윤리적 주체로 거듭나는 과정이었다. "처음 시작은 어쩔 수 없이 그냥 불쌍함이에요. 근데 많은 대화를 통해서 이 사람들의 마음을 진심으로 알게 됐고, 연민이고 뭐고 다 필요 없이 현실을 직시하게 되는 타이밍이 오는 것 같더라고요."라는 시민의 이야기는 우리의 미래를 준비하면서 새겨야 하는 대목이라고 할 수 있다. 버스 터미널 근처에 살고 있던 여성이 요즘에는 예멘 난민들이 많아서 혼자 밖에 나가기 무섭다고 했던 것은 실상 예멘 난민이 두려워서가 아니라 남성이 두려웠기 때문이라는 사실, 그것은 결국 한국 사회의 젠더 구조에 기인한 것이라는 사실도 우리에게는 시사하는 바 크다. 타자와의 만남을 통해 우리 자신의 윤리적 주체성을 재구성해 나가는 경험은 다문화사회를 열어가기 위한 피할 수 없는 과정이고, 우리 자신을 성장하게 하는 과정이며, 우리 사회를 새롭게 변화시키는 과정이 될 것이다.

연습문제 4

난민 문제는 개별 국가 차원에서 볼 때 양가적 성격을 가지고 있는 문제다. 인도주의적 관점 혹은 세계시민주의적 관점에서 난민을 적극 수용할 필요가 있다는 주장이 있는가 하면, 난민 수용이 사회보장 비용의 급등과 취업난 등 국민 부담을 가중시키고 문화적 차이로 인한 사회적 갈등도 확산시킬 것이라는 우려도 있기 때문이다. 이는 비단 우리나라만의 문제는 아니다. 난민 수용과 관련한 최근의 사례를 토대로 이 문제에 대한 자신의 생각을 한 편의 글로 작성해 보자.

참고 문헌

김원영, 「장애인의 시민불복종과 연민의 역학-지하철 행동 현장으로부터」, 『법철학연구』 28(1), 한국법철학회, 2025.

대학글쓰기편찬위원회 편, 『대학글쓰기』, 노스보스, 2020.

문미리, 「예멘과 아프가니스탄 난민에 대한 언론보도」, 『방송과 커뮤니케이션』 23(4), 한국방송학회, 2022.

여성가족부, 「2024년 국민 다문화수용성 조사」, 2025.

염현주, 「난민을 둘러싼 규범의 균열과 재의미화-제주 예멘 난민 사례 시민 실천을 중심으로」, 『탐라문화』 79, 탐라문화연구원, 2025.

이순원, 『얼굴: 이순원 소설집』, 문학과지성사, 1993.

정병화, 「간접민주주의와 문화적 차별의 재생산」, 『문화와 정치』 11(1), 평화연구소, 2024.

마사 누스바움, 『학교는 시장이 아니다』, 우석영 옮김, 궁리, 2011.

에리히 프롬, 『자유로부터의 도피』, 김석희 옮김, 휴머니스트, 2012.

한나 아렌트, 『예루살렘의 아이히만』, 김선욱 옮김, 한길사, 2006.

Panayiotis Kanelos, An Ancient Approach to Education for the Post-Modern World, *2018 International Forum on Liberal Education*, 교육부·한국대학교육협의회·한국교양기초교육원, 2018.11.20.~11.21, 롯데호텔 서울.

법무부 누리집, 출입국통계. https://www.moj.go.kr/moj/2412/subview.do (2025년 11월 23일 검색).

Barack H. Obama, Hampton University Commencement, 2010.05.09. ; https://www.youtube.com/watch?v=Hwg636CQnrc (2025년 11월 23일 검색).

제2장

인간 진화와 문화의 관련성

인간은 고도로 발달한 문명사회에서 살고 있다. 이 말은 인간은 자연의 직접적인 영향에서 상당히 벗어나 있음을 의미한다. 인간만의 이러한 특징은 생물학적으로는 자연의 직접적인 영향에서 벗어나 있으므로 사람은 진화하지 않는다는 주장의 근거가 되었고 아직도 일부에서는 그러하다. 진실은 무엇일까? 이에 대하여 학자들 사이에서는 여러 주장이 출몰했는데 많은 모델 검증과 현대 분자생물학의 업적에 힘입어 '현재에도 인간은 진화하고 있다'라는 가능성에 더 많이 의견이 모이는 것 같다. 이러한 판단과 관련하여 눈여겨 보아야 할 대상이 인간의 가장 큰 특징인 문화이다. 왜 그런지 이 글에서 인간의 진화와 관련하여 살펴보고자 한다.

1. 생물과 인간의 진화

1) 지속해서 일어나는 진화, 눈으로 볼 수 있는 진화

많은 사람은 자연사박물관 또는 과학관에 전시된 공룡을 비롯한 여러 동물의 뼈를 보면서 진화를 이해한다. 자연스럽게 사람들은 진화는 과거의 사건으로 간주하는 경향이 있다. 물론 과거의 흔적인 화석을 관찰하면 진화의 역사를 들여다볼 수 있다. 그러나 이러한 사실이 진화가 현재에도 진행되고 있음을 부정하지 않는다. 결정적으로는 우리 주변을 유심히 살펴보거나 연구를 잘 계획하면 지금도 진화가 진행되고 있음을 알 수 있다.

인간은 자연을 잘 개척해서 대부분 인류에게 식량 부족이 큰 문제로 다가오지 않지만, 다른 동물들에게 식량은 쉽게 제공되지 않는다. 일단의 과학자들은 이 상황을 재연하여 진화 실험을 수행하였다. 이들은 실험하기에 편한 초파리를 대상으로 삼았다. 초파리는 우리 주변에서 흔히 볼 수 있어 쉽게 얻을 수 있는 곤충이다. 남은 음식 주변에서 날아다니는 매우 작은 곤충이 이들인데 파리와 비슷한 구조를 지녔다. 수명이 길어야 몇 달 정도이고 많은 자손을 얻을 수 있는 데다가 염색체가 4쌍밖에 없고 생물학적 특징이 잘 밝혀져 있어서 많은 유전학자는 초파리를 대상으로 연구를 수행하였고 지금도 그렇다.

이 연구팀은 한 세대를 5,000마리로 정하여 초파리들을 특정 공간에서 배양하였다. 교미 시기에 다다르기 전의 일정 시간을 정해 먹이를 제거하였는데 이는 먹이가 넉넉하지 않은 자연을 재연한 것이다. 어쨌든 이 기아 상태를 견디지 못하는 초파리 개체는 목숨을 다하였다. 실험자들은 먹이를 제거한 이후 죽을 때까지의 시간을 초파리마다 기록하였다. 이 기록은 4,000마리가 죽을 때까지 진행하였는데 이를 1세대로 명명하였다. 1,000마리 정도가 남았을 때 먹이를 다시 제공하였고 이들은 먹이를 얻어 생존하고 교미하여 알을 낳도록 하였다. 이로부터 부화한 자손 개체 5,000마리로 같은 실험을 수행하였다. 이 실험을 반복하여 2세대, 3세대 등 점점 세대를 늘려 나갔다.

1세대의 결과를 보면, 먹이가 없는 상태에서 생존할 수 있는 시간이 평균 20시간으로 정규 분포를 나타냈다. 2세대 개체들은 평균 23시간의 결과를 나타냈다. 이후 세대를 거듭하여 실험을 진행할수록 생존 생존 시간은 점점 늘어났다. 60세대 동안 실험한 결과에 따르면, 굶주림 저항 시간은 하루보다 짧았던 것에서 160시간, 즉 거의 일주일로 늘었다. 그리고 초파리들은 0세대에 비해 눈에 띄게 뚱뚱해졌다.

이 결과는 식량 부족이라는 환경 조건에 대응하여 여러 세대에 걸쳐 생물학적 특징이 변화했음을 나타내는 것이다. 즉, 초파리가 진화한 것이다. 이 실험에서는 초파리 생존에 인간이 개입해 인공적인 선택이 일어난 셈이다. 일상적인 자연환경에서 생물은 먹이가 항상 풍부하지 않은 점을 미루어 보아 이러한 실험 결과는 자연에서 충분히 일어날 법한 양상이다.

생물학자들은 골프 코스를 조사해서도 진화의 증거를 발견하였다. 골프 사업체의 관리자들은 골프 코스의 잔디를 손질한다. 잔디 손질 즉, 잔디를 깎을 때 퍼팅 그린은 매우 자주 깎지만, 페어웨이는 가끔, 러프는 거의 깎지 않는다. 몇 년이 지난 후 잔디를 관찰한 생물학자들에 따르면, 퍼팅 그린의 잔디 수명은 짧아지고 번식 시간이 빨라짐과 함께 씨앗을 매우 많이 만들었다. 페어웨이 잔디는 이에 비해 수명이 길고 발생도 천천히 일어나면서 씨앗을 상대적으로 적게 만들었다. 러프 잔디는 이보다도 더 수명이 길고 씨앗도 더 적게 만들었다. 이 세 군데에서 채집한 잔디들을 같은 조건의 온실에서 키워도 이 차이는 유지되었다. 생물학자들은 이 결과를 토대로 생물학적 변화가 동반된 진화가 일어났다고 결론을 내렸다.

*Staphylococcus aureus*는 폐렴 등의 염증과 식중독을 유발하는 세균으로 잘 알려져 있다. 이 세균은 일종의 그람양성[1] 세균으로 페니실린 처리로 일정한 정도로 고르게 제거된다고 알려져 있다. 이러한 효과는 처음에 사용되었을 때 뚜렷했으나 시간이 갈수록 그 효과는 점점 줄었다. 그 원인은 페니실린 내성을 지닌 일부 세균들이 계속 늘어났기 때문이다. 이 세균들에게 페니실린은 주변에 흔한 독성물질 중의 하나였고 다른 물질에 대응한 것처럼 자연선택을 통해 이 세균들 가운데 내성을 지닌 균들의 빈도가 증가한 것이다. 오늘날에는 보고에 따르면, 실험실에서 이 세균을 분리하여 저항성을 살펴보면, 약 90%가 페니실린에 내성을 나타낸다. 이러한 상황 때문인지, 사람들은 이 세균에 감염되는 정도가 증가하였고 폐렴과 수막염 등의 질병에 걸린 사례도 많이 보고되었다.

초파리, 잔디, 세균 등을 대상으로 한 실험이나 관찰을 통해서 우리는 진화의 현장을 목격할 수 있다. 초파리, 잔디, 세균 등의 생존과 번식에 인간이 개입해 인공적인 선택이 일어난 셈이다. 인간의 개입 대신 자연환경에 맞닥뜨리면, 생물들은 그 환경에 대응할 수밖에 없고 생물학적 변화를 동반한 진화는 일어날 수밖에 없는 것이다. 시선을 돌려 주변을 살피면 어떤 생물이든 언제든지 진화의 현장을 발견할 수

---

[1] 그람양성이란 세균의 염색 패턴을 가리키는데, 이런 세균의 경우, 페니실린 계통의 항생제에 의해 세포벽이 파괴되어 죽음에 이르게 된다.

있다. 이 지점에서 진화에 의한 생물학적 변화의 본질을 고려해야 한다. 앞으로 언급하겠지만, 그 본질이란 생물학적 특징의 변화는 유전자 변화가 있어야만 가능하다는 점이다. 즉, 진화란 주어진 환경 조건에 여러 세대에 걸쳐서 유전자의 선택이 일어나는 것이다.

2) 다윈의 진화론

다윈(Charles Darwin, 1809-1882)은 현대 진화론의 토대를 구축하였다. 다윈의 대표 저서인 〈종의 기원〉의 핵심 중 하나는 변형 혈통(decent with modification)이라는 개념이다. 이 개념은 진화의 양상을 나타낸 것으로, "자손은 부모와 비슷하지만, 약간이라도 다른 특징을 지니는데 대물림이 여러 세대에 거쳐 오랜 시간 진행되면 약간의 다름이 축적되어 조상과는 완전히 다른 자손이 출현한다"라는 뜻이다. 두 번째는 맬서스(Thomas Malthus, 1766~1834)의 〈인구론〉과 인위선택으로부터 영감을 얻은 자연선택설이라는 법칙이다. 이 법칙에 따르면, 생물이 지닌 여러 변이 중 자연환경을 극복한 변이만이 생존하여 자손을 얻게 된다. 요컨대, 다윈은 진화가 일어나는 모습을 묘사하고 이 과정에서 작용하는 메커니즘을 제시한 것이다. 이를 더 자세히 살펴보면 다음과 같다.

현대 진화론의 거두인 하버드대의 마이어(Ernst Mayr, 1904-2005)가 〈종의 기원〉의 내용을 분석하였는데 그는 이 내용을 다섯 가지의 주요 이론으로 정리하였다. 그 다섯 가지 이론이란 '생물들은 변화(또는 진화)한다', '현존하는 모든 생물과 지금까지 출몰했던 대부분 생물 종들은 공통 조상에서 유래한다', '생물들의 변화는 점진적이다', '새로운 생물 종은 계속 생겨나며 증가한다', '진화는 자연선택을 통해 일어난다'는 것이다. 〈종의 기원〉은 이 각각의 이론을 방대한 증거로 든든히 증명한다. 결론적으로, 다윈의 진화론은 진화가 움직일 수 없는 사실임을 보여주었고 아직도 현대 진화론의 든든한 토대로 작용한다.

3) 진화는 유전자의 변화

생물의 변화, 즉 진화는 유전자의 변화를 동반한다. 따라서 유전자의 변화는 적어도 진화의 필요조건이다. 유전자는 유전 물질인 DNA상에 존재하는 유전 정보의 일종이다. 이 유전자 정보에 따라 생성된 단백질을 비롯한 생체 분자들이 생명현상을 나타낸다. 이를 유전자 발현 과정이라 하는데, 이 과정을 상세히 살펴보면, 유전자(와 유전 정보)의 비유는 청사진보다는 조리법(recipe)이 더 어울린다. 그런데 DNA 변이는 일상적으로 일어나는 복제 과정은 물론, 다양하고 수많은 외부 자극으로 인해 일어난다. 게다가 유성생식 생물의 경우, 생식세포의 형성 과정에서 부모의 유전자가 섞이는 과정에서도 변이들이 형성된다. 바로 이 유전자 또는 유전 정보의 변화, 즉 변이가 생기기 때문에, 진화가 가능하다. 즉, 진화의 메커니즘인 자연선택의 재료가 만들어지는 것이다. 유전자로 진화를 표현하면, '진화란 여러 유전적 변이(에 의해 발현이 바뀐 생물학적 특징) 중에 선택이 일어나고 선택된 유전자는 자손에게 전달되는 과정'이다. 그러니까 DNA 변이는 인간이 진화했는지 또는 진화하는지를 결정하는 데 결정적인 지표를 제공한다.

4) 진화하는 인간

인간도 진화했다는 증거는 너무도 많고 명백하다. 이를 먼 과거부터 최근에 이르기까지 해당 예를 살펴보자.

우선, 우리 몸이 만들어지는 과정에서도 그 증거는 볼 수 있다. 새든, 거북이든, 상어든 이들이 발생하는 과정에 있는 배아를 살펴보면, 모두 인두낭과 긴 골성 꼬리가 나타난다. 특이한 점은 인간을 포함하여 이 모든 척추동물에서 이러한 특징이 나타나지만, 인두낭과 꼬리 구조가 모든 척추동물에서 아가미와 꼬리로 발생하지 않는다는 점이다. 인간의 경우에는 아가미도 꼬리도 없다. 이 현상은 배아가 발생하는 과정에서 이러한 구조가 출현하는 이유가 이 동물들이 이러한 특징을 지닌 공통의 조상에서 유래하는 진화 과정을 거쳤기 때문이라 해석할 수 있다. 이와 같은 여러 동물의 비교는 성체의 구조에서도 가능하다. 사람의 팔, 말의 앞다리, 박쥐의 날개, 돌고래의 지느러미는 뼈의 구성이 공통의 조상에서 유래했음을 나타내는 '상동' 구조이다. 또 우리 인간에게는 흡혈박쥐의 어금니처럼 사용하지 않은 구조가 발견되는데, 충수가 그 예로 조상으로부터 전달되지 않았다면 그 기원을 이해할 수 없다. 또 인간의 헤모글로빈 베타 사슬의 아미노산 서열을 비교하면 비교적 가까운 과거에 공통 조상을 공유한 붉은털원숭이가 더 먼 과거에 공통 조상을 공유한 개나 새보다 비슷한 정도가 큰 것을 알 수 있다. 게다가 유전자를 담고 있는 염색체를 보면, 우리의 염색체 2번이 침팬지의 12번과 13번이 융합된 구조와 거의 비슷함을 알 수 있는데 이는 약 500~600만 년 전부터 공통 조상에서 침팬지와 갈라져 진화한 인간의 흔적으로 보인다.

이러한 예는 많다. 따라서 인간도 진화했음은 논란의 여지가 없다. 다만, 비교적 가까운 과거에도 진화가 일어났는지는 논란의 대상이었다. 이 논란은 이미 언급한 것처럼, 인간은 선택을 강요한 자연환경으로부터 자유로워졌다는 사실에 근거한다. 하지만 분자생물학과 유전학, 생물정보학 등 현대의 발달한 생물학이 제공한 근거를 살펴보면, 논란의 귀결을 짐작하고도 남는다.

한 연구에 따르면, 지난 5만 년간 유럽에서만 적응에 유리한 인류의 새 돌연변이가 3천 개 정도 출현했다. 현생 인류, 즉 호모 사피엔스가 20만 년 정도 전에 출현했고 유전자 수가 약 21,000개임을 고려해 보자. 이 정도면, 현생 인류가 출현한 이후, 최근 1/4에 해당하는 기간에, 유전자 7개당 하나꼴로 돌연변이가 발생한 것이다. 결코 무시할 수 없는 정도의 빠르고 많은 변화이다. 다른 연구팀은 여러 인종이 섞인 미국인 120만 명(!)의 유전체 데이터를 분석하여 최근의 자연선택이 유전체의 10%에 영향을 미쳤고 그 결과 지난 5만 년 동안 많은 유전자 변이체가 선택되었을 것으로 추론했다. 이와 관련하여, 피부 색소화 경로, 근육을 구성하는 dystrophin 단백질 복합체, 후각 수용체 집단, 신경계 발달과 기능, 면역계, 열충격 등의 유전자 등을 발견하였다. 또 다른 연구팀은 유럽과 서아시아에서 발견한 8,500년 전에서 2,300년 전까지 살았던 사람들로부터 DNA 정보를 모아 시기별로 나누어 분석하였다. 이 연구팀은 유당내성(*LCT*) 외에 지방산 대사(*FADS1-2*), 비타민 D 대사 (*DHCR7*과

NADSYN1), (피부)색소(SLC24A5, SLC45A2, HERC2/OCA2, GRM5) 면역(MHC, TRL1,6-10), 장 질환(ATXN2/SH2B3), 이빨 모양(EDAR) 등에 관련된 유전자 등의 빈도에 차이를 나타내는 12개의 유전자를 발견하였는데 이 중 적어도 4개 유전자는 농업 출현에 따른 새로운 음식에 적응한 결과로 변화한 것임을 발견하였다.

자손의 수를 조사할 수 있었던 더 최근의 보고도 의미가 크다. 진화생물학은 자손의 수, 즉 생식 성공의 정도를 진화가 있었는지, 있었다면 성공한 정도는 어떠한지를 추론하는 근거로 사용하는데 이를 적합도라 한다. 의학사 종단연구를 가장 오래 수행해 온 한 연구는 미국의 세대별 인구 변화를 추적하였다. 이 연구에서는 1948년부터 2008년까지 미국인을 대상으로 혈중 콜레스테롤 양과 자손의 수를 조사하였다. 결과에 따르면, 혈중 콜레스테롤이 15mg/L로 낮은 사람들은 평균 3명 이상의 자녀를 얻었다. 반면, 혈중 콜레스테롤이 35mg/L로 높은 사람들은 평균 2명 정도의 자녀를 얻었다. 따라서 미국에서는 진화의 척도인 적합도가 음식에 따라 형성되는 혈중 콜레스테롤 양과 강한 상관관계가 있음을 알 수 있다.

또 참고할 만한 다른 연구는 사람의 키다. 1935년에서 1967년 사이에 핀란드인을 대상으로 연구가 수행되었다. 여성들의 경우, 평균의 키를 나타낸 사람들의 자녀 수가 가장 많았다. 남성들의 경우에는 평균보다 큰 키의 사람들이 더 많은 자녀 수를 나타냈다. 두 경우 모두 특정 키에서 가장 큰 값을 나타내는 적정 곡선을 보여주었다. 키는 상당히 유전적 요소가 크므로 이러한 현상으로 보아 이 집단은 키에 따라 선택이 일어나는 진화가 벌어지는 과정에 있다고 볼 수 있다.

이처럼, 비교적 최근에 인간의 진화가 일어났다는 여러 연구 결과는 논리적으로도 충분히 추론할 수 있다. 진화의 재료인 변이가 일어나는 정도를 살펴보면 도움이 될 것이다. 인간의 전체 DNA는 약 30억 쌍의 염기로 이루어져 있다. 보통 돌연변이가 일어나는 정도 10억분의 1이다. 그러므로 자손에게 전달되는 DNA 3쌍 염기 정도는 돌연변이가 전달된다고 가정할 수 있다. 자손은 양친으로부터 3쌍씩 모두 6쌍 정도의 변이된 염기를 물려받게 된다. 현재 인류가 80억 명 정도이니까 현존하는 인류의 변이는 대략 480억 개 정도라고 추산할 수 있다. 그런데 생명현상을 나타내는 데에 중요한 단백질을 암호화하는 영역은 전체 DNA의 1.5% 정도이므로 7억 2천만 개의 염기는 생명현상과 관련하여 비교적 의미가 큰 변이라고 할 수 있다. 사실 유전자 암호 구조의 특성을 고려하면 이 가운데 적어도 1/3은 중요한 변이가 아닐 가능성이 크다. 여기에 아미노산의 성질과 단백질 구조 등까지 감안하면 중요한 변이의 출현 빈도는 더 적을 것이다. 그럼에도, 거의 억 단위 수의 돌연변이는 실질적으로 생명현상과 관련된 중요한 변이일 가능성이 크다. 게다가 정자와 난자의 생성 과정에서 일어나는 부모 유전자 교환 과정에서 많은 변이가 생길 수 있다. 이러한 추론이 실제로 일어나는 심각한 변이가 얼마나 많은지 예측할 수 있는지는 과제로 남는다. 다만, 변이가 준비되었다면 특정 기준에 의한 선택은 언제든지 일어날 수 있다.

이미 언급한 여러 연구 결과와 이러한 추론은 어쨌든 인간의 진화가 가까운 과거는 물론 지금도 일어나고 있음을 강력하게 시사한다. 따라서 인간의 진화와 관련해서 유전자 변화를 유발하는 요인이 무엇인지 찾는 일이 핵심에 해당한다. 이미 언급했지만, 인간은 다른 생물처럼 자연에 직접적으로 노출된 선택의 대상이 아니다. 최근의 연구는 직접적인 자연환경이 아닌 많은 문화적 요인이 유발 요인임을 밝히고 있다.

연습문제 1

1. 과학에서 말하는 이론(theory)은 '관찰과 실험을 통해 반복적으로 확인된 일련의 사실을 바탕으로 자연계의 일부 측면에 대한 잘 입증된 설명'이다. 위 글을 토대로, 진화론이 '이론'인 이유를 서술해 보자.

2. 인간은 진화하였고 지금도 진화하고 있다는 위 주장에 동의하는가? 동의한다면 (또는 동의하지 않는다면) 그 이유를 제시해 보자.

2. 문화 그리고 유전자

인간 진화에 관한 논의에서 문화의 중요성은 아무리 강조해도 지나치지 않다. 그런데 '문화'는 어떻게 정의할 수 있을까. 일반인은 물론, 여러 (사회)과학 분야, 예컨대 고고학, 인류학, 사회학, 생물학, 심리학 그리고 예술이나 종교 등 여러 분야에서 정의하는 '문화'가 각각 달라 심하게는 사람마다 '문화'에 관한 각자의 개념이 있다고 해도 무방해 보인다. 그래도 문화를 많이 살펴본 학자들의 의견에 따라 포괄적으로 정의해 보자면, 문화는 "사회 구성원으로서 인간이 습득하는 지식, 믿음, 예술, 도덕, 법, 관습, 그 밖의 역량과 습관을 모두 포함하는 총체적인 무엇"이다. 또는 비슷하지만, 사상, 언어, 종교, 관습, 법이나 도덕 등의 규범, 가치와 신념, 예술, 기술과 같은 것들을 포괄하는 "사회 전반의 생활 양식"이다.

그런데 논란의 여지가 있지만, 문화는 인간 사회에만이 아닌 동물에게도 발견된다. 침팬지의 예를 살펴보자. 한 연구팀이 관찰한 결과에 따르면, 잠비아의 한 암컷 침팬지는 어느 날 튼튼하고 빨대처럼 생긴 잎을 귀에 꽂고 위치를 조정했다. 그리곤 이 침팬지는 여기저기 돌아다니며 여느 때처럼 볼일을 보았다. 1년 동안 추적 관찰 결과, 연구팀은 이 집단 구성원 12마리 중 8마리가 한 이 독특한 '귀속의 잎' 행동을 발견하였다. 게다가 이들은 이웃 세 집단의 82마리에게서도 이 행동을 발견하였다. 이 결과를 보고, 연구팀은 침팬지들이 다른 침팬지의 행동을 따라 했다고 결론을 내렸다. '문화'의 견지로 보면, 이 행동을 시작한 암컷 침팬지는 인간 사회에 비유하자면 패션 리더가 된 것이다.

이외에도 영장류학자들의 여러 보고를 더 보면 침팬지에게는 문화가 존재함이 명확해 보인다. 우선, 침팬지를 비롯한 영장류는 새끼를 보육하는 행동을 나타내는데 이 행동도 다른 개체로 전달되어 나타낸다. 다음으로, 침팬지 집단은 영역을 지키기 위해 또는 영역을 확장하기 위해 침입자를 공격하고 집단 내에서는 각 개체가 권력을 잡기 위해 다른 개체와 동맹을 맺기도 한다. 이에 더해, 먹이를 얻는 모습에서도 '문화'의 단면이 발견된다. 사냥 때에는 여러 개체가 협동을 위해 소통하고 어떤 집단은 돌을 골라 견과를 깨고 다른 집단은 잎사귀를 잘근잘근 씹어서 흰개미를 낚는다. 게다가 비가 오려 할 때 춤추기, 작은 동물 사냥하기, 머리 위로 손뼉을 쳐서 남을 훈련하기 등 9가지의 학습된 활동의 유무가 10개 집단별로 다르게 나타나는 특징이 발견되었다. 도구 사용은 매우 많이 알려졌다. 예컨대, 유인원, 원숭이, 코끼리, 해달, 몽구스, 돌고래, 어치, 까마귀 그리고 두족류, 파충류, 어류 등 여러 동물에서 보고되었다. 게다가 돌고래는 또 흉내내기에 열중하는 것으로 알려져 있다.

지금까지 살펴본 이 많은 예는 동물에게도 문화가 있음을 시사한다. 적어도 특정 집단의 특성이 변화하고 일종의 노하우가 구성원들 사이에 전파된다는 면에서 그러하다. 이는 문화의 정의를 더 넓혀 '유전이 아닌 방식으로 전달되는 행동과 사고방식'이라 주장한 일부 영장류 학자를 지지한다. 결론적으로, 동물에게도 문화가 존재한다고 볼 수 있다.

이와 같은 문화에 대한 폭넓은 정의는, 인간이 이 동물들과 조상을 공유하고 이 동물들의 공통 조상에서 유래했음을 고려할 때 인간 문화도 매우 오래전부터 생겨나 지속해서 전달되었을 가능성이 높음을 시사한다. 이에 화답하듯이, 사회생물학의 창시자인 윌슨(Edward Wilson, 1929-2021)은 인간이 문화를 '발명'하지 않았다고 주장한다. 그러니까 우리 인류는 진화를 통해 조상으로부터 물려받은 것을 인류만의 지능과 사회성에 의존하여 다듬었을 뿐이라는 것이다.

그런데 인간 문화에 관한 또 다른 정의는 문화가 사회적 집단 간에 공유되며 세대 간에 전달되어 변화하고 발전한다는 점을 전제한다. 즉, 문화는 축적되어 발전한다. 그 결과, 어떤 사회든 문화는 생활 양식과 관련이 있고 기술적 지식과 혁신을 포함하여 사회의 발전과 현대화에도 영향을 미치는 결과를 초래한다. 바로 이 지점에서 인간의 문화와 동물의 문화가 차이를 나타낸다. 요컨대, 인간의 문화는 인간의 사회 속에서 지속해서 축적되는 특징을 나타낸다. 그럼으로써 문화는 양과 질 면에서 계속 발전하게 되고 그 결과, 인간의 삶에서 차지하는 비중이 점점 증가해 왔다.

초기에 원하는 모양의 돌을 주워 도구로 사용했던 인류는 다음에는 돌을 깨서 원하는 모양을 만들었고 그 이후에는 돌을 정교하게 가공하여 쓰임새가 늘어난 도구를 확보하였다. 더 나아가 인류는 돌 이외의 많은 재료를 이용하여 필요한 도구를 제작하게 되었다. 이처럼 어떤 것이든 인류의 문화는 기존의 발전을 토대로 새로운 발견과 발명이 더해지는 과정을 거쳐 현재에 이르렀다. 이 과정에서 문화는 인류의 삶과 더욱 밀착하게 되었고 그 밀착 정도는 우리 삶의 대부분을 차지할 정도로 증가하였다. 오늘날 인류는 농업 없는 식생활을 상상할 수 없듯이, 정치, 경제, 사회, 예술, 종교, 과학기술 등 수많은 문명 혜택이 사라진 삶은 상상할 수 없게 되었다.

이렇게 광범위하게 일어난 문화적 변동과 발전은 인간의 생존과 번식과 밀착된 환경 요소로 작용하여 인간 유전자의 변화, 즉 진화를 꽤 많이 유발했을 가능성 매우 크다.

3. 문화와 유전자의 공진화

1) 문화와 유전자의 공진화란?

가까운 침팬지나 고릴라를 비롯한 모든 동물과 달리, 인류가 고도로 발달한 다양한 문화를 지녔다는 점에는 의문의 여지가 없다. 인간은 직립보행 이후, 손이 자유로워지고 인지 능력이 발전하며 사회성이 증가하면서 끊임없이 문화를 발명, 발전시켜 왔다. 그리고 이러한 문화(적 장치)에 의해 인간은, 선택을 당하는 변화를 겪게 되었고 그 변화는 꽤 빠르게 일어나기도 했다. 그리고 유전자는 문화의 변화와 발전을 가능하게 한다. 이처럼 서로 영향을 주고받는 유전자와 문화의 상호작용을 문화와 유전자의 공진화라고 한다.

우리가 사는 곳에 빙하기가 온다고 가정해 보자. 많은 생물, 우리도 동물이므로 특히 동물들은 이 난관을 어떻게 극복할까? 많은 종류는, 당연히, 추운 곳을 벗어나기 위해 이동할 것이다. 그러나 이동하기에 추운 지역이 너무 넓다면 어떤 동물들이 생존할 수 있을까? 우연히도 많은 털이나 두터운 지방 조직과 같은 단열 구조를 지닌 돌연변이 동물들이 살아남게 된다. 생존한 개체들은 이 변이 구조를 자손에게 전달하게 된다. 예를 들어, 긴 털을 지녀 시베리아의 추운 기후에 적응한 매머드를 비교하면 쉽게 이해할 수 있다. 이 적응은 아시아와 아프리카 등 더운 지역에 적응한 친척 코끼리와 비교된다.

인간은 다르다. 추위를 피해 따듯한 동굴 등 지형지물을 이용도 했지만, 더 나아가 옷을 만들어 입거나 불을 피웠고 결국 집을 짓는 데에 이르렀다. 요컨대, 생물들은 자신만의 몸 구조와 기능으로 환경에 대응하지만, 인간은 자신들의 생산물, 즉 문화적 도구를 이용하여 생존한다. 인간은 문화적 도구에 의존하여 자연이 부과하는 선택 압력을 이겨내 생존하게 된 것이다. 사실, 인간은 여기서 더 나아간다. 이런 과정이 반복되면서, 인류 문화는 그 발전이 계속 축적되어 과거와는 비교할 수 없을 정도로 질적으로 발전한 문화가 점점 더 많아짐은 물론 다양한 문화적 도구를 만들게 된다. 다시 추위가 덮친 환경으로 돌아가 보면, 사람들이 옷, 집, 난방 장치 없이 겨울을 어떻게 견디겠는가? 이런 식의 문화적 발전에다가 인간 추상의 산물인 기술, 교육, 규율, 제도, 사회성 등까지 더해진다면, 인간 문화는 동물과 비교하여 질적으로 다르다고 하여도 무방할 것이다.

이 시점에서 눈여겨볼 점은 옷, 집, 불 등의 출현이 우리 유전자의 작품이라는 점이다. 침팬지 유전자가 허용할 수 있는 문화는 여기까지 이르지 못한다. 인간과 달리, 침팬지 유전자는 특정 지점에서 문화 대신 생물학적인 특징에 의존한, 자연에의 적응에 더 능력을 발휘하는 방향으로 진화한 것이다. 반면, 우리 유전자는 침팬지와 방향을 달리하여 그 이상의 문화 발전을 충분히 담았고 그 결과, 오늘날처럼 엄청난 정도로 문화가 발전할 수 있었다. 마치 우리가 산소의 존재를 의식하지 않고 숨을 쉬는 것처럼, 어쩌면 우리는 우리의 유전자가 우리 인류의 가능성이 확대되도록 허용하여 온 것을 너무 당연하게 여겼는지 모른다.

다른 한편, 문화의 변화와 발전도, 자연환경처럼 우리의 유전자 변화를 유도해 왔다. 언제부턴가, 자연 극복의 유용한 수단으로 인간이 만든 문화가 발전하여 인간의 삶에 밀착하게 되면서, 자연을 대신해 우리의 유전자가 문화에 적응할 것을 요구하게 된 것이다. 인간에게서 출현한 변이 유전자 중 문화가 제공한 환경에 적응할 수 있으면 선택이 되었고, 그렇지 않으면 사라졌다.

2) 문화와 유전자의 공진화 예

최근 연구는 다양한 문화와 유전자의 공진화에 관한 결과를 제시하고 있다. 연구자들은 여러 다양한 문화를 대상으로 연구를 진행하였고 현재도 진행하고 있다. 또한 공진화의 한 축인 '유전자'의 의미와 범위에 대해서도 다양한 정의를 근거로 하여 많은 연구가 진행되고 있다.

도구 사용과 손의 진화, 종교, 언어 등 굵직한 주제들은 물론, 춤을 비롯한 예술, 인간의 성적 매력과 결혼제도 그리고 인간 사회의 사회적 장치로 볼 수 있는 근친상간 금기, 인간의 사회성과 인간 뇌 용량의 증가, 공정성의 진화와 이타성, 불을 사용한 조리와 인간만의 고유한 몸 구조, 농업의 시작과 영양분 소화 효소 또는 면역 등 많은 유전자의 변화, 변형 혈구증과 결혼제도와 교역, 목축과 유당 내성, 도파민 수용체와 새로움의 추구 등 인간 문화의 매우 많은 영역에서 연구 결과가 쏟아지고 있다.

어쩌면 당연한 일인데, 이러한 여러 연구에서 문화와 관련하여 논란이 있었다. 여러 학자는 문화는 명료하게 나눌 수 있는 것이 아니므로 이렇게 문화를 임의로 지정하여 논의하는 것에 문제가 있다고 주장한다. 이 주장은 물론 숙고의 가치가 있지만, 현실적으로 이루어지는 연구의 진행에 답을 제공하기는 힘들다. 또 다른 학자들은 "문화(과정)를 개념적 또는 분석적으로 관리가 가능한 단위로 분해하지 않고 이해하는 것은 불가능하다"라고 하여 현실적인 접근의 중요성을 강조하였다. 그러므로 이미 언급한, '문화'로 정한 대상처럼 구체적인 예를 사용한다면, 그만큼 해당 문화에 대한 견해 차이가 줄어들 가능성이 크기 때문에 문화와 유전자 공진화 현상을 이해하는 데 일정한 동의도 가능할 것이다.

문화와 유전자 공진화에 관한 많은 연구는 인간이기 때문에 나타내는 문화의 독특함을 강조하는 한편, 문화에 의해 변화하는 인간의 생물학적 특징을 언급하기도 한다. 이후에서는 이 중에서 특히 유전자 또는 생물학적 증거에 관하여 더 소개하고자 한다. 생물학적 증거를 얻기 위하여 우선, 유전자 자체의 변화를 추적할 수 있다. 즉, 구체적인 유전자를 언급할 수 있다. 예를 들어, 헤모글로빈 유전자 (말라리아와 겸상 적

혈구증), 유당 내성 유전자 (목축과 유당 내성), 도파민 수용체 유전자 (모험심과 알코올 섭취) 등은 구체적인 유전자로서 문화적 현상을 같이 살펴볼 수 있는 주제이다.

그런데 예를 들어, 예술의 한 장르인 춤의 경우, 동작을 따라 하게 하는 특정 유전자가 있을까? 춤을 통해 구애하는 조류들 경우처럼, 그런 유전적 특징이 우리 인간에게도 있다고 할 수 있지만, 특정 '춤' 유전자 하나나 둘이 있을 것 같지 않다. 단지 문화권 차이를 불문하고 모든 사람이 공통으로 나타내는 반응을 보고 이에 관여하는 (여러) 유전자가 작동했을 것이라 짐작하게 된다. 구체적인 유전자는 무엇인지 밝혀지지 않았지만, 이 유전자들이 작동해서 인류는 춤을 더 즐길 수 있게 되었다는 해석은 충분히 의미를 지닌다. 더구나 이 과정은 생존과 번식에 도움을 주게 되었다는 연구 결과는 '춤'이 우리의 유전자들을 변화시켰다는 주장에 더욱 힘을 싣는다. 어쨌든 구체적인 유전자를 특정하지 않더라고 문화와 유전자의 공진화는 충분히 그 가능성을 인정하게 된다.

이외에도, 뇌 용량의 증가, 소화기관 구조의 변화, 질병 저항성 등은 유전자의 변화 없이는 일어날 수 없는 일이다. 그러므로 이러한 생물학적 변화와 문화가 관련성이 있다면 문화와 유전자의 작용이 있다고 간주하게 된다.

결국, 생물학적 진화의 지표는 유전자 변화이다. 근래 들어, 분자 수준에서 생물학 기술이 그야말로 눈이 부실 정도로 발달하면서 인류가 유전자 변화를 추적하는 데에 커다란 수단을 확보한 점은 분명 의미가 있다. 그래서 시공간에 따른 특정 문화의 변화와 유전자의 관련성을 밝히는 데에 이러한 기술적 도구는 엄청난 도움이 된다. 이런 면에서 몇몇 생물학적 성과는 주목의 대상이다.

연습문제 2

1. 인류의 현대 문명과 비교하여 침팬지의 문화가 현재와 같은 특징이 띠게 된 이유를 추론해 보자.

2. 춤과 유전자의 공진화를 연구하고자 할 때 유전자의 작용으로 간주할 수 있는 현상을 제시해 보자.

3. 생물학자 리처드 도킨스(Richard Dawkins, 1941~현재)는 '밈'(Meme) 개념을 창안하였는데 그 뜻은 '모방을 통해 사회적으로 전달되는 모든 생각, 행동, 스타일'이다. '밈'과 '문화와 유전자의 공진화'에서 말하는 문화의 차이를 설명해 보자.

4. 한류도 문화와 유전자 공진화론으로 설명이 가능할까?

요즈음 세계적으로 주목받는 K컬처 중 이 글에서는 K팝을 문화와 유전자의 공진화 시각에서 살펴보고자 한다. 여러 가능성을 탐색한 결과, K팝의 퍼포먼스는 인간이 문화와 유전자의 공진화 과정에서 얻게 된 특징을 자극한다는 결론에 이를 수 있었다. 그리고 우리 민족만이 이러한 영향력을 지니게 한 문화와 유전자의 상호작용이 존재했는지 살펴볼 필요가 있다.

1) K팝이 자극한 문화와 유전자의 공진화 특징

K컬처의 위상이 날로 증가하는 시대이다. K컬처는 BTS 등 아이돌 그룹의 음악, '기생충'과 '오징어 게임'을 위시한 영화와 드라마, 게임, 우리의 음식문화, 한복을 포함한 패션, 뷰티, 그리고 한글에 이르기까지 다양하다. 한국인은 예전과 비교해

훨씬 더 주목받고 있고 외국인들은 문화적 혜택을 많이 골고루 받는 서울 등 한국에서의 삶을 동경한다. 국내 한 언론사의 뉴욕 주재 특파원이 서울로 돌아온다고 했을 때 주변인들이 부러워했다는 일화[2]는 예전에는 상상할 수 없었던 일이다. 미국 심장부에 사는 뉴요커에게도 서울은 문화가 풍만한 도시인 것이다.

가장 큰 파급력을 과시하는 K컬처의 선봉장은 누가 뭐래도 K팝이다! K팝의 뚜렷한 특징은 친숙한 멜로디와 리듬에 결합한 퍼포먼스이다. 예를 들어, 싸이, 빅뱅, 2NE1 등 K팝 뮤지션이 선보인 춤과 노래가 유튜브를 통해 크게 퍼질 수 있음도 이를 뒷받침한다. K팝에서 퍼포먼스의 핵심은 춤이고 큰 특징은 '군무(群舞, group dance)'이다. 이 중 '칼군무'는 많은 경우, 여럿이 같은 동작의 안무를 보여준다. 또 군무는 여러 명의 움직임을 매력적으로 구성하기도 한다. 예를 들어, 여러 멤버가 무대를 꾸밀 때 각 멤버가 고유의 동작을 선보이게 되어 전체의 조화는 물론 멤버 각각의 매력을 팬들이 함께 즐기는 기회를 선사하기도 한다.

K팝에서 퍼포먼스의 중요성은 노래가 퍼포먼스를 전제하고 만들어지는 데에서도 나타난다. 현재 K팝을 보면, 한국뿐 아니라 여러 나라에서 많은 유명 작곡가가 곡을 제공한다. 그런데 이렇게 탄생한 질 좋은 음악은 거의 다 사람들의 눈길을 끄는 동작 또는 따라 하기 좋은 동작을 의식한 것이다.

그 결과, K팝은 아시아를 넘어 세계적인 음악으로 인기를 얻게 되었다. 이렇게 K팝 퍼포먼스가 특정 문화권만이 아닌 세계 모든 나라에서 잘 통하는 이유는 무엇일까? 이와 같은 보편적인 인기의 원인을 찾으려면 특정 문화권이 아닌 전체 인류가 공유하는 특징을 찾아 살펴보아야 한다. 그중에서도 몇 가지를 더 살펴야 할 것 같다.

첫 번째는 '모방 유전자'이다. 생물학적 시각으로 표현해 보면, '모방 유전자'가 있으면 집단 내에서 구성원으로서 구실을 하는 데에 유리했고 그러면, 생존 가능성은 그렇지 않은 경우와 비교해 더 높았다. 실제로 거울 뉴런이 모방을 촉진하고 모방에 관여하는 뇌 영역이 증가했다고 알려졌다. 요컨대, 인간은 여러 문화적 산물을 모방하고 그래서 학습할 수 있었다면 생존 그리고 궁극적으로 자손을 얻는 데에 유

[2] 2023년 1월 17일 SBS 모닝와이드 '친절한 경제'

리했고 그 유전자는 우리와 같은 자손에게 전달되었다. 결국, 우리는 상습적 모방자들의 자손으로 모방 능력을 타고난다.

춤은 바로 이 타고난 모방 능력 덕분에 발전하였다. 춤을 잘 추려면 물론 적절한 학습과 많은 노력을 기울여 모방 능력을 더 길러야 한다. 관련 연구를 보면, 춤과 관련된 신경 회로의 뇌 스캔 분석을 통해, 춤 동작에 따라 모방에 관련된 뇌 영역이 흥분되는 것을 알 수 있다. 그래서인지 문화적 정체성을 공유하는 집단에서 모방 능력을 발전시키기 위해 것으로 대규모 행진이나 모의 전투 등과 함께 같은 동작으로 춤을 추기도 하였다.

K팝 그룹의 군무를 수많은 청중이 따라하면서 느끼는 동질감은 K팝에 열광하는 또 하나의 중요한 이유이며 특징이다. 요즈음엔 애니메이션 영화 'K팝 데몬 헌터스' 속 K팝 군무를 따라 파리, LA, 자카르타, 도쿄, 상파울루 등 세계 곳곳에서 젊은이들이 광장에 모여 K팝 춤을 추는 동영상을 쉽게 볼 수 있다. 이렇게 여럿이 춤을 추면, 함께 운동할 때처럼 엔도르핀과 옥시토신이 분비되어 사람들은 즐거움을 느끼게 된다. 이것은 마치 자신이 좋아하는 팀의 유니폼을 입고 스포츠 관람을 하는 것과 같다.

스포츠는 만국 공통이다. 계절마다 프로 스포츠가 종목별로 인기리에 진행된다. 우리나라는 추운 겨울이 끝나고 4월이 오면 프로 야구 시즌이 시작되는 것이 한 예이다. 경기장 안에서 사람들은 자신과 같은 팀을 응원하는 사람들과 같은 구역에 앉아 집단의 위력을 보여준다. 수만 명이 똑같은 유니폼을 입고 응원 구호를 외친다. 응원하는 팀에 관하여 이들은 모두 한 마음이다. 축구, 농구, 배구 등 다양한 구기 종목들도 마찬가지이다.

하물며, 일체감을 느끼는 대상이 자신이 좋아하는 가수이고, 그 가수가 선보이는 것이 군무라면 춤을 추는 젊은이들이 느낄 동질감은 엄청난 희열로 승화할 것 같다. 이에 관한 연구에 따르면, 같이 춤을 추는 동시적인 행동의 경험은 자신에 대한 지각 그리고 동일한 움직임을 행하는 다른 이들과 연결되어 있다는 자각을 만들어 낸다.

빠뜨릴 수 없는 또 다른 특징은 춤은 음악과 함께 강력한 구애 수단이 될 수 있다는 점이다. 그래서 춤을 포함한 퍼포먼스가 주요 요소인 K팝이 성적 매력을 나타낸다는 점은 매우 당연하다고 볼 수 있다. 춤이 이런 용도로 사용되는 예는 동물 중에서 꽤 알려져 있다. 논병아리의 경우, 수컷들은 물속으로 들어가거나 물 위를 날면서 우아한 동작을 연출하고 물 표면과 공중에서 몸을 비틀고 회전하는 등의 거의 춤과 같은 동작으로 암컷 앞에서 오디션을 본다. 상대 성(주로 암컷)의 선택을 받기 위하여 동물들의 '현란하고 아름다운 춤 보여주기'는 새들의 세계에서는 꽤 일반적이다. 가이아나바위새, 황금머리마나킨, 흰목마나킨, 흰날개트럼페터 등 수많은 예가 보고되었다. 심지어 무척추동물인 초파리도 날개를 떠는 동작으로 암컷의 관심을 끌려고 한다.

결론적으로, K팝이 이토록 인기가 있는 이유는 전체 인류가 진화해 오면서 갖추게 된 몇 가지 공통점을 잘 활용한 결과이다. 정리해 보면, 생존을 위한 학습에 필수적이었던 모방 본능과 춤을 보거나 따라하면서 느끼는 즐거움, 자신이 좋아하는 뮤지션 그리고 자신과 같은 팬들과 공유하는 동질감과 소속감, 성적 매력 등이 그 공통점으로 이 특징들은 모든 문화권에서도 발견된다.

연습문제 3

다음은 이 절의 결론에 해당하는 문단이다. 아래 글을 참고하여 질문 1, 2에 답하시오.

2) 우리 민족의 문화 유전자?

'K팝'을 우리 민족이 만들 수 있는 이유는 뭘까? 정부의 지원, 인터넷의 발달을 포함한 여러 가지가 가능하지만, 우리 민족이 가무를 즐기는 민족이라는 점도 하나의 이유로 볼 수 있다. 우리 전통의 민속놀이를 정리한 내용에 따르면, 부여의 영고, 예의 무천이라는 제사 때 사람들은 노래와 함께 춤을 즐겼다. 삼국시대를 묘사한 여러 고서, 고구려의 경우는 고분의 무용도 등도 우리 조상들이 춤을 즐겼다고 기록하였다. 고려 때에도 해마다 열린 팔관회와 함께 가무백희가 발전하였다.

직접적인 관련성에 관한 연구가 필요하지만, 과거부터 이어진 가무를 즐기는 우리 민족의 특징이 문화적으로 진화한 것은 아닐까. 생물의 진화와 똑같지는 않지만, 문화도 진화한다. 변이가 생기고 사람들에게 받아들여지는 문화가 크게 번성하는 점은 비슷하다. 많은 학자는 이 점에 주목하여 이론적 모델과 방법을 동원하여 문화의 진화를 연구한다. 그렇다면, 예로부터 현대에 이르기까지 우리 민족의 가무 문화의 흐름과 변동을 이론적 모델과 방법을 이용하여 추적할 수 있을 것 같다. 그러니까 문화의 진화에 주목하여 가무를 즐기는 우리 민족의 특징이 어떻게 지금의 K팝 형태로 표출되었을 가능성을 탐색해 보는 것은 의미 있는 일이 될 것이다. 그 결과가 유전자 수준에서 설명이 필요할 수도 있다.

1. 인류의 어떤 특징이 문화적 산물인지 진화적 산물인지를 구분하는 방법을 제시해 보자.

2. 우리 민족에게 'K팝' 유전자가 있다고 생각하는지 답을 제시하고 그 이유를 서술해 보자.

3. 이 글 전체를 읽고 우리 사회에서 구체적인 문화 하나를 골라 '문화와 유전자의 공진화'를 설명할 수 있는 모델을 만들어 설명해 보자.

5. 나가며

문화와 유전자의 공진화론은 인류는 진화를 겪어온 것이 사실이고, 그것도 최근까지 비교적 짧은 시간 내에도 진화가 일어났으며 아직도 일어나고 있음을 전제한다. 게다가 이 이론은 이러한 인간의 변화를 유도한 조건이 바로 인간이 만든 문화임을 강조한다. 더불어 우리 유전자는 우리의 문화적 발전과 변화의 토대가 되었음도 잊지 않는다. 더불어, 이 이론은 다른 생물들과 달리 우리는 문화 덕분에 자연의 엄혹한 조건으로부터 비교적 자유로울 수 있지만, 우리가 살고 있는 그래서 우리를 둘러싼 '그' 문화에 조응하지 못하면 살아남을 수 없게 된 이유와 과정을 설명한다.

인간도 다른 생물처럼 항상 변화하는 존재다. 이를 반영한 문화와 유전자의 공진화는 우리에게 변화의 중요성에 주목하라고 요구한다. 더 나아가 인간 문화만의 특징으로 인해, 생물학의 눈으로 인간을 살펴보더라도 많은 예술과 문학 작품 더 나아가 심리와 사회 등을 들여다보면 우리가 얼마나 독특하고 소중한 존재인지 깨닫게 되는 것 같다.

참고 문헌

김윤지 (2023) 『한류외전』, 어크로스.

김혜진 (2019) 뉴미디어를 통한 케이팝 댄스의 지속가능성 연구. 박사학위 논문, 고려대학교.

이상욱 (2016) K-pop 연구. 박사학위 논문, 숭실대학교.

장수철 (2025) 『문화는 유전자를 춤추게 한다』, 바틀비.

로버트 M 새폴스키 (2017) 『행동 최선의 행동과 최악의 행동에 관한 모든 것』, 김명남 역, 문학동네.

리차드 프럼 (2017) 『아름다움의 진화』, 양병찬 역, 동아시아.

마를린 주크 (2014) 『섹스, 다이어트 그리고 아파트 원시인』, 김홍표 역, ㈜위즈덤하우스 미디어그룹

에른스트 마이어 (2005) 『생물의 고유성은 어디에 있는가?』, 박정희 역, 철학과 현실사.

에드워드 윌슨 (2012) 『지구의 정복자, 이한음 역』, 사이언스북스.

제이 펠런 (2023) 『생명이란 무엇인가? 활용할 수 있는 지식과 생리학』, 5판 (장수철 등 역), 월드사이언스.

조지프 헨릭 (2017) 『호모 사피엔스』, 주명진·이병권 역, 21세기북스.

케빈 랠런드 (2017) 『다윈의 미완성 교향곡』, 김준홍 역, 동아시아.

케빈 랠런드, 길리언 브라운 (2011) 『센스 앤 넌센스』, 양병찬 역, 동아시아.

피터 리처슨, 로버트 보이드 (2005) 『유전자만이 아니다』, 김준홍 역, 이음.

Futuyma DJ, Kirkpatrick M (2018) 『Evolution』, International 4th Ed. Oxford University Press.

Heyes CM, Ray ED (2000) What is the significance of imitation in animals? In PJB Slater, JS Rosenblatt, CT Snowdon, TJ Roper (Eds.), Advances in the study of behavior, Vol. 29, pp.215 - 245). Academic Press.

Jary D, Jary J (1991) The HarperCollins Dictionary of Sociology, HarperCollins.

Mathieson I, Lazaridis I, Rohland N, Mallick S..., Reich D (2015) Genome-wide patterns of selection in 230 ancient Eurasians. Nature 528: 499 - 503.

Rizzolatti G, Craighero L (2004) The mirror-neuron system. *Annual Review of*

Neuroscience 27(1): 169-192.

Van Leeuwen, Cronin KA, Haun DB (2014) A group-specific arbitrary tradition in chimpanzees (*Pan troglodytes*). Animal Cognition 17: 1421-1425.

Williamson SH, Hubisz MJ, Clark AG, Payseur BA, Bustamante CD, Nielsen R. (2007) Localizing recent adaptive evolution in the human genome. *PLoS Genet* 3(6): e90.

제3장

융합적 글쓰기
– 어떻게 할 것인가?

1. 융합적 글쓰기의 가능성 탐색

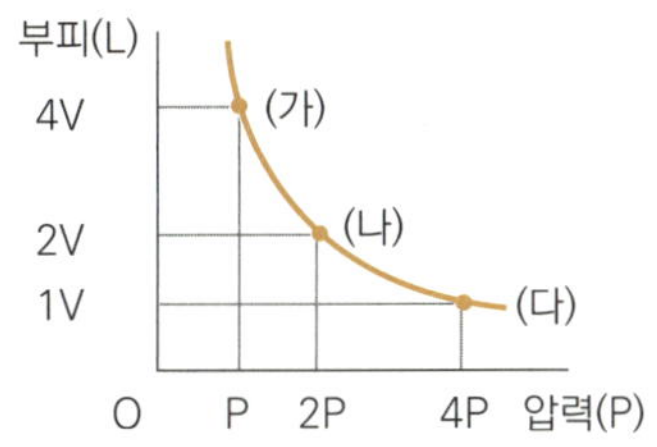

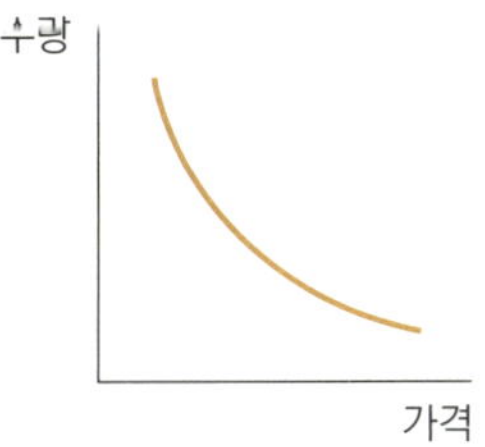

여기 놀라울 정도로 닮은 두 개의 그래프가 있다. 이 중 왼쪽에 제시된 그림은 우리가 학창 시절 과학 시간에 배웠던 보일의 법칙을 나타내는 그래프이다. 외부와의 출입이 없는, 닫힌 용기 안에서 기체의 압력(*P*)이 높아지면 부피(*V*)는 줄어든다는, x축과 y축이 서로 반비례하며 매끄럽게 떨어지는 우하향 곡선이다. 이와 함께 오른쪽에 제시된 그래프는 경제학 교과서에서 주로 소개되는 수요 곡선이다. 시장에서 상품의 가격(Price)이 오르면 사람들이 구매하려는 수량(Quantity)은 줄어든다는 법칙을 그린 것으로, 이 또한 영락없는 반비례 곡선의 형태를 띠고 있다.

신기하게도 하나는 자연 현상을, 다른 하나는 사회 현상을 설명하는 그래프이지만 공통점이 있다. 하나는 눈에 보이지 않는 기체 분자들의 무질서한 충돌과 운동을 설명하는 물리학의 언어이고, 다른 하나는 복잡한 인간의 욕망과 시장의 선택을 설명하는 사회과학의 언어다. 다루는 대상은 천양지차인데, 왜 이 두 현상은 이토록 닮은꼴의 얼굴을 하고 있을까? 압력이 증가하면 부피가 감소하듯이 가격이 증가하게 되면 이를 찾는 수요는 줄어들게 되고, 반대로 압력이 줄면 부피가 늘어나듯 제한된 시장에서는 가격이 낮아지면 수요가 늘어나는 현상이 발생한다.

어쩌면 이것은 우연이 아닐지 모른다. 자연 현상이든 사회 현상이든, 제한된 자원과 상호작용이라는 조건 아래서 세상이 작동하는 본질적인 원리는 하나로 통하기 때문일 것이다. 기체 분자들이 좁은 공간에서 부딪히며 압력을 만들어내듯, 수많은 사람의 욕구가 시장이라는 공간에서 부딪히며 가격을 결정한다. 우리가 자연과학이나 인문학이라는 인위적인 이름표를 떼고 현상의 이면을 가만히 들여다볼 때, 세상은 분야를 막론하고 서로 긴밀하게 연결된 거대한 패턴을 드러내기 시작한다.

우리는 흔히 과학은 차가운 이성과 객관적인 숫자를 다루고, 인문학이나 예술은 뜨거운 감성과 주관적인 의미를 다루는 전혀 다른 나라처럼 인식한다. 하지만 앞서 본 두 곡선의 예처럼, 이 둘은 사실 같은 세상을 서로 다른 렌즈로 바라보고 있을 뿐이다.

과학자든, 경제학자든 결국 그들이 다루는 현상의 근원 사이에 있는 공통점을 이야기하고, 서로 다른 영역에 속해 있음에도 불구하고 흥미로운 대화가 가능하다는 점은 우리가 당연하다고 생각한 학문 사이의 경계가 사실 알고 보면 매우 다를 수 있다는 그런 반증이기도 하다. 세계적인 과학소설가 아이작 아시모프(Isaac Asimov, 1920~1992)의 소설이 로봇 공학이라는 최첨단 과학을 다루면서도 결국 인간의 본질이라는 철학적 질문으로 귀결되는 것처럼, 위대한 사유는 언제나 경계를 넘나든다. 영국의 과학자이자 관료였던 찰스 스노우(Charles Snow, 1905~1980)가 『두 문화(*The Two Cultures*)』에서 지적한 것처럼 우리는 과학은 매우 객관적이고 논리적이며, 인문학은 반대로 주관적이고 정서를 지향하는 것처럼 오해하는 경향이 있다. 이것은 19세기 이후 산업혁명으로 촉발된 과학기술의 발전이 점점 가속화될수록 우리의 생각에 점차 진리처럼 깊이 박히고 있다. 이와 같은 과학과 인문학 사이의 구분은 매우 깊이 있는 세분화된 학문의 발전을 가져오기도 했지만, 동시에 우리는 점점 소위 '자기 분야'라는 좁은 창으로만 세상을 바라보게 만드는 부작용을 가져왔다.

이 장은 바로 그 인위적인 벽을 허물기 위한 하나의 시도를 포함하고 있다. 과학과 인문학은 서로 매우 다른 것 같지만 본래 하나의 뿌리에서 자라났으며, 특히 오늘날 강조되고 있는 중요한 능력 중 하나인 창의성이 발현되는 과정의 많은 부분을 공유하고 있음을 이해할 필요가 있다. 생화학자 로버트 루트번스타인(Robert Root-Bernstein)은 그의 저서 『생각의 탄생(*Sparks of Genius*)』에서 레오나르도 다빈치부터 알베르트 아인슈타인(Albert Einstein, 1879~1955), 버지니아 울프(Virgina Woolf, 1882~1941)에 이르기까지 인류 역사상 가장 창의적인 인물들을 분석한 뒤 놀라운 결론에 도달했다. 그것은 바로 분야를 막론하고 천재들은 공통의 '생각의 도구'를 사용한다는 것이다. 가령 '관찰'이라는 도구는 생물학자가 현미경으로 세포의 움직임을 끈질기게 들여다보는 행위일 수도 있고, 화가가 시시각각 변하는 성당의 빛을 캔버스에 옮기는 행위일 수도 있다. 복잡한 현상에서 핵심만 남기는 '추상화'는 물리학자가 마찰과 공기 저항을 무시하고 이상적인 모델을 만드는 과정이기도 하고, 화가가 나무의 형태를 수직선과 수평선 등 기하학적 형태로 환원시키는 과정이기도 하다. 이처럼 창의성의 본질은 특정 분야의 지식이 아니라, 경계를 넘나들며 생각을 엮어내는 능력에 있다.

역사학자 아서 밀러(Arthur I. Miller) 역시 비슷한 관점에서 흥미로운 주장을 제시한다. 그는 20세기 초 거의 동시에 등장한 아인슈타인의 특수 상대성 이론과 파블로 피카소(Pablo Picasso, 1881~1973)의 입체주의 회화 〈아비뇽의 처녀들〉이 서로 아무런 영향을 주고받지 않았음에도 불구하고, 놀라울 정도로 동일한 시대정신(Zeitgeist)을 공유하고 있음을 밝혀냈다. 아인슈타인은 '절대 시간'과 '절대 공간'이라는 뉴턴적 세계관을 무너뜨리고, 시간과 공간이 관찰자의 속도에 따라 상대적으로 변한다는 사실을 증명했다. 뉴턴에게 공간은 누가 어디서 보든 똑같이 고정된 무대였고, 시간은 우주 어디서나 동일한 속도로 흐르는 것이었다. 마치 모든 사람이 같은 시계를 공유하고, 같은 무대 위에 서 있다고 가정한 것이다. 이는 세상을 바라보는 유일하고 절대적인 관점은 없다는 선언이었다. 같은 시기, 피카소는 르네상스 이래 서양 미술을 지배해 온 원근법, 즉 하나의 고정된 시점에서 대상을 바라보는 방식을 파괴했다. 그는 〈아비뇽의 처녀들〉에서 정면과 측면의 모습을 하나의 화폭에 동시에 그려 넣음으로써, 대상을 여러 시점에서 종합적으로 파악하려는 새로운 시각을 제시했다. 결국 아인슈타인과 피카소는 각자의 영역에서 '하나의 절대적 시점'이라는 낡은 패러다임을 해체하고 '복수의 상대적 시점'이라는 새로운 사유의 방식을 열었던 것이다.

이처럼 위대한 지적 도약은 종종 서로 다른 분야의 개념이 충돌하고 융합하는 지점에서 폭발적으로 일어난다. 우리는 르네상스 시대 예술과 과학의 만남에서부터, 객관적 실재에 대한 믿음이 흔들렸던 20세기 초 양자역학과 초현실주의의 기묘한 유사성에 이르기까지, 그 흥미로운 지적 여정을 함께하고자 한다. 궁극적으로는 하나의 현상을 과학과 인문학이라는 서로 다른 눈으로 동시에 바라보고, 이를 종합하여 온전한 이해에 도달하는 융합적 글쓰기의 가능성을 탐색하고자 한다. 즉, 과학의 언어로 인간의 마음을 읽어내고 인문학의 질문으로 과학의 방향을 묻는 융합적 글쓰기의 구체적인 여정을 시작해보고자 한다. 서로 다른 두 세계가 만나는 경계선, 바로 그곳에서 가장 창의적인 생각이 피어오르기 때문이다.

2. 모든 지식의 뿌리, 하나의 세계

오늘날 우리는 과학과 인문학을 전혀 다른 영역으로 생각하는 데 익숙하다. 한쪽은 차가운 이성과 객관적인 데이터를, 다른 한쪽은 뜨거운 감성과 주관적인 해석을 다룬다고 여긴다. 하지만 시간을 거슬러 올라가 보면, 이 둘은 본래 하나의 뿌리에서 자라난 쌍둥이 형제와 같았다. 그 모든 지식의 공통된 뿌리는 바로 '철학'이었다.

고대 그리스의 철학자 플라톤(Plato, B.C. 428~348)은 우리가 살고 있는 이 현실 세계가 완벽한 '이데아(Idea)' 세계의 불완전한 그림자에 불과하다고 생각했다. 현실의 말[馬]은 저마다 모양이 다르고 늙고 병들어 죽지만, 우리의 머릿속에는 완벽하고 영원불변한 '말의 이데아'가 존재한다는 것이다. 플라톤에게 진리 탐구란, 이처럼 눈에 보이는 현상 너머에 있는 보편적이고 본질적인 이데아를 추구하는 과정이었다. 이러한 관점에서 보면, 초기의 과학과 예술은 이데아를 탐구하는 서로 다른 경로일 뿐이었다. 과학자는 자연 현상 속에서 변치 않는 보편적인 법칙(자연의 이데아)을 찾으려 했고, 예술가는 불완전한 현실의 대상 속에서 완벽한 아름다움(미의 이데아)을 구현하고자 했다. 즉, 탐구의 대상과 방법은 달랐지만 '본질을 추구한다'는 궁극적인 목표는 같았던 것이다.

이러한 통합적 세계관은 중세의 신(神) 중심 사상 아래 잠시 흩어졌다가, 르네상스 시대에 이르러 화려하게 부활했다. 르네상스는 단순히 고대 그리스와 로마 문화를 부활시킨 것을 넘어, '인간'이라는 소우주를 통해 신이 창조한 위대한 세계의 질서를 이해하려는 시도였다. 이 시대의 천재들에게 예술과 과학의 구분은 무의미했다. 그들에게 해부학, 기하학, 광학 연구는 곧 신의 섭리를 이해하는 과정이자, 그것을 완벽하게 표현하기 위한 필수적인 도구였다.

르네상스의 상징과도 같은 레오나르도 다빈치(Leonardo da Vinci, 1452~1519)가 대표적인 예다. 화가였던 그는 동시에 뛰어난 과학자이자 해부학자, 발명가였다. 그는 인체의 근육과 뼈의 구조를 알기 위해 직접 서른 구가 넘는 시체를 해부했고, 그가 남긴 정밀한 해부학 그림들은 당대의 의학 서적을 뛰어넘는 수준이었다. 그의 이러한 탐구는 단순한 지적 호기심을 넘어, 살아 움직이는 듯한 인물을 화폭에 담아내려는 예술가로서의 열망과 깊이 연결되어 있었다. 건축가 필리포 브루넬레스키(Filippo Brunelleschi, 1377~1446)가 수학적 원근법을 발명하여 2차원의 평면에 3차원의 공간감을 완벽하게 구현해냈을 때, 화가들은 너나 할 것 없이 이 새로운 과학 기술을 그림에 도입했다. 알브레히트 뒤러(Albrecht Durer, 1471~1528)와 같은 화가들은 원근법을 완벽하게 구사하기 위해 광학과 기하학에 대한 책을 직접 저술하기도 했다. 이들에게 예술과 과학은 분리할 수 없는 하나의 지식 체계였던 것이다.

하지만 과학 혁명과 계몽주의를 거치면서 지식은 점차 전문화되고 세분화되기 시작했다. 과학은 객관적으로 측정하고 증명할 수 있는 사실만을 다루는 영역으로, 인문학과 예술은 인간의 주관적인 경험과 가치를 다루는 영역으로 나뉘었다. 이렇게 갈라진 두 길은 스노우가 『두 문화』라고 개탄했던 깊은 단절에 이르렀다. 그러나 우리가 앞으로 살펴보겠지만, 이렇게 갈라진 두 분야의 깊은 곳에는 여전히 창의성을 만들어내는 공통의 생각 방식이 강물처럼 흐르고 있다. 그렇다면 우리는 이 흐름을 어떻게 포착하여 우리의 언어로, 즉 '글'로 옮길 수 있을까? 본격적인 도구를 살펴보기에 앞서, 융합적으로 사고하고 쓰는 구체적인 방법부터 알아보자.

3. 융합적 글쓰기, 어떻게 시작할까?

앞서 우리는 과학과 인문학이 본래 하나의 뿌리로부터 출발한다는 내용을 이해할 수 있었다. 그렇다면 이제 이 두 세계를 어떻게 구체적인 글쓰기로 연결할 수 있을까? 흔히 '융합'이라고 하면 서로 다른 지식을 단순히 물리적으로 섞어놓는 것(A+B)을 떠올리기 쉽다. 하지만 진정한 융합은 두 지식이 만나 새로운 통찰을 만들어내는 '화학적 결합'이어야 한다.

이때 이 화학 반응을 일으키는 가장 강력한 촉매제가 바로 '유추(Analogy)'다. 역사상 가장 위대한 과학적 발견 중 하나인 아인슈타인의 일반 상대성 이론을 떠올려보자. 그는 복잡한 수학 공식으로 이 이론을 시작하지 않았다. 1907년, 베른 특허청에 근무하던 그의 머릿속을 스친 것은 아주 엉뚱하고 단순한 상상이었다.

> "만약 어떤 사람이 지붕에서 떨어진다면, 그는 자신의 몸무게를 느끼지 못할 것이다."

그는 이 상상을 통해 '가속도'와 '중력'이 본질적으로 같은 현상이라는 사실을 깨달았다. 떨어지는 사람이라는 직관적인 이미지(유추) 하나가, 우주를 지배하는 중력의 비밀을 푸는 결정적인 열쇠가 된 것이다. 아인슈타인은 훗날 이 순간을 "내 생애 가장 행복한 생각"이라고 회고했다.

이처럼 유추는 단순히 A를 B에 빗대어 설명하는 표현의 기교가 아니다. 그것은 전혀 관계없어 보이는 두 영역 사이에서 본질적인 구조의 유사성을 찾아내고, 이를 통해 새로운 인식을 확장해 나가는 고도의 지적 사고 과정이다. 아인슈타인이 '떨어지는 사람'을 상상하며 중력을 이해했듯(과학적 유추), 우리가 열역학의 눈으로 인간관계를 바라보거나 양자역학의 눈으로 자아를 탐구하는 것 또한 가장 높은 차원의 융합적 사고라고 볼 수 있다. 이제 이 강력한 엔진을 장착하고, 우리 자신의 글쓰기에 시동을 걸어보자. 막막한 융합적 글쓰기를 시작하는 세 가지 구체적인 단계가 여기 있다.

첫째, '관점 빌려오기'로 시작해보자. 가장 쉬운 방법은 우리가 이미 살펴본 것처럼, 한 분야의 개념이나 이론이라는 '렌즈'를 빌려와 전혀 다른 대상을 비춰보는 것이다. 우선 자신이 가장 잘 아는 분야, 예를 들어 자신의 전공 분야에서 핵심적인 개념을 하나 골라보자. 그리고 그 개념을 일상적인 경험이나 사회 현상, 혹은 다른 학문 분야의 문제에 적용하여 설명하는 글을 써보는 것이다.

예를 들어, 경제학을 전공하는 학생이라면 '수요와 공급의 법칙'이라는 렌즈로 친구 관계를 분석해볼 수 있다. "A라는 친구의 인기가 갑자기 높아진(수요 증가) 이유는 무엇일까? 그 친구가 가진 희소한 매력(공급 제한)은 무엇일까?" 혹은 생물학의 '공생 관계'라는 개념으로 기업 간의 협력 관계를 설명해볼 수도 있다. 처음에는 다소 어색하고 억지스러워 보일 수 있지만, 이 과정에서 우리는 익숙한 대상을 전혀 다른 각도에서 보게 되고, 기존에는 생각지 못했던 새로운 통찰을 얻게 된다.

둘째, 경계를 넘나드는 '질문 던지기'를 연습하자. 위대한 발견은 종종 "만약 ~라면 어떨까(What if)?"라는 엉뚱한 질문에서 시작된다. 의식적으로 두 분야를 연결하는 질문을 던지는 연습을 해보자.

- 만약 셰익스피어의 희곡 〈햄릿〉의 인물 관계를 물리학의 '인력과 척력'으로 분석한다면? (문학 + 과학)
- 만약 뉴턴의 운동 법칙(관성의 법칙, 가속도의 법칙, 작용-반작용의 법칙)으로 강대국 사이의 국제 관계를 설명한다면? (정치학 + 물리학)
- 만약 우리가 느끼는 '사랑'이라는 감정을 뇌에서 일어나는 화학 반응으로만 서술한다면 어떤 이야기가 될까? (심리학 + 화학)

이런 질문들은 당장 정답을 찾기 위한 것이 아니다. 중요한 것은 우리의 뇌가 고정된 생각의 틀에서 벗어나 자유롭게 다른 영역을 넘나들도록 훈련하는 것이다. 이런 질문을 던지고 친구들과 이야기 나누는 것만으로도 우리의 사고는 훨씬 유연해질 것이다.

셋째, '나만의 은유 찾기'를 통해 생각을 벼려보자. 궁극적으로 융합적 글쓰기는 세상에 대한 나만의 독창적인 해석을 만들어내는 과정이다. 이를 위해 과학적 개념과 인문학적 감수성을 결합하여 자신만의 은유를 만들어보는 연습은 매우 효과적이다. 뒤에서 살펴볼 〈열평형〉이라는 시처럼 말이다.

여기 또 다른 예시가 있다. 컴퓨터 과학의 '알고리즘'은 특정 문제를 해결하기 위한 절차나 규칙의 집합을 의미한다. 우리는 매일 아침 눈을 떠서 잠자리에 들기까지 수많은 알고리즘을 수행하며 살아간다. '아침에 일어나기 알고리즘', '라면 끓이기 알고리즘'처럼 말이다. 그렇다면 혹시 내가 무심코 따르고 있는 '인간관계 알고리즘'은 없을까? 특정 유형의 사람을 만났을 때 나도 모르게 발동하는 방어적인 태도나 어색한 농담 같은 것들 말이다. 이처럼 '알고리즘'이라는 개념을 통해 나의 무의식적인 행동 패턴을 분석해보면, 나 자신에 대한 새로운 이해에 도달할 수 있다.

연습문제 1

과학과 인문학이 서로 다른 영역처럼 보이지만, 역사적으로는 철학이라는 하나의 뿌리에서 출발했다고 설명한다. 특히 플라톤은 현실 너머의 본질적인 이데아(Idea)를 추구했는데, 이는 초기 과학과 예술의 공통된 목표였다.

1. 위의 내용을 토대로, 과학자가 탐구하는 '자연의 이데아'와 예술가가 추구하는 '미의 이데아'가 본질적으로 어떻게 연결되는지 서술해 보자.

2. 아인슈타인은 "지붕에서 떨어지는 사람은 자신의 무게를 느끼지 못할 것이다."라는 상상을 통해 중력의 원리를 깨달았다. 이 사례를 바탕으로, 이 글에서 융합적 사고의 핵심 엔진으로 강조하는 유추(Analogy)가 단순한 비유를 넘어 과학적 발견에 어떻게 기여하는지 설명해 보자.

4. 창의성의 공통 언어, 생각의 도구

우리는 과학과 인문학이라는 두 길이 하나의 뿌리에서 시작되었을지 모른다는 가능성을 엿보았다. 그렇다면 그 뿌리를 이루는 핵심은 무엇일까? 루트번스타인은 분야를 막론하고 위대한 업적을 남긴 천재들에게는 공통의 '생각의 도구'가 있었다고 말한다. 이는 마치 우리가 영어든, 수학 기호든, 프로그래밍 언어든, 어떤 언어를 배우기 전에 먼저 '생각'이라는 것을 할 수 있어야 하는 것과 같다. 이 생각의 도구들은 서로 다른 분야의 지식을 연결하고 새로운 아이디어를 탄생시키는 창의성의 '공통 언어'인 셈이다. 루트번스타인이 제시한 13가지 생각 도구는 우리의 사고를 자유롭게 하고 경계를 넘나들게 하는 열쇠다.

(1) 관찰(Observing): 모든 창조는 관찰에서 시작된다. 관찰은 단순히 눈으로 '보는(Seeing)' 행위를 넘어, 온 감각을 곤두세워 대상을 깊이 '들여다보는(Looking)' 탐구 행위다. 19세기 프랑스의 화가 클로드 모네(Claude Monet, 1840~1926)는 루앙 대성당이라는 하나의 대상을 수십 번이나 그렸다. 그는 건물의 형태가 아니라, 새벽부터 해질녘까지 시시각각 변하는 빛이 성당의 표면에 부딪혀 만들어내는 미묘한 색채의 변화를 포착하고자 했다. 그의 끈질긴 관찰은 돌덩이 성당을 빛의 교향곡으로 바꾸어 놓았다. 이는 영장류학자 제인 구달(Jane Goodall, 1934~2025)이 수십 년간 침팬지 무리 속으로 들어가 그들의 소리, 몸짓, 사회적 관계 하나하나를 세밀하게 관찰하여 기록한 것과 본질적으로 다르지 않다. 모네가 빛의 패턴을 찾았듯, 구달은 행동의 패턴을 찾았다. 둘 다 표면 너머의 진실을 보기 위해 끈기 있게 대상을 들여다보는 '관찰'이라는 도구를 사용한 것이다.

(2) 형상화(Imaging): 눈에 보이지 않는 것을 마음의 눈으로 보는 능력이다. 화학자 케쿨레(August Kekule, 1829~1896)는 벤젠의 분자 구조를 풀지 못해 고심하다가, 불

앞에서 졸던 중 뱀이 자기 꼬리를 무는 꿈을 꾸고 나서 육각형 고리 구조라는 영감을 얻었다. 작곡가 루드비히 베토벤(Ludwig van Beethoven, 1770~1827)은 청력을 완전히 잃은 뒤에도 머릿속에서 완벽한 교향곡의 소리를 들으며 〈합창 교향곡〉과 같은 불후의 명곡을 작곡했다. 이처럼 형상화는 시각뿐만 아니라 청각, 촉각 등 모든 감각을 통해 이루어지는 창의적 상상력의 핵심 동력이다.

(3) 추상화(Abstracting): 복잡한 현실 속에서 불필요한 장식들을 걷어내고, 문제의 본질, 즉 핵심 원리만을 추출해내는 과정이다. 이는 '단순화'와는 다르다. 단순화가 그저 내용을 줄이는 것이라면, 추상화는 하나의 법칙으로 수많은 현상을 설명하려는 시도다. 물리학자들은 행성의 움직임을 계산할 때 행성의 색깔이나 표면의 크레이터 같은 세부 사항은 무시하고, 오직 '질량을 가진 점'으로 단순화하여 생각한다. 네덜란드의 화가 피에트 몬드리안(Piet Mondrian, 1872~1944) 역시 나무를 그리며 수많은 나뭇잎과 잔가지를 점차 지워 나가, 마침내 수직선과 수평선만으로 이루어진 그림을 완성했다. 둘 다 복잡함 속에서 본질을 꿰뚫어 보는 강력한 생각의 도구를 활용한 것이다.

(4) 패턴 인식(Pattern Recognizing): 무질서해 보이는 현상 속에서 질서를, 예측 불가능함 속에서 반복되는 규칙을 찾아내는 능력이다. 19세기 러시아의 화학자 드미트리 멘델레예프(Dmitri Mendeleev, 1834~1907)는 원소들을 원자량 순서로 배열하다가, 특정 간격마다 비슷한 성질을 가진 원소들이 주기적으로 나타난다는 놀라운 패턴을 발견했다. 이는 베토벤이 '따따따 딴-'하는 단순한 리듬의 패턴을 발견하고, 이를 변형하고 반복하여 장엄한 교향곡 전체를 엮어내는 과정과 닮아 있다. 역사학의 영역에서도 이러한 패턴 인식은 빛을 발한다. 영국의 역사학자 아놀드 토인비(Arnold Toynbee, 1889~1975)는 인류 역사에 등장했던 20여 개의 문명을 연구한 끝에 놀라운 규칙성을 발견했다. 그는 역사를 단순히 우연한 사건들의 나열로 보지 않았다. 대신 그는 모든 문명이 환경의 가혹함 같은 외부의 '도전(Challenge)'에 직면하고, 이에 대해 인간이 어떻게 '응전(Response)'하

느냐에 따라 문명의 흥망성쇠가 결정된다는 거대한 패턴을 읽어냈다. 복잡하고 불규칙해 보이는 인류의 역사도 '패턴 인식'이라는 도구를 통해 보면 일정한 질서를 가진 이야기로 재탄생하는 것이다.

(5) 패턴 형성(Pattern Forming): 기존에 없던 새로운 패턴을 만들어내는 능력이다. 패턴 인식이 '발견'이라면, 패턴 형성은 '발명'에 가깝다. 작곡가가 새로운 멜로디를 창조하고, 건축가가 새로운 공간 구조를 설계하고, 수학자가 새로운 정리를 만들어내는 행위 모두 여기에 해당한다. 이는 기존의 규칙을 조합하여 새로운 규칙을 만드는 고도의 창의적 행위다.

(6) 유추(Analogizing): 서로 전혀 달라 보이는 두 대상 사이에서 기능적, 구조적 유사성을 발견하고 연결하는 능력이다. 19세기 영국의 과학자 어니스트 러더포드(Ernest Rutherford, 1871~1937)는 원자핵 주위를 도는 전자와 태양계 주위를 도는 행성들 사이의 관계를 통해 새로운 원자 모형을 떠올렸다. 태양계의 행성들은 태양과 행성들 사이의 중력으로 인해 주변을 원운동하게 되듯이, 원자핵(+)과 전자(-) 사이에도 전기적 인력으로 인해 주변을 돌게 될 것이라고 생각하였다. 그리고 태양계의 행성은 임의의 궤도를 도는 것이 아니라 정해진 궤도를 돌듯, 원자핵 주변을 도는 전자 역시 그와 같을 것이라고 추정하였다.

(7) 몸으로 생각하기(Body Thinking): 우리의 몸은 단순히 정신의 명령을 따르는 수동적인 도구가 아니라, 그 자체로 지식과 감정을 느끼고 표현하는 능동적인 사유의 주체다. 무용수가 춤으로 희로애락을 표현하고, 외과의사가 손끝의 감각으로 수술 부위를 느끼고, 운동선수가 몸의 기억으로 완벽한 동작을 수행하는 것은 모두 몸으로 생각하는 행위다. 이러한 생각은 최근 인지과학과 철학에서 '체화된 인지(Embodied Cognition)'라는 개념으로 더욱 정교하게 발전하고 있다. 이 관점은 우리의 인지, 즉 생각하는 과정이 뇌라는 고립된 컴퓨터 안에서만 일어나는 것이 아니라, 몸 전체의 감각과 환경과의 상호작용을 통해 형성된

다고 주장한다(Varela et al., 1991). 즉, '마음은 뇌에만 있는 것이 아니라 온몸에 퍼져 있다'는 것이다. 어려운 문제에 대해 이야기할 때 자신도 모르게 손짓을 하거나, 방 안을 서성일 때 좋은 아이디어가 떠오르는 경험은 모두 우리의 사고가 몸의 움직임과 깊이 연결되어 있음을 보여준다. 우리가 '아이디어를 파악한다(Grasp an idea)'거나 '마음이 무겁다(A heavy heart)'와 같이 추상적인 개념을 표현할 때 신체적 경험에 기반한 은유를 사용하는 것 역시 우연이 아니다(Lakoff & Johnson, 1999). 따라서 몸으로 무언가를 만들고, 움직이고, 느끼는 행위는 단순히 생각을 표현하는 수단이 아니라, 생각 그 자체를 생성하고 발전시키는 창의적 과정이라 할 수 있다.

(8) 감정이입(Empathizing): 다른 사람이나 사물의 입장이 되어 세상을 느끼고 이해하는 능력이다. 배우가 자신이 맡은 배역의 삶 속으로 깊이 들어가 그 인물이 되는 것이나, 아인슈타인이 "내가 만약 빛의 속도로 날아간다면 세상은 어떻게 보일까?"라고 상상하며 상대성 이론의 실마리를 잡았던 것이 바로 감정이입이다.

(9) 차원적 사고(Dimensional Thinking): 2차원의 평면을 3차원의 입체로, 3차원의 공간을 4차원의 시공간으로 전환하여 생각하는 능력이다. 건축가는 2차원의 설계도를 보고 3차원의 건물을 머릿속에 그려내며, 물리학자는 3차원 공간에 시간이라는 차원을 더해 우주를 이해한다.

(10) 모형 만들기(Modeling): 복잡한 현실이나 추상적인 개념을 단순화하여 눈에 보이거나 손으로 만질 수 있는 형태로 만드는 것이다. DNA의 이중나선 구조 모형, 태양계의 행성 궤도 모형, 경제 현상을 설명하는 그래프 등은 모두 복잡한 세계를 이해하기 위한 강력한 도구다. 철학에서도 이러한 모형 만들기는 매우 중요하다. 현대 철학의 거장 존 롤스(John Rawls)는 '정의(Justice)'라는 눈에 보이지 않는 추상적인 개념을 설명하기 위해 '무지의 베일(Veil of Ignorance)'

이라는 가상의 모형을 설계했다. 이 모형은 "내가 부자로 태어날지 가난한 사람으로 태어날지, 재능이 있을지 없을지 전혀 모르는 상태"를 가정한다. 이런 상황이라면 사람들은 누구나 최악의 경우를 대비해 사회적 약자에게 가장 유리한 규칙을 선택하게 될 것이라는 논리다. 이는 복잡한 현실의 이해관계라는 변수를 제거하고 핵심 원리만 남겨둔다는 점에서, 과학자들이 통제된 실험실에서 모델을 만드는 과정과 완벽하게 닮아 있다.

(11) 놀이(Playing): 목적이나 규칙에 얽매이지 않고 자유롭게 탐색하고 실험하는 정신이다. 많은 위대한 발견과 발명은 심각한 연구가 아닌 즐거운 '놀이'의 과정에서 탄생했다. 알렉산더 플레밍(Alexander Fleming, 1881~1955)이 휴가를 다녀온 뒤 배양 접시에 우연히 핀 푸른곰팡이를 발견하고 페니실린을 발명한 것은 유명한 일화다.

(12) 변형(Transforming): 하나의 생각이나 개념을 다양한 방식으로 바꾸어 생각하는 능력이다. 'A는 B다'라는 하나의 명제를 'B는 A가 아니다', 'A가 아니면 B도 아니다' 등으로 바꾸어보거나, 하나의 멜로디를 장조에서 단조로, 빠른 빠르기에서 느린 빠르기로 바꾸어 연주해보는 것 등이 변형적 사고에 해당한다.

(13) 통합(Synthesizing): 여러 감각과 생각 도구들을 결합하여 하나의 온전한 이해를 만들어내는 과정이다. 이는 창의적 과정의 최종 단계로, 흔히 '통찰' 또는 '직관'이라고 불리는 경험으로 나타난다. 요리사가 맛, 향, 색, 식감 등 모든 감각을 동원하여 새로운 요리를 완성하듯, 위대한 사상가들은 여러 생각 도구를 종합하여 새로운 세계관을 창조한다.

이처럼 관찰, 추상화, 유추와 같은 생각의 도구들은 특정 학문에 종속되지 않는 보편적인 능력이다. 과학자와 예술가는 서로 다른 재료와 언어를 사용할 뿐, 창의성의 가장 깊은 곳에서는 동일한 생각의 도구를 공유하며 세계를 탐구하고 재창조하고 있는 것이다.

연습문제 2

루트번스타인은 분야를 막론하고 창의적인 인물들이 공통된 '생각의 도구'를 사용한다고 주장했다. 이 글에서는 관찰, 추상화, 패턴 인식, 모형 만들기 등 다양한 도구가 제시되었다.

1. 역사학자 토인비는 수많은 문명의 흥망성쇠 속에서 '도전과 응전'이라는 규칙성을 찾아냈고, 화가 몬드리안은 복잡한 나무의 형상을 수직선과 수평선으로 단순화했다. 이 두 사례에 공통적으로 적용된 생각의 도구(들)를 선택하고, 그 이유를 서술해 보자.

2. 본문에 제시된 13가지 생각의 도구 중 하나를 골라, 자신의 전공 분야(또는 관심 분야)에서 해당 도구가 구체적으로 어떻게 활용될 수 있는지 예시를 들어 설명해 보자.

5. 과학적 개념으로 인간의 마음을 그리다

앞서 우리는 창의적 사고를 위한 다양한 생각의 도구들을 살펴보았다. 이제 우리는 이 도구들을 사용하여 도달할 수 있는 융합적 사고의 가장 매혹적인 지점, 즉 과학의 언어로 인간의 삶을 해석하는 확장적 시도를 해 보자.

흔히 과학은 '물질'의 법칙을 다루고 인문학은 '정신'의 가치를 다룬다고 엄격히 구분 짓곤 한다. 하지만 인간 역시 우주를 구성하는 입자로 이루어진 존재이며, 우리가 발 딛고 사는 사회 또한 자연의 섭리 안에 있다. 그렇다면 우주를 지배하는 견고한 물리 법칙이 인간의 마음과 관계, 사회 현상에도 어떤 형태로든 투영되어 있는 것은 어쩌면 당연한 일일지 모른다.

이 절에서 우리는 열역학이나 양자역학 같은 차가운 과학 법칙을 인간의 삶이라는 따뜻한 영역으로 가져와 보려 한다. 이는 단순히 문학적인 비유를 통해 글을 아름답게 꾸미기 위함이 아니다. 오히려 융합적 사고의 핵심은, 복잡하고 모호해 보이는 인간사의 문제들을 과학이라는 가장 정밀하고 논리적인 틀을 통해 투영해 봄으로써 그 이면에 숨겨진 구조와 본질을 더욱 명징하게 포착해내는 데 있다.

엔트로피 법칙에서 관계의 필연적인 소멸과 노력을 읽어내고, 불확정성 원리에서 고정되지 않은 자아의 무한한 가능성을 발견하는 과정. 이것이야말로 서로 다른 두 세계의 경계가 허물어지며 진리가 드러나는 순간이자, 우리가 추구하는 융합적 글쓰기의 정수(Quintessence)라 할 수 있다.

과학과 인문학이 창의성의 뿌리와 미적 추구라는 가치를 공유한다면, 한 분야의 언어와 개념을 빌려와 다른 분야를 설명하는 것 또한 가능하지 않을까? 실제로 과학적 개념들은 우리가 살아가는 복잡한 인간사와 내면의 풍경을 이해하는 데 매우 강력하고 신선한 은유(Metaphor)를 제공한다. 과학 법칙이 자연 현상의 본질을 꿰뚫는 간결한 통찰을 담고 있듯, 이를 인간의 문제에 적용하면 이전에는 보이지 않던 관계의 본질이 드러나기도 할 것이다.

가령 열역학 제2법칙을 인간관계에 빗대어보자. 물리학에서 열역학 제2법칙은 '고립된 계의 총 엔트로피(무질서도)는 시간이 지남에 따라 증가하거나 변하지 않으며, 절대로 감소하지 않는다'는 법칙이다. 말이 조금 어렵지만 쉽게 생각해보자. 방 안의 뜨거운 커피 한 잔은 시간이 지나면 저절로 식어버린다. 커피에 집중되어 있던 열에너지(질서)가 방 전체로 흩어지면서(무질서) 결국 방 안의 공기와 온도가 똑같아지는 '열평형' 상태에 도달하는 것이다. 반대로 방 안의 미지근한 공기가 저절로 에너지를 모아 커피를 뜨겁게 만드는 일은 절대로 일어나지 않는다. 모든 것은 질서 있는 상태에서 무질서한 상태로, 뜨거움에서 미지근함으로 흘러가는 것이 자연의 거스를 수 없는 방향이다.

인간관계도 마찬가지 아닐까? 두 사람이 처음 만나 쌓아 올린 뜨거운 애정과 친밀감(질서 있는 상태)은 그냥 내버려 둔다고 해서 저절로 유지되지 않는다. 외부에서 의식적인 에너지를 투입하지 않으면, 관계는 서서히 식어가고 오해와 무관심이 쌓이는 무질서한 상태로 자연스럽게 흘러가게 된다. 안부를 묻고, 함께 시간을 보내고, 서로의 이야기에 귀 기울이는 노력(에너지의 투입)이 있어야만 관계의 온도를 유지하거나 더 뜨겁게 만들 수 있다. '관계는 노력이 필요하다'는 막연한 말을 '엔트로피를 거스르기 위해 에너지를 투입해야 한다'고 표현하는 순간, 우리는 관계의 속성을 보다 냉철하고 본질적인 차원에서 이해하게 된다. 이러한 과학적 은유는 감정의 풍경을 새로운 시각으로 조망하게 한다.

열평형

당신과 나는,
같은 세계에 있지만
같은 것을 느끼지는 않나 봅니다.

아무리 휘저어
나를 뒤섞어 살펴보아도
당신의 생각 속 어디에서도
나를 발견할 수 없습니다.

당신이 되고 싶어 나를 맞추려
참고 참아
언젠가 우리가 되지는 않을까
뜨거운 나의 마음을 참아 보아도
식지 않음에 한숨이 납니다.

– 조헌국, 〈열평형〉 부분

이 시는 뜨거운 마음을 가진 화자와 차가운 마음의 대상 사이의 좁혀지지 않는 거리감을 '열평형'이라는 과학 용어를 통해 절묘하게 그려낸다. 아무리 자신의 뜨거움을 전달하려 해도 상대에게 닿지 않고, 결국 두 사람의 온도는 섞이지 못한다. 이는 물리적으로 불가능한 상황이지만, 그렇기에 관계의 단절과 소통의 불가능성이라는 감정이 더욱 애틋하게 다가온다. 이처럼 과학적 개념은 때로 가장 서정적인 언어가 되기도 한다.

이번에는 양자역학의 불확정성 원리를 통해 '나'라는 존재를 들여다보자. 독일의 물리학자 하이젠베르크(Werner Heisenberg, 1901~1976)가 제안한 불확정성 원리는 원자보다 작은 미시 세계의 입자는 우리가 정확한 '위치'와 정확한 '운동량(속도)'을 동시에 알 수 없다는 원리다. 전자의 위치를 정밀하게 측정하려고 빛을 쏘는 순간, 그 빛(광자)이 전자를 때려서 운동량을 바꿔버리기 때문에 속도를 알 수 없게 된다. 반대로 속도를 정확하게 재려고 하면 위치가 불분명해진다. 즉, '관찰'이라는 행위 자체가 대상에 영향을 주어 본질을 왜곡시킨다는 뜻이다. 미시 세계에서 입자는 우리가 관찰하기 전까지 여기저기에 동시에 존재할 수 있는 '확률의 구름'으로 존재할 뿐이다.

우리의 자아(Self) 역시 마찬가지 아닐까? "나는 누구인가?"라는 질문에 답하기 위해 내면을 깊이 들여다보는 순간(나의 위치를 측정하는 행위), 우리는 이미 변화하고 만다. '나는 소심한 사람이야'라고 규정하는 순간, 우리는 다른 가능성(나의 운동량)을 잃어버리고 소심한 사람으로 행동하게 될지 모른다. 어쩌면 '나'라는 존재는 원래부터 고정된 실체가 아니라, 무한한 가능성을 품은 확률의 구름 같은 것일지도 모른다. 관찰하고 규정하려는 시도를 멈출 때, 비로소 우리는 무엇이든 될 수 있는 자유로운 존재가 되는 것이다.

이처럼 과학의 언어는 인간과 세계를 이해하는 새로운 창을 열어준다. 그것은 단지 멋진 비유에 그치는 것이 아니라, 현상의 이면에 숨겨진 구조와 원리를 드러내어 우리의 사고를 더 깊고 넓게 확장하는 강력한 도구가 된다.

6. 진리의 또 다른 이름, 아름다움

우리는 과학적 개념을 빌려 인간의 마음을 표현하는 것이 얼마나 아름다운 문학적 시도가 될 수 있는지 확인했다. 그런데 흥미로운 점은, 정작 그 차가운 방정식을 다루는 과학자들조차 연구의 결정적인 순간에는 '논리'보다 '아름다움'에 의지한다는 사실이다. 인문학자가 과학에서 영감을 얻듯, 과학자 역시 탐구의 가장 깊은 곳에서는 예술가와 같은 미적 감수성을 공유하고 있는 것이다.

데이터가 부족하거나 기존 이론들이 모두 현실을 비슷하게 잘 설명할 때, 과학자는 무엇을 기준으로 새로운 이론을 선택하거나 혹은 자신의 이론을 확신하게 될까? 놀랍게도 그 결정적인 기준은 종종 '논리'나 '증거'가 아닌 '아름다움'이다. 과학자는 단지 숫자만을 바라보고 숫자에 모든 것을 의존하는 것이 아니라, 자신의 생각을 입증하고, 그것에 맞지 않으면 쉽게 포기하지 않고 끝까지 추진하거나 이를 통해 성공이나 실패로 이어지는 경우를 종종 볼 수 있다. 즉, 과학은 단순히 결과가 나오는 대로 받아들이는 것이 아니라, 자신의 생각을 입증하기 위해 데이터를 활용하기도 하고, 데이터 너머에 무엇인가를 상상하기도 하는 매우 창의적인 활동이라는 것을 의미한다. 또한 과학의 역사에서 위대한 도약은, 새로운 이론이 기존 이론보다 더 단순하고, 더 조화로우며, 더 아름답다는 미적 확신에 의해 나타나는 경우가 많다.

과학철학자 토머스 쿤(Thomas Kuhn, 1922~1996)은 그의 저서 『과학혁명의 구조』에서 '패러다임(Paradigm)'이라는 개념을 통해 이 과정을 설명한다. 쿤에게 패러다임이란 단순히 하나의 이론이 아니라, 한 시대의 과학자 공동체가 공유하는 세계관 그 자체다. 여기에는 "어떤 질문이 가치 있는가?", "어떤 방법이 올바른 연구 방법인가?", "무엇이 이치에 맞는 설명인가?"에 대한 암묵적인 합의까지 포함된다.

쿤에 따르면 과학의 발전은 다음과 같은 단계를 거친다. 먼저, 하나의 지배적인 패러다임 안에서 대부분의 과학자들이 연구를 수행하는 '정상과학(Normal Science)' 시기가 있다. 이때 과학자들은 패러다임이 제공하는 틀 안에서 아직 풀리지 않은 문제들, 즉 '퍼즐'을 푸는 활동에 몰두한다. 하지만 이 과정에서 기존 패러다임으로는 도저히 설명할 수 없는 변칙적인 현상, 즉 '변칙사례(Anomaly)'들이 나타나기 시작한다. 처음에는 무시되거나 사소한 문제로 치부되지만, 변칙사례가 계속해서 쌓이면 기존 패러다임에 대한 신뢰가 흔들리는 '위기(Crisis)' 상황이 도래한다. 바로 이 위기의 시기에, 기존의 틀을 완전히 깨는 새로운 대안적 패러다임이 등장하며 혁명이 시작된다.

흥미로운 점은, 새로운 패러다임이 처음부터 기존 패러다임보다 모든 것을 더 잘 설명하지는 못한다는 것이다. 오히려 새로운 패러다임이 채택되는 결정적인 이유는 그것이 기존의 복잡하고 누더기 같아진 이론보다 훨씬 "깔끔하고", "단순하며", "조화롭다"는 미적 장점 때문인 경우가 많다.

프톨레마이오스(Ptolemy, 100~170)의 지구중심설에서 코페르니쿠스(Nicolaus Copernicus, 1473~1543)의 태양중심설로의 전환이 대표적인 사례다. 코페르니쿠스가 태양중심설을 주장할 당시, 그의 이론이 행성의 움직임을 천동설보다 더 정확하게 예측했던 것은 아니었다. 지구가 중심에 놓여 있고, 태양을 포함한 나머지 행성이 지구를 돈다는 단순한 가정은 실제 관측 현상을 설명하지 못하는 경우가 많았다. 그 가운데 대표적인 현상이 내행성의 역행 운동이다. 내행성이란 지구보다 태양과 거리가 가까운 행성들로 수성과 금성을 말한다. 수성과 금성은 지구보다 태양 가까이에서 돌기 때문에 이들은 항상 특정 각도 이내에서만 관찰될 수밖에 없다. 그러나 단순한 원 구조의 지구중심설에서는 수성이든, 금성이든 360도 어디서나 관측될 수 있어서 실제와 맞지 않는다. 이러한 문제를 해결하기 위해 지구중심설에서는 새로운 궤도를 도입했는데 이것이 주전원이다. 수성과 금성이 단순히 지구를 중심으로 원으로 도는 것이 아니라, 원궤도를 따라 도는 또 다른 원이 있다는 것으로 이를 주전원이라고 불렀다. 게다가 이 주전원은 매우 유용했는데, 당시에는 설명할 수 없었던 타원궤도까지 설명할 수 있었다. 왜냐하면 지구가 원의 중심이 아닌, 다른 위치(이심)에 두게 되면 행성들은 지구와 항상 같은 거리가 아니라, 가까워졌다 멀어졌다 하게 되는데 이것은 16세기 케플러(Johannes Kepler, 1571~1630)가 제안한 타원 궤도를 따라 도는 공전 운동과도 잘 들어맞는다. 이에, 지구중심설은 행성들의 복잡한 움직임을 설명하기 위해 주전원이라는 '땜질' 처방을 수없이 덧붙여 매우 복잡하고 부자연스러운 체계가 되어 있었다.

반면 코페르니쿠스의 태양중심설은 태양을 중심에 놓는 것만으로 이 모든 복잡함을 훨씬 단순하고 아름다운 질서로 설명할 수 있었다. (물론 관측 결과는 이를 잘 설명하지 못하는 한계가 있었지만.) 케플러와 갈릴레오(Galileo di Vincenzo Bonaiuti de Galilei, 1564~1642) 같은 후대의 과학자들이 태양중심설에 매료된 것은 단지 그것이 '맞을 것 같아서'가 아니라, 그것이 '아름다웠기' 때문이다. 하나 잊지 말아야 할 점은 태양중심설을 처음 제안한 사람은 코페르니쿠스가 아니라, 고대 그리스 철학자 중 한 명이었던 아리스타코스(Aristachus, B.C.310~230)였다는 사실이다.

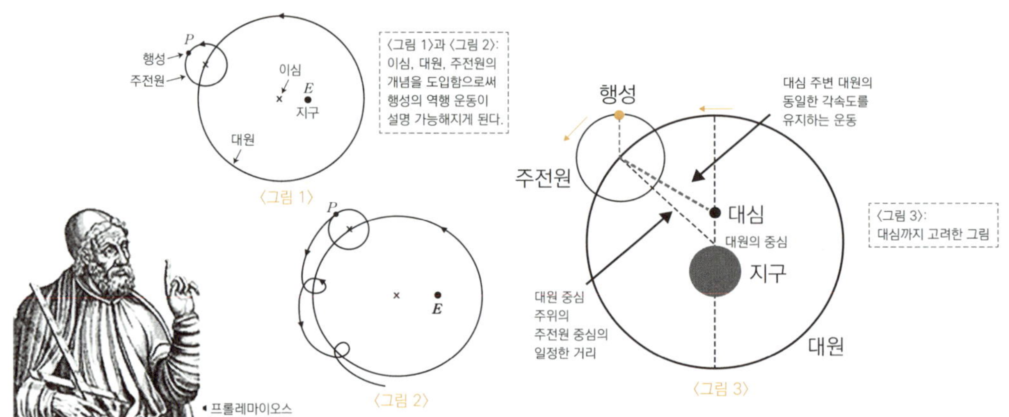

https://www.catholictimes.org/article/202302070156547

[그림 1] 지구중심설에서의 주전원과 이심에 대한 설명

이러한 미적 추구는 20세기 물리학의 혁명을 이끈 아인슈타인에게서 정점에 달한다. 그의 특수 상대성 이론이 낳은 유명한 공식, $E=mc^2+K$(E: 전체 에너지, m: 질량, c: 빛의 속도, K: 운동 에너지)는 단지 질량과 에너지의 관계를 설명하는 수식을 넘어선다. 그것은 이전까지 전혀 다른 것으로 여겨졌던 질량과 에너지가 본질적으로 같다는, 우주의 심오한 통일성을 드러내는 한 편의 시와 같다. 물리학자 기드온 엥글러(Gideon Engler)가 지적했듯, 상대성 이론의 위대함은 질량과 에너지, 그리고 시간과 공간마저 '시공간'이라는 하나의 개념으로 통합해버린 그 놀라운 통일성에 있다. 수많은 현상을 단 하나의 아름다운 원리로 꿰뚫는 것, 이것이 바로 과학자들이 추구하는 궁극의

'아름다움'이다.

결국 과학이 추구하는 진리는 종종 아름다움을 그 속성으로 갖는다. 시인이 수많은 단어 속에서 가장 적확하고 아름다운 단어 하나를 찾아내듯, 수학자가 복잡한 증명 과정 속에서 가장 단순하고 우아한 경로를 찾아내듯, 물리학자는 어지러운 자연현상 속에서 모든 것을 설명하는 가장 단순하고 아름다운 법칙 하나를 찾아 헤맨다. 이러한 '미적 감수성'이야말로 과학과 예술, 인문학을 관통하는 또 하나의 강력한 연결고리인 것이다.

지금까지 융합적 사고를 돕는 세 가지 단계를 살펴보았다. 관점을 빌려오고, 엉뚱한 질문을 던지고, 나만의 은유를 만드는 것. 하지만 이론을 아는 것과 그것을 실제로 한 편의 글로 완성해내는 것은 또 다른 문제다. 백 번의 설명보다 한 번의 실전이 융합의 감각을 익히는 데 훨씬 효과적일 것이다. 이제 우리가 모두 함께 겪었던 구체적인 사건을 재료 삼아, 앞서 배운 사고의 과정들이 실제로 어떻게 한 편의 글로 직조되는지 그 과정을 단계별로 따라가 보자. 그럼 다음과 같은 문제를 통해 각자 자신만의 해답을 작성해 보자.

• • • • • •

연습: 생각의 과정부터 답안까지

〈질문〉

코로나19 팬데믹은 전 인류가 함께 겪은 거대한 사건이다. 이 사건을 ⑴ 바이러스의 확산과 변이라는 생물학적 관점과 ⑵ 사회적 거리두기로 인한 고립과 단절이라는 인문학적 관점을 결합하여, '보이지 않는 것과의 싸움'이라는 주제로 한 편의 짧은 에세이를 써 보자. 두 관점이 어떻게 서로를 보완하고 더 깊은 이해를 가능하게 하는지 보여주는 것이 중요하다.

〈답안 구상하기: 생각의 과정〉

좋은 글은 체계적인 생각의 과정에서 나온다. 위와 같은 융합적 질문을 받았을 때, 우리는 어떻게 생각을 전개해나가야 할까?

(1) 1단계: 문제 분석 및 핵심어 추출: 먼저 문제의 요구사항을 정확히 파악해야 한다.
- 핵심 주제: 코로나19 팬데믹
- 글의 관통하는 테마: '보이지 않는 것과의 싸움'
- 필수 관점 1 (과학): 바이러스의 확산과 변이
- 필수 관점 2 (인문): 사회적 거리두기로 인한 고립과 단절
- 최종 목표: 두 관점을 '결합'하여, 어떻게 서로를 '보완'하고 '더 깊은 이해'를 가능하게 하는지 보여주기.

(2) 2단계: 각 관점에 대한 브레인스토밍: 각각의 렌즈를 통해 보이는 것들을 자유롭게 나열해본다.
- 생물학적 관점:
  바이러스의 특징: 숙주, 복제, RNA, 단백질 껍질, 비가시성(눈에 안 보임)
  확산 방식: 비말, 기하급수적 증가, 전염병 곡선
  변이: 델타, 오미크론, 자연선택, 면역 회피, 예측 불가능성
  느낌: 차갑고, 비인격적이며, 기계적인 생존 법칙
- 인문학적 관점:
  사회적 거리두기: 물리적 단절, 투명한 벽, 악수와 포옹의 상실
  고립과 감정: '코로나 블루', 우울, 불안, 외로움, 그리움
  사회적 영향: 공동체의 붕괴, 불신, 경제적 고통, 통계 뒤의 개인적 슬픔
  느낌: 인간적이고, 감정적이며, 고통스러운 경험

(3) 3단계: 두 관점의 연결고리(다리) 찾기: 가장 중요한 단계다. 두 개의 독립된 이야기를 어떻게 하나의 유기적인 글로 엮을 수 있을까? 두 관점 사이의 인과관계나 유사성을 찾아야 한다.
- (연결고리 1) 비가시성 → 공포: 바이러스의 '비가시성'(생물학적 특징)이 인간 사회에 '보이지 않는 위협에 대한 공포와 불신'(인문학적 감정)을 만들어낸다.

눈에 보이지 않기에, 내 옆의 모든 사람이 잠재적 감염원으로 느껴지게 된다.

- (연결고리 2) 변이 → 불안: 바이러스의 예측 불가능한 '변이'(생물학적 특징)는 인간에게 '통제할 수 없는 미래에 대한 불안감'(인문학적 감정)을 증폭시킨다.
- 핵심 통찰: 팬데믹은 단순히 '질병'과의 싸움이 아니라, 그 질병의 생물학적 특성이 인간의 심리와 사회 구조의 가장 약한 부분을 정확히 공격한 '심리전'이자 '사회적 재난'이었다.

(4) 4단계: 글의 개요(구조) 짜기: 이러한 생각의 흐름을 바탕으로 글의 뼈대를 세운다.

- 서론: '보이지 않는 적'이라는 화두를 던지며, 팬데믹을 제대로 이해하기 위해 생물학적 렌즈와 인문학적 렌즈가 모두 필요함을 제시.
- 본론 1: 생물학적 관점에서 본 팬데믹. 바이러스의 냉혹하고 기계적인 생존 전략을 묘사.
- 본론 2: 인문학적 관점에서 본 팬데믹. 사회적 거리두기가 낳은 인간의 고립과 내면의 상처를 묘사.
- 본론 3 (융합): 3단계에서 찾은 연결고리를 중심으로 두 관점을 통합. 바이러스의 생물학적 특성(비가시성, 변이)이 어떻게 인간의 심리(공포, 불안)와 사회(단절, 불신)에 직접적인 영향을 미쳤는지 분석.
- 결론: 두 관점의 결합을 통해 얻은 온전한 이해를 요약. 과학은 물리적 방어(백신)를, 인문학은 심리적, 사회적 치유와 재건의 길을 제시함을 강조하며 마무리.

이러한 과정을 거치면, 단순히 두 가지 사실을 나열하는 것을 넘어, 두 관점이 화학적으로 결합하여 새로운 의미를 생성하는 깊이 있는 글을 쓸 수 있다.

〈모범 답안 예시〉

제목: 우리와 바이러스 사이의 투명한 벽

21세기의 세 번째 10년을 연 것은 희망찬 외침이 아닌, 전 세계를 뒤덮은 마스크와 숨 막히는 침묵이었다. 코로나19 바이러스. 현미경으로나 볼 수 있는 이 작은 입자는 인류 문명의 거대한 바퀴를 단숨에 멈춰 세웠다. 우리는 지난 몇 년간 '보이지 않는 적'과의 전쟁을 치렀다. 이 싸움의 본질을 이해하기 위해서는, 바이러스라는 생물학적 실체와 그로 인해 파생된 인간 사회의 고립이라는 인문학적 풍경을 함께 들여다보아야 한다.

먼저, 이 전쟁의 적은 지극히 생물학적인 존재였다. 바이러스는 스스로 살아가지 못하고 숙주의 세포에 침투해 자신을 복제하는 방식으로만 증식한다. 코로나19 바이러스는 인간의 호흡기를 숙주로 삼아 기하급수적으로 퍼져나갔다. 더욱 교활했던 것은 '변이'라는 무기였다. 수없이 자신을 복제하는 과정에서 생긴 사소한 오류들은 델타, 오미크론과 같은 새로운 변이를 탄생시켰고, 이들은 기존의 면역체계를 교묘히 회피하며 전파력을 더욱 높였다. 이는 자연선택이라는 냉혹한 생명의 법칙 그 자체였다. 바이러스의 유일한 목표는 생존과 번식이었고, 인간은 그 목표를 위한 최적의 숙주이자 이동 수단에 불과했다. 이처럼 과학의 렌즈로 본 팬데믹은 인간 중심의 세계관이 얼마나 허약한지를 보여준, 한 미생물의 경이롭고도 무서운 생존 전략이었다.

하지만 이 보이지 않는 미생물이 만들어낸 것은 단지 생물학적 감염병에 그치지 않았다. 그것은 우리 사이에 투명한 벽을 쌓아 올렸다. '사회적 거리두기'라는 방역 수칙은 바이러스의 전파를 막기 위한 과학적이고 합리적인 조치였지만, 동시에 인간을 관계로부터 분리시키는 거대한 사회적 실험이기도 했다. 우리는 악수와 포옹을 잃어버렸고, 화면 너머의 얼굴을 보며 안부를 물어야 했다. 카페의 시끌벅적함, 강의실의 열기, 축제의 함성은 모두 과거의 유산이 되었다. 이 고립은 깊은 내면의 상처를 남겼다. '코로나 블루'라는 신조어가 상징하듯, 많은 이들이 우울과 불안을 호소했고, 관계의 단절은 인간이라는 존재가 얼마나 사회적 연결에 의존하고 있는지를 역설적으로 증명했다. 인문학의 시선은 바로 이 고통의 풍경을 비춘다. 감염자 수를 나타내는 차가운 통계 뒤에 가려진 한 사람 한 사람의 슬픔, 경제적 타격으로 무너진 가장의 절망, 학창 시절의 추억을 잃어버린 아이들의 상실감을 헤아리는 것이다.

결국, 팬데믹이라는 거대한 사건은 이 두 가지 관점이 만날 때 비로소 온전한 모습을 드러낸다. 바이러스의 '비가시성(invisibility)'과 '변이'라는 생물학적 특성은 곧바로 인간 사회의 '불확실성'과 '공포'라는 심리적 현상으로 직결되었다. 눈에 보이지 않는 적은 어디에나 있을 수 있다는 공포가 사람들로 하여금 서로를 잠재적 위협으로 여기게 만들었고, 이는 사회적 불신과 단절을 심화시켰다. 예측 불가능한 변이의 출현은 통제할 수 없는 미래에 대한 불안감을 증폭시켰다. 즉, 바이러스의 생물학적 전략이 인간의 사회적, 심리적 방어기제를 정확히 타격한 것이다. 우리가 싸워야 했던 것은 단지 단백질 껍질에 싸인 RNA 조각만이 아니었다. 그것은 바이러스가 우리 마음속에 심어놓은 고립감과 공포, 그리고 그로 인해 무너져 내린 일상과 관계의 총체였다. 과학이 그 적의 실체를 분석하고 무기(백신)를 만들었다면, 인문학은 그 전쟁으로 폐허가 된 우리의 마음을 보듬고 공동체를 재건할 길을 모색한다. 이 투명한 벽을 허물고 다시 서로의 손을 잡기 위해, 우리는 두 개의 눈을 모두 가져야만 한다.

• • • • • •

연습문제 3

다음 중 하나의 과학적 개념을 선택하여, 그것이 인간의 삶이나 사회 현상과 어떤 유사성을 갖는지 유추하여 설명해 보자.

- 관성의 법칙 (뉴턴의 운동 제1법칙): 외부의 힘이 가해지지 않는 한 정지해 있거나 운동 상태를 유지하려는 성질
- 작용-반작용의 법칙 (뉴턴의 운동 제3법칙): A가 B에 힘을 가하면, B도 A에 크기가 같고 방향이 반대인 힘을 가한다.
- 광합성: 식물이 빛에너지를 이용해 이산화탄소와 물을 영양분으로 바꾸는 과정

7. 경계를 넘어, 더 넓은 이해를 향하여

우리는 지금까지 과학과 인문학이라는 두 개의 큰 대륙을 탐험하는 긴 여정을 함께했다. 서로 닮은 꼴을 한 두 개의 그래프에서 시작하여, 플라톤의 동굴과 르네상스의 광장을 거치며 지식의 뿌리를 확인했다. 또한 '유추'라는 엔진을 달고 융합적 글쓰기의 구체적인 방법을 익혔으며, 루트번스타인이 안내하는 13가지 생각 도구를 손에 쥐고 창의성의 비밀을 엿보기도 했다. 나아가 과학적 은유를 통해 인간의 마음을 새롭게 들여다보고, 마침내 진리의 얼굴에는 아름다움이라는 빛이 깃들어 있음까지 확인했다.

이 여정을 통해 우리가 발견한 가장 중요한 사실은, 우리가 당연하게 여겨온 학문의 경계가 사실은 견고한 벽이 아니라 우리가 그어놓은 희미한 선에 불과하다는 것이다. 과학과 인문학, 과학과 예술은 본래 하나의 뿌리에서 자라났으며, 창의성이 발현되는 과정과 진리를 추구하는 미적 감수성을 공유하고 있다. 열역학 법칙으로

관계의 허무함을 노래하고, 양자역학의 불확실성으로 자아의 가능성을 탐색할 수 있음을 보며, 우리는 두 세계가 서로의 언어를 통해 얼마나 풍성해질 수 있는지를 목격했다.

융합적 사고와 글쓰기는 단순히 여러 분야의 지식을 짜깁기하는 기술이 아니다. 그것은 세상을 더 온전하게 이해하려는 태도이자, 복잡한 문제 앞에서 하나의 정답만을 고집하지 않는 지적 유연성이다. 인공 지능이 인간의 지적 노동을 상당 부분 대체할 미래 사회에서, 서로 다른 지식을 연결하여 새로운 가치를 창출하는 이러한 능력은 그 어느 때보다 중요해질 것이다.

이 글은 융합적 사고라는 광대한 세계로 들어가는 작은 입구에 불과하다. 이제 이 문을 열고 더 넓은 세계로 나아가는 것은 여러분의 몫이다. 자신의 전공이라는 안락한 집을 떠나, 낯선 학문의 골목을 기꺼이 헤매어 보라. 역사책에서 통계학의 패턴을 발견하고, 미술관의 그림에서 기하학의 질서를 읽어내고, 소설 속 인물의 갈등에서 진화심리학의 코드를 찾아보는 지적 유희를 즐겨보았으면 좋겠다. 그 경계를 넘나드는 탐험 속에서, 여러분은 세상에 대한 더 깊은 이해와 함께, 무엇보다 자기 자신 안에 숨겨져 있던 무한한 창의성의 잠재력을 발견하게 될 것이다.

참고 문헌

Hunkoog Jho, "Implications of Science Education as Interdisciplinary Education through the Cases of Scientists and Artists in the Modern Era: Focus on the Relationship Between Science and the Arts," Journal of the Korean Association for Science Education 34, no. 8 (2014): 755 - 765.

Hunkoog Jho, "Interdisciplinary Approach to Combine Science and Art: Understanding of the Paintings of René Magritte from the Viewpoint of Quantum Mechanics," Foundations of Science 24, no. 3 (2019): 527 - 540, https://doi.org/10.1007/s10699-019-09600-z.

Thomas S. Kuhn, The Structure of Scientific Revolutions (Chicago: University of Chicago Press, 1962).

George Lakoff and Mark Johnson, Philosophy in the Flesh: The Embodied Mind and Its Challenge to Western Thought (New York: Basic Books, 1999).

Gideon Engler, "Einstein and the Most Beautiful Theories in Physics," International Studies in the Philosophy of Science 16, no. 1 (2002): 27 - 37, https://doi.org/10.1080/02698590120118800.

Gideon Engler, "Einstein, His Theories, and His Aesthetic Considerations," International Studies in the Philosophy of Science 19, no. 1 (2005): 21 - 30, https://doi.org/10.1080/02698590500051068.

James W. McAllister, Beauty & Revolution in Science (Ithaca: Cornell University Press, 1996).

Arthur I. Miller, Insights of Genius: Imagery and Creativity in Science and Art (New York: Copernicus, 1996).

Robert S. Root-Bernstein and Michele Root-Bernstein, Sparks of Genius: The Thirteen Thinking Tools of the World's Most Creative People (Boston: Houghton Mifflin, 1999).

C. P. Snow, The Two Cultures (Cambridge: Cambridge University Press, 1998).

Francisco J. Varela, Evan Thompson, and Eleanor Rosch, The Embodied Mind: Cognitive Science and Human Experience (Cambridge, MA: MIT Press, 1991).

제4장

학술적 글쓰기의 실제
– 〈촉법소년〉 문제의 사회적 쟁점을 중심으로

학술적 글쓰기는 단순한 정보 전달을 넘어 논리적 사고와 비판적 분석을 바탕으로 독자를 설득하는 지적 활동이다. 이 글에서는 우리 사회의 쟁점 가운데 하나인 '촉법소년' 문제를 중심으로 효과적인 학술적 글쓰기의 핵심 요소들을 실증적으로 검토하고자 한다. 이를 위하여 '촉법소년 연령 하향'이라는 첨예한 사회적 쟁점을 중심으로 학술적 엄밀성을 바탕으로 한 대중적 글쓰기의 방법에 대해 논의하고자 한다.

1. 문제의식과 주제 설정

1) 사회적 쟁점의 학술적 전환

효과적인 학술적 글쓰기는 명확한 문제의식에서 출발한다. 우선 구체적인 사례를 통하여 문제에 접근해 보자. 2020년 대전에서 발생한 '촉법소년의 무면허 운전 사망사고'는 추상적 법률 논쟁을 생생한 현실 문제로 전환하는 계기가 된다.

2020년 4월, 대전 동부 경찰서는 훔친 차량으로 무면허 운전을 하다가 사고를 내고 도주한 혐의(특정범죄가중처벌법위반 등)로 A 군(당시 13세) 등 8명을 붙잡았다. 이들은 이틀 전인 3월 29일 서울에서 주차되어 있던 렌터카를 훔쳐 대전까지 무면허로 운전했고, 다음 날 오전 0시, 차량 방범용 CCTV에 포착되어 도난수배 차량으로 경찰의 추격을 받게 되었다. 대전 동구 성남 네거리 인근에서 순찰차량이 이들의 차량을 발견했으나, 추적을 피하려던 차는 후진하다가 택시와 접촉사고를 냈다. 이어 중앙선을 침범하며 도주하던 중 배달 아르바이트 중이던 대학 신입생 B 씨(18세)가 몰던 오토바이와 충돌하여 B 씨가 숨지는 사고를 일으켰다. 현장에서 6명이 붙잡혔고, 나머지 2명은 달아났다가 같은 날 오후 서울에서 검거되었다. 재판 결과 주범인 운전자 A 군과 3명만 소년분류심사원으로 넘겨졌고, 다른 5명은 귀가조치되었다.(권남영, 「13세 소년 무면허 절도차량에 치여 숨진 '배달 알바' 청년」, 『국민일보』, 2020.04.01.)

사고 당시 13세였던 이 아이들은 형사책임을 지지 않는 촉법소년들이었다. 사건의 내용도 매우 대담하고 충격적이었지만, 이 사건이 공분을 일으킨 부분은 이들의 SNS가 알려지면서부터였다. 가해자들은 이미 이 사고 이전에도 여러 차례 차량을 훔친 전력이 있었고, 이로 인해 경찰서에 간 것을 자랑인 듯 자신의 SNS에 "구미경찰서 재낄준비"라고 올리기도 했다는 사실이 알려졌다. 당시 사건을 수사한 경찰은 "잘못했다고 반성하는 기미가 보이기는커녕 이 사안을 심각하게 생각하는 것처럼 보이지도 않았다"고 했다. 법적 테두리 안에서는 미성년자라는 이유로 신상공개를 하지 못했지만, 이들의 SNS가 공개되면서 가해자들은 비난의 대상이 되었다. 물론 이 아이들이 일으킨 사고로 죽은 18살 피해자의 부모는 이 아이들에게서 어떤 사과도 받지 못했다. 피해자는 2020년 초 코로나로 개강이 미뤄지자 월세를 벌기 위해 배달 아르바이트를 하던 중이었다.

위의 사례를 바탕으로 다음과 같은 핵심 질문을 제기해 보자.

"법적으로 처벌이 불가능한 연령대라 하더라도 범죄의 경중에 따라 처벌을 하는 것이 사회 정의인가?"

"촉법소년의 연령을 낮추는 것이 과연 사회 정의를 실현하는 방법일까?"

이러한 질문 설정은 학술적 글쓰기의 첫 번째 원칙을 보여준다. 명확하고 구체적인 연구 질문의 수립이다. 단순히 "촉법소년 제도를 개선해야 한다"는 막연한 주장이 아니라, '촉법소년의 처벌 연령 하향'이라는 구체적 정책 방안의 타당성을 검증하는 것이 연구의 목적임을 분명히 해야 한다.

2. 통계의 비판적 검토: 증거 기반 논증(Evidence-based Argumentation)

촉법소년 범죄는 증가하고 있을까? 언론을 통해 만들어지는 '촉법소년'에 대한 대중적 인식에 대해 자료를 통해 정확한 사실을 확인해야 한다.

1) 최근 5년간 촉법소년 범죄 25% 증가?

촉법소년 범죄에 대한 사회의 관심은 촉법소년의 숫자가 증가하고 있다는 점에 있다. 2022년에서 2025년 3월까지의 범죄소년과 촉법소년의 현황에 관한 통계를 보면, 실제로 최근 4년간 범죄소년 증가율에 비해 촉법소년 증가율이 늘어나고 있음을 확인할 수 있다. 4년 사이에 범죄소년은 61,000명대에서 비슷하게 유지되고 있는 반면, 촉법소년은 16,000명 대에서 20,000명 이상으로, 불과 4년 만에 25% 정도 증가하고 있음을 확인할 수 있다.

[표 1] **범죄·촉법소년 현황**(단위: 명)

구분	'22년	'23년	'24년	'25년 3월
범죄소년	61,112	66,500	61,815	14,994
촉법소년	16,435	19,653	20,814	4,866

(유스폴넷, 범죄-촉법소년현황)

하지만 우리가 확인해야 할 점은 늘어나는 통계의 내용이다. 촉법소년 숫자는 분명히 증가하고 있지만, 범죄의 유형으로 다시 분석해 보면 어떨까? 아래의 통계에서 범죄 유형별로 살펴보면 절도가 49.5%로 가장 많고, 폭력이 24.5%로 이 두 범죄가 2/3에 해당하는 것을 알 수 있다. 절도나 폭력이 경찰에 접수되었을 정도이면 단순한 사건은 아니라고 보이지만, 4년 만에 25%가 늘어난 것과 비교하면, 범죄 유형 비중에서 강력범죄의 비중이 높지 않다고 볼 수 있다.

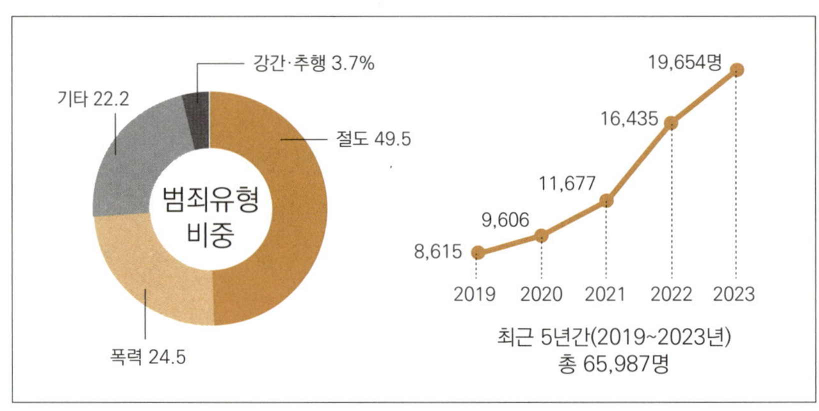

(이재윤, 최근 5년간 촉법소년 현황, 연합뉴스, 2024.02.11.)
자료: 경찰청, 국민의힘 이주환 의원

[그림 1] 최근 5년간 촉법소년 현황

2) 대중문화 속의 소년범, 그리고 정치적 손익계산?

하지만 통계상으로 촉법소년 범죄가 증가하고 언론을 통해 이들 범죄에 대한 대중들의 관심이 높아지면서, 영화나 드라마와 같은 다양한 매체들에서 소년범죄 중에서 특히 촉법소년 범죄를 주제로 다루는 경향도 늘어나고 있다. 대부분의 드라마나 영화에서 촉법소년 문제는 범죄의 흉악성이나 잔인성 등 범죄자의 측면에서 호기심을 유발하기 위한 소재로 다루어졌다. 그런 가운데, 2022년 넷플릭스에서 공개된 〈소년심판〉이라는 드라마는 소년범죄를 법정 중심으로 다루면서 인기를 끌게 되었다. 이 드라마에서는 김혜수 배우가 '소년범을 혐오'하는 소년형사합의부 우배석 판사 심은석으로, 김무열 배우가 소년범에게 우호적인 좌배석 판사인 차태주 판사로 등장한다. 극중 차태주 판사는 자신이 과거 소년범이었다가 갱생한 인물로 설정이 되면서 이 드라마에서 소년범을 바라보는 시각을 대변한다. 이 드라마는 당시 화제가 되었던 실제 사건들을 에피소드로 등장시켜 흥미 위주의 잔인한 사건뿐만 아니라 소년범죄 사건들을 다양한 시각에서 조명할 수 있게 하였으며, 소년범죄에 대한 시각도 비교적 균형 잡힌 측면을 보여줘서 호평을 받았다. 이 드라마는 미국 TIME, 영국 NME, 우리나라의 씨네21이 선정한 2022년 10대 드라마에 선정되기도 했다.

대중문화에서 소년범의 문제가 주목을 받기 시작한다는 것이 소년범죄에 대한 올바른 대중적 의견을 도출하는 것은 아니다. 소년범 문제, 더 구체적으로는 '촉법소년' 문제가 대중의 관심사가 되면서 대선에서도 주요 쟁점으로 등장하였다. 2022년 5월 대선에서 당선된 윤석열 대통령은 후보 공약으로 '촉법소년 연령 하향'을 내세웠고, 당선 후 법무부는 공약을 지키기 위해 TF 팀을 조직하였다. 대선 공약으로 '촉법소년 연령 하향' 공약을 내세운 것은 당시 윤석열 후보뿐만 아니라 이재명, 안철수 후보도 마찬가지였다. 같은 해 10월 26일 법무부는 기획조정실, 검찰국, 범죄예방정책국, 인권국, 교정본부가 참여하는 TF 팀을 통해 형사미성년자 연령을 현행 14세에서 13세로 하향하는 방안을 발표하였다. 하지만 지금까지 이 방안은 처리되지 않고 유보 상태에 있다.

3) 촉법소년 범죄는 과연 늘고 있을까? 통계의 분석

2022년 10월 26일에 법무부가 발표한 『소년범죄 종합대책 마련』이라는 보고서는 7개 분야에 대한 종합대책 방안을 담고 있다. 그중 6개 항목이 제도적 측면에서 소년범죄를 예방하기 위한 방안이며 한 개 분야가 현행 촉법소년 연령 상한을 14세에서 13세로 하향한다는 방안이다. 그럼에도 불구하고 언론의 관심은 촉법소년 연령 하향에만 집중되었고, 장관과 정권이 바뀌면서 이 문제에 대한 현실적인 개선도 요원한 상황이 되었다. '촉법소년 연령 하향'에 대해 찬성하는 측과 반대하는 측의 주장을 살펴보고 이를 통해 이 쟁점에 대한 올바른 접근 방법은 어떤 방식이 되어야 할지 정리해보자. 찬성 측과 반대 측은 2022년의 법무부 『소년범죄 종합대책 마련』

을 기점으로 대립하고 있었기 때문에 2022년 이전 통계가 증거로 제시되었음을 참고하여야 한다.

먼저 법무부에서 형사미성년자 연령 하향의 근거로 제시했던 통계자료를 보자. 아래의 자료는 당시 법무부에서 발표한 보도자료에 나와 있는 부분을 그대로 옮겼다. 법무부는 먼저 촉법소년 범죄가 증가하고 있다는 점, 그리고 살인, 성폭력 등 강력범죄도 매년 지속적으로 발생하고 있다는 점, 소년범죄가 흉포화하고 있다는 점을 통계자료를 바탕으로 주장하고 있다.

전체 소년인구가 감소 추세에 있음에도 촉법소년 범죄는 매년 증가 추세

('17년 7,897건 → '21년 12,502건)

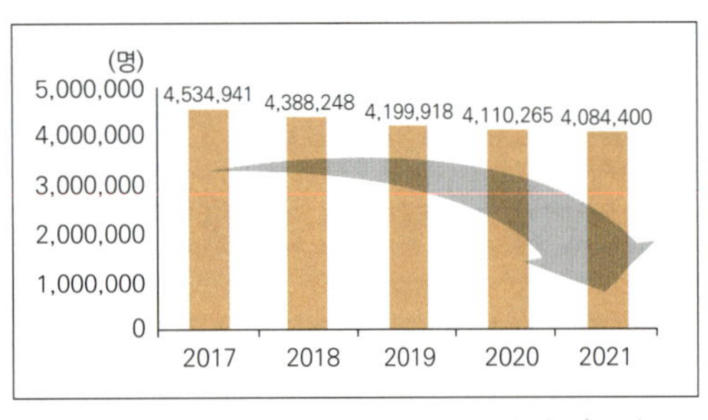

(통계청 인구총조사)

[그림 2] 최근 5년간 10세~18세 인구 현황

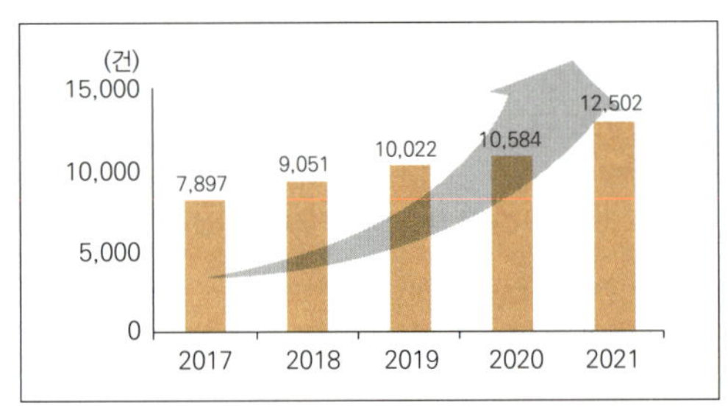

(대법원 사법연감)

[그림 3] 촉법소년 범죄 접수 현황

법무부 보도자료를 보면 2017년에서 2021년까지 5년 동안 출생률은 줄고 있지만 촉법소년 범죄 접수 현황은 오히려 늘고 있음을 확인할 수 있다. 촉법소년 범죄 접수 현황 자체만으로도 증가폭이 보이는데, 출생률 감소까지 고려한다면 그 증가세가 더욱 확대됨을 알 수 있다.

이러한 법무부의 발표에 대해 반대하는 입장에서는 소년범죄에 대한 통계와 현황에 대한 파악이 정확하게 진행되지 않았다는 점에서 문제를 제기한다. 만약 이러한 개정안이 통과된다면 소년범죄가 줄어들기보다는 오히려 소년전과자가 양산될 것이라는 것이다. 먼저 국회입법조사처는 〈소년사법제도 개선에 관한 기존 논의와 새로운 방향〉이라는 글에서 “소년범죄의 흉포화, 저연령화 및 증가에 대한 증거나 반증을 찾기 어렵다”라고 지적하면서 “증거기반 형사정책(Evidence-based Policies)에 입각한 분석과 통계 작성이 필요하다”고 제언한다.

국가인권위원회도 촉법소년 연령 기준을 낮추자는 법무부 의견에 인권위원 10명 중 8명이 반대의견을 표명하면서, “소년에 대한 형사처벌이 범죄율을 낮춘다는 객관적인 근거가 없으며, 국가가 과도하게 개인의 자유를 억압할 수 있다”고 지적한다. 그리고 “재범율을 낮추기 위해서는 감금 식의 처벌보다는 부족한 교화 시스템을 개선하고, 아동 학대 등 청소년들이 처한 환경을 개선해야 한다”는 의견도 제시했다. 특히 과거와 달리 아동의 정서 및 신체 성장 속도가 빨라졌다는 점을 예로 들며 촉법소년 상한 연령을 하향해야 한다는 법무부의 주장에 대해서는 아동의 상호 변별 및 행동 통제 능력이 높아졌다는 점을 입증할 객관적 자료가 없다며 반박한다. 소년범죄 예방을 위해 필요한 것은 엄벌보다는 교정과 교화라는 것이 인권위의 입장이다.

촉법소년 범죄는 흉포화되고 있는가?

촉법소년 범죄율 증가가 통계적으로 확인할 수 있는 부분이라면 다음으로는 촉법소년 범죄가 과연 흉포화되고 있는가도 통계에서 확인할 수 있을까? 2014년에서 2020년 사이 살인죄나 살인 미수죄를 범한 촉법소년은 10명으로 집계되고 있다. 하지만 이 자료는 범죄통계가 특별히 증가하고 있음을 보이지는 않는다. 물론 살인이나 성범죄와 같은 중대범죄가 촉법소년에 의해 저질러졌고, 이들이 촉법소년이기에 형사 처벌되지 않는다는 점을 고려한다면 매우 놀라운 숫자이다. 그렇다면 강간이나 추행과 같은 성범죄의 경우는 어떨까? 이 경우 비슷한 수치에서 증감을 반복하는 것 같지만, 실제 출생률이 줄고 있음을 감안한다면 늘고 있다는 것을 알 수 있다.

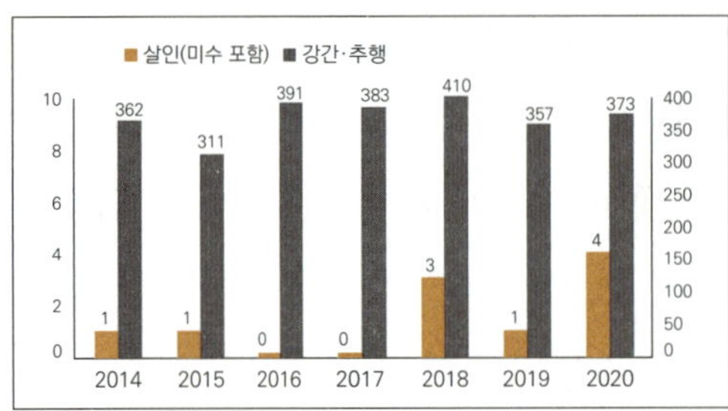

[그림 4] 촉법소년에 의한 살인 및 성폭력 범죄

▶ 촉법소년 모친 살해 사건
- '21. 8. 13세 소년이 모친으로부터 꾸지람을 들었다는 이유로 칼로 모친을 찔러 살해

▶ 초등학생 성폭력 등 사건
- '22년 초등학생 2명(12세)이 초등학생 2명(9세)에게 유사 성행위, 구강성교를 강요한 후 부모님 등에게 알리지 못하도록 협박, 폭행

[그림 5] 촉법소년에 의한 강력범죄 사례

법무부는 소년범죄의 흉포화에 대해서도 아래와 같은 통계를 제시한다.

소년 강력범죄의 비율이 최근 15년간 지속적으로 증가 추세이고, 최근 10년간 14~18세의 범죄소년에 의한 강력범죄가 매년 약 2,500~3,700건 발생(소년 마약사범도 '17년 68명 ⇨ '21년 271명으로 급증)

- 소년범죄 중 강력범죄의 비율은 '05년 평균 2.3% 수준이었으나 최근 4.86%에 이르렀고, 특히 소년 강력범죄 중 성범죄 비율이 '00년 36.3% ⇨ '20년 86.2%로 급증

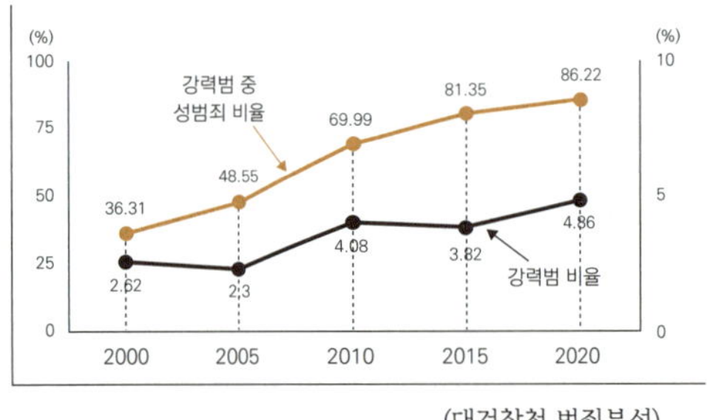

(대검찰청 범죄분석)

[그림 6] 최근 20년간 소년범죄 중 강력범죄 비율

(경찰청 통계)

[그림 7] 연도별 소년 강력범죄 현황

법무부는 소년범죄의 흉포화에 대한 자료로 대검찰청 범죄분석자료와 경찰청 통계를 제시하고 있는데, 대검찰청 자료는 강력범죄와 강력범죄 중 성범죄 비율이 꾸준히 증가하고 있음을 보여 주지만 경찰청 통계에서는 증감 없이 비슷한 수치를 보여주고 있다. 그렇다면 비슷한 시기에 왜 이렇게 기관에 따라 차이가 나는지에 대한

분석이 필요할 것이다.

경찰과 검찰의 소년범죄에 대한 기록은 다르다?

촉법소년 연령 하향에 반대하는 측에서는 2022년 당시 발표되었던 법무부 보도자료에 대해 통계분석의 문제점을 지적하고 있다. 원혜욱 교수는 이에 대해 검찰청 자료는 법원에 접수된 사건을 기준으로 작성된 자료라는 점을 강조한다. 촉법소년 범죄의 현황을 파악하기 위해서는 경찰, 검찰, 법원의 다양한 통계를 통해 실제로 촉법소년 범죄가 증가하고 있는 것인지 확인해야 한다는 것이다. 그런 기준에서 볼 때 경찰청 통계가 특별한 증감 없이 나타나고 있는 점이 중요하다고 한다. 경찰청 통계에서 2012년 이후 감소하다가 2017년부터 다시 증가하고 2020년에 감소하고 있는 부분의 이유에 대한 분석이 필요하다는 것이다. 우선 2020년에 코로나 팬데믹이 시작하면서 아이들이 학교에 가지 않았다는 점은 범죄율 감소의 이유로 제시될 수 있다. 그리고 2012년 이후 감소의 이유로 2012년부터 시작된 경찰의 '학교폭력 예방 및 근절 활동'을 들고 있다. 그렇다면 소년범죄 감소를 위한 경찰의 활동이 효과가 있었음을 확인할 수 있다. 하지만 원혜욱 교수의 설명대로라면 소년범죄는 2012년에 낮아진 후 증가하지 않았어야 한다. 따라서 일부 요인은 될 수 있지만 전체를 설명하지 못한다는 점에서는 역시 한계가 있다. 또한 법무부 설명처럼 출생률이 줄고 있다는 점을 고려하면 촉법소년 범죄가 증가하지 않았다고 볼 수 없다. 원혜욱 교수의 분석은 출생률을 고려하지 않고 반박하고 있다는 점에서 문제가 있다.

다시 법무부에서 촉법소년 연령 하향 이유로 제시한 통계자료를 보자. 법무부는 촉법소년 범죄 흉포화의 증거로 두 가지 통계를 제시하는데, 첫 번째는 성폭력이나 강간범죄가 증가하고 있다는 것이고 두 번째는 그 중에서도 성폭력 범죄와 아동청소년의 성보호에 관한 법률 위반 범죄의 접수 건수가 대법원 자료에서 보듯이 확연하게 증가하고 있음을 확인할 수 있다.

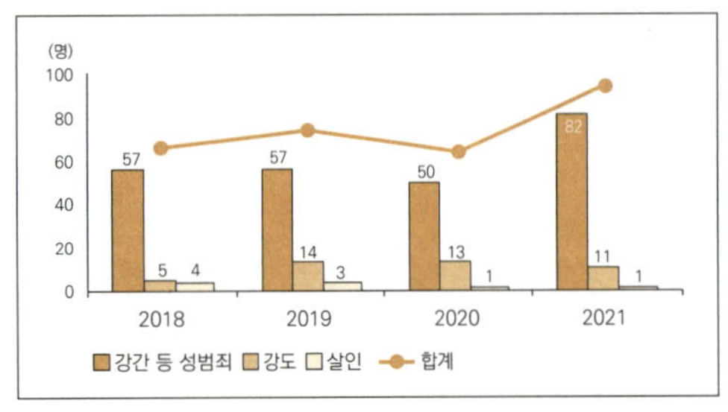

(법무부 통계)

[그림 8] 최근 4년간 흉악범죄 소년수형자 현황 (12.31. 기준)

(대법원 사법연감)

[그림 9] 최근 10년간 소년보호사건 중 성폭력범죄 증감 현황

하지만 이 자료에 대해서도 원혜욱 교수는 경찰청 자료를 제시하며 반박하고 있다.

[표 2] 경찰청의 촉법소년 소년부 송치 현황

구분	계	살인	강도	강간 추행범	방화	절도	폭력	기타
2012	13,059	0	28	308	96	5,566	2,679	4,382
2013	9,928	0	23	330	60	5,249	1,714	2,552
2014	7,837	1	15	362	60	4,427	1,835	1,137
2015	6,551	1	5	311	50	3,759	1,399	1,142
2016	6,576	0	6	391	37	3,665	1,335	1,142
2017	7,533	0	8	383	56	4,073	1,766	1,247
2018	7,364	3	7	410	30	3,801	1,763	1,350
2019	8,615	1	7	357	32	4,536	2,148	1,534
2020	9,606	4	14	373	49	5,123	1,972	2,071
2021	11,677	2	11	398	68	5,733	2,750	2,715

(박소현, 「촉법소년 연령기준 현실화의 쟁점」, 『이슈와 논점』 제2020호, 국회입법조사처, 2022.11.30., p.4.)

위의 경찰청 자료에 의하면 경찰의 '학교폭력 예방 운동'이 시작된 2012년부터는 이 정책이 효과를 발휘한 것으로 보인다. 2012년의 1만 3천여 건이 꾸준히 줄어서 2016년에는 절반 이상 줄어든 6천 5백여 건이 된 것이다. 하지만 2015, 2016년을 기점으로 이 숫자는 다시 증가하고 있고, 2021년에는 2012년 이전으로 다시 회귀하고 있는 것을 알 수 있다. 원혜욱 교수는 경찰청 자료로 법무부 자료를 반박하고 있지만 왜 촉법소년 범죄율이 2012년부터 줄어들다가 4년 후 다시 늘어나고 있는지가 문제이지, 10년 동안 늘지 않았다가 문제는 아닌 것이다. 이 부분을 우리가 분석할 필요가 있다.

법무부 장관은 통계를 왜곡하여 거짓말을 하고 있을까?

원혜욱 교수는 이 자료에서 주목할 점은 특히 2021년 통계에서 절도와 폭력의 비중이 전체 촉법소년 범죄의 72% 이상이라며 법무부가 발표한 촉법소년 범죄 흉포화 주장이 촉법소년 연령 하향의 근거가 될 수 없다고 반박한다. 물론 전체 범죄의 비율에서는 일부에 불과한 것은 맞지만 살인이나 강도 범죄가 꾸준히 늘고 있고, 더군다나 그것이 촉법소년 범죄라는 점에서 이것이 일부 비율에 불과하니 문제가 되지 않는다고 주장할 수 있는지는 동의하기 어렵다. 원혜욱 교수는 촉법소년 범죄 흉포화에 대한 반론의 근거로 전체 강력범죄에서 소년범죄가 차지하는 비율 또한 근거로 제시한다.

[표 3] 소년 강력범죄(흉악) 인원 및 소년비 현황(2011년~2020년)

연도	소년강력범죄(흉악)			성인 강력범죄(흉악)	
	인원	범죄발생비	소년비	인원	범죄발생비
2011	4,049	67.2	13.8	25,333	62.2
2012	3,609	61.9	12.5	25,286	61.2
2013	3,489	62.1	10.3	30,291	72.4
2014	3,158	58.6	9.3	30,968	72.9
2015	2,713	53.9	8.5	29,062	69.4
2016	3,343	68.1	10.1	29,889	68.6
2017	3,463	74.2	9.5	32,827	76.9
2018	3,509	131.9	9.7	32,501	75.6
2019	3,665	149.2	9.9	33,261	76.7
2020	3,134	133.5	9.0	31,733	72.7

(대검찰청, 범죄분석 2012년~2021년)

위의 통계는 촉법소년 범죄통계가 아니라 전체 소년범죄가 성인범죄와 비교하여 흉악범죄에서 어떻게 변화했는지를 보여주는 통계이다. 이 통계표를 분석해보면, 소년 강력범죄 인원은 2011년 4,049명에서 2015년 2,713명으로 크게 감소했다가 그 이후 다시 증가하는 추세를 보이고 있다. 특히 소년 강력범죄 발생비는 2018년부터 급격히 증가하여 2019년 149.2로 최고치를 기록한다. 반면 성인 강력범죄는 전반적으로 3만 명 내외를 유지하며 비교적 안정적인 수준을 보이고 있다. 흥미로운 점은 전체 강력범죄 중 소년범죄가 차지하는 비율인 소년비가 감소하는 추세를 보여, 2011년 13.8%에서 2020년 9.0%로 낮아졌다는 것이다. 특히 법무부 자료에서 소년범죄의 흉포화에 대해 "최근 10년간 14~18세의 범죄소년에 의한 강력범죄가 매년 약 2,500~3,700건 발생한다"는 주장은 촉법소년이 아닌 14세 이상 소년범죄의 흉포화에 대한 근거로서, 촉법소년 연령 하향을 위한 근거로 볼 수 없다는 것이다. 원혜욱 교수의 분석에 의하면 법무부는 전체 소년범죄의 흉포화로 촉법소년범죄 흉포화의 자료를 대신하고 있을 뿐만 아니라 전체 소년범죄도 성인 범죄 대비 감소하고 있는 사실을 확인하지 않고 있다는 것이다. 이러한 주장에 동의한다면 현행의 제도를 굳이 바꿈으로써 얻는 이득이 무엇인가를 묻는 반대 측의 주장이 설득력을 가진다.

소년범은 법원에서 1호에서 10호까지의 보호처분을 받는다. 아래의 통계를 보면 10~13세가 전체의 11~15%를 차지하고 있고, 2019~2021년의 수치는 증감을 거듭하고 있음을 확인할 수 있다. 물론 14세 이상 소년은 보호처분뿐만 아니라 형사처벌도 부과되기 때문에 보호처분 비율만을 근거로 전체 범죄에서 촉법소년이 차지하는 비율을 정확하게 알기 어렵다.

[표 4] 보호소년 연령별 누년 비교표(단위: 명(%))

	합계	**14세 미만**	16세 미만	18세 미만	19세 미만
2012	36,150(100)	**5,071(14.0)**	11,970(33.1)	14,613(40.4)	4,496(12.5)
2013	31,952(100)	**4,334(13.6)**	9,241(28.9)	13,434(42.0)	4,943(15.5)
2014	24,529(100)	**2,894(11.8)**	7,085(28.9)	10.013(40.8)	4,537(18.5)

	합계	**14세 미만**	16세 미만	18세 미만	19세 미만
2015	25,911(100)	**3,016(11.6)**	7,166(27.7)	10,925(42.2)	4,804(18.5)
2016	23,526(100)	**2,858(12.2)**	6,054(25.7)	10,434(44.3)	4,180(17.8)
2017	24,383(100)	**3,365(13.8)**	6,086(25.0)	10,467(42.9)	4,465(18.3)
2018	24,494(100)	**3,483(14.2)**	7,043(28.8)	9,701(39.6)	4,267(17.4)
2019	24,131(100)	**3,827(15.9)**	7,393(30.6)	8,917(37.0)	3,994(16.5)
2020	25,579(100)	**3,465(13.6)**	8.088(31.6)	9,852(38.5)	4,174(16.3)
2021	22,144(100)	**4,142(18.7)**	6,804(30.7)	7,849(35.5)	3,349(15.1)

(법원행정처, 사법연감 2022년)

위의 표에서 보면 2020년보다 2021년에 보호처분을 받은 14세 미만의 촉법소년들이 약 5% 증가한 것을 알 수 있다. 숫자로는 700명에 가까운 수이다. 하지만 보호소년의 총 숫자는 2020년보다 2021년이 오히려 줄어들었음을 확인할 수 있다. 그렇다면 전체 보호소년의 증감분에서 촉법소년이 차지하는 비율이 상대적으로 높다는 것을 알 수 있다. 이 숫자를 비율로 보면 전체 보호소년 중에서 촉법소년이 차지하는 비율이 18.7%로 매우 높다는 것을 알 수 있다. 오히려 19세 미만이 가장 낮은 비율을 보인다. 그러나 2021년의 수치는 증가했지만 2012년과 비교하면 숫자가 확연하게 감소한 사실을 알 수 있다. 그렇다면 2012년부터 보호소년의 숫자가 줄어든 이유에 대한 확인이 필요하다. 2012년에 소년범죄에 관한 어떤 변화가 있었을까?

2012년에는 왜 청소년 범죄가 감소했을까?

2012년은 이명박 정부의 마지막 해로 당시 이명박 대통령은 학교폭력 문제를 해결하기 위해 '학교전담경찰관' 제도를 도입하였고, 학교폭력 예방 활동을 적극 전개하는 등 학교폭력을 근절하기 위해 노력했다. 그 결과 2012년과 2019년을 비교하면 학교폭력 피해 경험률은 83% 감소하였고, 학교폭력 가해자 인원도 44%로 감소하는 등의 효과를 본 것으로 나온다. 특히 2014년 박근혜 정부부터는 '청소년 경찰학교" 프로그램을 도입하여, 이전의 단순 전달식 예방 교육과 달리, 체험 중심의 교육프로그램을 운영함으로써 청소년들이 학교폭력에 능동적으로 대처할 수 있도록 교육하고 있다. 2014년 19개소로 시작한 '청소년 경찰학교'는 2021년 전국에서 55개소가 운영되고 있는 것으로 확인된다. 소년범죄의 예방이 중요하다면 현실적이며 효과적인 대책이 어떻게 실제 현장에서 효과를 가져왔는지에 대한 더 세밀한 분석이 필요할 것이다. 하지만 아쉽게도 소년범죄, 그리고 촉법소년 연령 하향이라는 대중들과 언론, 그리고 정치권의 관심은 그들이 관련된 사건의 선정성과 정치적 이용 여부에 있을 뿐이지 해결을 위한 논의로 연결되지 않는다는 점에서 우리 사회의 한계를 보는 하나의 예가 되고 있다.

촉법소년 연령 하향 문제에서 13세로 인하하는 문제에 대한 연령별 세분화의 분석을 보자. 보호소년을 연령별로 세분화해서 분류한 아래의 표를 보면 2014년에서 2021년까지 14세 이상의 연령대에서는 보호소년 숫자가 큰 변화를 보이지 않는 것을 알 수 있다. 하지만 13세 이하에서는 꾸준히 증가하고 있음을 알 수 있는데, 법무부의 개정안대로 13세로 낮춘다면 형사처벌을 받는 소년의 숫자는 늘어날 것으로 보인다. 하지만 그러한 처벌의 증가가 범죄율 감소로 이어질 것이라고 주장하려면 더 설득력 있는 증거가 필요할 것이다.

[표 5] 보호소년 연령별 현황(처분시)

	10세	11세	12세	13세	14세	15세	16세	18세	17세
2014	48	125	528	2,193	3,318	3,767	4,992	5,021	4,536
2015	57	213	550	2,196	3,012	4,154	5,386	5,539	4,802
2016	74	247	640	1,897	2,469	3,585	5,288	5,146	4,170
2017	154	271	748	2,192	2,389	3,697	5,026	5,441	3,671
2018	95	230	694	2,464	3,199	3,844	4,612	5,089	4,267
2019	71	205	667	2,884	3,483	3,910	4,503	4,414	3,994
2020	66	239	711	2,449	3,790	4,298	5,088	4,764	4,174
2021	108	290	749	2,995	3,344	3,460	3,883	3,966	3,349

(법원행정처, 사법연감 2014년~2021년)

대검찰청과 경찰청이 발표한 통계에 따르면, 청소년 범죄 전체 건수는 오히려 감소 추세를 보이고 있다. 특히 2020년부터 2023년 사이, 코로나19의 영향으로 학생들이 학교에 등교하지 않으면서 청소년의 범죄 발생률은 다소 줄어든 경향을 보였다. 이러한 결과는 소년범죄는 학교 안에서 발생하는 비율이 높고, 학교에서 해결할 필요가 있다는 반증이기도 하다.

통계는 진리가 아니다? 해석에 따라 달라질 수 있다?

촉법소년 연령 하향에 반대하는 입장이나 찬성하는 입장의 주장은 일면 동의할 수 있는 부분이 있다. 하지만 법률전문가들이 동원되었음에도 불구하고, 연령 하향이 촉법소년 범죄 발생을 진정으로 줄일 수 있을 것인가에 대해서는 논란 이상의 제안이 없다는 점이 문제이다. 통계를 어떻게 해석할 것인가는 이 문제를 바라보는 일면일 뿐이다. 중요한 것은 문제의 해결이지 통계의 해석이 아닌 것이다. 촉법소년 문제에서 약간의 통계 해석의 차이가 있다고 해도 찬성이나 반대 입장의 어느 쪽에도 동의하기 어렵다. 오히려 전문가들의 이런 논리 전개는 각각의 정치적, 혹은 진영논리의 한계에 갇혀 실상을 바로보지 못하는 것이 아닌가 하는 의문이 깊어지게 할 뿐이다. 여기에 언론의 선정성과 대중의 얕은 호기심까지 더해진다면 문제의 해결보다는 이슈의 소비 이상의 어떤 진전도 기대하기 어렵다.

촉법소년 연령 하향에 찬성하는 법무부의 주장과 이를 반박하는 원혜욱 교수의 반박의 논점을 정리해보자. 중요한 것은 어느 하나의 주장을 선택하는 것이 아니라 이러한 논쟁의 구조가 의미하고 있는 것이 무엇인지 파악하는 것이다. 이러한 메타적 시각은 학술적 글쓰기의 전문성과 신뢰성을 높이는 데 도움이 된다. 논쟁의 당사자가 되기보다 논쟁 구조 자체를 분석 대상으로 삼는 것이다.

이 글의 구조와 논리 전개를 통해 학술적 글쓰기의 방법을 분석해 보자.

- 법무부 통계 제시 (촉법소년 범죄 25% 증가)
- 통계의 비판적 검토 (원혜욱 교수의 반박)
- 경찰청 vs 검찰청 데이터 비교

- 출생률 감소와의 상관관계 분석
- 통계 해석의 한계 지적

증거 기반 논증(Evidence-based Argumentation)은 정확한 자료에 대한 분석을 바탕으로 주장을 도출하는 방법이다. 이 글에서는 이러한 방법을 통해 양측의 주장을 검증하고 있다.

3. 자료의 활용과 인용

1) 다양한 출처의 통합-편향의 최소화

문제의 분석을 위해서 다음과 같은 다층적 자료를 활용할 수 있다.

1차 자료:

법률 조문 (소년법, 형법)

판례 (헌법재판소 2003. 9. 25. 선고)

정부 통계 (법무부, 경찰청, 대검찰청)

2차 자료:

학술 논문 (원혜욱, 김강현 등)

전문가 인터뷰 (가정법원 천종호 판사)

언론 보도

3차 자료:

대중문화 분석 (드라마 〈소년심판〉)

여론조사

빅데이터 분석

학술적 글쓰기에서 이러한 삼각검증(Triangulation) 방법은 논증의 신뢰성을 높이며, 단일 출처에 의존하지 않고 여러 각도에서 문제를 조명함으로써 편향을 최소화한다.

4. 비판적 사고와 균형 잡힌 서술: 양측 논거의 공정한 제시

'촉법소년 연령 하향' 문제는 찬성과 반대가 명백하게 대립하고 있는 쟁점이다. 이러한 문제의 경우 찬반 양측의 논점에 대해 편향 없는 분석이 필요하다.

1) 찬성 논거

1958년에서 2025년까지 13살은 어떻게 달라졌을까?

법무부의 2022년 소년범죄 종합대책에서 13세로 하향하는 주장의 근거가 되는 것은 세 가지이다. 첫 번째는 신체적 성숙이다. 형법이 제정된 1958년과 비교할 때 시대적 변화의 흐름을 고려해야 한다는 것이다. 교육이나 신체적 성숙의 측면에서 많은 변화가 있었지만 형사 미성년자 연령은 70년간 그대로 유지되었으니 이제 변화를 고려해야 한다는 것이다. 1958년은 통계표가 없으니 비교할 수 없고, 법무부는 1975년의 평균 신장 및 몸무게와 2019년의 통계 숫자를 비교한다. 신장은 무려 150.8cm에서 167.8cm로, 몸무게는 39.8kg에서 60.9kg으로 증가했다. 아이라기에는 성인에 근접한 수치인 것이다.

▶ 성년 연령 하향(민법 개정)

- 20세 → 19세(2011.2.)

▶ 피선거권/선거권 연령 하향(공직선거법 개정)

- 피선거권 : 25세 → 18세(2022.1.)
- 선 거 권 : 20세 → 19세(2005.8.) → 18세(2020.1.)

[그림 10] 사회 환경의 변화

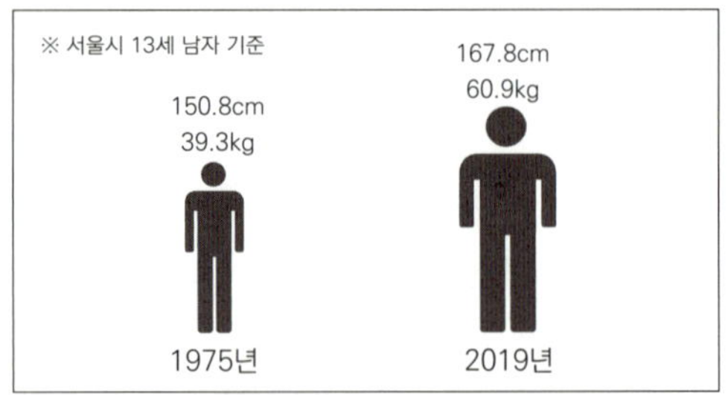

[그림 11] 평균 신장 및 몸무게 변화

사회환경도 당시와 비교하면 달라졌다. 민법의 부분에서도 성년 연령도 20세에서 19세로 하향되었고, 피선거권과 선거권도 각각 25세와 20세에서 18세로 각각 하향되었다. 오직 촉법소년에 대한 연령 제한만 70년이 넘게 그대로인 것이다. 또한 1950년대의 기대수명과 2020년대의 기대수명을 비교하면 1950년대가 54.8세, 2023년이 83.5세로 30년 가까이 차이가 있음을 알 수 있다. 이제 시간의 변화에 따른 법 개정을 검토할 필요가 있다는 것이다.

두 번째는 전체 촉법소년 중에서 13세의 비율이 약 70%에 해당한다는 점이다. 반면 13세와 14세의 비율에는 큰 차이가 없다는 점에서 13세로 낮추는 것이 합리적일 것이라고 본다. 장단기 소년원 송치 보호처분을 받고 소년원에 수용된 소년의 통계를 보면 13세 이상부터 증가하고 있음을 알 수 있다.

[표 6] 연령별 9호·10호 소년원생 신수용 인원

구분	12세	13세	14세	15세	16세	17세	18세	19세
2019	1	19	76	171	274	304	289	120
2020	3	22	63	141	228	272	255	109
2021	1	11	83	143	222	204	178	70

또 우리나라 학제가 13세를 기준으로 초등학교와 중학교가 구분되고 있는 점도 13세로 연령을 하향하는 이유가 된다.

우리나라 법체계가 역사적인 이유로 일본 법체계와 유사하고, 심지어 '촉법소년'이라는 단어도 일본과 우리나라만 사용할 정도로 유사성을 가지고 있다는 점에서 일본의 촉법소년 관련 법개정의 사례는 우리에게 참고할 만한 부분이 있다. 우리보다 30년 정도 일찍이 1997년의 촉법소년 연쇄살상사건을 시작으로 2021년 개정에 이르기까지 소년법 개정을 진행해온 일본은 이제 10~12세로 촉법소년 연령을 개정했다. 일본 국민들은 이러한 엄벌화 과정이 촉법소년 범죄를 줄이고, 법의 정의를 실현하는 데 효과가 있다고 믿고 있다. 우리 법무부의 2022년 소년범죄 종합대책도 촉법소년 상한 연령 하향이 범죄율 감소에 효과가 있을 것이고, 법의 정의를 바라는 국민감정에 부합할 것이라고 본다. 촉법소년 연령 하향에 대한 국민들의 관심이 높아지고 있는 지금 그대로 이 시기를 넘겨야 할 것인가? 보다 현실적인 시각이 필요한 이유가 여기에 있다.

찬성 논거의 논점

- 신체적 성숙 데이터 (1975년 vs 2019년)
- 국제 비교 (일본의 엄벌화 사례)
- 여론조사 (80% 찬성)
- 13세 범죄자 비율 (전체의 70%)

2) 반대 논거

처벌보다 회복: 회복적 사법은 효과적일까?

회복적 사법이란 무엇인가? 근대 이전 공동체 구성원이 모여서 비공식적으로 원주민 간 갈등을 해결해 온 전통을 북미, 유럽 등에서 1970년대에 들어와 소년 문제에 접목한 것이 회복적 사법의 시작이라 한다. 하지만 회복적 사법은 특정 이론은 아니며, 문제해결을 위한 실천방안들을 아우르는 것으로 단일한 개념으로 존재하는 것은 아니다. 유엔 마약범죄사무소는 2020년 개정판으로 발간한 『회복적 사법프로그램을 위한 핸드북』에서 회복적 사법을 가해자와 피해자 그리고 공동체가 참여해 사법정의를 구현하기 위한 대안들을 제시하는 접근법으로 정의하면서 범죄를 단순한 위법행위가 아니라 피해자와 지역 공동체에 대해 심각한 영향을 미치는 행위로 보았다. 이런 관점에서 본다면 소년범죄의 특징으로서 교정 가능성의 범주는 다른 시각에서 해결방법을 찾을 수 있게 된다.

기존의 응보적 사법체계에서 소년범죄에 대해 처벌이 집중되었다면, 회복적 사법체계에서는 자신의 행위가 가져온 책임을 스스로 인식하고 개선하려는 동기를 가지게 할 수 있는 것이다. 응보적 사법체계 하에서 소년은 자신을 수사하고 처벌할 수 있는 형사사법기관 앞에서만 과오를 뉘우치는 모습을 보이고, 처벌을 받고 나면 자기 책임을 다했다고 인식하는 경향을 보였다. 하지만 회복적 사법체계 안에서는 공동체의 문제가 남기 때문에 소년은 피해자와 자신이 속한 공동체에 용서를 구할 필요가 있는 것이다. 회복적 사법이 소년범죄에서 보다 효과적인 이유는 여기에 있다. 브레이드웨이트(Braithwaite)의 '재통합적 수치심' 이론이 여기에 해당되는데, 그는 수치심에는 '재통합적 수치심'과 '낙인적 수치심'이 있다고 구분한다. 기존의 응보적 사법체계에서는 소년이 '낙인적 수치심'을 가지게 되고, 가족이나 지역사회 등의 공동체로부터 외면을 받아 돌아갈 수 없다고 느끼고, 결국 개선의 노력보다 범죄의 하위문화로 이끌게 되는 결과를 가져오는 게 문제였다. 하지만 회복적 사법체계에서 소년은 잘못된 행위에 대해 공동체로 다시 돌아가고 싶다면 스스로의 행동에 대해 반성하고 '재통합적 수치심'이 그 행위를 끌어낼 수 있다고 보는 것이다. 회복적 사법체계는 공동체와 피해자에게 자신의 잘못으로 인한 실질적 조치를 통해 소년이 자신의 책임을 다하게 하는 효과적인 실천 방안이 될 수 있다는 것이다.

학교전담경찰관의 회복적 프로그램

이러한 회복적 프로그램 중에 경찰이 중심이 되어 진행되고 있는 프로그램들이 있다. 2007년 서울 13개 경찰서에서 소년사건을 대상으로 '가족화합 프로그램'을 시범 운영한 것을 시작으로, 2012년 광주 5개 경찰서에서 유사한 내용의 프로그램이 실시되었고, 2017년에는 강원지역 경찰서에서 '서클' 프로그램을 표방한 대화모임이 진행되기도 하였다. 2019년부터는 수사권 조정이 추진되면서 동시에 대상사건을 소년 사건에서 가정폭력, 아동학대, 절도, 모욕 등의 성인 사건으로 확대하고 실시 지역도 수도권에서 전국으로 확대하였다. 2019년에 전국 15개 경찰서에서 실시되었던 프로그램은 2020년 142개 경찰서, 2021년 200개 경찰서로 확대되었다. 소년사건의 경우 경찰서 여성청소년과가 회복적 대화에 부의할 사건을 선정하고, 민간 전문단체의 주관으로 가해, 피해 소년 및 이해관계인을 포함하여 회복적 대화를 진행하였고, 일부 대화에서는 학교전담경찰관이 진행의 보조적 역할을 담당하기도 하였다.

소년비행과 관련하여 주목할 부분은 '피해자 위치의 재조명', 즉 피해자가 가해자가 되는 경우가 많다는 점이다. 현재 학교전담경찰관의 역할에는 가해 소년의 선도 차원의 관리와 피해 소년 보호지원이 있다. 하지만 학교전담경찰관이 학교와 정보를 공유하고 가해 소년을 주기적으로 면담하고 관리한다고 해서 재범을 막을 수 있는 것은 아니다. 소년범죄의 특징은 피해 소년이 소년범 초범으로 유입되고 재범으로 이어진다는 점이다. 이러한 흐름에 놓이는 위기청소년은 학교 밖에도 있으며, 가정 내 폭력이나 방치 등을 통해 보호받지 못하는 위기아동, 그리고 만 18세가 되어 보육원 등 아동보호시설에서 약 500만 원의 자립지원금만 수령해서 나가야 하는 보호 종료 아동 등 다양하다. 이들에 대한 접근은 여성가족부, 보건복지부, 민간기관과 단체, 그리고 이들이 속한 지역 공동체 구성원 등의 협조를 통해서만 효과적인 접근이 가능하다. 이러한 협력체계 안에서 학교전담경찰관은 지역 공동체에서 회복적 프로그램의 원활한 진행을 돕고, 각 요소들과 협력관계를 유지하며 가해자와 피해자, 공동체 모두의 연계를 가능하게 하는 역할을 할 수 있다.

물론 처벌 강화는 유혹적이다. 하지만 환경의 영향을 받고, 교정과 교화의 가능성이 성인 범죄자보다 높다는 소년범의 특징을 고려한다면 회복적 사법의 개념은 재범율을 낮추고, 소년을 공동체로 돌아갈 수 있게 한다는 점에서 촉법소년의 연령 하향보다 훨씬 효과적일 수 있다. 2012년부터 시작된 회복적 사법제도의 하나로서 학교전담경찰관 제도가 몇 년간 효과를 보다가 다시 한계를 보이는 점에 대해서는 분석이 필요하다. 대중의 분노를 달래기 위한 소년범의 처벌보다 촉법소년 문제의 해결을 위한 대안이 우리에게 필요하다.

반대 논거의 논점

• 소년범의 교정 가능성

- 회복적 사법의 효과
- 시설 부족 문제
- 인권적 고려

쟁점이 대립하는 문제의 경우 양측의 가장 강력한 논거를 동등하게 다룸으로써 독자 스스로 판단할 수 있는 기반을 제공해야 한다. 이는 변호사의 변론이 아닌 판사의 판결문에 가까운 접근이다.

5. 다층적 접근의 필요성

'촉법소년' 문제는 가해자나 피해자 누구 일방의 편에 서는 단순한 문제가 아니며, 우리가 혼자 생각하고 결론을 내릴 수 있는 문제도 아니다. 이는 학술적 글쓰기에서 중요한 복합적 시각의 채택을 의미한다. 따라서 법률적, 심리학적, 사회학적, 정책적 차원을 아우르는 통합적 접근이 필요하다. 다양한 범주에서 이 문제를 분석할 때 어떤 방법론이 적용될 수 있는지 알아보자.

6. 독자와의 소통: 가독성과 전문성의 균형

학술적 글쓰기의 독자는 해당 학문 분야의 전문가가 될 수도 있고, 비전문가가 될 수도 있다. 독자에 따라 글쓰기는 가독성과 전문성의 균형이 필요하다.

1) 전문용어 + 설명

전문용어를 설명하여 인지 부담을 줄이고, 가독성을 높인다.

"촉법소년이라는 용어는 우리나라와 일본에서만 사용되고 있는 용어로서 대부분의 나라들은 청소년 사법제도(Juvenile Justice system)상 형사미성년 비행(Juvenile delinquency)

으로 규정하고 있다."

2) 사례를 통한 개념 설명

추상적 법 조항을 설명하기 전에 구체적 사건을 먼저 제시하고, 이를 통해 설명을 한다면 전문성을 바탕으로 가독성을 높일 수 있다.

3) 질문형 제목

질문형 제목은 가독성을 높이고 인지 부담을 줄이는 데 효과적이다.

"촉법소년 범죄는 과연 늘고 있을까?"

"성인이 된 소년범은 반성하고 있을까?"

이러한 기법은 교육학의 스캐폴딩(Scaffolding) 원리를 따른다. 독자의 인지 부담을 줄이면서도 복잡한 개념을 전달한다.

7. 윤리적 책임: 취약 집단 보호, 한계 인정

'촉법소년 연령 하향' 논쟁에서 쟁점은 '응보적 사법'을 통해 촉법소년에 대한 처벌을 강화하는 논리에 집중되어 있다. 하지만 촉법소년의 경우 성인범과 달리 교정 가능성이 높고, 법적 책임을 묻기보다는 환경적, 사회적 영향 관계를 고려해야 한다는 점에서 성인범죄와 다른 측면에서의 접근이 필요하다. 그런 측면에서 이들을 단순한 가해자 혹은 범죄자로 규정하기보다는 사회가 풀어야 할 윤리적 책임의 문제가 있음을 고려해야 한다.

8. 학술적 대화: 선행 연구와의 건설적 논쟁

학술적 글쓰기의 가장 중요한 점은 선행 연구에 대한 철저한 검토이다. 선행 연구를 충분히 검토하되 그들과의 건설적 논쟁을 통해, 변화의 측면, 새로운 시각, 새로운 자료 등의 세밀한 검토를 통해, 새로운 논점을 찾아내려는 노력이 필요하다.

학술적 글쓰기의 교훈

'촉법소년 연령 하향'이라는 사회적 문제를 중심으로 학술적 글쓰기를 할 경우 다음과 같은 단계를 통하여 문제를 분석하고 대안을 제시하는 과정이 진행된다면 효율적인 글쓰기의 결과물을 얻을 수 있을 것이다.

① 명확한 문제의식: 구체적이고 검증 가능한 연구 질문 설정
② 통계의 비판적 검토: 증거기반 논증
③ 자료의 활용과 인용: 다양한 출처의 삼각검증
④ 비판적 사고와 균형잡힌 서술: 통계와 주장에 대한 메타적 분석
⑤ 다층적 접근의 필요성
⑥ 독자와의 소통: 전문성과 가독성의 균형
⑦ 윤리적 책임: 취약 집단 보호, 한계 인정
⑧ 학술적 대화: 선행 연구와의 건설적 논쟁

학술적 글쓰기는 단순히 지식을 전달하는 것이 아니라, 독자를 지적 여정에 동참시키는 과정이다. 따라서 첨예한 사회적 쟁점을 다루면서도 설득이 아닌 사유가 목표가 되어야 할 경우도 있다. 진정한 학술적 글쓰기는 독자에게 답을 주는 것이 아니라 스스로 답을 찾을 수 있는 도구를 제공하는 것이다.

연습문제

1. 다음 자료를 활용하여 '촉법소년 처벌 연령 인하 찬성/반대' 중 하나를 선택해 간략한 주장문을 작성해 보자.
   * 범죄소년 vs 촉법소년 최근 4년 증가율
   * 사회적 불안, 재범률
   * 국제 비교 자료

2. 아래 주장 문장을 학술적 글쓰기 관점에서 비판해 보자.
   "요즘 촉법소년 범죄가 너무 많으니 당연히 처벌 연령을 낮춰야 한다."

   비판 시 고려 요소: 근거 부족, 감정 중심의 주장, 비교 불가능성, 개념 모호성 등

3. 아래 조건을 충족하는 '학술적 글쓰기용 논증문'을 작성해 보자.
   * 주제: "촉법소년 제도는 개정이 필요한가?"
   * 구성: 서론 - 본론 - 결론
   * 요구 요소: 개념 정의, 통계 근거 1개 이상, 비교사례, 반론 제기 및 재반박

4. 3번에서 작성한 글의 서론 - 본론 - 결론 구조를 기준으로, '문제 제기의 적절성'을 평가해 보자. 다음 요소를 모두 포함해 10줄 이내로 작성해 보자.
   * 문제 제시의 명확성
   * 분석 틀의 적절성
   * 제시된 근거의 신뢰성
   * 논리적 흐름

참고 문헌

권남영, 「13세 소년 무면허 절도차량에 치여 숨진 '배달 알바' 청년」, 『국민일보』, 2020.04.01.

김강현, 「교화와 처벌의 정책 딜레마 : 촉법소년제도의 분석」, 『입법과 정책』 Vol.14 No.2., 국회입법조사처, 2022.

김진태, 「소년사법제도 개선에 관한 기존 논의와 새로운 방향」, 『현안분석』 220호, 국회입법조사처, 2021.11.10.

대검찰청, 범죄분석 2012년~2021년,

문혜진, 「[천종호 대구지방법원 부장판사] 어른도 알아야 할 진짜 '소년심판'」, 『Bravo my life』 Vol.88 No.-, ㈜이투데이피엔씨, 2022.

박소현, 「촉법소년 연령기준 현실화의 쟁점」, 『이슈와 논점』 제2020호, 국회입법조사처, 2022.11.30.

법무부 보도자료, 『소년범죄 종합대책 마련』, 2022.10.26.

법원행정처, 사법연감 2015년~2022년,

법원행정처, 사법연감 2022년.

유스폴넷. 경찰청 생활안전국장, 안전한 학교, 행복한 학교. https://theyouthacademy.police.go.kr/main/Content.do?cid=intro

유스폴넷, 『범죄 촉법소년 현황』. https://theyouthacademy.police.go.kr/main/PLink.do?link=/main/etc/chart

원혜욱, 「촉법소년 상한(형사미성년자) 연령 하향에 대한 비판적 고찰,」 『소년보호연구』 Vol.35 No.2, 한국소년정책학회, 2022.

이재윤, 「최근 5년간 촉법소년 현황」, 『연합뉴스』, 2024.02.11.

황정용, 「위기청소년 문제의 근본적 해결을 위한 학교전담경찰관의 역할 변화 모색 - 범죄와 싸우는 전사에서 회복적 사법의 일원으로」, 『한국경찰연구』 Vol.21 No.1, 한국경찰연구학회, 2022.

UNODC 저, 『회복적 사법 프로그램을 위한 핸드북 - 유엔 형사사법 핸드북』, 김재희·김영식·나영민·조미선·조현지·강지명·안성훈 역, 박영사,2021.

학술적글쓰기의방법과실제편찬위원(가나다 순)
김유미, 김정녀, 맹희주, 배개화, 윤승준
이태숙, 임선숙, 장수철, 장유정, 조헌국

학술적 글쓰기의 방법과 실제

2026년 2월 15일 초판 인쇄
2026년 2월 20일 초판 발행

펴낸이 _ 안순철
기　획 _ 양영유
제　작 _ 성두현
편　집 _ 신성민·이재호
마케팅 _ 박광현
펴낸곳 _ 노스보스
등　록 _ 1968.2.27 : No. 제03-00095호
주　소 _ 경기도 용인시 수지구 죽전로 152
전　화 _ 031-8005-2405
팩　스 _ 031-8021-7154

값 25,000원

ISBN 978-89-7092-854-8 03800